桃源溪流域

政协周宁县委员会 编

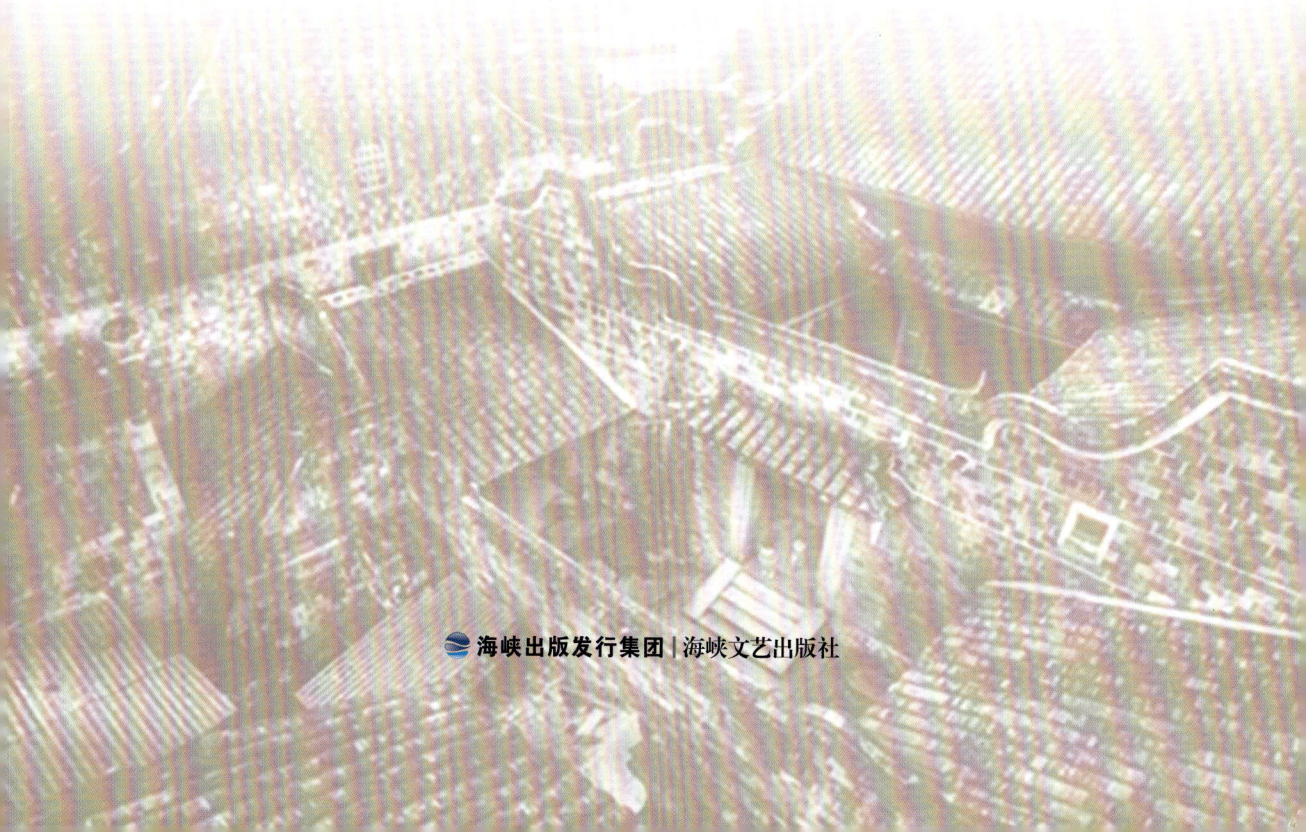

海峡出版发行集团 | 海峡文艺出版社

图书在版编目(CIP)数据

桃源溪流域/政协周宁县委员会编.—福州:海峡文艺出版社,2023.12
ISBN 978-7-5550-3513-8

Ⅰ.①桃… Ⅱ.①政… Ⅲ.①流域－文化史－研究－福州 Ⅳ.①K295.71

中国国家版本馆CIP数据核字(2023)第207412号

桃源溪流域

	政协周宁县委员会 编
出 版 人	林 滨
责任编辑	林可莘
出版发行	海峡文艺出版社
经 销	福建新华发行(集团)有限责任公司
社 址	福州市东水路76号14层
发 行 部	0591—87536797
印 刷	福州万达印刷有限公司
厂 址	福州市闽侯县荆溪镇徐家村166—1号厂房第三层
开 本	787毫米×1092毫米 1/16
字 数	470千字
印 张	26.25　　　　　　　　　插页 6
版 次	2023年12月第1版
印 次	2023年12月第1次印刷
书 号	ISBN 978-7-5550-3513-8
定 价	138.00元

如发现印装质量问题,请寄承印厂调换

《桃源溪流域》编委会

主　　任：陈　梁
副 主 任：龚立举　陈源清　林以玑　李清旺　陈铃满
委　　员：郑潮平　周敦强　肖苏锦　何运星　肖树金
　　　　　龚海平　陈奶辉　黄巧莺　吕　雄　林锦春

主　　编：龚立举
执行主编：陈圣寿
编　　务：何运星　陈圣寿
编　　辑：李典义　周许荪　李洪元　周许端　肖　珊
校　　对：阮梦昕

桃源溪流域全景图(李洪元 摄)

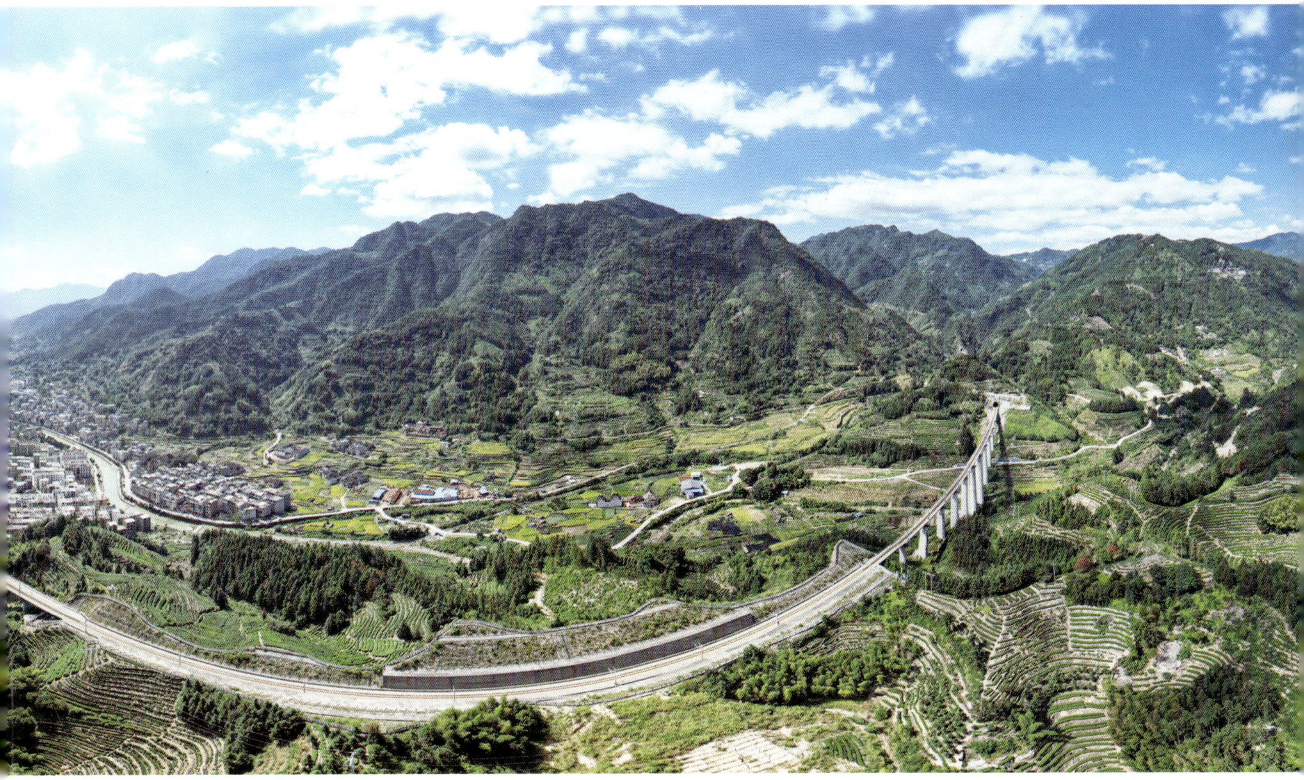

自然景观

茶山晓雾（陈敏 摄）

虎头山（叶先设 摄）

桃源深处（李洪元 摄）

周宁火车站（席国胜 摄）

紫竹夕照（陈田新 摄）

古邑掠影

川中古民居（李洪元　摄）

杉洋林公宫（李洪元　摄）

洋中古民居（李洪元　摄）

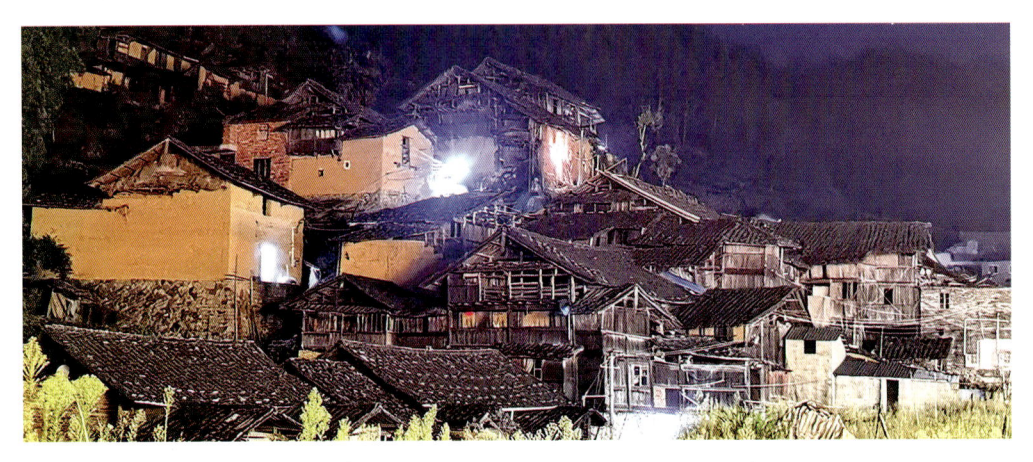

紫竹吊脚楼（陈田新　摄）

历史遗存

皇恩亭（叶先设　摄）

桃源观（叶先设　摄）

文昌阁（叶先设　摄）

云门寺（郑树龙　摄）

民俗文化

黄七公巡游（李洪元 摄）

畲村竹竿舞

首章木偶戏（郑树龙 摄）

线狮表演（陈英华 摄）

驮古事（郑树龙 摄）

舞 狮（周许端 摄）

桃源深处

陈 梁

历史上,包括今日咸村与玛坑在内的地域长时间叫桃源,拥有多个相类似的曾用名:咸源、涵源、涵村。桃源之名的来历并无文字记载,但其中所包含的岁月静好的画面感,不禁令人想起桃源境的开基始祖朱福与黄鞠。据载,朱福曾任隋朝礼部官员,一度择居霍童石桥;黄鞠是朱福表侄,曾任谏议大夫,住桃源境数年后与朱福公易地而居。在那样久远的年代里,地处偏僻的桃源拥有什么样的禀赋与魅力,被赋予如此优雅的地名?

相比于周宁其他大多数地方,桃源溪下游海拔较低、气候温暖,沃野平畴,宜耕宜居,十分契合陶渊明式的桃花源风格。时光回溯,1400多年前的桃源溪畔,一群来自中原、历经动乱、携家带口而来的隋朝文官及其家眷初临此地,虽然一路颠簸令所有人都是掩不住的疲惫与憔悴,但置身于山光水色、面对茂林修竹、耳闻鸟唱虫鸣,从眼前的景象勾勒出一幅令人向往的田园风光,不由得一边庆幸一边赞叹:如此佳境莫非桃源也!

历史演化的必然性由许多偶然性连缀而成,其中几个关键的节点则尤为重要。桃源溪流域是幸运的,隋唐改朝换代之际,中原许多颇有抱负与才干的官吏先后迁徙到了这片土地,带来不凡见识、多彩文化和先进技术。隋朝大业年间礼部官员"朱一郎"朱福(即现咸村本地土主神朱公明王),与黄鞠交换住地迁入桃源后,开良田兴教育,不断拓展,终建成宜居家园。桃源境经过一代代人薪火相传的开发建设,从自然意义上的桃源,发展为人文的、民俗的桃源,使桃源的内涵日益丰富,与现代版的生态桃源、文明桃源一脉相承。

千百年来，在这片兼容地理、气候、资源优势和文人理想的土地上，先祖朱福与黄鞠的垂范效应十分明显，涌现出了值得青史大书特书的杰出人才，譬如：自带尧舜美德的周宁第一个进士汤耳，其儒家情怀通过子孙传承遍泽古邑；身怀绝技擒凶安民的打虎英雄林亘广受敬仰，以信仰之名弘扬正气；传奇将官玛坑祖孙三杰汤贵玉、汤宝华、汤荣标为国立功，俱文韬武略威震朝野；八闽太史公魏敬中学富五车著作等身堪称史学翘楚；乱世廉臣孙翼如品行高洁官清法正深得万民拥戴；儒商奇才孙南穆、魏廷佩诚信为本功成名就；汤满娘乃性情中人一介奇女子，竟吸引当朝刑部尚书林聪为婿助力桃源；当代高僧云灯法师、广霖法师俱超群拔俗享誉四方；红军时期，桃源溪畔英雄不孤，英烈转战南北气壮山河！

桃源优越的环境和杰出的人才，催生出了各种文化成果，单单列个清单就足够让人惊艳：林公祖殿及其相关信仰文化以其独特文物价值成为第七批全国重点文保单位；方广寺的信俗与祈梦文化相辅相成极富魅力；黄七公巡游、桌评戏、驮古事、线狮、杖头木偶戏等各类民俗及非遗项目花样繁多、精彩非凡，引领了乡土文化持续发展；洋中孙家大院、川中古民居等古建筑所达到的工艺水平令人叹服；文昌阁、梅峰书院等作为文教重地与人才摇篮影响深远；畲族传统习俗文化引人入胜，畲村现代化建设成就显著；红色文化点多面广，正以精神高地游览胜地的面貌引人瞩目……

一方水土养一方人，一方文化育一方人。桃源的山水景致、田园牧歌自成一派，一如她的人文景观，充满恬淡、平和与温情。放眼望去，宽大的芭蕉叶扇着四季的风，扇起溪流柔性的波纹。翠竹与三角梅分占红绿相间的乡野美色，为美丽乡村加分不少。经历岁月年轮的老榕树，仍显枝繁叶茂、生机盎然，可谓一榕一村庄、一树一风景。水牛慢腾腾耕田犁出大美春光，水车晃悠悠转圈转动无限风情。小桥流水、老屋炊烟、鸡鸣犬吠，以及遍布乡间的茶园与稻田，组成了一幅幅最美桃源风景画。

时光机转到了二十一世纪，桃源溪流域从往昔岁月中从容走来，带着天赋自然和传统文化魅力，迈着新时代步伐，走上了发展快车道。今天呈现在我们面前的桃源，不仅自然资源丰富、景观优美，而且在产业兴旺、生态宜居、乡风文明、治理有效、生活富裕等方面都可圈可点、令人赞赏不已。乡村振兴的画卷徐徐展开，衢宁铁路通车、纵三线贯通，让"山货"走出深闺、让游客迈步桃源；站前工贸科技园拔地而起，对接宁德"四大产业集群"项目落地，助力桃源腹地抢占新赛道、拥抱新蓝海。

如今的桃源，既是生态宜居的胜地，更是产业兴旺的高地，生活富裕的宝地。

昨日桃源，与桃源溪一样温润而悠长。

今日桃源，犹如茶园风光旖旎而韵律臻美。

未来桃源，将以山水为琴、文化为弦，谱写和谐共生永续发展的旋律。

2023 年 11 月

（本文作者系周宁县政协主席）

目 录

第一章 文明溯源 流域考略

古文明遗址遗迹 / 陈圣寿 _3

八大姓氏源流述略 / 东 城 _8

黄七公与黄鞠的身份考辨 / 东 城 _13

行政区划变迁史 / 东 城 _17

林公文化的当代价值 / 陈圣寿 _20

林聪对周宁传统文化的四大贡献 / 陈圣寿 _25

桃源溪流域漫溯 / 陈圣寿 _30

走过桥亭的岁月 / 李典义 _35

第二章 名胜景观 古邑风情

虎头山览胜 / 东 城 _41

桃源上高耸的天山 / 东 城 _44

光夏高山草场 / 东 城 _48

玛坑茶园风光 / 东 城 _52

古村新貌话紫竹 / 阮梦昕 _56

鹫峰山脉金凤凰 / 汤细昌 _59

风韵梅山 / 魏爱花 _63

第三章　历史回响　人物春秋

尧舜遗风——汤耳和他的儿子们 / 东　城 _69

八闽太史公魏敬中 / 阮梦昕 _73

汤满娘与林聪 / 李典义 _77

将门望族　三代传奇 / 东　城 _80

儒商奇才孙南穆、魏廷佩 / 东　城 _83

廉臣孙翼如 / 李典义 _86

霖雨广洒细无声 / 李典义 _89

黄寿祺的茶广缘 / 张万春 _95

第四章　古建传芳　胜迹寻幽

宗祠风采 / 李典义 _103

林公祖殿建筑审美与文化价值 / 陈圣寿 _111

川中古民居群建筑特色和风格 / 汤细昌 _116

洋中古民居 / 肖　珊 _122

文化的承载 / 汤生旺 _125

皇恩亭寻踪 / 阮梦昕 _128

邂逅梅峰书馆 / 阮梦昕 _131

第五章　厚重民俗　多彩非遗

黄七公巡游节 / 肖吉香 _137

川中"盘诗"，一朵耕读文化的奇葩 / 汤细昌 _140

首章杖头木偶戏 / 肖吉香 _145

王宿三年一贡 / 李典义 _150

玛坑剪纸技艺 / 肖吉香 _154

玛坑神奇黑膏药 / 肖　珊 _157

线狮表演 / 肖　珊 _160

桌坪戏 / 肖　珊 _167

驮古事 / 肖吉香 _171

黑狮舞 / 肖吉香 _175

第六章 民间信仰 信俗文化

宫庙概览 / 李典义 _181

深山古刹方广寺 / 阮梦昕 _189

大山里的男神——林公信仰 / 陈圣寿 _195

千年古刹云门寺 / 陈圣寿 _200

凤山禅寺话沧桑 / 汤亦方 _204

第七章 工艺荟萃 物产丰饶

能工竞秀 良才辈出 / 李典义 _209

茶乡茶业 / 东 城 _214

百年传承，历久弥新
　　——"汤家工夫茶"侧记 / 汤细昌 _220

打铁札记 / 肖 珊 _223

工艺奇葩铝箔画 / 肖吉香 _227

重酿酒技艺 / 肖 珊 _230

土特撷英 / 东 城 _234

桃源溪流域的珍贵植物 / 陈贵忠 _238

风水林之歌 / 陈贵忠 _241

芹村鄂西红豆树 / 陈贵忠 _244

第八章 畲族风情 畲村风貌

畲族文化习俗 / 峭 哥 _249

周宁暨闽东畲族概况 / 峭 哥 _253

畲药探秘 / 肖 珊 _257

云门畲村 / 肖 珊 _260

半岭畲村 / 张桂传 _267

第九章 峥嵘岁月 红色文化

全国战斗英雄叶诚忠 / 周许荪 _273

阮朝兴烈士的故事 / 周许荪 _277

周宁畲族人民的红色故事 / 周许荪 _279

桃源溪畔的红色交通员 / 罗辉禄　周许荪 _284

茶广——远去的硝烟 / 肖吉香 _288

碧血丹心话碧岩 / 周许荪 _291

桃源溪流域的硝烟 / 周许荪 _297

第十章　人文拾遗　乡愁记忆

印象咸村 / 林　平 _303

故园老宅 / 孙　强 _307

老镇记忆 / 汤亦方 _309

从衙前到桃源 / 汤生旺 _313

神奇珠算手 / 郑祥法 _317

烟火扁肉 / 孙　强 _320

梅骨风情 / 郑　梅 _325

咸村古建筑 / 陈圣寿 _328

古树密码话沧桑 / 汤生旺 _332

醉春秋 / 汤生旺 _335

"王母多福"之匾的故事 / 汤林增 _338

川中古民居匾额中的善文化 / 汤川玮 _340

茶广寻访大师记 / 汤川玮 _345

第十一章　奋斗风华　建设成就

盘点今日咸村 / 东　城 _351

玛坑新华章 / 峭　哥 _357

首章蝶变 / 东　城 _361

建设新地标
　　——周宁火车站和站前工贸科技园 / 峭　哥 _367

紫竹生态养猪业 / 东　城 _372

徐坑村搬迁记 / 陈贵忠 _376

第十二章　名家视角

《沙家浜》闽东子弟兵的故事 / 唐　颐 _381

玛坑三色 / 张久升 _385

两条溪流一个魂 / 郑家志 _388

把根留住 / 施晓宇 _394

茶好客自来 / 何　英 _400

灵宫肃神心 / 黄河清 _404

后　记 _409

第一章

文明溯源　流域考略

古文明遗址遗迹

◎ 陈圣寿

古文明（文化）遗址是古代人类的建筑废墟以及在对自然环境改造利用后遗留下来的痕迹，如民居、村落、都城、宫殿、官署、寺庙、作坊等，以及范围更大的村寨、城堡、烽燧等各类建筑残迹，也包括人类对自然环境利用和加工而遗留的一些场所。不同历史时期的古遗址，大都湮没已久，有的沦为废墟，或徒留一些残垣断壁，不经过专业的考察很难发现其历史真相。通过对各种类型的古遗址的调查发掘，可以揭示许多古代遗迹，进而揭示有关的社会状况，因而在文物保护与考古研究工作中备受重视，也是了解当地古代社会的最好见证，与有关文献资料互相补充相得益彰。

在一些遗留文物丰富的地方，比如陕西、山西等中原一带，遗址遗迹以及各种存留文物可谓比比皆是，有道是抓一把土就是文物，拣一块瓦就是历史。桃源溪流域作为比较晚开发的文明地，所能够发现的文化遗址遗迹当然不可与之相提并论，但也并非寂寂无闻。迄今为止，通过文物工作者多次努力科考发掘，在桃源溪流域已发现比较有代表性的遗址共7个，分别简述如下。

一、万宝山遗址

位于咸村镇下坂村东北方向，咸村往外表公路至下坂村分叉路口之南侧。该山为一座较大、相对高度约为50米、相对独立的山包。南北走向，北高南低呈马鞍状，西面临河。山顶较平坦，西坡较陡，东坡较缓，山之中部东面山脚呈圈椅状，当地村民称之为"燕窝里"，为宋代村落遗址。遗址面积约1平方公里。1987年9月16日，文物普查队在该遗址采集到印纹硬陶片82片，其中可辨器形有肩、口、腰部残片19片，残戈两件。2009年复查时陆续发现并采集到大量的印纹硬陶和可辨器形残片，以及一件石锈。遗址东侧建有敬老院。敬老院西南方向有约200米宽、25米高的山体，被咸村机砖厂取土烧砖时夷为平地。机砖厂的取土范围不断向西南方向延伸，将至山顶。在取土过程中时有印纹硬陶残片出现。

万宝山遗址位于"燕窝里"靠近山顶的位置，因开垦茶园而露出盆状的半穴式住所遗存，宽约3米、深约0.6米。穴内底部有木炭和灰陶残片，周边发现有柱洞。

由此可推知，先民的房屋多以竹木为架，茅草为顶，或是用藤条、树枝、木棍扎制屋架，茅草覆顶。屋檐接近地面，伞状、尖顶，立柱5至数10根不等。其室内地层与今相反，低于地表约半米，中设火坑，集照明、壮胆、取暖、炊饮于一体。这种半地穴式建筑在我国北方新石器时期十分流行，但福建除这一遗址外，仅见于福清东张遗址和闽侯县石山遗址。在同一时期，与半穴式建筑并存的还有台式建筑。其平面有长方形和圆形两种，为防潮排水，地面经人工铺垫成略高于地表的平台，然后在平台上架木建房。墙体用木竹为支架，涂抹草拌泥；房顶同样以木竹为构架，铺以茅草。以上类型建筑在邵武市斗米山遗址和武夷山市梅溪岗遗址都有发现，我国海南省高山地区的黎族村落至今也还沿用此类建筑。

二、蛇头岗遗址

位于咸村镇上坂村东面约200米处，是由海拔804米高的冬瓜头山延伸出来的一细小的山脉尾端。遗址面积7500平方米，长150米，宽约50米。1987年9月15日，文物普查队在该遗址采集有印纹、素面硬陶碎片15片。2009年6月普查队复查未采集到相关标本，遗址表层种有竹子和茶树，遗址地表未发现有较大的改变。

三、瓦窑岗遗址

位于川中村的东北面约500米处，是由冬瓜头山向北延伸形成的小山岗，相对高度30米。遗址面积12000平方米，东西约120米，南北约100米，由南向北的两个小山岗组成。山顶和南坡平缓，为黄土质，已开垦为茶园；西坡脚下是咸村至川中的公路，正西面约100米处为万宝山遗址。1987年9月15日，文物普查队孙宝和等队员在该遗址采集到印纹硬陶、原始瓷残片58片。2009年9月2日复查时，该遗址正在进行茶园改造，普查队在岗顶采集到布纹、回纹印纹硬陶残片十多片，有人工使用痕迹的砾石石器3件。山体未见有较大的改变。

瓦窑岗遗址内采集到十余件有人工使用痕迹的奇石，其中有疑似用于粮食加工的石锤一件。石锤是一种形制不定，以手握持使用的工具通常是捡拾适合手握的长卵形或长条形砾石直接使用，因而往往在两端甚至各个端面都可见到有锤击或敲打的麻点或缺脱。石锤散见于所有史前文化中，其功能无疑是锤击，应是用途广泛的工具。

石锋是一种装柄使用的工具，锋刃偏在器之一端之一面，大部分以磨制法制造成形。不过从采集到的石锈上的残留痕迹可知其经过打剥、锤磨或切挫这种石器依器型及使用痕迹推测，至少有多种使用方式：较扁平有软性消耗痕的，可能是装置于木柄上用来括去皮上油脂的；较厚而有硬性消耗缺损的，可能就是用于刨劈木头的，还可能是用于翻土或中耕除草。

将石器特意打造和磨制成"有段""有孔""有肩"，使用时可以捆缚在带有弯曲的木柄上，类似今日的锄头，可增强力度，提高功效，便于翻土、除草。这些磨制石器的出土，说明生活在周宁境内的先民，已从"刀耕火种"向"锄耕农业"过渡。

石 锤

采集于咸村瓦窑岗遗址的石锤

石 锤

四、乾头岗遗址

位于咸村镇川中村西面约20米处，是由冬瓜头山延伸出来的一细小的山脉之尾端，是个相对独立的小山包，相对高度约30米，黄土质，山顶较平，遗址的南面为水田，东北山为公路。1987年9月15日，文物普查队在该遗址采集到残石1件，印纹、素面硬陶碎片35片，可辨硬陶器有口沿、颈、肩、腹。2009年6月普查队复查时未采集到相关标本。遗址表层种有竹子和茶树，未发现有较大的改变。

五、川山岗遗址

位于川中村西北约300米处，是从东北向西南延伸形成的小山包，相对高度约10米。山顶南坡较平缓，为黄土质地，东、西两侧山坡下为公路，路下方为桃源溪。遗址分布面积约7500平方米。1987年9月文物普查队员孙宝和、游国连在该山顶采集到零星陶片。2009年9月复查时发现，1969年修建公路时挖断了该遗址西面与大山相连的土方，形成了乾头岗遗址和川山岗遗址。乾头岗遗址已于2000年被取土烧砖夷为平地，川山岗遗址成为一独立的小山包。地表种有竹子、茶树。

六、面包墩遗址

位于洋中村正东面约500米处，洋中村至川中村公路东侧，相对高度35米。山为黄土质，山顶有一块较小的平地。山的西面为万宝山，该山由东向西延伸形成一座相对独立的小山包，形如面包状，故名面包墩。遗址分布面积约8000平方米。1987年9月15日，文物普查队孙宝和等队员在该遗址山顶和南坡采集到印纹硬陶残片12片，有回纹、席纹、云雷纹，未发现文化堆积层。2009年复查时发现在遗址西面公路旁建有机砖厂，先取该遗址北面和西面黄土烧砖，又取正西面万宝山遗址黄土烧砖，两遗址受到严重破坏。

七、巷里遗址

到目前为止，周宁县境内秦汉六朝时期的考古发现，仅见于咸村镇下坂村与下坎村交界处的巷里遗址。遗址范围约1平方公里，1981年文物普查发现，在堆积层中发现有灰陶、灰色无釉瓷、原始瓷片、青釉、石、陶管、陶井圈、砖、灶、石槽、石磨、基石等。在该遗址中发现埋在地下的陶质管道为套接式长圆筒，呈直线排列，可能是作为排水管道使用的。陶质管道系统在商周时代出现，春秋战国时期各国营建的城邑、宫殿大量使用。

陶圈井位于该遗址的东南向，黄土弄西侧。该井，上下口径相等，为砂质红陶，井圈口径735厘米，圈壁厚2.5—4.0厘米，高63.4厘米，井深5.5米，每节均有攀抓口。陶圈井多见于汉代遗址中，河南新郑郑韩故城发现战国陶井圈为最早（在福建的厦门也发现有陶圈井，经考古专家初步鉴定为宋代之物）。水井的发明和使用使人类定居生活能不依赖地面的水源，扩大了人类定居与活动的范围，水井的存在也意味着有相当人群聚落的形成。从遗址中发现的石锈、灰陶、原始瓷、陶质管道、陶井圈无文字出现的表征推断，在这一时期的先民已从原始的小山岗族群聚落向村寨农业社会转型。

在这一时期，生活在周宁境内的先民仍为闽越族的土著人，因受自然环境的制约，人口的增长与食物的获取能够自求平衡，较少受到外来文化的影响。生产工具、生活器物，基本还延用石木和陶器。也有学者认为，商周以来原住民人口增加，农业发展、防御能力进步，使得周边生存环境不断地得以改造，为便于生产生活，居住地已逐步从山岗迁移到靠山临水的地带，形成原始的村落。唐宋以来大量中原汉族的迁入，这些原始村落历经千百年不断地拓展和改造，原住民的遗迹遗存被破坏和湮毁，这也是秦汉六朝时期考古发现较少的主要原因。

从整个周宁县域的范围而言，遗址最多的乡镇第一是东洋溪流域，其次就是桃源溪流域，这也从一个侧面反映了桃源溪流域尤其咸村地带自古以来处于较高的文明程度，同时也佐证了桃源溪流域所拥有的资源优势，包括气候温暖、土地肥沃、水源充沛、物产丰饶、交通便利等特点对生产生活及其文明的发展，具有明显的促进作用。这种优势不会轻易在历史的长河中消失，如今依然在各个维度上发挥着潜在而重要的影响，如果可以展望足够悠远的未来，那么当今时代桃源溪流域所呈现的文明成果也必将成为未来文物的重要来源。

八大姓氏源流述略

◎ 东 城

龙腾胜境（陈英华 摄）

桃源溪流域由于历史悠久、资源丰富，自古以来吸引了各种姓氏宗族共创繁荣。不计那些往昔来过又远走他乡的氏族，仅就如今安居故土的宗脉而言，也多达数十个，其中多者上万人，少则只有百来人。数百上千的居多，呈现出相互迁播、各领风骚的特点，所留下的肇基掌故、拓居壮举或载诸祠堂族谱，或存于口头流传，至今春秋千载已逝，依然令人津津乐道。

从氏族人口数量以及综合影响力各方面加以考量，可以选出 8 个省代表性的姓氏予以述略，并对其迁播源流进行跟踪梳理，以便呈现出较为清晰的姓氏分衍图景。

一、汤氏

川中汤氏是周宁最早入迁拓居的家族，仅在桃源溪流域即逾万人。始祖是川中村的汤耳（806—893），字闻之，生于宁德外渺（今外表），后与其弟汤鼻携家眷迁至里渺（里表，即川中村）兴居，筑屋凤山南麓，修道路，建木桥，造磴步，以便行人。

汤耳于唐宣宗年间中进士,任长溪县(今霞浦县)知县。致仕后回川中定居,开发良田。唐咸通二年(861)捐舍基地与普济和尚建凤山寺,舍己田作寺田。汤耳晚年遣长子汤让迁梅山,次子汤谦迁孝悌,三子汤讲留居川中,三兄弟互相提携,汤姓子孙世代繁衍,使川中、梅山、孝悌及其附近村庄得到开发。其中孝悌村至八世祖盘隐,于元朝至正年间(1347)迁居玛坑,成为玛坑开基始祖,至今676年,子孙外迁甚多,遍布宁德、福安、霞浦、政和以及外省,可谓浩浩汤汤之势。

二、孙氏

周宁孙氏,宋末元初迁入,主要聚居在咸村镇枣岭、洋中、梧桐等村落。

其中枣岭为孙氏最早迁居之地。武王而有天下,推始祖之孙姓之根源,传于十四世孙公般师,别姬姓而姓孙。居乐安,故以乐安为郡。历至设公任富春太守,礼公居富春,以富春为郡(市公分支仍以乐安为郡)。唐时子孙之延派,合公随唐王审知入闽。合公封灵济侯,生谓公,传于功公;原金陵建康分派南闽荔枝城,大唐时赐封福建省福州府。而功公封孙灵王,居黄岐镇立庙(神),生三子,圣晖、圣肇分支,而三子圣照公传下护葛孙公(陈氏丈夫),为殿前掠阵指挥使,居三山巷口,因钟离仙化白鹤引散,处严陵富春,传派延于宋复处,长溪管辖,今宁德五都巷尾。厥后历传掠阵公(夫人吴氏)、三元帅孙公(夫人陈氏)、公一府君(夫人秦氏)、大公五十公(陈氏安人),延至八八公(孙世远,宋氏大娘),中间有寻源、观泉、望山,行至今宁德赤溪宽岭吴洞,立基创业;缅怀细想,却辞而咏之,缓步轻寻地脉,看乾坤,观望山水;又行至安乐赤溪头,居焉虽经营,无足止之念;又历行蟠溪钟坪黄淡坑,闻遍野猿啼和鸟叫声,无心创业。于是上高山,观水源,寻地脉,牢固选定地名枣岭林洋境。厚乾四水归流,田地稠密,山场辽阔,为此,始祖八八公孙世远开张造化此地。

自始祖开基立业伊始,孙氏家族人丁持续发展。自始祖开基,第三代仲礼公分居宁德赤溪芹格村,第五代得恩公于明朝景泰年间(1452)分居咸村洋中村,繁衍兴盛,现有人口3200多人。此后更绵延不断,仅闽东迁居立村大小30多个,人口过万。

三、魏氏

桃源溪流域魏氏主要分布在樟源、碧岩、茶广,均为礼门魏氏后裔。而天山自然村的魏氏祖先,则与礼门魏氏始祖是同胞兄弟。

其中碧岩是礼门魏氏最早播迁之地，宋隆兴癸未年（1163），魏嘉公从礼门迁入咸村碧岩村拓居，现在有居民500人。明成化年间（1465—1487），碧岩村魏玄二公迁居樟源村，现在有900多人。清乾隆年间（1736—1795），碧岩一房迁居茶广村，子孙又迁到茶广下村、上半岭村（2009年实施造福工程，全村搬迁到咸村镇石处于洋建新村）、下半岭村。

四、黄氏

桃源溪流域的黄氏族群分布于坪坑、车盘、富濑、樟岗等村。据各类资料推演，可信大多俱为黄鞠后裔。但由于黄鞠之肇基地蕉城石桥的黄氏于五代十国后流落各地，遂使各村之间的分迁关系比较复杂，有的难以考证。而据黄氏宗谱有关权威研究表明，上车盘、下车盘两支的衍派，属宁德虎丘黄余派系，而不属于黄鞠、黄春派系。据此表述，虎丘兴贤、上车盘、下车盘三支均是黄文盛后裔。黄文盛长子黄鹗（配何氏）开基宁德霍童，次子黄宝的两位儿子黄国政、黄国赐开基周宁上车盘、下车盘。

五、詹氏

主要分布在杉洋村和詹家洋村，但两村先祖并非同源。

杉洋詹氏来自纯池儒源村。据儒源村詹氏族谱记载：东晋元帝大兴元年（318），詹静川公携康邦、成邦、敬邦三子为避永嘉刘联之乱，由河南南阳邓州渡江南迁，康邦入闽为开基始祖。传十七世至詹秀严公为唐宣宗光州节度使判官，由信城（今江西上饶）首迁政和梧峰住了15年后，先迁居纯池詹家坂、郑家山，于唐咸通二年（861）定居镈兜（今周宁豪阳村）。其孙辈称四三公者，于宋开宝六年（973）肇基儒源，现有800多人。宋理宗元年（1225）前后，儒源公作公带着妻子和长子来到玛坑杉洋村，在杉洋又生了兆九、三六、三五、五三4个儿子，繁衍至今有1600多人。

詹家洋村现有240多詹姓族人，明洪武二十三年（1390），福安南溪十四世祖詹惠八公迁居咸村詹家洋，至十八世千一公迁往咸村碧岩村，其派下返迁詹家洋，各房分迁邻近的秋竹园、南山、岭头等地。2008年造福工程搬迁咸村。咸村下洋尾村20多人，以詹姓为主，1946年从金钟际集体搬迁而来。

六、林氏

主要分布于高际头、上坂、灵凤山、溪边等村庄，其中高际头村源自狮城安后村。

林氏先祖林兆三于元大德十年（1306）从宁德县宝童嗣贤（今霍童兴贤）到安后拓居，现有近1000人。林氏二十一世孙隆麟公根据族谱记述了林氏渊源："济南名郡，问礼流芳，光州固始，发迹三山，南宋乾道，教授金陵，移徙宁阳，我祖育焉，元朝大德，择居东洋，肇兴安厚，支裔炽昌。"清乾隆四十五年（1780）林氏一分支迁入高际头村拓居，现有300多人。

上坂原名仕坂。上坂林氏始祖林汝宁公于元至顺元年（1330），从兴化府（今莆田）八角井枇杷洞迁到咸村洋中村大窝后开基，传至第三代，明永乐三年（1405），林养成公再迁居上坂村，现在有800多人，以林姓为主。周宁狮城、洋中、咸村、店后、樟源、灵凤山等村都有上坂林氏后裔定居。

清朝时期，李墩黄埔林氏分支迁入玛坑溪边行政村的溪边村、半山村，至今有200多年历史，现有近300人。

从以上简述中可以看出，桃源溪流域各村林氏可谓同姓不同源，表现出氏族文化的多元化。

七、张氏

张氏主要生活在咸洋和宝岭村。

咸洋是一个由张姓、陈姓等主要姓氏组成的村落，其中又以张姓迁居历史最为悠久。据族谱载，咸洋张氏先祖建津公于宋熙二车（1089）自福州乌石山迁居宁德咸村张家坪，传至挺辉公转迁芝田村，清乾隆间迁岗后村，限于岗后村狭小的地域，到了启公时期迁至徐杭村，1958年因徐坑村山体滑坡，1963年在政府的规划指导下，全村搬迁到店后村；现大部分人口分居芝田、店后、门前店，有人口1800多人。

宝岭张姓先祖于清康熙年间从七步郭洋村迁居到玛坑张家山，经35年后至乾隆八年（1744）再迁至宝岭（原名半岭楼），人口800多人。

八、谢氏

谢氏是下坂村单一姓氏，今1500多人。下坂原名岭坂，据岭坂谢氏家谱记载，谢氏始祖可追溯至炎帝。

唐宣宗大己卯十三年（839），谢氏先祖言公随王审知（五代十国时期闽国建立者）入闽，初居福州，宋太宗太平兴国五年（980），受奸佞陷害，言公一家80余口散于宁德、闽清、连江、罗源、永福等处，公仍居福宁。

言公后裔于元朝初期迁至岭坂开基。岭坂福地砺山带河，地厚土沃，山环水秀，林葱竹翠，栋宇数百家，只有谢氏一姓，没有他姓入住。开基迁居至今740余年，已繁衍二十七世。

除了以上八大姓氏望族，桃源溪流域比较著名的姓氏还包括首章郑氏、紫竹陈氏、王宿李氏、梅台高氏、光夏余氏、芹村何氏、芹太坵彭氏、南门楼叶氏等氏族，都为桃源溪流域的历史文化增光添彩。

而另一个耐人寻味的现象则是许多村庄属于多姓氏混居，体现出桃源溪流域宽容和谐的人文景象。如长峰、沈洋、升阳、下坑、东坑、赤洋等村，少则三五姓、多则十几个姓氏共处一地，亲如家人，蔚为大观。尤其难能可贵的是杉洋村，除了汉族詹氏与汤氏之外，畲族的雷、蓝、钟姓氏亦在杉洋长期共处，其乐融融，无疑表现了林公文化圈畲汉和谐亲如一家的典范风格。

黄七公与黄鞠的身份考辨

◎ 东 城

每年的正月十三，咸村八境（8个村，实有咸洋、芝田、店后、上坂、下坂、下坎、洋中、街尾宫、王山、宝坑等十境）都会举行盛大的春节民俗活动——黄七公巡游，两支气势如虹的游龙队领头开道，村民按红灯、红旗、畲族鼓乐、"八仙"唱班等10个方阵依次排开，场面浩大，热闹非凡，可谓中国式的狂欢节。巡游队伍所到之处，无论住户还是商铺都敞开大门，鸣炮相迎。归乡的游子则拿着灯笼或举着旌旗，结对成行跟随其后。巡游队伍浩浩荡荡，绵延数百米，十分壮观。

但此狂欢其实是为了严肃的怀念，怀念黄鞠、朱福与黄鞠后裔黄七公。需要特别说明的是，作为巡游的主角黄七公并非黄鞠本人，而是黄鞠第廿四世孙——南宋淳熙年间出生的七使公。后世人们多不明就里，将黄七公与黄鞠视同一人，是由于对黄鞠一生伟业的无上崇拜导致光环集于一身的"马太效应"，也由于对有关黄氏

黄七公宫（叶先设 摄）

族裔派衍史实的缺乏了解造成不伤大雅的以讹传讹。如果说普通人对此不加考辨是可以理解的，但作为民俗方面的专家则必须持审慎的态度进行有效梳理，得出明晰结论。如今在各类相关报道上普遍把黄七公巡游的主角宣扬为黄鞠，致使错误传播广泛，这是我们应该引起重视并身体力行进行纠偏之要务。

而最令人疑惑的是，被尊为咸村开基始祖的这三位先祖，实际上并非上述村庄的直接肇基者，当然也不是其中哪一个村子主要姓氏的派衍始祖。所以，延续数百年的狂欢性质的节俗，更多表达的是对先贤的共同感恩缅怀，而不局限于敬拜某个具体宗族的姓氏源头。

那么，什么样的人，什么样的丰功伟绩，才值得成千上万的子民超越了狭隘的血亲情缘，举行年复一年热度不减虔诚又繁闹的祭拜？答案正是这三位先贤各自以非常人所能创造的事业彪炳史册流芳百世。

三位之中，黄鞠是核心人物，这既由于他开创的水利建设与农耕大业超迈古今，也由于他在三人中的中心纽带地位。朱福更多的是犹如黄鞠的伯乐而发挥了不可替代的作用，当然同时作为桃源本境的重要开拓者令人景仰。黄七公则属于中兴始祖，把源自黄鞠而经乱世摧毁殆尽的族裔及其事业重新复兴并弘扬光大，避免了宗族中落而湮没无闻的悲剧，同样功莫大焉！

周宁县咸村镇原名有桃源、咸源、涵源、涵村等，隋唐前名为桃源。隋朝年间朱福与居住在桃源的黄鞠易地而居，朱福迁入桃源后，开良田兴教育，改称咸源。朱福也被誉为咸村本境至高无上的"土主"朱公明王。此后千年，咸村群众每逢二月初一巡游朱公明王，祈愿风调雨顺、国泰民安。

光州固始县家焉，越两晋而历六朝，其间腰金执笏者代不乏人。寄迹江湖者亦难细述矣。延十余世孙名隆公，字硝山，乃固始黄初延下。

黄隆公，字硝山，隋炀帝时，官任西都留守，左班大学士，行十六。娶夫人七，生二十一子：吴氏生二子，林氏生四子，陈氏生二子，石氏生五子，方氏生一子，周氏生二子，孟氏生五子。鞠公乃硝山公第十子，石氏所生。父子同朝任官，隋炀帝杨广继位，残害忠良。黄隆多次忠言进谏。炀帝贪逸暴政，造龙舟下扬州看琼花，工程庞大，百姓受残。炀帝无道，硝山公与众子再次直言上谏，炀帝不纳谏，以谏犯忌，炀帝龙颜大怒。事隔多日炀帝设宴约见硝山公。硝山公与众子商谈："帝本次纳我并非只是参宴那么简单，恐有害我之意，帝非明君，岂可苦谏，如果我九月九日未回，尔等兄弟立带我黄氏子孙携眷属分散逃离。夫在此留诗八句以作儿孙会亲认祖之隐语，诗云：'骏马堂堂出异方，任从随地立纲常。内迁外境犹吾境，新建他乡即故乡。

早晚莫忘父母命，晨昏须荐祖宗香。愿言托庇苍天福，三七男儿赐吉昌。'"

硝山于农历九月九日遇难殉职，因此硝山公的后裔从来不过九九重阳节。

世传，鞠公知道当时闽越蛮地整治管辖薄弱，是个首选的地方。鞠公带家小和随从人员较多，是乘大船由水路行驶，当船航至闽域时曾遇台风，险遭不测，几经周折才得以脱险。尔后，大船驶入浦源（今七都镇），乾隆版《宁德志》载："旧有祠在七都浦源坑坂尾奉御林，相传鞠公始居此地，后迁石桥。七都人因于所居处立祠祀之"。鞠公暂居浦源后，为寻找开基胜地，顺霍童溪从八都而上，经石桥直至桃源（今周宁咸村）。鞠公通过一路考察，认为霍桐盆地广阔，是个好地方。一条溪流从西向东流过，把整个霍桐洋分成南北两岸，曲折环绕。由石桥岩头宫环绕到金钟度（现在的霍童下坂头），转到仙隐山下再转到红亭口流出。南有仙隐山朝着，北有仙巅山托着，前后呼应、带水环绕、众山环护。虽有洪水为患，但只要在修水利、治理江河上下功夫，其前景美好。但此时，与鞠公有着姻娅之亲的朱福公（隋光禄大夫）先一步暂居石桥。鞠公即返石桥，与朱福公促膝侃谈。鞠公谈及治理溪河、兴修水利、发展农业、开发霍桐的雄才大略时，朱福公深为感动。经协商，朱公同意与鞠公易地而居。大业九年（613）鞠公定居石桥，成为江夏石桥黄氏的开山始祖。

鞠公娶夫人葛氏，生五男二女，男曰：二八、二九、三一、三四、三六；女曰：丹鸾、碧凤。其后裔历经隋唐两代繁衍生息，至唐末石桥黄氏已成当地十分昌盛的望族。值五代十国期间却遭受到严重的挫折。谱载："数传后，值五季之衰，盗贼蜂起，处处警狼烟之犹，人人遭残丑之伤，四郊多垒，万姓无家。维时石桥族众，播迁避乱，散之四方。"

1000多年来，石桥黄氏子孙繁衍播迁，兴废盛衰，旋环不一，但其中也有迁居他乡，如关棣之黄大厝，穆阳之阪头，以及建宁府等处，皆谏议公石桥之后裔也。清顺治处间隔，遭匪灾，石桥村房屋与宗谱被焚毁，荡然无存。嘉庆年间修谱时故只能"摹遗文于断碣，索派裔于残篇，旁搜博考，从其所知者，分支订派，相互考证上下数百年之世系，尊宋七世使公为中兴始祖（应为鞠公第廿四世孙）"，由于上述原因，宗谱世代断层，导致目前许多鞠公后裔尚未挂接，尤其是在唐末宋初播迁外地的为数更多，需宗亲共同努力，作进一步考证，溯源归宗。

七使公（后世称黄七公），生于南宋，石桥中兴始祖，官世度使，夫人何氏，生二子，长子三投，次子五投。据谱载："七使公于前元时即鞠公之基业，而复兴之，明山定界，辟土开疆，所有大石林一派山场四水归流，皆系石桥之基业也。"

黄七公之墓葬于咸村周坑狮子岩头。该墓历代由石桥黄姓鞠公后裔直接管理，咸村八境村民感其德，在距墓约2里的下坎村建有黄七公宫一座，香火不绝，清道光五年五月廿一日由石桥等村黄鞠后裔为董事进行重修。黄七公是鞠公后裔坚守故居的主要一支，其余陆续播迁各地，历经艰难，开基创业，开辟自己的新天地。

从"黄七公巡游"这个名称来看，此厚重民俗的最初祭祀主角是黄鞠后裔廿四孙七使公，以纪念他作为闽东黄氏族裔的中兴之丰功伟业。他的墓和纪念馆（黄七公宫）正好位于咸村八境之内，更加强化了隆祀之规。巡游肇始于800多年前的南宋时期，正好与黄七公的辞世时间吻合，进一步佐证黄七公的身份。何况黄鞠作为闽东历史著名人物，有关身世文献并不少，迄今为止没有任何资料说明他的排行或其他因素与"七公"关联，上文指出黄鞠公乃其父硝山公第十子，石氏所生。至此，我们可以明确地说，黄七公指的是黄鞠廿四孙南宋七使公，绝非黄鞠本人。至于巡游中包含了黄鞠、朱福等先祖，那是对神一般的先祖的至高尊崇和深切怀念，而不能作为名字混淆的凭据。

行政区划变迁史

◎ 东 城

　　行政区划是国家为便于行政管理而分级划分的区域。中华人民共和国的行政区划由省级、地级、县级、乡级组成。截至目前，全国行政区划分布情况如下：省级行政区34个，地级行政区333个，县级行政区2844个，乡级行政区38774个。

　　跻身于近4万个乡级区划里，咸村与玛坑固然显得普通，但作为桃源溪流域的主角，资源禀赋、文化特质和变迁之路却因多元多彩而迷人。

　　追溯一下咸村与玛坑之间的关系即蛮有趣的，两者从古至今可谓你中有我、我中有你，犹如兄弟一般若即若离而亲如手足。从区划隶属方面来说，玛坑曾经长时间归于咸村版图，而后分分合合直至1966年才正式分家。从人文历史方面来说，玛坑主要姓氏之一汤氏是咸村川中汤姓宗族分衍而来；玛坑古刹名寺的祖师平麓法师，原属在咸村凤山寺供职的和尚之一。可以说，咸村与玛坑不仅在境域上唇齿相依，而且在风俗文化等方面相互渗透，彼此影响和成就着对方。

　　咸村原名桃源、咸源、涵源、涵村，隋唐前名桃源。隋朝大业间礼部天官朱福"朱一郎"即现咸村本地神朱公明王"土主""受隋帝敕封"，与居住在桃源的黄

桃源溪流域（李洪元　摄）

第一章　文明溯源　流域考略

鞠易地而居。朱公迁入桃源后，开良田兴教育，不断拓展终成宜居家园。李岳王入闽资料记载：岳王在霍林（霍童旧名）住三日后，直取咸源，由"提举"（官名相当五至三品）朱文立接待，次早越峻岭而上。其间传闻说，岳王夜经咸源时人困马乏，却听此处村民呼呼大睡鼾声一片，令人心生羡慕感慨万端，遂随口而出：此乃鼾村也，后渐渐传为与之谐音的咸村。但更严肃的史料则记载：咸村宋称涵源，明称涵村，至清雍正年间徐氏、蔡氏迁入咸村后始有"咸村"称呼出现。

早在新石器时代，咸村就有人类活动，多处发现的古文明遗址遗迹可充分证明咸村的古老资格。隋朝时由黄鞠、朱福拓居，唐宋以来渐呈兴盛之态。经元衰，明重建，清扩充，几度波折变迁发展，当时衙署设在洋中。先始发展乡路要道川中至临溪芝田，后发展至洋中、巷里、宝坑、咸洋，因该区村舍多沿溪而建，又恰有八村，故雅称"桃源八境"。

咸村镇明时分属十四、十五、十八、十九都，隶宁德县辖。清初，十五、十八都划入周墩县丞辖治，十四、十九都仍属宁德县。民国时称咸杉乡。民国三十七年（1948）九月，咸杉乡划入周宁县辖后，析出蒲溪乡的碧岩、樟源，西社乡的枣岭、樟冈、詹家和咸杉乡的咸村、洋坂、桐坑、云芹共9保，设桃源乡。1950年属第三区；1955年9月改称咸村区；1958年8月改设咸村、枣岭、樟源3个乡（后改称人民公社）；1959年1月，玛坑、沈洋并入成立咸村公社；1961年8月，划为咸村、玛坑、樟源3个公社；1963年3月，又合并为咸村区；1966年8月，分设咸村、玛坑公社；1984年4月建咸村乡。1990年，乡辖一个居委会撤乡建镇，24个村委会、104个自然村，镇驻地咸村村。集镇北距县城38公里，距最近樟源村3.5千米，南距蕉城区霍童镇15千米，距川中村2千米，紧邻集镇建设村庄有宝坑、咸洋、芝田、下坂头、洋中村。

玛坑乡，东南与蕉城区赤溪镇毗邻，西南、西北分别与咸村镇、七步镇相连，东北与福安市康厝乡、溪潭镇接壤，辖区总面积74.81平方千米。2018年末，玛坑乡户籍人口13086人。

玛坑乡原是马氏开基，称马溪。后因马氏迁往他处汤氏迁入，为以示有别，改称玛坑。1961年8月，从咸村公社拆出设玛坑公社；1963年3月，再次并入咸村区；1966年，复设玛坑公社；1984年，撤社建乡，设玛坑乡。截至2020年6月，玛坑乡共下辖15个行政村。

元末明初玛坑村汤氏祖先迁入玛坑，定居繁衍，至今已有800多年。玛坑乡名人辈出。明朝举人、直隶同知汤昶等人清正廉洁，彪炳史册。清朝汤贵玉祖孙三代戎马一生，屡立战功，忠贞爱国，无私无畏，功勋卓著，声名远播，为后人所敬仰。民国时期，汤万益、汤雨生等人为革命事业，抛头颅，洒热血，用生命挥写壮丽青春。

相对而论，宋时的宁德县行政区划设置趋向完善，分为3乡10里，下设图与村。其中东洋里（略等于周宁区域）属于青田乡管辖；元、明均设3乡7里，东洋里仍属青田乡管辖。其辖地大致为：

咸村镇政府（李典义 摄）

十四都3图统23村：川中、孝悌、玛坑、上坑、杉洋、高湾、厚地、西坑、溪园、莒洲、梅山、芹村、汤家山、下坑、赤田洋、前了、梧桐峰、芹格、咸格、车盘、首洞、郭洋、凤山寺；

十五都2图统11村：新岭、芝田、章源、炉里、店头、龙溪、岭头、八蒲坂、赤岩、方广寺、汤洋；

十六都2图统11村：周墩、七蒲、黄坛、山后、洋尾、麻岭、石厝、石马桥、萌村、兴福庵、赤仙庵；

十七都2图统14村：上洋、脯兜、过坂、六蒲、山里、柿洋、源头、芹溪、朱家山、太蓝桥、文昌祠、楼坪、江家山、玉山庵；

十八都1图统11村：漈下、枣头、王宿地、下荐、洋中、隐家洞、贡村、矮门、檀乡、显圣岩、五丈溪桥；

十九都1图统9村：仕坂岭、梅溪、吴家洋、咸村、白步、洪口、潮渔、圣洋、云门寺。

从上述分划可以看出，咸村、玛坑的区域范围内各村大体上分布于十四、十五都及十八、十九都，但无法形成严谨的一一对应关系。这不难理解，千年来世事沧桑，时代变换，自然名随境迁而境与时变了。

所幸，无论如何变来变去，桃源溪流域总体上越变越好，尤其到了当今时代，流域内各处既一派祥和又生机勃发，配得上桃源应有的含义。

第一章 文明溯源 流域考略

19

林公文化的当代价值

◎ 陈圣寿

林公文化的演变与丰富过程，冥冥之中遵循了与时俱进的轨迹，既保有了最初的大爱与侠义本质，又兼收并蓄了佛心儒道之美；既保留着地域性民间信仰的质朴禀赋，又散发出时代性兼容旅游的引流魅力；既保持着传统美德的教化功能，又表现出富有活力的当代价值。

对林公文化的当代社会价值进行大略梳理，可从以下几方面予以阐述。

一、尊重传统　发扬美德

林公身上集中体现了中华传统美德。贫贱不能移其志，威武不能屈其神。终其一生，以济弱救灾为使命，以奉献乡邻为乐事，具体形式虽不同，一心为众都是真。而林公成神之后，在其信仰的神秘面纱背后，依然是更加浓缩也更加丰富的精神内

林公忠平王祖新殿（叶先设　摄）

核，无非是将其传奇经历、超强战力、高尚情操神化到令人足以膜拜的高度。

虽然传统教育、美德宣扬的渠道很多，但并没有哪一种方式能替代民间信仰的效果。1000多万的庞大信众基数，使蕴含信仰之中的道德教化易于普及。尤其当林公家风与林公信仰融为一体之后，饱含传统美德的家风通过信仰的传播，更加高效、更加深刻地抵达信众心境，对参与其中的普通游客也将产生积极影响。

总体而言，中国的民间信仰都蕴含着教化人民懂得忠孝仁义、礼义廉耻、惩恶扬善、敬畏自然等精神目标和理念。作为闽东地区老百姓心中的保护神林公，始终坚持刻苦勤奋、知恩图报、爱护乡邻、忠义慈善的良好品德，最终成就了其成为建功立业、造福一方、千古流芳的神明。信众在祭祀和缅怀林公时，能深刻地体会到睦邻友好、尊老敬贤的民族传统，强化爱护乡邻和尊老爱幼的传统美德，也能激发广大信众爱国爱乡的爱国主义情怀和引导信众积极参与社会公益事业，进而不断提高基层民众的道德素养。

二、推进社会主义核心价值观的培养

林公信仰作为一种民间信仰，经历过历史和中华传统文化的锤炼，其所包含的优秀文化因子是中国传统文化的重要组成部分，也为我国社会主义核心价值观体系的构建提供了源源不断的文化资源。因此，林公信仰与社会主义核心价值观具有一定的契合度，主要体现在：

1. 林公信仰有助于推动基层民主自治。首先，林公信仰的民众较多、分布地区较广，且其渗透到基层社会生活的方方面面，民间影响力不断增强，逐渐成为基层民主自治不可缺少的一股力量。其次，林公信仰的民俗活动丰富，活动的社会影响力越来越大，涉及基层民众较多，所以在参与基层民主自治中，林公信仰能够更加有效地动员基层民众，尤其是信众参与到基层民主自治当中。再次，林公信仰活动的组织者或领导者一般在基层民众中具有较大的社会影响力，在参与基层民主自治中也具有较大的话语权，有利于带动更多的民众共同建设基层民主。

2. 林公信仰有助于加强精神文明建设。林公信仰中的祭祀仪式、宫庙建筑、神话故事以及闽东畲族在林公信仰中的图腾文化等，不仅与民间的文化、民众的生活具有密切的联系，成为闽东地区基层民众文化生活中不可分离的部分，而且作为闽东地区民俗文化的一个重要组成部分，具有较高的科学研究价值和美学艺术价值。因此，发展林公信仰文化一方面可以促进基层文化的繁荣发展，另一方面也可以极大地丰富基层民众的精神文化生活。

3.林公信仰有助于维护公平正义。一是在信众的心中，林公是公平正义的化身，具有强烈的责任感和正义感，是会保佑好人和惩戒恶人的神明。因此，信众会因对神明的敬畏而在潜意识里坚守好坏、是非的分界线，坚守着公平正义而不敢随意践踏公义。二是作为同一信仰的信众，相互之间的关系相对较为亲密，在系列信仰文化活动过程中也会增进彼此的感情，且无论贫富差距，在神明面前都是一律平等的。因此，信众之间会相互扶助，富裕者会在一定程度上帮助相同信仰共同体中的困难群体。

4.林公信仰有助于促进社会和谐。林公信仰作为民间信仰，可以在调节基层民众冲突、解决百姓争端等政府组织公权力触及不到的地方，起着必要的补充作用，成为一支维持基层社会秩序的重要力量。林公信仰活动的领导者或组织骨干在信众群体中具有较大的威望，与信众的接触时间长，机会多，因此有足够的公信力和更多的技巧来处理解决信众之间的矛盾。同时，林公信仰中的部分教义劝导信众要与人为善、睦邻友好、谦恭礼让，也在很大程度上有助于调节化解民众之间的社会矛盾和冲突，推动社会主义和谐社会建设。

三、打造文化名片、促进旅游发展

事实上，各地有影响力的民间信仰都已被利用来打造文化名片，这方面陈靖姑和妈祖文化早已走在前面，相关的文化节都已成为当地重要的文化旅游品牌，无论官方、民间均十分重视，并全力以赴，可借鉴之处甚多。

如2021年10月13日，"2021·妈祖祭"文化系列活动开幕式在莆田懿明楼及懿贤楼广场举行。本次活动由中华妈祖文化交流协会主办，通过线上和线下相结合的方式进行。据中华妈祖文化交流协会常务副会长（莆田市政协原副主席）俞建忠介绍，此次线上"妈祖祭"文化活动举行妈祖供品展示、妈祖习俗展示、妈祖文物展示、妈祖文创展示、妈祖服饰展示、妈祖建筑展示等六大系列展示，线下"妈祖祭"文化活动除举行开幕式外，还举办"2021·妈祖祭"文化祭祀活动、"世界妈祖网"开通揭牌仪式、《中华妈祖志》编辑部揭牌仪式、《妈祖诞文化》纪念册首发式、《妈祖诞·妈祖祭八大乐》首发式、《中华妈祖六和挂历》首发式等六个活动，统称为"线上六展示、线下六活动"。值得一提的是，"线上六展示"与儿童颂妈祖、摄影颂妈祖、书画颂妈祖、诗歌颂妈祖、乡音颂妈祖、楹联颂妈祖"六颂妈祖"文化活动，将和此前举办的妈祖赐福贺新春、妈祖礼乐贺新春、妈祖春联贺新春、妈祖礼仪贺新春、妈祖挂历贺新春、妈祖文艺贺新春"六贺新春"文化活动，共同形成三月二十"妈祖诞"、九月九"妈祖祭"、春节"妈祖福"等三大妈祖文化活动品牌。

同样，陈靖姑文化节的规格之高与规模之大亦不遑多让。2021年12月13日，第13届海峡论坛的重要组成部分——陈靖姑文化节在古田临水宫祖庙隆重开幕。本届文化节以"千年临水情，两岸一家亲"为主题，由第13届海峡论坛·陈靖姑文化节组委会主办，古田县台港澳办、古田县融媒体中心、古田县临水宫管委会承办，民革宁德市委员会、台湾顺天圣母协会、古田县临水宫理事会协办。福建省政协原副主席、省关工委常务副主任陈增光，福建省委原副秘书长、办公厅原主任李育兴，福建省政协秘书长陆开锦，中国道教协会副秘书长周高德，福建省民族宗教厅二级巡视员钟声，宁德市政协主席兰斯琦，宁德市委常委、统战部部长毛祚松，宁德市副市长刘笃凡，宁德市政协副主席刘国平，古田县委书记张成慧，古田县委副书记、县政府代县长许锋等省、市、县领导及省直有关部门领导，省内有关兄弟市县领导，宁德市各县（市、区）党委或政府主要领导，企业家代表，在闽台胞代表，大陆信众等与古田当地群众济济一堂，共同参加本届文化节。

与上述两个信俗文化及其相关系列活动相比，林公文化亟待挖掘文化内涵，定期举办有关活动，提升各方面影响力，以期打造成周宁闪亮的文化名片和重要的旅游品牌。

四、有助于塑造当代青少年的阳刚形象及英雄气质

一个优秀民族不能缺乏英雄。不必讳言，当今中国社会由于较长时间的享乐主义流行，日韩剧系列"嘻哈风"的侵蚀，英雄榜样教育的逐渐缺失，家庭中普遍存在的宠溺风作祟，男生缺乏阳刚之气的"男生危机"及"伪娘现象"，正逐渐成为一种社会风气。

现在的社会是提倡包容且多元化的，古人所云"爱美之心，人皆有之"不会过时，只会过分。时尚的青少年们注重打扮，会画眉、涂眼影、戴耳钉、抹口红，穿戴趋向女性化。时代在变，男孩精致一些，柔性一些，本不是不可以，但应有分寸。男性气质、性格、举止和服饰的过分"阴柔化"，对个人或民族都不是好事，我们应重塑社会文化氛围，使坚强、刚毅、勇敢、负责等男子汉品格得到认可和弘扬。社会和媒体应积极倡导男子汉精神。国家的强盛、民族的复兴、家庭的兴旺，都需要真正的男子汉来担当。"男子汉"的真正意义是找回敢于担当、勇于负责、甘于磨砺的精神，而不是过于注重具体的衣饰、相貌和谈吐。少年"娘"则中国"娘"，少年强则中国强。中华民族不应再被耻笑为"东亚病夫"，而应以龙腾虎跃之势昂立于世。

中国历史上英雄辈出，每个时代都有许多仁人志士为民请命、为国赴义、为理想奋斗不止。和平年代各行各业同样需要呼唤拼搏精神的硬汉，需要青少年朝气蓬勃、阳光健美，需要困难之时有人提供坚强的臂膀，危难之际有人挺起侠义的脊梁。

林公之所以赢得广泛的敬仰崇拜，首先源于他的男子汉阳刚本色和英雄气概，源于他仗义疏财、救死扶伤的善念和壮举。在"娘炮"风气有所滥觞的今天，学习林公家风、提倡林公精神，显然具有十分现实的激励作用。

五、弘扬民族团结的榜样

畲族村供奉有林公神像或神位的宫庙不下 200 处，考虑到整个闽东地域的畲村（行政村）总共也不过 200 多个，这个比例是十分惊人的，可以说绝大部分畲村都信林公。而现蕉城区虎㲼、院后等偏远山村保持的林公像均在百年以上（大量林公像在"文化大革命"期间被毁）。所有林公宫和信奉林公的乡村村民都要在每年正月初五至十五组织人员到杉洋祖殿"求林公"、分香火，并举行专门的"平安福"仪式，主持仪式的师公（法师、巫师）也绝大多数是畲族村民。畲族为什么信仰林公大王呢？原因大概有这几个方面：一是历史上畲族本来就有从事狩猎和崇拜猎神的习俗。比如在福安甘棠山头庄一带过去畲民就有"每逢猎到大兽时，则由猎中者用兽头祭'吴三么'（传说吴三么为猎人师傅，会保护猎人顺利打猎）"（见《畲族社会历史调查·福建福安县甘棠乡山岭联社畲族调查》第 152 页）。二是畲族原有自己的打虎英雄，如《畲族小说歌·打虎记》写畲族英雄雷万春打虎与钟景期相遇："一头老虎拦路中，二人着惊走一方，蛇落竹筒节节难，马过竹桥步步颠。一难未过一难上，景期钻落草丛中，冯元一时无处躲，跳落山丛水池中。……"歌词通过打虎细节描写，塑造了一个活生生的民族英雄形象，表达了畲族人民对英雄打虎除害壮举的赞美、崇敬。林祖亘也是这么一位为民打虎除害的英雄，因此赢得了畲族同胞的格外崇敬，把他视为驱邪除害正义力量的化身，加以顶礼膜拜。三是畲族大多生活的偏远山区，饱受兽害之苦，所以畲民对捍患御灾的林祖亘情有独钟，视为神灵，予以供奉。

综上所述，林公信仰并没有因为其民间属性和宗教色彩而失去时代性，相反，林公信仰早已上升到了文化层面的突出现象，蕴含着丰富的传统价值和时代意义，值得我们加以研究和挖掘，并进行必要的引导与扬弃，使林公信仰文化继续焕发精神之光。

林聪对周宁传统文化的四大贡献

◎ 陈圣寿

林公宫请香（钟陈灼 摄）

林聪何许人也？

据史料记载，林聪（1415—1482），字季聪，号见庵，福建宁德七都人。明永乐十三年（1415）出生。父林观，擅诗文。林聪幼承庭训，刻苦攻读。正统三年（1438）中举人；正统四年（1439）中进士；正统八年（1443）任刑科给事中，后于明成化年间升任刑部尚书。

林聪生平值得称道的事迹很多，尤其以为民请命、忠谏不已著称于世。

此类进谏或上表，林聪在其任内多次进行，有的被驳回，林聪就再进谏，再上表，直至有所成果。秉承中华历史言官耿直习性，上对得起朝廷，下不负苍生，林聪尽可能动用职权或据理力争或倾心献策，最后的指向都面对芸芸众生的福祉。身为梅山女婿，林聪利用朝廷命官身份，多次为周宁谋利祈福。透过青史所载及民间传闻，一个刚正不阿、忠君爱国又温润如玉且喜欢打抱不平的君子型士大夫形象跃然纸上，令人不禁心生敬佩亦倍感亲切。

关于林聪与梅山才女汤满娘的浪漫故事另有专文描叙，此处不作赘述。本文的重点是揭示林聪如何将满腔的爱洒向周宁，让周宁得承皇恩，所结出的文化硕果辉耀古今。

先从跟周宁古银矿息息相关的一场矿工起义和与之关联的林聪上表说起吧。

本文所说的"矿工起义"，特指叶宗留率众于明正统九年（1444）至景泰元年（1450），在福建宝丰银场（地处今周宁芹溪）暴发而波及闽、浙、赣的矿工武装斗争；而"林聪上表"则指时任刑部给事中（后升任刑部尚书）的宁德人林聪，于正统八年（1443）上任初即针对宁德县宝丰银矿劳动条件恶劣、课银额重等情况上《请免宁德县除办银课外别项差办状》，当时未被采纳，后经矿工起义动荡带来朝野巨震，终于景泰元年（1450）被纳用。

这两件事实际上源于同样的起因，都因为朝廷对银矿课税过重引起，只不过表达方式大相径庭。前者因朝廷对民间采银施行苛政，盘剥峻厉，迫使矿工走投无路遂铤而走险举事反抗；后者则由于士大夫中见识卓著者如林聪，既同情弱势群体也

宝丰银场矿洞（李洪元 摄）

关切皇朝命运,从而提出合理化建议以减免课银徭役,以缓和社会矛盾。何况,两件事发生的终始时间几乎一致,显示其间的逻辑必然性。

事实上,从宋朝开始而明朝沿袭的银矿管辖与课税制度,在压榨民间矿主矿工方面采取的高压政策可谓一脉相承。宋代矿业中曾同时或先后采用了劳役制、招募制、承卖制等生产经营方式,尤其劳役制是以政府强制而无偿的手段役使劳力。这种劳役形式盛行于封建社会前期,到了宋明仍沿用,完全剥夺了劳动者的自主权。其他两种生产方式虽予以从业者一定权限,但压榨亦甚为严重。除了官府垄断的利益以外,再经过矿主的利润分配及包工头的抽成,分配到矿工手中的利润少而又少。因此不难理解,大量矿工经常逃逸,有的从事盗采,有的转换行当,而有的干脆举起反旗,如叶宗留。

明朝永乐年以后,朝廷对民间矿禁渐松,但课税也不断增加,导致地方负担加重,矿民疲困,治安混乱等问题。到了明英宗正统年间,明王朝为榨取更多白银,加紧盘剥矿工,对闽、浙、赣部分山区实行封锁,并派兵驻守,严禁私人开矿。叶宗留发动起义正是发生在这种背景下。

叶宗留,浙江庆元叶村(今淤上村)人,出身贫苦,幼年丧父,随叔父在宣平读私塾,稍长习武,立志"刀劈人间不平事,枪打世上不平人"。流落到处州(今浙江丽水)当过府署皂隶,因不堪受压迫,于正统七年(1442)十二月,与处州人叶希八、陈善恭等带领数百名流民到福建,私自开采宝丰银矿,其中涉及官府封闭的禁区。因叶宗留人多势众,地方官府便上报了朝廷,朝廷命福建、浙江两省派兵搜捕。叶宗留即据守要地,铸造兵器,武装自卫。明朝官府早就颁令严禁"偷开坑穴""私煎银矿",违者"处以极刑",家属发配边疆,"如有不服追究者,即调军剿捕"。叶宗留对官府的禁令一直不予理睬,他直接留下书信给当时的官府,威胁称:留宝丰场听我采取,不然杀人。叶宗留自称马大王,甚至豪迈地与当时的地方官府约战:浙江马大王领500多余人,定限某日大战。

叶宗留及后来与之联合的邓茂七(沙县人)领导的矿工和农民起义,是明朝中叶较大规模的农民起义。此次矿工、农民起义,持续8年之久,至景泰元年(1450),波及数省,最终虽被官军分化瓦解,各个击破,但震撼甚至动摇了明朝的统治根基。农民起义在全国的星火燎原,打破了明初所确立的基层里甲控制体系,使人口流动更加自由,为明朝中后期社会的深层变化埋下了伏笔。从长远来看,他们联合反对封建统治的斗争,在中国农民战争史上具有重大的意义。同时,按暨南大学历史系教授周正庆的研究认定,这也是"中国历史上第一次由产业工人组织领导的革命运动"，而芹溪村的宝丰银场就是"中国历史上第一次由产业工人组织领导的革命运动"的发祥地，从而赋予周宁有史以来第一次发生全国性事件的地位。

另一方面，林聪呼请朝廷减免课银的表奏其实早于这场起义一年，可惜未被权势中枢采纳。虽然不敢断定林聪上表的行为一定能阻止起义的发生，但至少可以很大程度上减少起义的规模与影响力。因为林聪奏请的关键事项，正是参与起义的矿工们梦寐以求的谋生希望，一旦实现了，自然使大部分起义者失去冒险暴动的激愤动力。相信随着起义的星火燎原，当朝统治者们为自己的傲慢和愚蠢付出了高昂的代价，也为拒绝了林聪的合理建议而悔青了肠子。

但我们不禁十分好奇：何以一个身居高位的朝廷官宦，会深切同情底层百姓疾苦，做出于国于民其实都有利的上表举动，并在随后几年始终不弃，坚持继续上表直至成功？这当然跟当事者的悲悯情怀和耿介秉性有关，同时也一定跟林聪作为梅山女婿的身份有关。

林聪上表所带来的溢出效应十分巨大。试想一下，如果缺了林尚书的慷慨陈词及其所导致的课税大幅减免，早已衰落的宝丰银矿很可能埋入尘烟衰草之间，既不会在明朝复兴，也难以于今以国保文物身份重见光明。宝丰银矿后来的民间盗采行为就始终只是见不得阳光的地下活动，更不可能产生银矿大王张彭八。如此进一步合理推测，宝丰银矿的影响力必将不断减弱，乃至湮没无闻，又何以保存如今令我们倍加珍惜与自豪的国保文物单位——宝丰古银场？

所以我们可以笃定地推论：正是林聪的减税上表，间接促成了宝丰银矿中兴，由此使之扩大规模，再创辉煌，以致成功为500多年后的周宁奉献一个珍贵的国保文物单位。

周宁另一个国保单位林公宫也得益于林聪的推动。在林聪上表呈于明宪宗之前，林公信仰虽然已传播200多年，但只限于杉洋附近比较狭窄的区域内流传。明成化七年（1471），时任刑部尚书林聪梳理民间传颂的林祖亘事迹并上报朝廷。次年，明宪宗朱见深即下旨敕封林祖亘为"杉洋感应林公忠平王"，特颁诏在杉洋建忠平王祖殿进行崇祀。明正德八年（1514）朝野倾力共建林公宫，信众们同时为林公组建了他们心仪的神灵班底，除了传说中助阵斗法的屏南县程氏、周宁县周氏以及杨、柳大将外，另增加了林公生前结义兄弟林祖仲、林祖超、林祖卿、林文珍等4员副将，一个相当完整的林公信仰神灵体系由是初步形成，极大地吸引了宁德、温州、福州等地越来越多的信众加入崇拜队伍中来。

在一个皇权高于一切的国度里，地方神灵是否受到敕封是其能否进阶为一方大神的分水岭。海神妈祖、妇婴保护神临水夫人的命运与林公如出一辙，也都因为品德高尚、天赋异禀、普度众生，受到民众最高的礼遇和一致的称颂，以一介平民身份经过殉难情节和神话包装升格成神，然后再经过君王敕封致信众骤增香火愈盛，终于成为万民膜拜的有代表性的崇高神祇。在老百姓看来，由皇帝给神灵加官晋爵并无不妥，因为在普通百姓的心里，他们早已把紫禁城中至高无上的天子等同于神，甚至高于神，而不会轻易质疑皇上的人格低于神格的可能性，这也算是中国传统文化的一大特色吧。

　　与此形成对照的例子比比皆是。君不见，祖国的山山水水间，百姓们出乎虔敬之心塑起的神像何止千万？但能够上达天庭、下佑万民，既享祖殿之尊崇又得以不断复制分殿的大神并不多，大多的命运跟供奉者一样，生于斯成于斯，有责守土而无缘游方，岂不惜哉！

　　言归正传，正是由于林聪上表得到宪宗敕封的强大效应，周宁乃至闽东以致更广范围的信众祖祖辈辈享受了林公信仰的精神慰藉，直到今天，我们能够因此以林公祖殿的建筑审美和文化价值，拥有了又一个国保文物单位之殊荣。数百年过去，我们回头仰望，不禁愈加对林聪的神助攻感佩不已！

　　而林聪助力周宁文化事业的脚步根本没有停下的节奏，当他邂逅了与林公所在地仅仅数里之遥的方广禅寺时，又一次情不自禁地如法炮制了一份表奏给皇上，皇上顺水推舟也批复了一份敕封。而这居然与林公的有关表奏发生在同一年，即明成化七年（1471）上报而同样于次年获宪宗皇帝朱见深封为"大圣平麓祖师活佛菩萨"。我们有理由相信，林聪应该是同时上表了两份奏疏，而次年也是同时收获了两份敕封。

　　方广禅寺得敕封后也自然信众日增，声誉日隆，香火鼎盛，加之历代方丈殚精竭虑，祈梦美名风传四方，走向信仰巅峰之路至此铺就。

　　林聪对梅山当然更加情有独钟，他以各种方式推动梅峰书馆繁荣，使一个乡野书馆渐成一座文化丰碑。相关情节在《汤满娘与林聪》文中多有表达，此处不再赘述。

　　行文至此，不禁神往：

　　感觉林聪除了上班为朝廷，业余时间都在为周宁操心奔波，对汤满娘的深情，化作了对周宁的一片赤子之心，不仅常来，且总是带来一次又一次令人惊喜的行动与成就。

　　竟感觉，不只是汤满娘嫁给了林聪，更像是林聪"嫁"给了周宁。没有林聪的公益性"弄权"，周宁的人文历史定会暗淡不少。

桃源溪流域漫溯

◎ 陈圣寿

为了与读者诸君达成共识，关于流域的概念在此重复强调一下并不算多余。就通用的意义而言，流域指的是一个水系的干流和支流所流过的整个地区。

广义上的流域是一个大系统，它由水、土壤、植被、动物和人类活动及其产品组成。流域的边界可以由山脉、河流、湖泊和其他地形组成，这些地形可以阻止水流的流动，形成一个相对有机关联的系统。

在《桃源溪流域》这本书中，桃源溪流域的范围包括桃源溪干流及其各支流所涵盖的地域，实际包括咸村、玛坑绝大部分区域和七步菩萨顶附近区域。

咸村古称桃源，流淌其间的溪流顺理成章名曰桃源溪。主要以咸村溪、樟源溪、川中溪为主干，流经境内樟源、咸洋、咸村、上坂、下坂、川中等村，汇集于宁德市霍童溪外表段。桃源历尽沧桑，域名亦随之变换成大相径庭的称谓，所幸溪名历经千年而始终不变，使我们得以顾名思义，得以由此展开对桃源溪流域的时空溯源。

在正式探流溯源之前，插句题外话：周宁另有一条名不见经传的桃源溪，即阮家洞的村前小溪。据载，阮家洞村旧称桃源洞村，亦称桃源龙溪境，取"桃花源里人家"之意，故称溪流为桃源溪。由于此所谓桃源溪知者有限，对本书及本篇的桃源溪流域之概念未构成多大影响，下文不进行更多的梳理纠缠。

历史上，咸村的曾用名咸源令人不由得想到秦朝古都咸阳，或许始祖黄鞠与朱福作为隋朝的士大夫阶层代表，无论浪迹何方，不免带着对大一统年代的久远追念，从而起了一个能够唤醒氏族荣耀的地名。而后期一则不知真假的传说倒成了流行版本，大意说的是唐昭王十六子岳王李褆（后改名为李璟）为了避祸入闽路过咸源时，恰逢夜里风清月朗而村人进入梦乡鼾声大作，一路颠沛流离、担惊受怕的岳王心生感慨，不由得放慢脚步，并下定决心于此桃源一般的宝地附近选择宜居之处，所以也就有了后来登枣岭、过王宿、马耕东洋、肇基仕本等从颠簸到平和的历程。这些故事无论是否可以考证，至少佐证了咸村千年前适于安居乐业，可接纳各处流民，成就桃源美名。

咸村与洋中村分列桃源溪最后一段的左右两岸。两地同属河谷小平原，尽享平畴沃野的水利与农业优势。而周边群山环峙，如东面海拔近 800 米的现岩山，西面及西南面海拔 1000 米左右的里兰山、大顶和铁石顶；北面则山势愈高，包括西北与东北面的黄泥岗、牛顶、天山顶、旗顶岗、五公楼峰、大垱顶等山峰，海拔从 800 多米交错走高到 1300 多米，在一马平川的开阔地上次第耸立，显得巍峨壮观，给咸村一带平添了雄峻气势，同时也保障了桃源溪水源充沛。望着桃源溪于东南方向汇入霍童溪的浩荡从容，更加理解咸村与霍童的历史渊源源远流长。

桃源溪最高最远的源头处在菩萨顶。当然，桃源溪不止一个源头，因咸村镇是周宁县海拔最低的一个乡镇，镇区咸村拥有咸村镇峡谷最大的开阔地，自然众流归一，而其中比较重要的几条溪涧分别是樟源溪、下洋坑溪与碧岩溪。这几条小溪不止注入了四季不竭的水量，而且各自奉献着青绿的、人文的以及红色的文化内容，从而丰富了桃源溪的内涵魅力。

桃源溪的支流之一樟源溪一带曾是原始森林，其中以樟树居多，源头从其村北而下，故名为"樟源"。今年以来，樟源村以开展实施樟源溪沿岸综合治理项目为抓手，持续推动美丽村庄建设，打造村民休闲场所、改造停车场、旧桥及竹林美化提升。

桃源溪源头菩萨顶及天山顶一带，由于海拔高、水土保持好，当仁不让地成为众多溪涧的生成之处。

桃源溪与其最大支流川中溪的关系是非常特殊的。从长度来说，川中溪甚至超过了桃源溪，前者长 20.4 千米，后者长 16.6 千米，而从流量来比较亦不相上下。所以民间出现一种有趣也有理的说法就不足为奇了，川中溪应该与桃源溪并驾齐驱而不仅仅满足于其支流的身份。而从川中溪本身流经区域来看，只有大约一半长度的下游在咸村境内，另一半中上游部分则流淌于玛坑的山壑之间。

川中溪的源头位于方广寺附近的黄仙峰，即灵凤山的尼姑坪一带。沿途汇入杉洋溪、玛坑溪、上坑溪、下坑溪等溪流，奔腾入咸界界后，经长峰、赤洋、川中、

桃源大视角（叶先设 摄）

里兰与桃源溪汇合成一体。

在川中溪的上游杉洋一带，溪流贯穿的风景殊胜，包括一溪八桥景观。杉洋溪源头黄仙峰（海拔1191.7米）西脚下，从东向西流经村境2000多米，穿越八大虹桥（石拱桥6座、水泥桥2座）。下游汇集徐家洋溪（龙潭瀑布溪）、上坑溪、玛坑溪等多条山涧水汇合咸村溪流入霍童溪至大海。溪中潭潭相叠，奇岩怪石（美人照镜石壁、石印等）绘成一幅美丽的画卷。溪水清澈如镜，往常是村民的饮用、洗涤水，还利用水力作炸油坊、舂米（原有下鲤溪、里村两坊），以及水力发电站等。

杉洋村群山环抱，溪流潺潺，环境清幽，山头茶树果园披绿，山间梯田层层，山下古树成荫。村境东西相距1500多米，村中横卧一条清澈弯曲的溪流，伴着曲径、护栏、长堤、虹桥。一条神龙肇杉溪，把一村南北分隔，而8座虹桥让南北相连。水是万物之源，而桥是交通之纽。村东方的接福桥（1862年建）是通往福安境洪口、赛岐的主桥；还有济川桥（细头坪桥）、下鲤溪水泥桥（2座）、荣阳桥（下洋桥）、樟川桥（圣母宫桥）和林公官双虹石拱桥，形成"一虹风送人千里，两岩花开月半轮"的胜景。

除此之外，杉洋村西部的龙潭瀑布亦十分神秘而令人震撼，它是战旗山脚下的万窟泉流倾泻而成的五潭一洞一瀑，水清如镜，潭深莫测，飞瀑高达百余米。下游弯弯曲曲，流经两壁百余亩的丛林，汇合于杉洋溪成T字形的"合溪处"。溪中有两岸树木交错阴森的"暗潭"、有长方形的"长潭"、有瓮形的"瓮潭"、有棺材形的"棺材潭"、有倒流漩涡形的"倒溪潭"。若遇上雷鸣掩耳之际，雷电交加之时，疑是瀑布潭中的青龙上天，故称之为龙潭瀑布。飞瀑周围峭壁如斧劈刀削，无路可通，不能近观其境，只可远眺其美。在周宁境内，龙潭瀑布的壮观仅次于九龙漈瀑布，是不可多得的旅游资源。

玛坑的村前小溪同样是川中溪的上游支流之一，发源于灵凤山和升阳村间山谷，流经平洋直下瓮潭，冲决潭前环石，挂瀑至老鸦潭，与元顶坑涧水合流入村。溪流入村处有两块石如龟，被称为"金龟守水头"。流出村口处又有"龟蛇相汇"，绕村前七曲，随山回水转，弯弯曲曲，流至长峰，前有小山包，如龟相迎，至长峰同杉洋溪合流。

赤洋村也是川中溪上游的重要地段，境内溪流大约5华里，由于接纳了杉洋、上坑、玛坑溪水，水量充沛，溪道平坦，野生溪鱼品种多，有石斑、溪鲤、黄甲、鳗、鳖、溪白等鱼，以前邻村的孝悌、光夏村人常开玩笑说：赤洋村人家里来客不用去买鱼，饭放锅内煮拿筇篱捞鱼做菜也不迟。溪里并没有他们说的那么多鱼，但平时家家确实都有一两斤溪鱼干，溪鱼干也就成了赤洋村接待客人的一道特色菜。

夏天烈日炎炎，小溪是个很好的去处，午后到溪潭里泡泡溪水降暑，还可以在急流浅滩处摸藏鱼，一举两得。晚饭后若闲着，邀上两三人拿上鱼饵钓竿，找块水潭边大块石头坐在上面，悠闲钓黄甲，沐浴清爽空气，吹溪风纳凉，恰似人间仙境。白天，清澈甘甜的溪流，能洗去你一天的劳累；夜晚，清脆悦耳的流水，能伴你进入甜美梦乡。

赤洋村上下游有桥梁 2 座，下游赤洋桥为双洞石拱桥，由村民自筹资金和邻村募捐，于 1976 年 8 月建成，全长 43 米，宽 5 米，现成为村级公路桥。上游溪头桥为两墩三洞钢混桥，系帮扶项目，于 2013 年 8 月建成，全长 35 米，宽 5 米，是通往前溪、坪坑自然村的村道桥梁，上中下游还各有过溪丁石路一条。

赤洋溪水源充足，除了引水灌溉田地外，可利用溪水建作坊、储水发电。村中原建有江氏、陈氏里外水碓楼两座，里面各有水车、碾车、油坊（桐油、杜油两条）、碓臼、烘焙灶、蒸炊灶，可进行榨油、磨麦粉、碓米的加工。1966 年外碓楼被洪水冲走，里碓楼油坊一直沿用至 2006 年。由于茶叶的兴起，林地逐渐抛荒，油坊停产而荒废。1970 年建一泵式水力发电站和碾米、压榨蔗等的加工厂。社会的发展，农村小型发电已满足不了用户的需求，随着农村电网的改造，至 2003 年也就停用了。

川中溪曾用名鸾溪，据说拥有鸾溪十八景，如今历尽沧海桑田已很难再现十八景风貌，不禁令人扼腕叹息。鸾溪与凤山（川中村原名）鸾凤和鸣，自是这一片美丽山川的动人篇章。

至于只能将川中溪认同为桃源溪的支流身份，同时也只能将咸村与玛坑皆视为桃源溪流域，应该说有以下三个充分支撑的理由：

其一，咸村古称桃源，咸村人大多心理上自然奉桃源溪为母亲河。而川中溪以村冠名，难以取代桃源溪之地位。

其二，约定俗成的力量，加上官方的长期认定，包括各种相关文件、资料上都把川中溪作为桃源溪支流，推翻这种官方背书的结论是不可能的事。

其三，不仅玛坑的几条主要溪涧成为川中溪水源供应者，也就是桃源溪的支流，而且在 20 世纪 60 年代以前，玛坑属于咸村管辖，直到 1966 年才正式独立出来设立玛坑公社（后改为玛坑乡、玛坑镇），所以把玛坑称之为桃源溪流域可谓顺理成章。

综观桃源溪流域，可以总结出来几项明显别于周宁境内其他流域的特点。首先吸引我们的，是桃源溪流域无与伦比的荟萃人文，有位于杉洋的林公信仰文化，其信众遍布闽东北，成为闽东三大民间信仰之一；有同样位于玛坑深山里的佛教胜地方广寺，香火鼎盛，盛况空前，祈梦蒙恩独树一帜；以及创建于唐朝的凤山寺与云门寺,前者毁于火灾但记载及遗迹犹存,后者经多次重建,至今耸然威立令人景仰。古村川中与洋中的古建及古民居,不仅存量巨大,而且技艺精湛,富含建筑审美价值,经岁月沉淀打磨而愈发光彩照人。发轫于数百上千年前的各种民俗非遗文化,遍布众多村庄,如咸村八境的黄七公巡游、首章的杖头木偶戏、川中的盘童诗、下坂的桌坪戏与驮古事,云门与半岭村的畲族风情"三月三",以及流行于其他村庄的花灯节、"贡祖走礼"、线狮及舞龙等等。逢年过节活动期间,往往人山人海、万人空巷,为桃源溪流域增添了无比浓郁而欢快的节庆色彩。

  一方水土养一方人。在这片丰饶的土地上,一方面物产极丰富,使歉收成为小概率事件;另一方面,丰厚的物质与精神滋养的贤达名人层出不穷,其光辉其效应经久不衰。历史上留下浓墨重彩的名人列举如下:黄鞠与朱福,咸村(咸源)开基始祖;汤耳,周宁第一位进士,曾任长溪(今霞浦)县令;魏敬中,号称"八闽太史公",受到林则徐、严复等名流盛赞;孙翼如,史称"乱世廉臣",是清末官场的一股清流;林起崇,以广霖大和尚尊位曾任福州崇圣禅寺和万佛寺方丈。其他有圣贤过化,如明朝的刑部尚书林聪及其夫人汤满娘,留下许多风雅佳话;"文革"时期的福建师大著名教授学者、易经大师黄寿祺下放茶广两年时间,其言行及作品功济当时当地,泽被今朝后世。

  桃源溪流域的工艺纷繁多彩,工匠声名远播。源自棉麻、竹纤维的造纸术源远流长而且风行于10多个乡村;咸村重酿酒传承至今犹然芳香醉人;剪纸、绣花技术发达的村庄不止一个;玛坑何氏黑膏药疗效卓著名声在外;近年开始发展起来的铝箔画水平不低、业绩不俗……凡此等等,不一而足,充分反映出桃源溪流域作为工艺之乡名不虚传。而各类颇有建树的工匠们活跃在各地各行各业,其中下坂的厨师占据了周宁酒店行业半壁江山;紫竹的木匠技高一筹走南闯北;其他如武师、吹鼓手等也大有人在,风生水起。工匠精神与工艺水平如影随形相辅相成,共同促进了桃源溪流域百业繁荣。

  古称桃源的桃源溪流域,并非因为广植桃树而得名,而是由于其环境优美气质温润而冠名。从桃源应有的资源禀赋和气度方面来说,咸村和玛坑自古至今不曾令人失望过。桃源溪下游两岸的小平原尽得地利之便,平畴沃野气候宜人、物产丰饶、宜耕宜居。桃源溪这个美名赋予她令人惊艳的风华,也表现在方方面面的雅俗共赏。时光不老,山川竞秀,桃源溪如大自然柔美的飘带,为岁月的流淌而飘逸,那是农耕文明的源流与笙箫,为年轮的扩展而舞动,那是世代相传的旋律与舞姿。

走过桥亭的岁月

◎ 李典义

走进桃源，走进历史，用心触摸古朴的石桥、木拱廊桥或厚重的路亭，感知千年桃源的桥亭岁月。桥下是静静流淌的溪水，桥边是掩映在参天大树下的古亭。开阔的视野，阡陌相通，鸡犬相闻。远离繁华，远离喧嚣的朴素自然之美如诗如画地纵横伸展……

桥，道也。一桥飞架，天堑变通途，可见桥之重要。有路没有桥，跋涉不过河，跨越不了山，也就到达不了理想之彼岸。

古桥富于实用价值，有的雕龙画栋，引人入胜。古桥面临盈盈的流水，傍着霭霭的绿荫，便利行人随意歇脚，等待过往的情侣邂逅一段美丽的爱情或等候归乡的游子。

何姑桥位于咸村镇桃源溪。清初由咸村何姓姑娘捐金建造木拱廊屋桥。清康熙二十九年（1690）八月，支提寺僧在桥两端各竖石碑一块。嘉庆十六年（1811）焚毁。嘉庆十八年（1813）二月，由孙正卿、黄芳礼1300多贯重建，当年八月竣工。1962年再次焚毁。1964年3月，由洋中村民孙必安等筹资重建，次年4月竣工，改名桃溪桥。全长34米、宽5米，木拱净跨27.6米，桥上建廊屋。1984年，改建石拱桥，1985年冬竣工，复原名。全长39米，高16.5米。石拱单跨30米，桥面宽5米，两沿设石扶栏。

鸾溪桥位于咸村镇川中村，元至正十七年（1357）圮于水。明洪武五年（1372）凤山寺僧大用重建，全长30米，共2孔，净跨10米，宽3.6米。明万历九年（1581）因山洪暴发河流改道，废为旱桥，改在新河道设石磴。光绪七年（1881）设建木廊桥，光绪十年水毁。民国8年（1919）村民汤华园、汤华锭、汤洪灼等募建石梁桥9孔，改名凤洋桥，民国32年（1943）水毁。1969年建公路时原桥拆，另建公路桥。

普济桥位于川中村，唐咸通二年（861）建木桥，为全县有史记载的最早桥梁，也是宁德地区建筑年代最早的桥梁。据《福建通志》记载：比福鼎县秦屿的蓝溪桥、太姥山的望仙桥还早10余年，为全省唐代13座桥梁之一。元至大三年（1310）凤山寺僧庆禅师改建石梁，至正十七年（1357）水毁，明洪武五年（1372）凤山寺僧大用再建石梁，明万历九年（1581）水毁后，移址下游，改建高水位的木拱廊屋桥，明崇祯十七年（1644）山贼何富劫掠川中村时焚毁此桥。1985年村民再次募捐建石拱桥，全长40米，设净跨28米，1孔，宽4.5米。

川中村还有一座三孔石拱桥大约建于宋代，原址在北大路拱桥头左边，拱桥至今完整无损，1962年建设公路时，被覆盖隐迹在公路桥底下。

玛坑村前的溪流，历史上建有两座石拱桥，一座建在上游的合溪桥，连接通往周宁城关的古道；一座在下游的寨边路与显迹宫间，连接通往咸村樟源等地的古道。该桥建于700多年前，是用块石砌成的。桥跨度35米，桥面宽5米，桥高12米。桥下溪水清澈见底，锦鲤戏水，红鳞映辉。另外还建有三座猫咪伸腰桥，因水灾冲毁今已改建为水泥桥。现留下来的还有一座位于上坑溪的长生桥，桥跨40米，高10米，桥面宽5米。连接通往福安、穆阳、赛岐等地的古道。顾名思义，其桥状如猫儿伸腰跨河。它有两个"II"石支架，斜插入在石砌的桥头座里，然后在架上铺设条石而成。

杉洋溪源头黄仙峰（海拔1191.7米）西脚下，从东向西流经村境2000多米，穿越八大虹桥（石拱桥6座、水泥桥2座）。下游汇集徐家洋溪（龙潭瀑布溪）、上坑溪、玛坑溪等多条山涧水汇合咸村溪流入霍童溪至大海。溪中潭潭相叠，奇岩怪石绘成一幅美丽的画卷。杉洋村群山环抱，溪流潺潺，环境清幽，山头茶果园披绿，山间梯田层层，山下古树成荫。村境东西相距1500多米，村中横卧一条清澈弯曲的溪流，伴着曲径、护栏、长堤、虹桥。村东方的接福桥（1862年建）是通往福安境洪口、赛岐的主桥。还有济川桥（细头坪桥）、下鲤溪水泥桥（两座）、荣阳桥（下洋桥）、樟川桥（圣母宫桥）和林公宫双虹石拱桥。一条神龙肇杉溪，把一村南北分隔，而八座虹桥让南北相连，形成"一虹风送人千里，两岩花开月半轮"的胜景。

水是万物之源，桥是交通之纽。在历史的变迁中，随着交通工具的不断发展，这些廊桥都已完成了不同的历史使命，基本退出历史的舞台，甚至淹没在历史的长河中。如今在桃源境能得以完整保存的只剩下长峰的木拱廊桥。

长峰桥坐落在玛溪与杉洋溪汇合之处，连接着玛坑、杉洋通往川中、霍童的古道。该桥建于清乾隆三十三年（1768），桥中央设坐西朝东神龛，祀真武大帝，至今已有270多年，终年香火不断。曾于道光十八年（1838）、民国三十三年（1944）、2008年三次重修，完全保存了原来的建筑风格，桥屋两端原为土墙，2008年改为砖砌，桥的南端立有道光十八年（1832）、2009年石碑各一块。铭刻两次重修时的董事成员、捐资人姓名和捐资数额等内容。该桥设计风格独特，桥长22.1米、宽4.7米，净跨

14.4米，桥架由103根圆木纵横交错榫接而成，桥面铺设木板，上由10扇柱梁支持着青瓦栋。两端桥墩用溪间石砌成，桥屋九开间40柱，穿斗式木构架、硬歇山顶结构，南北走向。建筑材料均为杉木、桥两侧设木条凳，檐下施挡板，挡板均用2分米厚的杉木板铺钉并刷上一层暗红色的油漆。虽经上百年风雨侵袭，但保护有方，廊桥完好无损。

亭，停集，人所休憩也。点缀田畴陌野中间，"前不把村，后不着店"，亭亭玉立，不但使无垠的山野减少单调之感，还便于旅途的过客及时小驻，更可以接待天涯沦落的流浪人，无处投宿时借此歇夜。对田头劳作的农民，这又是天然的耕余休息之地，日中时刻，可以静坐进餐，冬避朔风，夏避炎阳。有的高踞岭背，峰回路转、两村交界之处，翼然一亭，挺秀如画。山行较平地费力，行人跑到岭上，大都气喘吁吁，汗流浃背，在路亭的石条凳上坐憩片刻，听山风苏苏从树梢掠过，投下一身清凉。

在川中境内就有十几座亭：南去有岭头亭、姑婆亭、马安亭、坊亭；北边有碑头亭、虎腰亭、佛塔岗亭；东去有梅山亭；西去有长源洋亭。旧时，路亭是远路客商，来往歇息、避雨、乘凉的场所。相送至亲好友到路亭赠言话别，文人秀才题诗造句，以发心中情怀。这些路亭以实用为主，多为土墙木屋。内设坐板以供过客休息，门框间设突榫或凹槽供搁小扁担，柱间订钉供挂行包。亭边设厕，既可提供方便，又

长峰桥（李洪元 摄）

可积肥。其中有不少古亭都承载着沉甸甸的历史文化和游子剪不断的乡愁。

仪凤亭在川中村拱桥头边。明万历三十九年（1611）建。民国8年（1919）3月重建。重檐歇山顶木构，正方形，边长6米，高6.5米。四围空敞，兼为盛夏消暑之所。

长门洋亭在川中至咸村的古道上有一座八角亭即长门洋亭。该亭土木结构，建于清嘉庆元年，1986年重修。以前每年从立夏至重阳，村里指派一名村民，在亭中烹茶招待方圆过路客人，深受好评有诗赞曰："虽是一件平常事，每到亭中忆旧时。"

坊亭是周宁县唯一由官方修建的纪念性坊亭，又称皇恩亭。位于咸村镇通往宁德古道的何姑桥下游左岸。清同治四年（1865），宁德县奉旨为川中监生汤日坛妻黄氏安人百岁五世同居，儿孙拔萃，钦赐竖坊价银而建。亭为重檐歇山顶砖木结构，南北长6.5米，东西宽6米，高7.5米。飞檐斗拱，粉墙彩饰，极为精致。北侧门额有"奉旨旌奖百岁动劵建坊"直匾（可惜被盗，现为仿制品）；南侧门额有"七叶衍祥"横匾；墙间有字画，亭内西侧建佛龛；东侧竖"百岁五代坊"；中为通道；亭边设坐板供行人憩息。

玛坑乡赤洋绕村古道是条农耕时期的交通要道，西南经川中到霍童、宁德、古田、屏南；东过长峰、杉洋达穆阳、福安、霞浦。赤洋境内古道大约五华里，全由溪石铺路，由西南向东沿溪而上。

古道上有三亭，即与长峰交界的前溪亭、与川中交界的佛塔岗亭和村对面的赤洋亭。其中，赤洋亭始建于明成化二年（1466），民国十八年（1929）余姓村民募捐重建，赤洋亭和前溪亭均为土木结构，佛塔岗亭为石木结构，亭子均长6.2米，宽5.4米内设木枋凳或石板凳供行人歇息。农耕时期，沿路客商来往络绎不绝，每逢正月杉洋请林公时，宁德、古田、屏南的过往香客更是热闹非凡。其间日夜锣鼓喧天，鞭炮神铳震耳欲聋。

一座桥亭，一段佳话，让后世良善之辈时时生发拜谒之情。

人生就是行路和过桥。每一个人的心中都有一座桥亭，人们心中的那座桥亭，承载着希望、梦想、情感，伴随着自己走过了少年、青年、中年，驮着自己在人生旅途上昼夜兼程，披荆斩棘，风雨同舟。

第二章

名胜景观　古邑风情

虎头山览胜

◎ 东 城

如果一个咸村的孩子去过虎头山，如果他第一次读到李白的著名长诗《蜀道难》，他的脑海里被激发出来与之对应的场景一定是虎头山奇崛的景观。从不到百米的低海拔河谷冲积平原急剧盘旋上升到千米险峰，虽然只是乘车前往，犹让人感觉步步惊心。停车地点位于接近顶峰的慧日寺下方，从此处拾级而上，或蜿蜒，或斜坡，皆陡峭难行。尤其穿过名刹慧日寺后，宽仅两尺余的石阶明显违背了舒服度原则，一步一步增加着斜度，让每一步向上的攀爬都成了一种考验。即使习惯于户外运动者亦颇感吃力，到后来几乎都难免汗流浃背气喘吁

虎头山（叶先设 摄）

吁。中途已是腰酸腿疼，抬眼望，却见山顶依然在云端。《蜀道难》的诗句不由得时时蹦出来，什么"黄鹤之飞尚不得过，猿猱欲度愁攀援"，或者"扪参历井仰胁息，以手抚膺坐长叹"，又或者"连峰去天不盈尺，枯松倒挂倚绝壁"，不禁令人生发出悲壮的感慨"剑阁峥嵘而崔嵬，一夫当关，万夫莫开"。直叫人怀疑当年李谪仙是否穿越到了我们的虎头山，将之与蜀道之难混为一体而诗兴大发成就千古名篇？

当然，虎头山本身足够优秀俊美，不必依靠傍李太白的蜀道而出风头，自足以风姿绰约，无限风光在险峰的通则在虎头山这里尤为见效。看石径生藓左旋右转逶迤而上没入云间，石壁如削刚正不阿频频现身欲迎还拒。悬崖上探出的飞花姿色皆

远眺虎头山（叶先设 摄）

风华绝代，或横生一丛灌木造型竟独步天下。临近峰顶处的道旁，一棵壮硕的大树巍然耸立，在几乎仅可容身的逼仄之地，目测高达30米的枝干岂止是威武，简直是逆天昂扬。树冠倒没有故意长成奇形怪状的，显得枝繁叶茂伸缩有度。如果参加评比，这出自贫瘠之地的王者一定是兼具坚贞与雍容之美的逆袭典范，而其本名细柄阿丁枫则带了点学术的味道，秋来时的斑斓将治愈任何登临虎头山的辛劳。

虎头山景点主要集中在慧日峰上。慧日峰酷似猛虎，这也正是虎头山美名的由来。粗略浏览一下其天然景观的清单如后：虎头平台、虎嘴、一鞠躬、溶洞、空中假山（单巨石直立，顶面宽60米，丛生乔木、山柿，有石如鲤鱼）、幽奇夹谷、老枫树（3人手围大）、玉兔岩、海蚌石、弥勒佛坐禅、仙人棋桌、红军洞，龙井2口（传说该井有螃蟹龙，因上游污染，龙王迁到天山龙井，称天山龙），拱门式龙仓一个，瀑布2处及大小石猴，还有峰峦重叠的骆驼峰、水鸡洞（山水蛙）、无底潭、李铁拐葫芦印、仙人脚印一双（有脚底纹，各50厘米长，20厘米宽），以及转水坪"石林"等奇观。如此景点扎堆的所在并不多见，不用奢望——进行零距离鉴赏，而只能采取陶渊明对待读书不求甚解的态度，满足于概览一下它们的大体风貌而不纠结于细节也。

名山往往配名刹，这是美丽中国的常规，虎头山与慧日寺亦曾经长期相互照拂。据《宁德县志》记载："东方未暑，林间有光，赤若晨曦，因名慧日。宋开宝七年（968）僧元白结茅居此。"又传元泰定年间（1323—1328），村民为支提德泉禅师建静修之所，名曰慧日庵，明代废弃，遗址俗称外院。1996年起，重建慧日寺，经热心公益事业仁人志士努力，今已建成大雄宝殿、天王殿、平鹿祖师殿、观音堂，并把部分景点加以整修。配之以放生池及其他水景，背靠虎头山的慧日寺正以恢宏而端俨之势坐拥雄峰，俯瞰桃源。

虎头山植被丰富，松杉成林，还有刺柏、乌桕、木荷、花桐木、观光木、三叶赤楠等200多种树木。山高林密，曾一度发现过华南虎的踪迹，野兔、竹鸡等自然不在话下。当晨曦或霞光染红山谷时，山雀、杜鹃、斑鸠、鹧鸪等飞禽常一起放开歌喉，与徐徐山风、淙淙流水相配乐，演奏着动人的山林交响曲。

古人云："山之骨在石，山之趣在水，山之态在树，山之精神在峭、在秀、在高。"以虎头山对照，则山上不但奇峰怪石、险崖深壑、飞瀑流泉、云雾花树样样具备、般般称奇，而且牵手慧日寺，自然风光与宗教文化相辅相成，愈加引人入胜。

或许因为虎头山此名既形象又威猛，容易吸引大多数人对风景的聚焦，所以全国各地冠名虎头山的景区竟十分普遍。

如北京八大处虎头山，位于北京西山八大处南面，形似虎头，怪石嶙峋的山峰上，登高远望，景色秀美，可以俯瞰京西和整个八大处公园，是人们登山旅游的好去处；甘肃迭部虎头山，位于甘肃省迭部县城西南侧，白龙江南岸，以威武的雄姿和云雾缭绕的神秘色彩成为一大景观，亦因外形酷似虎头而得名；河南偃师虎头山，位于河南省洛阳市偃师市区北部2千米处，因山势酷似一只卧虎而得名，面积3.4平方千米，已建成虎头山生态公园，自然风光与人文景观相融合，建有中原客家先民南迁圣地纪念碑；湖南宁乡虎头山位于城南2里处，与凤凰山对峙，其山形酷似伏虎，且虎头又直冲凤凰城，每当夜幕降临，其"虎头横晚"的依稀景观也被列为"宁乡八景"之一。

大寨虎头山也因山形酷似伏虎而得名。这里本来是一座名不见经传的小山，可由于"农业学大寨"的时代号角，虎头山因此名播四海。虎头山山势峻秀，松柏翁郁，景色绚丽多姿。这里有大寨人民战天斗地的历史见证，丰富的自然景观和人文景观相得益彰。大寨展览馆、周恩来纪念亭、郭沫若纪念碑等都是值得打卡的景点。

其他各地至少还有十多座以虎头山命名的景区，知名度相对较小，不再一一列举。

咸村周边群峰环列，各自钟灵毓秀而巧夺天工，尤以北面的天山山脉绵亘高耸，各种秀峰奇岩竞峥嵘，飞瀑流泉争喧阗，境内有无数溪涧河谷，演绎出美不胜收的丰富景点。特别是虎头山景区，虽然在全国范围的同名景区排行榜上难以独占鳌头，却也堪以独领风骚。假以时日，随着配套项目不断完善，虎头山必将龙骧虎步虎虎生风。

登临山顶虎头平台，俯瞰咸村十境，三山四水尽收眼底，心中不禁涌起傲视八方的气概，正好契合了虎头山与生俱来的英雄本色。

桃源上高耸的天山

◎ 东 城

当人们把一个地方称作天山时，内心自然涌起两种情感：一是敬畏，二为自豪。当然，天山那高耸入云与天齐的气派，一方面带来道阻且难的攀越艰辛令人心生怯意，另一方面却也充满了神秘感因而令人向往不已。

说到这里，人们脑海里浮现的几乎都是新疆的"脊梁"天山山脉，作为河西走廊的延续，横贯亚洲的天山山脉绵延2500千米，是亚洲最长山系，跻身世界上七大山系之一，也是丝绸古道衔接欧亚大陆的关键地段，成为中国和世界地理书上不可或缺的重要题材。

天山胜境美不胜收，雪山、峡谷、湖泊、河流、森林、草场各具非凡美色。大小天池更以"瑶池"的美称蜚声古今中外，天山雪莲的神奇药效奇绝为世人所津津乐道，而梁羽生的长篇武侠小说《七剑下天山》为天山平添雄风侠气，金庸进一步推波助澜推出"天山童姥"这一亦侠亦魔的经典角色，都从各个方面提升了天山的无穷魅力。

何况，天山山脊的平均海拔在5000米以上，其中海拔在6000米以上的山峰40多座，拦截了大西洋和北冰洋西风气流携带的水汽，成为高山的固体水塔，自成循环体系的降水、积雪、冰川，彻底改变了西域及中亚干旱区域的自然环境，是灌溉天山南北绿洲和草原的水源。可以说，天山山脉养育了一半以上的新疆人口，维系着中亚四国的生存，其重要性不言而喻。

令人惊奇的是，周宁居然也有一座行不更名、坐不改姓的天山，且附带一个天山村，以及相关联的天山岗、天山顶（头）等地名，似乎大有与新疆大天山一比高低的气派。实际上，在全国范围内除了大名鼎鼎的天山，带"天"字的名山另有好几个，比如天柱山、天台山、天目山、天门山、天姥山等，其中天柱山属于安徽，天门山位于湖南张家界，其他三座名山都地处浙江，说明浙江人虽然拥有浓厚的天山情结，但至少明智地加一个字以示区别。我们目前无法确知周宁人为何这般气势如虹，直接采用了天山之名，但既名之则安之，与其心怀忐忑却又窃喜，不如认真地审视、寻访我们可爱的小天山种种奇妙之处，不失为有趣又富有意义的事情。

可以从几个方向前往天山，其一从际会经吾东溪而至，或翻越郭洋附近的山岭而达，亦可登枣岭、过车盘而上天山。虽然这三条路各有其美其趣，但如果欲领略天山的雄浑壮美，第三条线路无疑最为理想。因为起点在海拔百米以下，一路俱是盘旋向上，所以地势从土地平旷、阡陌纵横变换成崇山峻岭、重峦叠嶂；景色从河谷小平原的柔美渐变到雄峰峭壁的奇崛；植被从半热带的芭蕉成片过渡到亚热带的杂木争荣。想象一下，在从前用脚一步一步丈量群山万壑的年代，无论谁由舒缓的低洼之地猛然仰头望见耸入云天而壮观巍峨的雄山实景时，能不万分激动地脱口而出一声：此乃天山也！恰如在平凡的生活中偶遇身怀绝技或天赋异禀且雄赳赳气昂昂的奇人异士，能不惊为天人吗？

闲话少叙言归正传，当名副其实的天山村近在眼前时，请停下匆忙的脚步，到此天山的根据地探究一番。天山村属于车盘行政村所辖自然村，位于车盘村北面2.5千米，原名栗山（因村前薯树多故名），又因地处高山，山清水秀，景色宜人，被有心人称作天山，其名沿用至今。该村坐北朝南背靠巍峨青山，面向层层梯田，四周树木苍翠、清幽怡人，门前千年古树守护着古老村庄，哺育着魏姓子孙一代又一代，已过千余载悠悠岁月。

天山一瞥（李典义 摄）

天山村最引人入胜的景观是"龙游天山",由瀑布、峡谷和龙井共同组成的动感景象。大约距离天山村1千米处的一条溪涧,源自天山漈头经徐赖,过"钟漈"而来。峡谷地势险峻,古树参天,气势磅礴,水流如注,飞流直下,雾气冲天。雾中常有彩虹,下方即是天山龙井。龙井分为上中下三个,深不可测,据说龙居中井。龙井上方长年笼罩着神秘雾气,让人如入仙境。夏日晴天,从天山村口望龙井,可见龙井上方虹光远射,有时会见一线亮光从龙井直上升到天空散开,此即所谓"龙闪",预示次日有雨,每每应验。据说这龙王常在大旱时布雨,远近村人遇旱情都会来此求雨,有求必应。

在龙井上游的两处瀑布称前钟和里钟。瀑布高达50多米,宽20多米,水往下直泻,水花四溅,水雾升腾,十分壮观,且两瀑布相距只有几十米,水声如洪钟般咚咚作响,所以古人称之为"前钟"和"里钟"。不久的将来这里定会是旅游胜地,那时天山将会更添色彩。

壮美的天山在当年烽火岁月中是革命根据地,这里的人民为革命事业做出了重大贡献。老一辈革命家叶飞、范式人、詹如柏、阮英平等在车盘、天山一带活动。1933年11月,叶飞在天山村主持召开群众大会,在当地成立苏维埃革命政府,推选周恩弟为主席,同时整编队伍。1936年1月,叶飞、阮英平等在天山村扩充红军,召集毛红庄、陈新囊、郑启奎等4支游击队200多人,集中整编。有100多人编入独立师三纵队,十多人编入警卫班。1936年,阮英平、叶飞、郑一城、陈挺等在天山村召开群众大会,推选天山村民魏开敬为支部书记,魏开顶为支部副书记,魏红茄为地下交通员,魏长富、陈嫩细为粮食管理员。1937年,抗日战争全面爆发,叶飞、阮英平等在天山召开特委会,为拯救民族危亡,把地方干部和全体成员200多人带到屏南棠口整编,开往皖南抗日前线。

1940年4月,左丰美、黄垂明、罗富弟、张华山、江涛、丁进朝等在天山村召开特委会议,决定罗富弟担任中共闽东特委书记。天山徐赖离天山村有一公里,红军特委秘密楼、医疗所建在此地。1936年因叛徒阮宗堪、吴基现告密,反动派张云连夜带一个连的伪军包围秘密楼和医疗所,杀害红军干部战士和伤员及天山村民30多人,并烧毁秘密楼和医疗所。在残酷的革命斗争岁月中,天山人为红色事业贡献了热血青春。

天山一带物产丰富,譬如野生的梅、栗子、柿子、猕猴桃(藤梨)、荔枝、橄榄等遍布山岭,野果之多令人赞叹。这里的野果生长周期长且环境天然,其味独特清甜,富含多种维生素,有的还有药用价值。单说这野藤梨,备受村民喜爱,因它不但味道甘甜可口，还有药用价值。野藤梨一般生长在山坡林缘或灌丛中，其藤蔓爬满一树，果实累累，果实看去形状似梨，只是粒比梨小，直径3至6厘米不等，表皮褐色，藤褐色，叶近圆形或宽倒卵形，顶端钝圆或微凹，很少有小突尖，基部圆形或心形，边缘有芒状小齿，表面有疏毛，背面密生灰白色星状绒毛。花开时乳白色后变黄色，有淡棕色柔毛，花期5—6月，果熟期8-10月（基本9月热采）。这时满树果实挂满枝头（藤蔓一般都长在树上，尤其是杉木树居多）。其果实可生吃也可酿酒，酒味醇香。在野果成熟期，天山人纷纷上山采摘销往外界。现在这里交通方便，各种农产品畅销各地，野果也是天山的一个亮点。

与大天山作为西域"固体水塔"的地位一样，周宁天山也是重要水源地，是桃源溪及其他支流的源头之一。同时，随着旅游业持续增长，天山的山水景观和天然资源将发挥优势，转化成为周宁旅游市场的重要流量入口。

光夏高山草场

◎ 东 城

在咸村，光夏村一直比较普通，既不见殊胜景观，也缺乏巍峨宫庙。但命运为了彰显她的公平法则，赋予光夏村以周宁唯一的高山草场辽阔而绮美的风光。

看惯了小桥流水人家，见多了崇山峻岭峭壁，人们不免产生审美疲劳，渴望换一幅舒缓而平阔的景象。怀着这样的愿望，人们来到光夏村几公里外的高山草场，不由得尽情发挥眼睛搜索与成像的功能，让眼线从近到远一遍一遍扫描，让眼眸自左而右一次一次定格，睁大双眼以接收风吹草浪奔来眼底，眼光频闪以聚焦大美画面中点缀的异彩纷呈。

嘿，骑马的下马来吧！没有骑马的那就下车来吧！

看十几个缓坡连缀而成的草场风光旖旎，繁花似锦，犹如无边的绿毯漫铺开来。草场依山岭连绵，随丘地起伏，各色花朵点缀其中，好似流动的乐章表达着绿色泼洒的大雅大俗。这里春季开始编织镶花的绿毯，夏天则绿草如茵，花色零落；秋冬时节满山遍野成了黄金毯渐变到银辉毯。无论时令如何变换，花色如何若即若离，洒脱而纵情的高山小草原之美是不落幕的风光片。

周宁才女陈青华曾经描述过奔赴光夏草场采风的感受："怀着对草场无限向往的心情，我们继续向前行走。忽地，小鸟清脆的叫声划破山谷的寂静，放眼望去，山谷各处，像是披了一层毛茸茸的棉被，绿得可爱，绿得极致！感叹于造物主的神奇，深绿、浅绿、淡绿、嫩绿，绿得恰到好处。远的、近的、高的、矮的，所有的山包

光夏草场（叶先设 摄）

都绿得和谐，绿得融洽。浑然天成，惹人怜爱。顺着同伴的惊讶声，放眼望去，只见远处的草场上一棵松树立于山坡之上，摆出一副'欲与天公试比高'的架势，让我们肃然起敬。近了，近了，更近了！草场清新而流畅的翠绿很快吸引了我们。忘却了一路的艰辛，快速地投入大自然的怀抱，沉寂的草场立即欢腾起来。这是我见过最大的草场，这里有千亩山坡的草根，它们流畅的翠绿很快吸引了我们。忘却了一路的艰辛，快速地投入大自然的怀抱，沉寂的草场立即欢腾起来。这是我见过最大的草场，这里有千亩山坡的草根，它们在地下把手脚缠结在一起，直抵我心深处：或许这里曾经是一片森林，偶然的一场大火或洪水，使它们旧貌换新颜。苍茫的草场没有一丝人为的痕迹，酷似一块未经雕琢的璞玉，熠熠生辉。激动的心怦怦直跳，很想放声高歌一曲，表达我的满怀喜悦。更想像成吉思汗一样骑着骏马驰骋于草场的每个山包。我们在草场上合影，把最美的笑容留给草场。不忍心踩疼地上的小草，我们小心翼翼地绕道而行。一座绿色的小山峰赫然呈现在我们的眼前。为了体验山顶上观景的感觉，我们爬到峰顶，可谓'会当凌绝顶，一览众山小'，一切美景尽收眼底：连绵的山峰，碧绿的草场。清风徐徐吹过，风中夹杂着青草的芬芳，沁入心脾，顿时让人心旷神怡。我们尽情地享受着'天然空调'，这是大自然的恩赐！"

草场的每一个小生命都有一种天然去雕饰的纯净美，似乎在默默地诉说着一个关于自己不平凡或平凡的故事，或是关于草场与大火、与洪水的故事，抑或是关于一棵小草与一只昆虫、与一群蚂蚁的故事……感叹于这些绿色的、鲜活的小生命。如果说，宁静致远是一种心境，那么淡泊明志则是一种追求。任何人面对这片草场，都将感悟一片淡泊的心境，体验一种感情的自我升华。

这里不是天苍苍野茫茫的塞外大草原，鲜有羊群穿梭往来，似乎少了份动感。但白云在天上放牧，时时故意游荡到与草场距离最近的地方与草场对望。游人可选一片软绵绵的草地戴上一顶旧草帽，咬一截草根，用手枕着头，躺在草地上，欣赏着令人回味无穷的静态美。飞来飞去的几只蝴蝶翩翩起舞，追逐着一朵又一朵小花，细细吸吮着甜蜜，顺带传粉；许多毛茸茸的蒲公英随着气流飘然飞了起来，把随身带的种子撒向四方；蛐蛐儿正躲在草丛中放声欢唱生活的惬意，一直传向天边。这是怎样的绿色呀，间杂着黄黄的、浅浅的又浓艳艳得让人心醉的红，真想伸开双臂拥抱你，轻轻地吻吻你，或者和你一起融化，化成那绿的一分子。两边的山梁延伸几十里，中间是缓缓的宽阔的谷地，像是一个巨大的摇篮，多想躺在这摇篮里，享受草场宽大的宠爱。或者就在坡上打滚、嬉闹，与青草互相拥抱融为一体，让鸢飞唳天者息心，经纶事物者忘返，何尝不是最大的快乐？

夜晚更是值得向往，扎几顶帐篷，听悠扬的吉他声代替马头琴的诱惑，和满天星斗比赛着眨眼睛。篝火旁，一群朋友或吹瓶，或猜拳，或乱舞，或胡吹一气。《敖包相会》《草原之夜》《游牧时光》等优美的歌声被唱成声嘶力竭的"反恐"旋律，也都能享受到没心没肺的掌声救场。奶茶以及烤羊肉这类标配产品必须得有，不仅可以尽情享乐，也可以抵消掉想骑马与摔跤的冲动。就这样漫无目的地打发青春混杂着中年的时光，释放着多余的荷尔蒙，为明日的岁月静好努力在今夜饕餮盛宴与欢乐。

仿照千年前月光下夜游赤壁的苏轼们，尽欢之后肴核既尽，杯盘狼藉，相与枕藉乎舟中，不知东方之既白。次日迟迟醒来，揉揉眼睛，迎着东方的一丝亮光，踩着酥软的草地向前走去，顾不上露水打湿了鞋子和裤子，因为草场上的新鲜空气实在让人吸不够。满口大自然的气息，连清凉的雪碧也比不上这透心的快意。一边欣赏着眼前美景，一边回味着昨夜快活，禁不住大呼小叫：人间值得也！

在此顺带解释一下草原（包括草场）为何缺乏树木庇荫之缘由。众所周知，森林和草原都是很常见的自然景观，但它们的区别又常常很明显，茫茫大草原很少有树存在，且莽莽丛林的下面草也不多。森林里面的草不多还可以理解，毕竟有很多参天大树挡住了阳光，下面的草不好生长，那么草原上为何只长草却不长树呢？草原不能变成森林吗？其实这和草原与森林所在的地形、降雨量、温度以及人为因素都有关系。

并非所有的草原上都没有树，很多草原上也会有一些稀少的树木，比如在非洲就有一种自然景观叫作稀树草原，稀疏的树木下全是草原，野草和树木并存，即便是在我国，在森林和草原的交界地带也存在这样的自然景观，但是距离森林较远的大草原上树木就会很少了，有些地方举目四望，方圆几十里都不会有一棵树，这是怎么回事呢？

第一，地形的原因。相对于森林来说，草原通常出现在海拔较高的地方，越高的高原树木越少，草类植物越多，世界的一些著名高原上几乎都有草原，却极少会有森林，最典型的地方就是南美洲了，在南美洲北部赤道及其南北地区，这里属于热带，同时也大都是亚马孙平原，所以这里有着全世界最茂密的热带雨林，但是亚马孙平原向南的地方却是南美洲比较高的巴西高原，这上面就大部分都是草原了。

这样的差别也可以从一些立体型的山脉自然景观看出来，比如喜马拉雅山南麓，山脚下的自然景观都像热带雨林一样茂密，再往上树木就越来越稀疏，而且开始由阔叶林向针叶林变化，到了一定的高度就基本都是草类植物了，高度再往上就属于苔藓类了，这种地形体现的部分原因也是温度造成的，比如在两极地区，寒带的针叶林边缘地带还会有一些草类植物存在，说明某些草类比树木更加耐寒，如果再寒冷的话，就是一些苔藓了，苔藓也不能生存的地方，基本就没有植物存在了。

第二，降雨量的不同。草原的气候也比森林要干旱一些，有的还表现为季节性的干季和湿季，这样的气候适合草类植物生长，却不太适合树木生长，因为树木扎的根比较深，可以吸取很深的水分，如果降雨量比较少，只能湿润地皮以下较浅土壤的话，那就只适合扎根不深的草类生长，草类植物生长快速，有一场充足的雨水就会很快地生长起来，等到气候变干旱了，它们基本又都已经结籽枯萎了，但是树木却需要长期供水，需要从土壤深处吸水，很干旱的环境中显然不适合树木生长。

第三，人为的因素，自古以来人类的生活中就离不开木材，那些在大草原上生活的人们当然也是需要木材的，比如蒙古族人，他们搭建的蒙古包，围养牲畜需要的栅栏，游牧的时候需要的车辆，都需要木材去制作。然而草原上树木本就稀少，当他们看到一些树木后可能就想到了生活中的用途，所以就砍伐使用了，这也会导致草原上的树木越来越少了。

在周宁，与光夏草场条件相仿的还有仙风山上的草场，同样具备开发潜力。在如今游客们更崇尚健康休闲式、体验玩乐式的新型旅游时代，高山草场具有不可比拟的先天优势，开发建设者只需添置必要的游玩条件及配套设施，整理维护好上天赐予的优美环境，笑迎八方来客，服务各路游客，善莫大焉，前景可期！

玛坑茶园风光

◎ 东 城

桃源溪流域
YAOYUANXI LIUYU

茶山晨曲（叶先设 摄）

在当今这个愈发快速、愈发多元发展的时代，茶的角色远远超过了饮料的定位，而正在向康养、商务、文化、旅游等领域渗透与延伸，成为健康的象征、交流的媒介和文化的使者。同时，与茶相关的器物和场所也被赋予愈发多彩的审美趣味，譬如茶具的古朴典雅，茶馆的悠闲自得，茶园的曼妙呈现。

茶园组成的茶山，犹如一幅天人合一的绘画长卷，尤其以周宁的茶山风光之魅令人陶醉，她们与周边景观相映成景，与清凉气候叠加增效，焕发着养眼、养肺、养心的魅力。无论路过、邂逅，抑或预先安排的茶山之旅，举目所见皆是茶树的盆景园、茶畦的曲线图、茶园的风光片，外加空气中若即若离的迷人茶香和沁人心扉的负离子，活脱脱就是一个个四季如春而活色生香的雕塑公园。

周宁的茶山美景以玛坑为最，当然其他村镇亦不乏类似风光，如在纯池与政和交界的高高山岭上，生长着明清遗留的老茶树，可达一层楼那么高，完全不同于一般茶树低伏而玲珑的形象。采茶时需要搭梯子上去，别有一番情境，也因此常常引人前往体验。

也有用心在茶园里外种植花木的，如桃花、樱花等，以造成春季时花开绚丽多彩，衬托着茶山红绿相间色彩缤纷，吸引许多游人与拍客近悦远来，也算得上一时风头无两。可惜花期有限，很快就被兴奋点太多的现代人抛之脑后，而要又寂寂空等三个多季节。

但从综合观感而言，从欣赏纯风景的角度来说，遍布玛坑的茶园之美无与伦比。其中尤以灵凤山一带的万亩茶园景色最宜人，也最引人瞩目。站在灵凤山生态茶园观光长廊上，放眼望去，满目是层叠的茶畦组成漫山的茶园。正是四月芳菲天，经过冬日休养和阳春滋养，丛丛茶树美如盆景，片片绿叶秀如翡翠。茶畦依山而游走，顺势而回转，近看是浓翠的集合绿波荡漾，远眺是线条的曼舞，绿浪翻腾，而更远的航拍将呈现上帝的指纹般那样奇妙的效果。无论俯瞰、仰望还是侧视，整齐中有变化，流畅中有稍息，循环而参差，交接而起伏，是工笔的细描，也是写意的大作。

得益于丘陵地貌的玛坑，应该有的就是这份从容，不需要雄峰峭壁那么逼仄，也不必深谷险滩那么惊魂，让阳光暖洋洋地照彻每座山丘，每一面山坡，让水流缓缓而流，润透每一个旮旯。亚热带的季风气候本就温润舒缓，天公凭四季调万物生长之期，地母借地气养育生灵习性，玛坑的地理气候决定这方水土养育的一切，都有着中和的本性。玛坑溪的流水源源不绝，流走的带着茶思，留下的奉献佳茗。一片片茶山像击水泛起的波纹，一圈圈蔓延乡村四周，一丘丘茶园一浪浪从山脚下涌向山顶。这个节奏掌控在开山锄地的律动里，这个律动不知走过多少年，如今极目茶山螺髻阵列，坐落其中的村庄倒成了为它而居下的驿所，荷锄的男人、背篓的女人都成为这螺髻阵护荫下的臣民。步入茶园步道，足下生风，绿波齐腰，一畦一波，一畦一浪，在他人的眼中，移动身影是波推浪涌。摄影观光长廊中，各种镜头寻找着心与境的聚焦，他们反倒成了茶园景观中的表演者。有的茶园樱花点缀，若选对了仲春时节，绿浪里的簇簇红樱，又是另一番唯美的景象。

大饱眼福后，可以走进茶园，跟绿衣仙子们来个亲密接触。用手揉着她们柔润的叶面，彼此把触觉的好感传导；用鼻轻轻嗅吻着她们的幽香，每一个细胞都充溢着春的芬芳。而眼睛当然不够用，恨不得都变成复眼，把前后左右茶仙子们的姿容光色都摄入心灵之窗。倘若身为摄影人，逢此佳境更是忙个不停，用镜头追逐着、捕捉着各个一见钟情的对象，把瞬间的美好定格下来，用来存放自己温情的凝眸，也用来导引他人多情的注目。

或许最生动的画面还是采茶，蓝天衬底，白云悠悠，茶树新叶的嫩绿在阳光下争耀，采茶姑娘灵动的巧手如弹奏般上下翻飞，在凝绿的波纹中跳跃，鲜嫩的春色一把把地投入篓中，收获填满心仓，坡上谷中演绎着一首首浓情的歌谣。"三月采茶三月三，妹妹上山采茶青。满山茶树哥手种，满园茶叶妹手摘。四月采茶人播田，田间茶山都没闲。草中野兔窜过坡，树头画眉离了窝。五月采茶石榴红，哥想妹来没媒人。株株茶树有情义，片片新叶可传情……"玛坑茶园的景致，不仅人人乐看，就是天地之间的云雾也喜欢流连忘返。

依山就势而造的茶园，是玛坑茶农在山林间的杰作。灵凤山千亩茶园只是其中一个代表，人们一番游赏尽兴之后，可以转场到邻近的首章村，触目所及，也是茶山唱主角。如果说，灵凤山茶园是静态美图的展览，首章则是动感十足的游览。在首章的茶山上，大嫂大婶大姑娘们戴斗笠，披围巾，在一垄垄茶圃里弯腰采茶。近看，只见她们神态专注十指翻飞，夹杂着笑语盈盈，现场表演着茶乡春天的故事；远观，则仿佛一幅放大的五线谱，一条条韵律起伏的曲线上，一个个柔美的音符不断跳动着，生动地谱写乡野圆舞曲。而茶厂则呈现另一番景色，半自动化的流水线上，炒青的、糅捻的、萎凋的、烘焙的，各种机器各就各位，在管理人员指挥下运转自如配合默契，人与机器之间似有灵犀一点通，改变了从前繁重的劳作，不变的是茶品从稳定到提升。

首章的灵魂人物是村支书陈桂清，作为全国闻名的"三八红旗手"，她既身体力行带头干活，更千方百计推动村集体经济发展，采用"党支部＋合作社＋农户"模式，开展培训、统一购销、提供岗位等方式带动村民增收致富，使一个过去总是垫底的贫困村，华丽转身成为乡村振兴的标杆。这其中，茶既是脱贫致富的媒介，又是美丽乡村的形象大使，吸引茶商纷至沓来，也吸引游人慕名而来。人的律动、山的静美、茶的飘香，谱写了多么优美的乐章——首章！

几片嫩叶香了一室，几丘茶树绿了一片，满山的茶园则香飘万里。玛坑的万亩茶园茶香弥漫百年岁月，风风雨雨不仅冲淡不了浓郁茶香，反浇得茶树更加茁壮。绿野山丘试比高，举起了宁德"十大产茶之乡"的称号，一条条的茶路走向大江南北，向大山外喊起玛坑茶来，又在各式各样的杯盏中端上玛坑的茶文化。一杯一茶韵，一叶一菩提，懂得品的就有味，茶味文味随呷生津。喝着玛坑茶长大的叶诚忠烈士，就是现代京剧《沙家浜》中叶排长的原型。福建佛教界中享有很高地位的方广寺，1935年，中共周墩凤山区委在这里成立，玛坑的茶园有着深深红色足迹。三月三，歌满山，畲家歌台在茶山，玛坑的茶园畦畦长满畲家风情。方广寺，梵音阵阵，茶香袅娜，"丹山梦缘"禅茶韵幽……每一样的文化与茶共生，每一味文化气质与茶同饮，玛坑人种茶制茶，喝茶卖茶，都是在传承与演绎着玛坑文化。

玛坑乡是周宁县主产茶区之一，全乡茶园面积1.8万亩，人均拥有茶园面积1.3亩，现有梅占、金牡丹、福鼎大毫、金观音、小菜茶、铁观音、白芽奇兰、安吉白茶、福云六号等茶叶品种，年生产干茶10.5万担，茶产业产值1.5亿元以上。玛坑乡茶产业发展基础良好，前景广阔。

在玛坑，即使跑错了地方，迎接你的也是曼妙的茶园风景，醉人的茶山风情。作为名副其实的茶乡，玛坑大半的人力与山水资源都因茶而生因茶而兴。所以在玛坑，不止灵凤山，不止首章，几乎所有的丘壑都为茶而塑型，所有的溪涧都为茶而欢畅，所有的云雾都为茶而摩挲，所有的村舍都为茶而留香，所有的乡亲都为茶而开颜……而我们，都为茶、为茶乡之美而深深陶醉。

古村新貌话紫竹

◎ 阮梦昕

在外人眼里，紫竹只是一个名不见经传的小村庄。

多年以前，曾在朋友的相册里看到过一张照片，背景里，青山环抱着一片古旧的吊脚楼。听朋友说这是她仅回过一次的老家紫竹，一个挂在山腰的小山村，一处穷乡僻壤。"地无三尺平，车不能行，马无法走，小得还不到一鸡笼大。"这是邻村人对紫竹的评价。从此，这个独特的小山村就这么深深地烙刻在我的印记里。

于我而言，一个没有去过的地方，就像一本尚未读过的书，总想去探究其间隐藏的内容。当我第一次跟随朋友踏进紫竹时，怎么也无法相信这让人眼前一亮的村庄会是她口中的"穷山沟"，更无法把这如花园般的村子与穷乡僻壤相连在一起。刚进村子，映入眼帘的是一处宽阔的广场，正中有条人工小溪自东向西蜿蜒而流，溪底及两岸全由鹅卵石铺就，两旁水榭亭阁，四周树绿花红。广场左边是旧村，古朴宁馨，右边是新村，高端大气，新村与旧村南北相对，纯朴与现代遥相辉映，构成了一幅让人浮想联翩又感慨万千的唯美画卷。

紫竹原名紫竹源，属周宁县玛坑乡辖下的一个行政村，海拔610米，地处蕉城、福安与周宁的交界处。明末清初紫竹村先祖自江西入闽到周宁县贡川兴居，后于清朝乾隆年间（1736—1796）迁居至紫竹，至今已有400多年历史。村庄两面夹着崇山峻岭，土木结构的房屋依山而建，顺势而筑，形

紫竹全貌

成层层叠叠的"吊角楼",错落有致,别具一格。受地理条件的制约,紫竹的耕地多为山坡地,加之地处偏僻,交通闭塞,又缺少水源,农耕条件差,村民只能靠山吃山自给自足,过着十分清贫的日子。难能可贵的是,在这样艰苦的生存环境中,历代以来村民始终崇儒重教,牢记"耕读传家"的祖训,一心寻求自强之路,努力精习谋生技艺。因此,紫竹英才辈出,不仅是远近闻名的"秀才村",而且木匠绝活代代相传,蜚声四方。

改革开放后,紫竹渐有村民外出经商创业,村里的木匠也秉承祖业各显神通,一个个能工巧匠脱颖而出,村民的生活水平不断提高,部分能人率先富裕了起来。这时候,就有人起了拆旧屋盖新房的心思。然而,在全国城镇化飞速发展的背景下,留住"乡愁"已成为越来越热切的呼唤。在顺应现代发展与留住"乡愁"之间,如何保存祖上传承下来的老房子,以留住乡愁文脉,珍藏一份回忆,同时又能改善居住条件,紫竹村民做出了明智的选择。他们集体决定另择山地建屋造房,将整个古村落的原始风貌予以整体保留。

随着党在农村的各项富民政策的落实,2014年,紫竹村投资2500多万元的造福新村项目正式开始启动。旧村建在半山腰,下方原是幽深的峡谷,村民便挖山填壑,平整出42亩土地建设新住宅区。渐渐地,村里有了笔直的村道,有了宽阔的广场,有了连体的别墅,有了高大的村委楼,还有长150多米独具特色的宣传栏……紫竹村民还用智慧和勤劳的双手,打通了通往方广寺的3公里公路,拓宽了进村公路并铺上了沥青,还按照园林式建筑将整个村子进行了景观绿化,使得村道两旁青草如茵,鲜花盛开,绿树成行。原本交通闭塞、贫穷落后的紫竹村,现如今有了翻天覆地的变化,一边坚守着原初的古朴,一边搭乘着时光的动车,穿山越岭,驶出了更新、更美的版图。

走进古村,一座座独具匠心的吊脚楼在山腰上铺展开来,踏着青石板顺着蜿蜒层叠的村道前行,不知不觉中就走进了唐诗宋词里。这些多建于清朝年间的古民居,经时光沉淀,每一间,每一瓦,每一木,都各具韵味。其间最古老的一幢已有280多年历史,古朴肃穆犹如岁月老人,历尽沧桑却又从容恬淡。沿街的小院,虽经主人的细心打理,比传统多了些修饰,也多了些温情,一门一窗依旧刻画着记忆的纹理,依然能够闻得到往昔的醇香。

漫步新村,连片的别墅美观气派,井然有序。姑娘花枝招展,后生英俊时尚,就连老头老太也个个容光焕发,谈笑风生。这里每户人家的庭前院后都栽种着四季花草,每个季节都会有不同的鲜花绽放。可以想象,每当清晨一打开家门,鸟语花香萦绕眼前的那种感觉，是何等的舒心畅意，纵有千种心虑，也早已随风而去了。在这里，享受着回归自然的慢生活，无须风花雪月，闲来无事，栽花植草，一壶淡茶，听风观竹，时光柔软亦风雅。

　　紫竹虽地处高山，却有着深厚的文化底蕴、独特的人文景观和自然风光，旅游资源十分丰富。在这里，不仅有吊脚楼古民居村落，还有浓厚的宗教文化和神秘的祈梦文化；有茂密的森林植被，还有人间仙境镜台山和鬼斧神工的石佛山；有奇绝无双的大峡谷，更有清灵如画的山溪飞瀑和多种珍稀的野生动物……随着村庄的不断发展，也触动了许多在外乡贤的爱乡情结，激起了一股在外公贤纷纷回乡创业的热潮。目前，以村里的能人——恒力（厦门）石墨烯科技产业集团董事长陈木成为代表的乡贤正致力于紫竹乡村旅游开发，计划依托紫竹的山水自然元素，挖掘历史、人文、佛禅等文化元素，打造一处旅游康养主题公园，集生态观光、旅游度假、休闲养生、佛禅文化于一体。同时，依托紫竹得天独厚的资源优势，在紫竹的农田和园地集中区打造田园综合体，结合草珊瑚、黄精、金线莲、铁皮石斛等名贵中药材种植加工基地，形成"吃住行游购"为一体的生态康养旅游格局，力争将紫竹打造为主题突出、内容丰富、风景秀美、底蕴深厚的4A级旅游风景区。如今，走进新建的村委大楼，便可看到大门两侧挂满了各种牌子，其中紫竹石佛风景区旅游开发公司、射击俱乐部有限公司、福宁直升机有限公司、提顿能源科技公司、科技实业公司等企业都与陈木成董事长有关联。这些现代化的企业，无不为紫竹古村未来的发展和规划注入了全新的血液和活力。

　　当城市中最后一处散发着木香的户牖被清整殆尽，当最后一份闲适的心境在钢筋混凝土的包围下无处藏身，人们对回归大自然，享受原野风光和探究自然地域文化的需求更是与日俱增。而紫竹人，正是凭借前瞻的眼光，秉持"绿水青山就是金山银山"的理念，大力开创生态、养生、度假与传统文化相融合的旅游事业，打造特色旅游品牌，不断丰富着紫竹的内涵，让每一个前来观光的游人，回归的脚印都能凝满丰盈的回忆。

　　今日的紫竹，已经实现了华丽的蜕变，新颜与古韵交织，历史与文明融汇。这里的生活，被青山绿树环抱着，可以是素雅淡然的，亦可以是色彩斑斓的。这里的风景，还会摄住你的魂魄，浸润你的心怀，让你在离开后又会不由自主地想起……

鹫峰山脉金凤凰

◎ 汤细昌

川中村位于鹫峰山脉南麓，因群山叠翠，冈峦翔舞，如凤仪之状，故又名凤山。川中犹如一只金凤凰，虽经千年风雨，仍顽强地守候在鹫峰南麓。

川中村隶属周宁县咸村镇，是全县最大的行政村，全村总户数1160户、户籍人口5049人；村域面积9.6平方千米，千亩良田，万亩林地，绕村满眼翠绿茶园。恩师黄寿祺教授曾经路过川中仪凤亭，写诗称赞川中是周宁第一富庶村："打谷机声若隐雷，仪凤亭下稻成堆。周宁一百零六队，谁似川中富庶哉！"

川中村建村于唐朝中后期，距今已历1100多年，虽地处鹫峰山脉，山川萦回，但交通却很便利，传统文化底蕴深厚，是全县建村历史最久的千年古村落，被授予中国传统村落、省级历史文化名村、革命老区行政村、市级小康明星村、县级文明村、宁德市中小学生劳动教育实践基地等美称。这些美称虽未尽括其全貌，但也足以彰显其魅力。

川中传统文化最具浓重色彩的是耕读文化。川中老祖宗将"耕读传家"作为祖训，不仅写进族谱里，刻在祠堂上，而且还采取实实在在的举措，落实"耕读传家"祖训。一是举办私塾教育，据《闽东汤氏志》记载，川中村从清乾隆至光绪的几十年间，具有一定规模的就有弗云楼书馆、石门槛学馆、下厝蕴谷堂书馆、文昌祠书馆等私塾学馆。这些学馆大都遵循"耕读传家"祖训，倡导知行合一、学以致用。除了讲授四书五经之外，还与门生研习陆羽《茶经》等实用学问，鼓励门生上山种茶，制作工夫茶，称为"汤家功夫"，传承至今。二是针对上不起私塾的一大批从事放牛、砍柴、耕作的青少年，川中老祖宗以其智慧，仿照唐诗七言绝句的韵律，将文字、历史人物、典故等编写成寓学于乐的《盘童诗》歌谣，让他们在山间地头休息时用方言盘唱《盘童诗》。至今上年纪的川中老人，仍能盘唱100多首《盘童诗》。据川中《汤氏族谱》记载，汤氏始祖于唐宪宗年间为避战乱从河南固始迁徙至川中等地，其方言仍然保留了中原古韵。这种仿照唐诗韵律的《盘童诗》，就成了中原古韵的"活化石"。

这种颇具特色的耕读文化，不仅催生了100多位进士、举人和秀才，同时也物

桃源溪流域
——
YAOYUANXI LIUYU

古　建

化出具有闽东古民居特色的明清古民居群。

　　川中村现存60多栋古民居，大多是明、清时期建筑。座座屋脊高翘，雕梁画栋；门楼迎门骑石均是花岗岩青石磨凿光洁、镌刻对联；两厢壁雕刻花葱格，描绘历史人物、花草、飞鸟鱼虫图案；廊沿、屏风等塑造雕刻"松鹤、梅竹、凤凰、牡丹、如意"等吉祥图案；门墙厅壁书画点缀，篆隶行楷，各具韵味；随处可见的木雕、泥塑、砖雕及石雕，工艺精美，多数采用透、浮、平雕等手法，集中表现了闽东明清时期成熟的建筑及雕塑艺术。这些明清古民居群至今仍向人们述说着川中先民们的勤劳与智慧。

　　新中国成立前的川中村绝非世外桃源。当你走进古民居群，就会发现，古民居多以家族关系采取成片连建，形成封闭的家族建筑群落，外有城门，内有多道重门。询问长者，才知道是为了抵御匪患与战乱。据长者介绍，从始祖肇基到1949年和平解放，川中经历了数不清的匪患与战乱。仅民国时期就有多起战乱发生：民国三十年（1941），国军33旅以围剿大刀会为名，炮轰城门，攻进重门，四处放火，后门庄、石狮弄、大街、祖厅边等处,房屋被烧毁20多座,受害村民70多户;民国三十一(1942)年,日寇入侵川中,村民们凭借城门、重门与日寇对抗,至今重门土墙上仍有累累弹痕;民国期间,国民政府曾多次强征壮丁,青年们虽关闭重门抗拒,仍被国民政府捉拿充当炮灰……

面对国民党残酷统治和外敌入侵,川中人民在共产党的领导下,进行了艰苦卓绝的斗争。1931年初,受中共福州中心市委派遣,颜阿兰到霍童、川中等地开展革命活动。1931年冬,宁德县共青团派陈如讲、朱如庆到川中建立的革命团体,多次召开会议,动员有革命倾向的青年积极参加工农游击队的活动。1933年,由叶飞、颜阿兰率领工农自卫队发动"霍童暴动",打响了宁德县工农武装斗争的第一枪。"霍童暴动"极大鼓舞了川中热血青年的革命热情,纷纷加入武装斗争、支援革命的行列,汤细目、汤昌神等十多位青年加入闽东游击队,其中9位为革命斗争献出生命,被评为革命英烈。汤洪潮、汤玉仙等同志在革命斗争中,成长为中共城工部和闽东游击队的优秀指挥员。汤从添、汤宜鉴、汤洪正等同志留村进行秘密地下革命工作,为闽东革命斗争做出了卓越的贡献,新中国成立后均被评为"五老",川中村被授予革命老区行政村。

1949年6月底,川中这座千年古村发生了翻天覆地的变化,重新焕发出青春魅力。1949年6月28日,周宁全境和平解放,人民翻身做了主人,川中成立了人民政权,担任党支部书记的是老地下党员,被推举为乡长的是一位穷苦孤儿。在他们带领下,开展轰轰烈烈的土地改革运动,实现了世世代代梦寐以求的"耕者有其田"的夙愿,极大调动了农民积极性,同时还兴建大型水利工程、建设川中水电站、开垦优质茶园、扩大粮食种植面积、引进优良品种、提高农作物产量。随着教育事业的蓬勃发展,曾经的学馆,华丽转身为川中完全小学。曾经的放牛娃、砍柴郎都背起书包上学堂,课余时间依旧放牛、砍柴,悠然盘唱《盘童诗》,不忘"耕读传家"的祖训。还有妇女的地位也得到极大提高,曾经连厅堂都不能随便走动,只能走"暗弄"的妇女,也拿起农具参加耕作;曾经是任人摆布的童养媳,都鼓起勇气追求婚姻自由。她们成立耕山队,开着拖拉机,立下愚公志,把整座"穿山"推成平整的百亩茶园……

改革开放后,在党的富民政策指导下,川中以茶叶为支柱产业,经济发展取得较大的成果,其他各项事业蓬勃发展。曾被宁德地委、行署授予"小康明星村"的称号。而今,一座座新式楼房拔地而起,与古民居群交相辉映。

但川中这座古村落,依然如千年金凤凰,默默守候在鹫峰南麓。

进入21世纪,党中央实施乡村振兴战略,给古老川中村注入了青春活力。衢

历史的天空

宁铁路、纵三线穿境而过；火车站坐落村头，站前工贸园区依村而建，为千年古村搭建了腾飞的平台。宁德师院委派年富力强的李建良老师挂职党支部第一书记，带领支部班子成员，制订并实施"振兴川中"计划：以衢宁铁路火车站、站前工贸园区为平台，以创建现代科技农业品牌与古民居文旅品牌为两翼；聚焦现代优质高效农业，打造川中现代农业示范区，积极发挥龙脑樟、百香果、火龙果等生产基地示范带动作用，引导传统农业向现代农业转型……

凭借乡村振兴的东风，川中这只千年守候在鹫峰南麓的金凤凰，正准备迈上腾飞的平台，真要展翅飞翔了！

风韵梅山

◎ 魏爱花

柿事如意（黄彩燕 摄）

初闻梅山，源自数十年前路边小贩无比自豪的笑颜：正宗的梅山柿子嘞！不甜不要钱……梅山，在哪里？我不知道，只知道那里离县城很远，那里的柿子很甜、很糯，柿香沁人心脾。

再闻梅山，是在《中国民间故事集成·福建卷·周宁县分卷》中，那篇《林尚书讨亲》，让我对那个勤劳大方、聪慧机敏、才高八斗的"丑"女子——汤满娘有了极为深刻的印象。

钟灵毓秀，该是怎样灵动的山水方能孕育出如此出彩的女子？梅山何处？带着几名文友走向梅山时，正是柿子成熟的季节。

冬季的梅山，掩映在火红的柿子中，带着喜庆，带着生机，带着乡间女子娇俏的羞涩，亭亭玉立于我们眼前。

以峰为屏，玉竹为篱，红柿为簪，紫叶为妆，冬季的梅山优雅地伫立于山间，恬淡、大方、俊秀。

梅山村的民居以土木结构为主，黄土黑瓦间，狭小的巷陌，曲曲折折，弯弯绕绕，向山间延伸开去。村舍静谧，房舍间皲裂的石棋盘，仿佛还在演绎着昔年的战局，空置的石臼，却在岁岁年年中，静默成时光的残念，任过往的旅人用质疑的目光反反复复地推敲，再推敲：我是谁，谁又是我？

沿途中，古树葳蕤，有数人合抱的古榕，根须张扬如须发缠绕的张飞；有青翠依然的红豆树与枯枝苍劲的花梨木深情相拥，至死不渝，见证着梅山千年来的历史更迭。

梅山发展迄今1100多年。

唐德宗贞元五年（789）戊辰进士汤泽公官至太师，奉旨守闽，居宁德后屿。其曾孙汤氏四世公进士汤耳因朝廷腐败，奸臣当道，卸任长溪县令之后归隐田园，于850年迁居川中。870年，汤耳长子汤让将川中让于二弟，自迁梅山，建房造屋，修路引水，开荒造田，成为梅山肇基祖。彼时的梅山，杨梅树漫山遍野，杨梅果酸甜可口，"梅山"因此定名。只是，经过了千年岁月的洗礼，酸甜的杨梅果早已无处可寻，却多了那如玉似璧的红柿，点缀得梅山的冬季如火如荼，热闹却不喧嚣，喜庆而不张扬。

梅山是温文儒雅的，在那里，有书香盈袖。虽则汤耳隐世，但子孙却依然秉承圣贤之道，牢记礼义传家。汤让到了梅山，不忘儒学，设立私塾，形成气候，也正因此，到了明成化年间，才有了出口成章、才高八斗的汤满娘，引来了满腹经纶、后来高中进士，官至刑部尚书的才子林聪，缔结了一段才子佳人的奇缘佳话。而因为林聪的影响，梅山创建了梅峰书院，从此脱胎换骨，步入鼎盛。

在此后的数百年间，梅峰书院迎来了一批又一批的学子，近者咸村、川中，远者霍童、七都、蕉城都有少年至馆求学，从此文人辈出，声名鹊起，可谓桃李满天下。据说，仅老宅之中，就先后走出了2位进士，近10个秀才。宗祠中、先人老宅中，历代名人赠送或撰写的匾额、楹联比比皆是，如林聪赠联："翠黛峨眉应验夫人两朝诰轴；青云仕路还期子侄百代书香。"七都进士林洪迪题赠："梅纳春先寒透凤山香彻骨，桂开秋早嘘蟾窟树萌芽。"翰林院国史馆总纂魏敬中手书："天下无不是底父母；世间最难得者弟兄。"

就如同腹有诗书气自华，在梅山浓厚的文化氛围的渲染下，不修边幅的放鸭妹汤满娘以自己的才学赢得了林聪的欣赏与爱慕，在步入梳头岭的那一刻，一梳，梳成了貌美如花的大美女，成就了"丑小鸭与白天鹅"之间的华丽转变，造就了此后"梅山出美女"的传奇。

在这样美丽的传说中，梅山是醉人的，深情缱绻。我不知道，是不是每一个生长在梅山的女子都有着和汤满娘一样的才华，一样的梦想，一样的际遇，只是漫步

风韵梅山（叶先设 摄）

在梳头岭上，竟不期然沉浸在汤满娘与林聪的第一次见面，在"冬笋出土麻笋壳"和"秋茄落地曲腰驼"的相互打趣中，静静感受着那一份尤为难得的无拘束的温馨，及其勾勒出的那一个聪慧女子的形象。想来，那该是一个敢爱敢恨的女子，摒弃了虚伪与做作，让慧眼的林聪得以抛却外貌的鄙陋，一眼相中，大礼迎娶。

数百年时光，匆匆而过，与林聪密切相关的梅峰书院走向寂静，而梅山却留下了才子们无数墨宝。伴随着梅山孕育出的卓笔题天、鳌峰吸日等诸多美景，梅山留下了大量诸如"梅山曾否产梧桐，凤鸣缘何集此中？自是岗悬千仞耸，聊将峰认九荀同""岿然峭拔露尖峰，自是天成卓笔峰。霞蔚云蒸书锦绣，电飞雷震走蛇龙。凭渠挥月毫无秃，任尔摩霄阵自冲。雨洗浑如汤沐润，中山端合管城封"等佳句，为梅山增添了一缕墨香，令后人回味不已。而林聪一拜惊梅山，形成了独特的有着地下迷宫之称的"梅山十八洞"。据说，洞中直通山顶，生存着无数蝙蝠，至今无人敢走完全程。革命战争时期，叶飞曾经领导着红军利用这些洞穴开展过轰轰烈烈的革命斗争活动。

回首梅山，一朵朵淡淡的紫云飘浮在青翠的茶园间。那是秋冬的柿叶，因了季节的漂染，呈现出紫红，却遮掩了累累红柿，只在隐约中，透出盈盈柿香，沿着青石台阶伴随着我们一路旖旎而归，为这个萧瑟的冬季点燃了一抹别致的亮丽，而那个走进了历史却照亮了梅山的女子，却如清泉般将那曾经的温婉与娇俏、率性与活泼从此烙在了心间，让梅山从此韵味悠长。

第三章

历史回响　人物春秋

尧舜遗风——汤耳和他的儿子们

◎ 东 城

一个地方若有圣贤过化则不仅身价倍增,而且更重要的是所留下的精神财富将代代相传,泽被后世。如果祖先本身就是圣贤,此地子民所享福祚则尤为深厚绵长。川中始祖汤耳其才名与襟怀已接近于圣贤,堪为后世楷模。

让时光倒流到唐代,彼时的河南光州固始县朱皋里村村民汤泽中进士,于唐德宗贞元年间任太师职。唐宪宗元和九年(814),光州吴元济起义,光州、申州民众举旗响应。此事件累及汤泽公,为避灭族之祸,汤公举家逃亡入闽。其第五子汤寿公生三子,次子汤敬公生二子,长子名汤耳,次子名汤鼻。

汤耳(806—893),字闻之,生于唐宪宗元和元年(806),宣宗年间中进士,任长溪县(今霞浦县)知县。汤鼻曾任晋陵州(今常州)知州(其科名和政绩有待考证)。汤耳原居宁德黄檀,后与其弟辞官后回迁至里渺(今川中)垦荒种田,务农为生。筑屋凤山南麓,修道路,建木桥,造磴步,以便行人。咸通二年(861)捐舍基地与普济和尚建凤山寺,舍己田作寺田。此后,遣长子汤让迁梅山,次子汤谦迁孝悌,三子汤讲居川中,三兄弟互相提携,汤姓子孙世代繁衍,使川中、梅山、孝悌及其附近村庄得到开发。汤耳卒于唐昭宗景福二年(893),享年88岁,墓葬川中南山岭。

川中这里有得天独厚的自然条件,发源于七步镇菩萨顶山麓的桃源溪流经咸村后,放慢了奔腾的脚步,自北向南缓缓地进入川中境内,与发源于玛坑境内黄仙峰的杉洋溪,汇集上坑溪、玛坑溪和下坑溪,经长峰、赤洋,浩浩荡荡地从东向西在村西南与桃源溪交汇,两条溪流像玉带环绕村庄,滋养着平坦开阔的沃野,也进一步滋养着人们温润尔雅的品格。

川中留存至今的深宅大院不仅彰显着昔日的富足,而且也显示了房主格调高雅、见识不凡,这无疑得之于汤耳家族的家学渊厚。其中最古老的建筑可以追溯到唐朝时期,明清古民居现有50多座。房屋布局合理,结构大方,透光通风,冬暖夏凉,内部装修豪华,照壁、门窗、屏风上雕刻吉祥的动物、植物图案和古代美丽的传说典故,雕工精致,栩栩如生,还有书法名家的题字,具有极高的文化价值、欣赏价值和教育价值。天井中的花台折射出房主高雅舒适的生活,防火墙和大水缸渗透着

川中汤氏宗祠（叶先设 摄）

房主的防火意识。每幢房子都有独立的巷子，巷口装有防盗防匪的铁皮实木门。大房子内一般有自己独有的水井，房间达120间，陌生人进入川中的巷子，就像走入迷宫。这些历代留存下来的古民居的内涵与外延，均以物化的形式提示了川中始祖的文化传承，令人不禁心向往之，不禁产生进一步探究其背后的渊源。

另据传说，汤耳有兄弟汤鼻、汤眼，目前已有资料不支持三弟汤眼之存在。以五官名称取名者，通常知晓五行命理。所谓五官，最通行的说法指的是眉、眼、耳、鼻、口。其中，耳被称为"采听官"，而眉、眼、鼻、口则依次被称为"保寿官""监察官""审辨官""出纳官"。这套类比称呼，正是五官称谓的来历，当然更多的是反映了中华文化的联想趣味，与属相一样为人们增添了许多的生活情趣，而不必过于纠结其逻辑是否对应缜密。话说回来，汤耳兄弟以五官取名，既说明其父辈擅于五行命理之学，又体现出家族对后辈的希冀与劝诫。而汤耳用行为担当诠释了此名的内在含义。

从上述汤耳的一生简历中我们可以看出，作为周宁有史以来第一位进士，汤耳生性恬淡儒雅，大有陶渊明之风，或许咸村古名桃源与此有关。卸任古邑长溪知县这一肥缺后急流勇退而归隐乡间，需要看淡物质诱惑，看透人生起伏，正是东晋名士们的清奇风格再现。致仕（俗称辞官）之后，不仅身体力行以劳作为生，而且致力于行善积德、立庙弘法，促成了"穷则独善其身，达则兼济天下"的君子理念得以在里泖及桃源境域蔚然成风。所以从积极的社会影响方面来看，汤耳的行为方式，远远超越了单纯隐居的自得其乐。清静无为既得道家精髓，奋发入世又显儒家风采，可谓贤达榜样。

由此就不难理解，汤耳给三个儿子分别取名为汤让、汤谦、汤讲的寓意所在，后来三兄弟以互相谦让的方式分居于梅山、孝悌、川中，成就千古美谈，不枉汤耳苦心孤诣的培育初衷，亦弘扬了尧舜时代的理想风范。作为长子的汤让，首先做表率，选择自然条件相对较差的梅山肇基；次子汤谦学习兄长谦谦之风，选中孝悌村拓居；而年幼的三子汤讲则留居川中。

伯逊公（即汤让）发扬世代文官之家风，定居梅山后不忘儒道教化之功，与各界知名人士来往不绝，在众人促成之下，顺势而为创建梅峰书馆，开馆授业。近者洋中、川中、樟源，远至霍童、七都、蕉城，众多少年学子咸集梅山求学。自此数百年以来，梅峰书馆文风鼎盛、文人辈出、声名远播。明刑部尚书（时任刑部给事中）林聪曾多次亲临梅山，切磋学问，并主持梅山村族谱修纂工作，其时经人引荐与梅山淑女汤满娘喜结良缘。林聪及其后人屡为梅山题词献匾，林聪赠联"翠黛娥眉应验夫人两朝诰轴；青云仕路还期子侄百代书香"，珍藏数百年，可惜此文物"文革"中毁坏，不复存在。翰林院编修、国史馆总纂魏敬中，赠"天下无不是底父母；世间最难得者弟兄"楹联一副永为佳藏。梅山文人汤大达参加福宁府考亚元科取案元，获赠"文魁"匾，现悬挂宗祠，汤聘莘考取县学第四名科列一等，汤子甘宣统辛亥科考全闽两等检定教员第一名得赠"贡元"号。汤学熙1963年考取福建省医科大学，为周宁县考取医大第一人；其子汤松云1991年参加宁德地区高考，获理科第一名并录取复旦大学，名列全省第二名；其女汤勉芝，1994年考上北京师范大学，后获得博士学位。

至于汤谦所开基的孝悌村，虽然历史上曾有"金孝悌，银玛坑，柴首章，竹杉洋，升米梧桐坑，半升陈家洋"的说法流传于玛坑周边村庄，但孝悌的命运并不是一帆风顺，反而曾历经劫难。村子北面山体叫石虎岗，形同猛虎，山边有一丛古树林，5株百年古松在林间傲然挺立，一株独木成林的榕树欣欣向荣。村子南面山体叫牛头岗，形似一头公牛，山上是成片郁郁葱葱的竹林。就在这两座大山的山腰间，依山而建散落着黄墙黑瓦的房子，阡陌交错，鸡犬相闻，颇有怡然自得的世外桃源之风貌，令人惊疑那一场于明朝时期发生的山体滑坡惨祸并不真实，或许只是一场噩梦而已。如今早已劫后余生的孝悌，又在时代舞台上丰神俊采，将骨子里流传千年的孝悌忠信礼义廉耻演绎纷呈，无愧于汤耳宗族儒道风范与进取精神。

由汤耳肇基而经汤讲以及汤氏后裔代代相承拓展的川中，在诸多方面都呈现出尧舜遗风、儒道正气和传统美德，把桃源之雅、鸾溪之美、凤山之梦、宗族之光融为一体，镌刻在古民居的雕梁画栋，镶嵌于亭与桥的图文记载，播撒成田园牧歌的溢彩流光，汇聚而成川流不息的良善与奔放，汇成川中的历史、现在和未来。

八闽太史公魏敬中

◎ 阮梦昕

《福建通志》

周宁咸村镇樟源村地势平坦，景色秀美，幽静古朴，把凡尘的喧嚣远远地隔离在外，人行其中，无喧无扰，空灵悠远。当村中老人告诉我，山清水秀育能人，清嘉庆道光年间名响中外的文人魏敬中，就生养在这里。踏着石板路前行的我，突然间感到有丝丝神秘的古意团团地包拢过来，默默地缠绕住我前行的脚步……

浦源村古老的郑氏宗祠正厅上方，悬挂着魏敬中那苍劲有力的题字匾额。听了关于他21年科举之路七考七折的传奇故事，更让我无比敬佩。魏老先生的才华，从他游览滴水岩时写的《游显迹岩》（显迹岩即滴水岩）诗中可见一斑，诗曰："隐现楼台缥缈岑，滴珠帘下洞门深。天开石壁群灵会，路转溪桥独客寻。化境自然归杖履，好山大半占禅林。水流花放人间外，一洗尘缘万古心。怪斧何年运五丁？凿开混沌此珑玲。空中世界原来幻，洞里风旛信有灵。雨过万山溪气白，云拖绝壁石痕青。奇踪不厌追寻屡，三度钟楼仔细听。"让人回味无穷。他那"由道而学文，道至焉，文亦至焉。由文而之道，困于道者多矣。道为文之本，文为道之用，与其诱人于文，孰若诱人于道之先也"的精辟理论，更展现了他渊博的学识。

魏敬中，又名建中，字治原，号和斋、和宇，清乾隆四十三年（1778）生，祖父魏昌佐，父亲魏德化，读书未仕，为人纯谨。他幼年聪敏好学，5岁入私塾启蒙，有人问他："独不恋母乎？"答之："恋学即恋母也。"读《易·乾象》，立言："欲为君子宜法天。"要其祖父大书"天"字贴于其书房墙壁上以自励。11岁就能下笔成文，文章跌宕有奇气，不同凡响。稍长，博览经史典籍，立志远大。当时福安名儒郑英山视之为奇才，曾留之在家中读书；福宁知府秋涛亦常招之入府厚待，面授诗文；7次赴京应试，于候试期中，曾暂任教职；在京闻房山县名士邢家藏书万卷，便前往潜心攻读，学业大进。

据《周宁县志》记载：魏敬中18岁进县学，23岁考选拔贡，为本科经魁。翌年春天，首次赴京参加会试，未能考取，回闽主讲于松溪湛卢书院和星溪书院。此后又6次赴京应试，却屡试不中，历时21载。直至44岁那年，参加嘉庆皇帝的殿试，获二甲第6名，赐进士出身，钦点翰林院庶吉士。散馆后，授编修，任国史馆总纂，加七级诰授奉政大夫，晋封朝议大夫。此时，他为报宁德西乡籍师傅资助之恩，便将老师傅接回樟源老家兴福庵养老，每月奉寄钱物。老师傅病故后，敬中奏折皇上，随后奉旨返乡守孝三年。回乡后修复兴福庵，安置佛像供之，尽其孝道。敬中生平好义乐施，在应试期间，霞浦王某死于旅舍，他典当自己衣物为之料理后事，并助其扶柩回原籍安葬。魏敬中孝义兼备，颇受人敬重。

魏敬中自幼就是在一片赞扬声中成长，年纪轻轻就考中举人，可谓春风得意马蹄疾，但随后的7次赴京应试，却是七考七折。虽屡败屡战，却也造就了他一生严谨治学、学富九车的文化功底。试想，如果没有超乎常人的坚韧意志，21载寒窗苦读又怎能成就最后的辉煌？他出仕后，为史官，忠于职守，勤于笔耕，敢于直笔，以文载道。遇有疑义，则认真剖析，不肯随便放过，不少纂述都为同仁所推崇。更难得的是，他从不钻营名位利禄，赢得官场德文双馨的美誉。时任直隶总督的那彦成曾赞赏他说："此他日上书房选也。"清朝的上书房乃皇子皇孙读书的地方，

魏敬中画像

魏氏宗祠（郑树龙 摄）

可见同僚对他的评价之高。

  都说仕途多坎坷，魏敬中当京官十多年后，因一次大考笔误，被降为一般京官，他深感宦途艰难，便辞职回福州。闽浙总督孙尔准慕名聘他为鳌峰书院山长，他婉辞之，而后到浦城南浦书院主讲。不久，接受闽浙总督程祖洛聘任《福建通志》总纂（翌年，他又兼任福州凤池书院山长）。

  这是一项棘手的工作，由于当年达官名士对原总纂陈寿祺的一些观点存有意见，且难以调和。陈病故后，纷争更趋复杂。魏敬中力排众议，边执教讲席，边纂修志稿，每天五更起，伏案笔耕，整理残篇，核实资料，直至深夜。历经4年的努力，终于在道光十九年（1839）完成《福建通志》的总纂。他根据史实在"儒林传"中补入曾先后任福州鳌峰书院山长、在儒林颇有建树的郑光策与陈寿祺两位历史人物，剔除林一桂等三人，并复立《道学传》，将《山川志》删繁就简，把经籍由16册浓缩为6册，全书由原稿400卷凝练为278卷。他重纂过的《福建通志》内容翔实、观点鲜明、体例完备，平息了困扰福建编志多年的两派纷争，赢得了史学界的认可，影响深远。20世纪初，著名画家陈子奋与徐悲鸿曾慕名联袂前往福州井楼门街访其后裔，绘制了《炳烛轩修志图》，魏敬中夜以继日忙于修志的情状跃然纸上。

  水滴石穿非一时之功，冰冻三尺非一日之寒。深厚的学问功底是靠一生的勤勉造就的，而这功底留与后人的便是古风，是国粹，亦是深厚的人文底蕴。说来十分有趣，伟大的民族英雄林则徐与魏敬中是同时代的人，而且前半生的经历惊人的相似。林则徐于嘉庆三年（1798）中秀才后，历9年中举人，经16年中进士，之后选为庶吉士，授编修。林则徐的科举之路也是屡败屡战，入仕后也一样以做文字工作为主。也正是这个原因，林则徐认为地方志是地方官的《资治通鉴》，十分重视修志工作。他看过魏敬中重纂过的《福建通志》后，对敬中忠于职守、勤于笔耕、剖析疑义、考证辨伪、敢于定夺的史识、胆识甚为钦佩。在书赠魏敬中的一副对联中写道："大乐正教崇四术；太史公言成一家。"上款"和斋文史大人正之"，下署"少穆弟林则徐"。在联中，林则徐尊称原名建中，字和斋、和宇的魏敬中为教崇"诗、书、礼、乐"四种经术的"太史公"，足见其在林则徐心目中的地位之高。

正如林则徐所说，魏敬中不但志书写得好，诗词书法也上乘。他每到一地都喜好吟诗作赋，泼墨挥毫，留下不少脍炙人口的诗篇，也留下不少墨宝。他到周宁名胜风景滴水岩观光游览时就留下3首诗，除了《游显迹岩》诗外，另一首是《滴珠帘》，诗曰："洞门百尺送飞泉，珠串珠圆散九天；好是夜半新月上，一钩恰挂水晶帘。"再一首是《灵岩井》，诗曰："灵泉一勺涌岩隈，想是当年射箭开。会得源头活泼地，菩提无树镜无台。"

魏敬中曾是那年代灿烂的翰苑文星，他的著作有《屋漏讼过录》《观我生日记》《炳烛轩抄撮》及诗文集，还有由他主修、人称善本的《政和县志》。在周宁的碧岩、川中、茶广、王宿、梅山等地至今还留有他珍贵的笔墨真迹。

魏敬中一生主讲于宁德莲峰书院、浦城南浦书院、福州鳌峰书院、凤池书院，其间主讲凤池书院长达17年，他治学有方，教绩懋著。咸丰二年（1852），魏敬中因年迈体弱而辞职，诸生恋恋不舍，联名请求留院执教，他终因体力不支而坚辞，定居福州。在榕期间，林则徐曾与之订交，研讨诗书艺文。地方官员也常以时事及水利、赈灾等事向他请教，他都能竭诚以告，备供采择。

清咸丰十年（1860）六月，魏敬中病故，墓葬福州西门外文山。浦城凤池书院学生闻耗，哀悼不已，在书院名师祠中供奉魏敬中神主。清光绪二十七年（1901），奉旨入祀乡贤。

白云苍狗，百年瞬息，尽管岁月无语，但历史却无法虚构。流连在这里，且思且行，交错的时光中，我仿佛看到了一个博才多学的睿智老者，正超越时空，带着不朽的生命光辉，款款地向我走来，让我真正触摸并领悟了历史文化的真实与神圣。

汤满娘与林聪

◎ 李典义

梅山是醉人的，深情缱绻。土木结构的民居，依山而建，黄土黑瓦，巷陌狭小，百转千回，向山间延伸开去。村舍静谧，房舍间皲裂的石棋盘，仿佛还在演绎着昔年的故事；空置的石臼，却在岁岁年年中，静默成时光的残念。梅山以峰为屏，玉竹为篱，红柿为簪，紫叶为妆。这里钟灵毓秀，灵动的山水孕育着一个以诗联姻的传奇爱情。

明朝正统初年，一个像丑小鸭的姑娘出生在一个穷苦的农家。她勤劳大方，聪慧机敏，才高八斗，却长得挺丑，经常在田间放鸭子，脸上黝黑黝黑的，所以人们都叫她汤满娘。她白天到田间放鸭子，晚上就在屋里埋头读书，虽然长得不太漂亮，但伶牙俐齿，出口成章，颇有才气。说来也真怪，汤满娘放鸭子从来不戴斗笠，不穿棕衣，头顶上总有一块白云罩着护她，大雨淋不着，太阳晒不到。人们看到这，便说："别说满娘长得丑，日后定是夫人命。"但人们都嫌她长得丑，又怕她有着一口利牙，谁也讲不过她，就没人敢上门提亲。一传十，十传百，方圆几十里人人都知晓梅山有个很有才学、能言善辩但又长得奇丑的女子汤满娘。

汤满娘能言善辩的才学很快就传到了七都林聪的耳里。林聪少时聪颖，且用功读书，才华横溢，满腹经纶，一心就想娶个才女当夫人。好在七都离梅山不算太远，有匹快马半天工夫就可以到达。于是林聪起了个大早，带了个随从骑着快马奔赴梅山，想看看汤满娘到底是怎样的一个人。

中午时分，林聪

林聪画像

主仆来到梅山村口。村民见到高头大马纷纷避开，只有满娘款款地走到跟前。见到落落大方的姑娘，林聪试探地说了句"猛虎下洋人走光"，满娘随即应声"青龙下海慢慢游"。林聪来了兴致，又道"狂风吹谷瘪先行"，满娘张口即来"激水流沙粗在后"。

林聪已知姑娘果然名不虚传，尖嘴利牙，的确厉害，就想出个对句来逗她，看她如何应对。林聪接着说"冬笋出土麻笋壳"，满娘一听，知道林聪是笑她小小年纪却脸色黝黑。她见林聪坐在马上弯着腰出题，扑哧一声笑，立即反讥"秋茄落地曲腰驼"。"对得好，笑得好，带我去见你父老。"林聪说完便跳下马来，要汤满娘带他去见她父母。林聪将求婚的意思告诉了满娘的父母，满娘的父母见他年纪轻轻，很有才学礼数，且气宇不凡，看看女儿也乐意，便一口把婚事应承了下来。至此，林聪与汤满娘可谓一见钟情，定下婚约。

定亲后，汤满娘还是照旧下田放鸭子，上山砍柴。村庄下边的水田中有块大石头，大石头上面那18级石阶就是汤满娘为了看鸭子方便用锄头挖的。她还时常到那石头上面玩耍歇脚。她一到那上面，天空便飞来一朵白云像伞一样遮住她。

一次汤满娘砍柴回来，口渴了便伏在路边的冷水窟喝水，看见自己头戴凤冠，身穿霞帔，水里有"龙伞"在晃动，还听到有锣鼓的响声。村里人知道后，更加相信满娘有"夫人命"了。

后来，林聪考中了进士，当了刑部给事中的官（最终官至刑部尚书）。第二年，林聪回乡敲锣打鼓到梅山拜见岳父母，接新娘。他为人随和，没有官架子，跟村里男女都合得来，谈得开。村里人问他朝皇怎么样，做给大家看看。林聪不敢，村里人哪里肯依，一定要做，林聪被逼得没法子，只好百步上"金銮"朝北跪拜。不想这一拜，引起了一阵狂风，他是朝廷命官，身格重，梅山村风水薄，怎受得了？村边河里的9只蛤蟆石，本来头都朝村里，被朝拜跑了八只，头都向外，再也转不回头了。而且引起了一场飞沙走石，惊得众人连连求林聪回救，林聪朝里回拜，才平息了风波。不想这一场飞沙走石却造就了奇迹，在村尾南洋的地方重叠起一个个石洞来，人称南洋十八洞。

汤满娘出嫁起轿的时候，村里的男女老少都来欢送新娘。汤满娘却连头都不梳就上了轿，轿夫抬着轿子下岭了，她坐在轿子里平稳地梳着头。这一梳，梳成了貌美如花的大美女，成就了"丑小鸭与白天鹅"之间的华丽转变，造就了此后"梅山出美女"的传奇。

此后，人们就把梅山的这条岭叫作"梳头岭"。

林聪与满娘完婚后，梅山村民在林聪的影响下，求学热情高涨，村庄于明成化年间创办了梅峰书馆（梅山旧属宁德县十四都青田乡东洋里梅峰境，书馆因此得名）。书馆先生德高望重，教学有方，学子纷纷汇聚书馆。近者咸村、川中，远至霍童、七都、蕉城都有少年至梅山求学。自此数百年以来，梅峰书馆文人辈出，声名鹊起，可谓桃李满天下。据说，仅老宅之中，就先后走出了2位进士，近10个秀才。明刑部尚书（时任刑部给事中）林聪曾多次亲临梅山，切磋文学，并主持梅山村族谱修纂工作。林聪及其后人屡为梅山题词献匾，林聪赠联"翠黛娥眉应验夫人两朝诰轴；青云仕路还期子侄百代书香"一副，珍藏数百年，可惜此文物"文革"时期被毁。这却是他与夫人汤满娘琴瑟和鸣、举案齐眉的深情写照，凝结了他对梅山学子的殷殷期望。七都进士林洪迪题赠："梅纳春先寒透凤山香彻骨；桂开秋早嘘蟾窟树萌芽。"翰林院编修、国史馆总纂魏敬中赠"天下无不是底父母；世间最难得者弟兄"楹联一副。这些联匾堪为佳句珍藏，足可为为梅山添彩增辉。

数百年时光匆匆而，走进梅山，依旧能感受到梅山温文儒雅的风气，那种流淌在血液里的东西经过千年也不会更迭。虽说与林聪密切相关的梅峰书院已走向寂静，而梅山却留下了才子们无数墨宝。伴随着梅山孕育出的卓笔题天、鳌峰吸日等诸多美景，梅山留下了大量诸如"梅山曾否产梧桐，凤鸣缘何集此中？自是岗悬千仞耸，聊将峰认九苟同""岿然峭拔露尖峰，自是天成卓笔峰。霞蔚云蒸书锦绣，电飞雷震走蛇龙。凭渠挥月毫无秃，任尔摩霄阵自冲。雨洗浑如汤沐润，中山端合管城封"等佳句，为梅山增添了一缕墨香，令后人回味无穷。而林聪一拜惊梅山，形成了独特的有着地下迷宫之称的"梅山十八洞"。据说，洞中直通山顶，生存着无数蝙蝠，至今无人敢走完全程。

一曲离殇唱不完，一段情缘道不尽。汤满娘与林聪对诗联婚的佳话伴随着桃源溪水永远流传。

将门望族 三代传奇

◎ 东 城

都督府

在玛坑汤氏宗祠里陈列的众多匾额中，有三块明显来自钦赐的匾额赫然高挂：其一是"奉旨世代罔替"，其二是"世笃忠贞"，其三是"闽安都督府"匾。了解玛坑村近700年不凡历史的人会对之肃然起敬，因为这三块匾额代表着清朝时期汤氏三代人为国效力、慷慨立功所获得的无上荣光。

第一块牌匾"奉旨世代罔替"是朝廷于乾隆后期颁发给玛坑将官汤贵玉的荣誉，用于奖掖汤贵玉参与台湾平叛立功与殉难的忠勇。汤贵玉，字崇裕，行月十，从小喜欢习武，年轻体魄魁梧，身怀非凡武艺，早年投军。乾隆五十一年（1786）台湾土匪"天地会"头子林爽文作逆叛乱。他随军带兵征剿，获胜三阵，最后一阵追剿匪敌时，追至硫确溪不幸中弹阵亡。因其剿匪护国有功，朝廷封他为"云骑尉""世袭罔替"（即世世代代接替为官），崇将"忠义"诰赠"武翼都尉"。

汤贵玉为国捐躯后，其儿子即玛坑汤氏十五世的汤宝华继续弘扬将门虎威。汤宝华，字允赐，行宪十，号剑冲，生于乾隆癸巳年（1777），世袭为官，任闽安守备，由云骑都尉署闽安都司、澎湖都司，历升泉州、厦门守备、南澳左右游击、闽安协镇、下铜山参将等职，并授建宁、松溪都闻府。其终于嘉庆癸酉年（1813），享年41岁。

更辉煌的荣耀由第三代（玛坑汤氏十六世）将官汤荣标创造。汤荣标，字尚宾，号霞城，清乾隆三十六年（1771）七月生于周宁玛坑村将门望族。他自幼习武，身长体健，练就一身不世武功。因早年丧父，家境贫困，出外谋生。中年凭世袭之功和贵人举荐，进入军伍并稳步升职，由云骑都尉署、闽安都司、澎湖都司等，进而历任泉州、厦门守备、南澳左营游击、闽安协镇、下铜山参将等职。

汤荣标在守卫闽安时，于道光年间3次奉命护解"皇银"上京，因功得到嘉奖。道光十八年（1838）海寇侵犯福建沿海，已然过耳顺之年的荣标公率船队迎战，击沉寇船建立战功，升任闽安都督。道光二十年（1840）海寇再次侵犯闽海，已届古稀之年的汤公闻报，不顾高龄，毅然组织将士迎战，发射火炮，指挥战船拒敌，击毁寇船数艘，其余溃逃而去，闽安海疆得以安宁。汤公屡立战功，因年迈奉旨告老回乡。道光二十一年（1841）汤公病逝，享年71岁，诰赠"世笃忠贞"匾额。现在玛坑村汤氏宗祠大门上的"闽安都督府"匾也是为汤荣标公所立。

人们不禁好奇，偏僻的玛坑何以能出现如此英勇的三代传奇将官家族？而当你了解了玛坑的强势基因与文化特质之后，就应该不言自明了。因为，将官的产生需要有利于其成长的环境因素，而玛坑恰恰具备这类要素，以下即是有助于揭开谜底的有关背景资料。

首先，玛坑自古自今是名副其实的武术之乡。玛坑武学，源流长远。明末清初，由于匪盗纷纭，村民受苦。先祖为保村护家，不惜高薪聘请武术导师，教习乡勇。武术高手，遂层出于明清年间，其中为人所津津乐道者如崇伦公是村之秀杰，武艺超群，特打制一把重120斤的提刀练武术，参加长溪县乡试，考中武秀才。他在村为师，率领乡亲学武。上述将门热血男儿汤贵玉、汤荣标均练就一身好武功，投军卫国，屡建奇勋，受到朝廷诰封。

据传玛坑村旧时习武之人达500多人，村里竟有十多个武馆。这些武馆均设在民居的大厅，或在祠堂里。

玛坑习武有三艺：外拳、少林拳与棍术，由村里延请各路高手设馆授徒，彼此切磋相互竞争，使武业精进名声大噪，其中不乏练成身怀绝技者，他们的传奇故

玛坑汤氏宗祠

事至今在民间广为流传。

玛坑甚至有学武节，设在每年的农历八月二十三。是日，各拳术学派均在自己的武馆恭请田、窦、郭三元帅。传统仪式是要用鸡、鸭作供品，摆在案上，焚香烧烛，以求精武。玛坑各拳派习武，为的是健身、护身、保家、卫国，又是同宗、同族、同村人，平时关系融合密切，并不逞凶斗狠，而是充满包容与尊重的良好氛围。每逢佳节，祠堂门敞开，各派各展其为。师临考核，指点纠正，相互切磋，共同提高。至20世纪70年代，玛坑习武之风仍兴盛不减。

如果一个地方过分偏重于习拳练武，固然使强悍乡风蔚然流行，并由此催生大批的强人，却也增加了出现几个恶棍的可能性，而且并不会自动进入输送将才的通道。虽然拳脚功夫和武学功底通常的确是武将的必备技艺，但文化教育、知识储备也是成为将领的重要加分项。

玛坑的神奇之处就在于，它不仅以武术之乡闻名遐迩，而且以兴学之风驰誉四方。玛坑人重教兴学的风气自古皆然，十分浓厚。最早在肇基伊始，先民们建造水尾石拱桥时，就在桥两头栽下两棵树，一株榕树，乡土音称"笔的树"；一株苦锥树，乡土音称"课书树"，寓意希望汤氏代代子孙奉书执笔，熟演诗书礼乐，潘墨相并，子贤孙贵，期望子孙"万古不断留书香"。汤氏祖辈不仅建书院，办私塾，为鼓励学子成材在村里设立"130石+油灯租"田，以田租奖励学子挑灯勤读。凡学子学习成绩优秀，成为秀才均奖励收"油灯租"一年。

玛坑村历史上的教育，从明清至民国是设书馆办书塾。先后有蝉定庵、畲楼、祠前书院三处书馆，各自成效显著。譬如清末紫竹村贡生陈国斌曾在蝉定庵掌教，经过他执教的学生，通过童试先后竟出了13位秀才，像这样的显赫成果在乡村级别的学堂实现是十分惊人的。如此数百年不间断重视文化教育的优良传统，对玛坑的人文催化作用与积淀效果非常明显，不仅涌现出层出不穷的科举人才，而且促进了儒教敦睦之风盛行，呈现出文昌武盛的局面，而文武双全的将门俊杰正是得益于这种难得的环境。

综上所述，文风鼎盛、武学渊厚的玛坑不时能为当朝培养出若干文官武将，或经纶满腹奔走于朝野，或披坚执锐杀敌于疆场，为自己为家族建功立业的同时，亦为国分忧为民谋利，为玛坑赢得不易暗淡的荣光。

儒商奇才孙南穆、魏廷佩

◎ 东 城

有容德大（叶先设 摄）

相比于其他山地丘陵地带，桃源溪流域自古交通发达，水陆两便，十分有利于人员往来和物资交流，具备经商盈利基础条件。加之温热气候催生着物产丰饶，可供外销或以物易物，为经商打下物质基础。与霍童溪流域的密切关系，与海港的近距离接触，这些沟通无碍的开放式交游以及其他利好因素，促成了桃源溪流域成为培养经商人才的天然免费大学校。

所以，在这等优越背景下，桃源溪流域的经商传统源源不断，也产生了一些杰出商人。由于中国封建时代实行重农抑商政策，长期压抑了商业活动和商贾力量，所以大部分商界"潜力股"终其一生并没有什么作为，只能偶尔冒出几个能够左右逢源的奇才。本文所介绍的孙南穆与魏奶木即是其中的佼佼者，为农耕文明占绝对主导地位的桃源境留下了令人惊艳的经商佳话。

走近洋中孙家里厝那阵势阔大、工艺高超的古民居群，人们一边为其丹楹刻桷、画栋雕甍赞叹不已，一边不免十分好奇：这些华美建筑的巨大耗资来自哪里？让我们一起走进历史的曲径通幽，探寻财富的风生水起。

孙家里厝的先祖在明景泰三年（1452）由枣岭迁居洋中。迁居后的第九世祖南穆公以经商为业，前往浙江宁波和广东一带经营木材、竹笋、铁锅、茶叶、糖等生意。南穆公有儒商风范，诚信为本，虽远道经商，却颇得江浙百姓信任，生意还算好做。在这期间遇上明朝中期叶宗留起义军的后裔，让南穆公获得一笔意外之财。

事情还得从头说起。周宁芹溪的后门山叫圣银峰（明朝时属宁德管辖），此地盛产银矿。自宋元祐年间（1086—1093）就开始开采，叫宝丰银场。到明朝时，先是民营，大多由徽浙一带人开采冶炼，官府收税。后来随着明官府对白银的狂热需要，于是官府宣布由官方开采，矿工由本地民间调用，这就使大批的徽浙矿工失业。明正统七年（1442）浙江青田人叶宗留组织失业矿工盗采宝丰银场，偷矿煎银，并投牒有司："留宝丰场听我采用，不然杀人。"明正统十二年（1447）九月，叶宗留率千余矿工起义，杀死福建右参议竺渊，掠夺官府银两。官府派大量官军镇压，起义军只好窜伏山林。眼看煎银和掠夺官府所得大量银两无法运回浙江，就在咸村周坑的山上造一个假墓，将银两藏入墓中，并将此事代代相传。起义军的这一后裔因时隔久远，不知藏银是否还在，且路途遥远，怕找不着地方，见南穆公为人诚实厚道，又是咸村人，就将藏银之事告知，约定由南穆公去寻找，没有就算了，有则对分。南穆公按他所说找到了银两，并将一半的银两送还与他。

获得意外的一笔财富，生意资本更加雄厚。将一半银两送还，更说明南穆公的诚实厚道，因而他越发得到江浙一带人的信赖。此后，南穆公和继承父业的儿子正协的生意越做越红火，积聚了大量的资财，为建造房屋奠定了经济基础。

正协的儿子承汪19岁就随父亲到浙江经商，很欣赏浙江一带民居的结构。在他19岁那一年，即清嘉庆七年（1802）就着手置地建房。他仿效浙江豪华民居的结构并稍加改良，自己设计图纸，从浙江聘了5位技术高超的工匠师傅，还聘了本地一批工匠做助手，又雇了一批民工，从屏南和莒州运回木材和石材。历时4年，建成主楼5幢，次座7幢。其余的地筑起围墙，先作为花园和菜地，也为今后发展扩建留有足够的地盘。

随着家族人口的发展，后又陆续盖了一些小座房屋，终于成了今天这一民居建筑群的格局。

桃源境另一位颇为出色的商人是碧岩的奶木公，奶木是碧岩魏氏支谱中第二十九世魏公廷佩的乳名，乾隆己未年（1739）出生，巳卯年（1759）巧遇机缘，加之经商有方，成了富甲一方、妇孺皆知的一代财主。他买田置业上到政和，下至福州。奶木公经商外出穿着十分朴素，根本看不出是个有钱人。一次他背着一个古旧的竹篮住客店，第二天付清房租向店主要篮子时，店主说篮子放在鸡窝上。奶木公取下篮子当着店主的面，清点了篮子里装满的一篮子田租契约，让店主惊出一身冷汗。一次奶木公去剃头，店里人看他穿着古旧，便随意剃了几下完事，奶木公从衣裳里取出一把铜钱给店主，店主不好意思地收下奶木公多给的许多钱。第二次奶木公又到其店剃头，店主加倍细致地给奶木公刮须理发，奶木公欲又从衣裳里取钱。店主忙说：无须再拿钱，前次多给的补这次。这个故事传说成了后代子孙的口头禅："奶木公剃头，前次补后次。"

奶木公为人正直，积资甚富，入库银两，必印本家标记。嘉庆九年（1804）被强盗劫去银两13000，往省投控。省府不信山村富人银两如此之多，故意谎称案情查明，被盗银两已追回，以府中库银令其认领。奶木公一见其银即说非本人之银。省府后才信其银被盗，予以查办，并追捕归案正法18人。

奶木公在同一时期一次建成进深12丈、宽6丈的6榻大盾8栋，而且房屋造型美观大方，装饰精雕细刻。传说其雕刻工钱是以木屑称重计酬。其中里座盾厅堂前的照墙雕塑最为引人注目。由宁德莒洲书法名人彭广树书写的墙上字画，特别是照墙中间的"福"字让人百看不厌。书写的"福"字到处都有，可都无法与其相媲美。

以上两人经历不同，但都体现了君子风范和儒商本色，他们的成功建立在诚信经营的基础上，由此赢得客户信赖、社会尊重，为桃源境的儒学传统增色。从他们身上依稀可见肇基始祖黄鞠、朱福、汤耳的垂世风范，也能折射出孙翼如、魏敬中等儒臣的名节风采。这种取之有道的儒商，不仅以财富为家族奠定繁荣昌盛的物质基础，而且为家乡的精神文明勾勒了富有价值的线条，成为桃源溪流域文化传承的有机部分。

在当今工商业权重日益见长的时代，从桃源境走出来的商业大才势如潮涌愈加倜傥。而桃源溪所承载的君子爱财之道、儒者取义之德，在新一代桃源商人身上将更加发扬光大。

廉臣孙翼如

◎ 李典义

咸村洋中，桃源深处，后山之尾，天门明晰，地户隐蔽，枕山环水。高高的马头墙直逼屋顶，青砖砌成的外墙透着历史的气息，前后座建筑以土墙隔开，异彩纷呈，蔚然壮观。其中位于长安路54号的大宅院就是清朝廉吏孙翼如的故居。

宅院有三重门楼，四重厅，各具特点。迎门、石门、倚门、梁眉均是青石，磨凿光洁，镌刻一副对联"门拱紫宸春富贵；天开黄道日光华"。院内设计造工精巧，门和窗棂等处都用木雕装饰，花、鸟、山、水和唐诗宋词等，连柱石上也雕刻花纹图案，这是一种灵魂与图腾，把心里的寄托全部用雕刀刻成。爱恨情仇、悲欢离合，所有一切都化成一缕缕淡淡的青烟。唯有这沉默的木雕，如老者诉说着青山流水般的永恒。

《宋史·岳飞传》中曾有如此一段记录："帝初为飞营第，飞辞曰：'敌未灭，何以家为？'或问天下何时太平，飞曰：'文臣不爱钱，武臣不惜死，天下太平矣。'"孙翼如也有着同岳飞一样的情怀，一位不爱钱的文臣。

孙翼如祖父孙淋湄乃清嘉庆年间少司马奉政大夫，其父孙光璋乃清道光年间武翼都尉。由于承汪因建造房屋劳累过度，终于积劳成疾。23岁建成房屋，25岁英年早逝，未育子嗣。其承澧为清朝奉政大夫，生有5个儿子，长子光璋出继承汪为嗣。

承汪的妻子将光璋抚养成人，承澧感念嫂嫂一生为兄守节，且抚养儿子成才，在

孙翼如故居（李洪元　摄）

她50寿诞时，送了一副围屏祝寿。这副围屏是浙江的师傅依据洋中村长安路54号大厅的规格制造的。围屏一块块分别做好，再用榫卯暗栓组合而成，可装可拆。围屏组装好由大厅中央的入桌一直围到大厅正房的房门边，两边通后厅处有两个券门，上刻"入孝""出悌"。两券门下方分别镂雕4只狮子，各具形态，栩栩如生。围屏下半部的各个框格内，分别以古代传说和历史故事为题材，雕刻有人物、亭台楼阁等，采用分别透雕的刻法，雕工精美。所有人物、图案、狮子等都饰贴真金箔，显得金碧辉煌。围屏的上半部分是祝寿文，在红色的毛呢上用丝线绣字，每字大约两寸见方。祝寿文是清道光十六年（1836）丙申科状元、侯官（今福州）人林鸿年撰文并书。

孙翼如画像

　　围屏刚开始制作时，承澧叫师傅将制作全过程的木屑等留下，木屑多重就付给等重的银子作为报酬。师傅不肯，足见做工的精细和工值的昂贵了。

　　清道光二十八年（1848）十一月，光樟的儿子出生于这个书香世家，字兆燕，号翼如。他的祖父湘湄少司马奉政大夫，父亲光璋是武翼都尉。翼如从小就聪慧，再加上受到良好的家庭影响，对经史研习有素，能作诗且善于文章，在参加童子试中，就曾名列第一。同治八年（1869），翼如升博士弟子员。第二年，他参加乡试，中了副榜举人。中举后进京赶考，途中夜宿客栈，听到隔壁房间有人争吵，就过去看个究竟。原来是两个湖北上京考试的举子，一贫一富，贫者叫万培英，会抽鸦片，又没钱买，一路上只好替富的举子打鸦片枪（往鸦片枪上装鸦片），等其抽过瘾了，然后给万培英抽一筒。这次是万培英鸦片上瘾了，一时难忍，心想我先抽一筒然后再替他打鸦片枪也一样。就在万培英吞云吐雾之际，富者回来了，以为万培英偷抽他的鸦片，夺了鸦片枪劈头盖脸地打下去，双方就争吵起来了。万培英认为穷人总是要受欺负，赌气要回家。翼如劝他不要因此而功亏一篑，就把自己多带的银子送给他，帮他完成考试。黄榜公布，万培英中了进士，而翼如却落榜了。光绪三年（1877），他又北上到了京都，考取了八旗官学教习，例选知县。孙翼如十分孝顺，为了侍奉双亲，他长期居住在家里，朝廷屡次让他出来当官，他以丁忧故，在家守孝，未去就任。到光绪二十一年春（1895），他的父母去世且丧期满了，这时万培英已出任四川按察使，经他保荐，翼如赴四川资州（今资阳）任罗泉井分州别驾。

洋中风韵

孙翼如非常推崇冯梦龙的为官之道，极为认同冯梦龙的"吏肃惟遵法，官清不爱钱。豪强皆敛手，百姓尽安眠"之说和冯梦龙在寿宁为官时提出的"险其走集，可使无寇；宽其赋役，可使无饥；省其谳牍，可使无讼"的施政方针并践行之。任职期间，尽职尽责，深入体察民情，撤并政府机构，裁减冗员。他十分重视农业发展，常把先进的农业科学技术，通过宣传、示范和展览等方式，传递给农民，并对盐政进行整改，下令禁止赌博，杂牍风清。他十分体恤农民的疾苦，常开仓赈济饥民，并命令富户减价卖粮。虽然资州久旱歉收，但饥民都得到赈济。

翼如断案也是公正清廉。资州干旱时，两村村民为了争水灌溉以至于发生械斗。翼如亲自到两个村子里对村民讲解道理，告之其中的利害关系，公正地均分了灌溉之需，避免了两村的械斗。村民感激，送给翼如一种珍贵的土特产"甘脯"，但他却谢绝接受。后患风寒症死于任上，因为官清廉，囊中羞涩。万培英根据当地百姓的请求上奏朝廷，皇上准制"白龙伞"，上书圣旨，从几千里外的四川送灵柩返回咸村老家。

光绪二十一年（1895）乙未科状元、四川资州任骆成骧书"莲鹤双清""人结去思"的"万民伞"（"文革"期间为文化馆收去），赞扬翼如像莲花、白鹤般清廉及对他去世的悼念。起柩之日，资州百姓夹道相送。

而今，周宁咸村洋中族谱中还有记载着《翼如公赞并引》，赞："公是嵩岳所降生，深目长腰器宇清。少日骚坛成倚马，掷地惯作金石声。俊逸词华评月旦，贯通经术贡王庭。士元之才非百里，服官州判从此始。借问资州政何如，父老称之不胜纪。迄今幸见德政牌，莲鹤双清堪仰止。"

孙翼如为后代树立了永远适用的理政法则，即：吏肃惟遵法，官清不爱钱，宽其赋役，公正清廉。他明了"求木之长者，必固其根本；欲流之远者，必浚其源泉"是执政的最高境界。孙翼如作为智者最精髓的体现就是他对执政的态度，他的公正清廉和宽广胸怀为其带来了"莲鹤双清"的美誉，也给咸村留下了一张美丽的名片。

霖雨广洒细无声

◎ 李典义

福州邑内名山——雪峰与旗山,其轩昂峻拔之势,清幽逸秀之韵,一直以来为风雅之士所推崇。一位从闽东周宁走来的僧人,与这两座山都结下了不解之缘。在散落于两山的诸多寺院中,两座最具规模、最有影响的寺院,都洒下他辛勤操持的汗水,也给他以无尽的禅悦法喜。他是中国佛教协会常务理事,临济宗第47代、曹洞宗第48代、天台宗第46代传人,福建省佛教协会副会长、福建省佛教慈善协会会长、福州市佛教协会名誉会长、闽侯县佛教协会创会会长、雪峰崇圣禅寺第135代方丈、旗山万佛寺开山祖广霖大和尚。

八风吹不动

1970年,17岁的广霖从宁德周宁来到位于闽侯的雪峰崇圣禅寺,礼瑞森长老为师修持佛学。人们用惊奇的眼光注视着这位年轻的僧人,却没想到他实际上已出家6年了。

旗山万佛寺

童年的时候，这个俗名林起崇的农家子弟经常随母亲到附近的寺院礼佛，那里的清净庄严令他顿生欢喜心。父母见他少有慧根，便允他出家为僧。来雪峰崇圣禅寺之前，他已经先后在周宁的方广寺与支提山华严寺随师禅修，立愿行弘法利生之道。

广霖和尚初到崇圣禅寺时，日常的礼佛活动受到限制，寺门前的放生池被填起来当水稻田。寺院以生产队的形式出现，僧众像普通的农民一样，每天在田头师的带领下在附近的田地里干活。一些僧人无奈之下还俗成家，年轻的广霖和尚却没有因此萌生去意，仍在暗中坚持念经学佛。当时的大雄宝殿殿门紧闭，广霖和尚与众僧悄悄从后门的暗道挤进殿内，在佛像前行礼如仪。虽然劳作辛苦，既然发心学佛，做如来使者，就要以护持奉献的精神吃苦耐劳。禅门广为传诵的"沩山典座，雪峰饭头"，说的就是先辈祖师不避琐务苦役终以成就佛道的事迹："运水搬柴，无非佛事；舂米作饭，正好参求。"

那些年，广霖和尚不畏日晒雨淋，参加生产队的各项生产劳动，砍柴、割草、挖地、整畦、犁田、耙田、插秧、除草、挑大粪，样样都能干，甚至做衣服缝缝补补也得心应手，他做的豆腐也鲜嫩醇香，受人追捧，俨然一个田头、山头、灶头都拿得起的庄稼把式。

这位当年洒汗挥锄的庄稼把式，提起笔来又是书法高手。辗转腾挪间，一幅佳作立就，既有灵动飘逸的气韵，又具恬淡静和的禅意。对书法的喜爱，始于他的少年。他的出生所在地周宁县咸村，是一个历史文化古村，古建筑上的那些清逸古雅的楹联与匾额题刻，常常令他着迷。后来他进了寺院，师父写得一手好字，他也跟着开始练字。写字需要沉下心来，凝神聚气，他觉得这也是一种修行。只要有时间，条件允许，他就练上几笔。虽说没有经过正规的拜师，但通过翻阅古今字帖，不同流派的书法风格融汇于心，修行过程中独有的心灵感悟，也随之凝注于笔端，泼洒于纸上。广霖和尚认为，书法也是结缘的一种方式。以书法为善巧方便，传承与弘扬佛教文化，弘法利生就多了一条途径，多了一分力量。几十年来，广霖和尚不知书写并赠予过多少幅书法作品，其间所传递的佛理禅意与慈心善念，如甘霖润物，细柔无声。

回顾自己的修佛历程，广霖和尚特别提到苏东坡跟佛印禅师的那段"八风吹不动"的公案。他认为，茫茫人世，每个人都要面临"称、讥、毁、誉、利、衰、苦、乐"的考验，立身正，立根稳，才能"八风吹不动"，坚持所该坚持的，舍弃所该舍弃的。义存祖师初来雪峰时，屋无一间，田无半亩，日以野果充饥，夜以树洞为舍，

释广霖故居（周树龙 摄）

那样艰苦的环境，他都能坚持下来，开基建寺，弘宗传法，作为他的传人，更应该以他为榜样，坚忍精进，不被弘法之路的艰难曲折所羁绊。

在雪峰崇圣禅寺坚持几年之后，广霖和尚与众僧迎来了佛教发展的新时期。1979年，广霖和尚考入中国佛学院灵岩山分院。多年的禅修历程与坚实的文化基础，让他以更高的领悟能力，投入佛学知识的系统学习。在校期间，各门功课综合成绩位于前列，还被推选为副班长。毕业后，被留在江南著名佛教圣地灵岩山寺任知客，之后当选苏州市佛教协会理事。

荷担如来家业

1984，广霖和尚回到福建雪峰崇圣禅寺，先后任监院、住持等职。1994年，经两序大众举荐为第133代方丈。

雪峰崇圣禅寺是中国禅宗"云门""法眼"两支派的发源地，鼎盛时期有三大殿、三禅堂、七斋堂，僧众达1500多人，被誉为"禅宗八闽首刹"，在中国禅宗发展史上占有重要地位。然而，20世纪80年代初的雪峰崇圣禅寺，殿堂、寮房、斋堂已显残破之状，与禅宗祖庭的声誉极不相称。为重兴祖庭，广霖和尚在向社会各界募集善款的同时，先后到海外与雪峰崇圣禅寺有法脉关系的寺院募捐，获得海外广大信众的大力支持。修复与重建工程启动后，广霖和尚带领僧众货比三家采购建材与相关设施，尽量自己开车运送材料到寺院，为的是让每一笔资金获得最佳的使用效果。历经数年辛劳，千年古刹重焕辉光，愈显清净庄严。广霖和尚与僧众如法如律，诵经礼佛，并重振农禅并重宗风，开山辟地，栽杉植竹，种粮种果，浇花浇菜。作为全国佛教重点寺院，雪峰崇圣禅寺以崭新的风貌引人注目，信众日增，香火日盛。

劳碌不已的广霖和尚，这回似乎该歇口气了。然而，又一座千年古刹需要他去重兴。闽侯南屿镇的有关人员前去礼请的时候，他也曾踌躇了片刻，但很快就答应下来。身为佛家弟子，以荷担如来家业为己任，建寺安僧乃得益众生之功德，明知前路艰辛，诸事繁杂，亦当勇猛精进，万难不辞。

位于南屿镇的这座古寺，古称石松寺，建于宋代。由于年代久远，风雨侵袭加上白蚁蛀蚀，当时已是墙裂柱颓，破败不堪。广霖和尚察看周边地势，此地位于旗山脚下，三面青山，敞口开阔，面朝一片平野与一湾江水，为兴建庄严宝刹之佳地。福州向有"西旗东鼓，旗鼓相当"之说，"旗"即旗山，"鼓"即鼓山。鼓山的涌泉寺，为海内外知名的"八闽首刹"。旗山古传有九庵十八寺错落其间，但还没有出现与其名山气势相匹配的禅林名刹。广霖和尚请来相关机构对这里的地形进行测绘，并展开寺院建设的规划论证，决定再修复石松寺，接通历史源脉的同时，另辟新地建立一座有规模、有特色的寺院，既可为名山增色，为禅林增辉，又能与离此不远的水西林文化古街相呼应，为当地营造更为浓厚的文化气息。

广霖和尚的方案得到了各方的响应与支持，商界精英倾力相助，海内外人士慷慨解囊。几年后，一座占地1310亩、主建筑380亩、附属建筑300亩的寺院，以仿照大宋祥符年间佛教建筑的风格展现在世人面前。水域达60亩的放生池，把旗山的峻幽与佛殿梵塔的壮丽尽揽入怀。因寺内拥有万尊白瓷佛，寺院得名旗山万佛寺。"万顷石松围佛寺，一江闽水绕旗山。"万佛寺以其宏阔庄严的气场，清正静和的道风，引来八方信众，成为海内外知名的佛教朝拜圣地。

与一切人作阴凉

雪峰崇圣禅寺有一处牡丹园。这里海拔相对较高，常年云雾缭绕，地气凉润，牡丹花也开得格外美丽。春来时，60多种1万多株牡丹竞芳斗艳。到雪峰崇圣禅寺看牡丹，成为一年一度的风雅盛事。1999年底，雪峰崇圣禅寺把用科学方式培植的2万盆牡丹搬到福州乌山广场展出，在世纪之交为市区居民送去美丽的祝福。是时乌山广场人头攒动，以一览芳泽为幸。

为福州市民增添一处郊外踏青赏春之地，是广霖和尚开辟牡丹园的初衷之一。他认为，寺院不只是礼佛诵经之地，也不能仅仅与信众结缘，在可能的情况下，应多做造福众生的公益事业。

福州地区古代并无栽培如此多品种牡丹的历史，广霖和尚根据雪峰独特的地理特性，在相关专家的指导与帮助下，栽培获得成功，为福州的花卉史增添了新的篇章。远近居民在赏花的过程中，加深了对牡丹文化意蕴的了解，精神境界获得提升，这也是助力社会和谐的一项善举。

在旗山修复石松寺的时候，广霖和尚看到一块关于当年栽种松树的记事古碑，其中提到"与一切人作阴凉"的松树品格，这也是他所追求的为僧之道。

广霖和尚善于用平实畅达的语言阐发佛教精义，他的法筵常常座无虚席。与他对面而坐，听他谈禅论道，亲切平和的语调，蕴含智慧的开示，如阵阵暖流荡漾心田。

在行家的眼里，他的书法是难得的墨宝，然而，它往往又不是难以得到的。不管你是谁，你想获得他的题赠，只要他有空，必能满足你的要求。与众生结善缘，众生欣悦，便是他所乐为。春节期间，他的身影会不时出现在附近的街市，为村民们免费书写春联。由于很多人想要他写的春联，广霖和尚就把自己书写的春联印制发送，为千家万户送去新春的祝福。在省内外佛教界组织的抗疫赈灾活动中，广霖和尚也经常通过义卖书法作品募集资金，为灾区与疫情严重的地区送去社会的关爱。

"福祸无由，灾难横降；万千生灵，弃世别乡；山河失色，天地苍凉；亲眷永隔，宇内共伤。"广霖和尚曾经以这般凝重的笔墨，描述灾祸降临的悲怆之状，意在唤起世人深切的慈心悲愿。灾难无情，佛门有愿。无论是1999年的台湾强烈地震，还是2008年发生的汶川地震；无论是2004年印度洋海啸给台湾等地带来的灾害，还是2006年闽东受"桑美"台风侵袭所造成的损失；无论是2003年的"非典"爆发，还是2020年爆发的新冠疫情，广霖和尚都以慈济众生的本怀，发动善信踊跃捐助，送去资金与物资的支持与关怀。

2018年，广霖和尚发起成立福建省佛教慈善协会，并被公推为协会理事长，他凝聚佛教信众和社会各界爱心人士，推进佛教公益慈善事业的常态化与规范化。从老人院到儿童福利院，从贫困家庭到深山里的学校，从山区村居建设到乡镇环境改善，都有福建省佛教慈善人士默默奉献的身影。广霖和尚不但为各种灾难牵头捐款捐物，还特别发起为我国西部省份和福建省贫困山区失学儿童的捐资助学，为老人活动场所建设及老人会捐款捐物。为解决寺院附近村民用水难问题，发起捐助建设自来水饮水工程，深受广大村民赞誉。

释广霖

　　20多年来，广霖和尚发起的各项捐助活动，钱物总值达6000多万元。数十年行善不止，广霖和尚亦被人称为"佛门慈善家"，但他认为，这是对社会的感恩与回馈。

　　2023年1月29日16时43分（农历癸卯年正月初八），广霖和尚功德圆满在雪峰崇圣禅寺安详示寂，世寿73岁，僧腊66载，戒腊42夏，可谓"百千万劫菩提种，七十三年功德休"。

黄寿祺的茶广缘

◎ 张万春

我的出生地在咸村茶广村，从小就耳濡目染黄寿祺教授在茶广两年多的事迹。黄教授在茶广时，我未满一周岁，虽说没有见过黄教授其人，但工作后经常拜读他的诗词文章，十分崇拜他。

黄寿祺（1912—1990），字之六，号"六庵"，霞浦县盐田人，早年在北京师从易学大师尚秉和学易，之后回到福建任教，在福建师范大学创立国内高校第一个易学研究所，曾任福建师范大学教授、副校长。"文革"期间，他被审查迫害近4年，1970年2月下放到周宁县咸村茶广村，1972年秋调回福建师范大学，1990年7月逝于福州。黄教授是国学大师、中国易学一代宗师、中国四大周易学家之一。他

茶广古村（李洪元 摄）

黄寿祺

治学严谨，学识渊博，著有《易学群书平议》《周易译注》《周易研究论文集》《群经要略》《黄寿祺论易学》等专著。黄教授一生待人诚恳，诲人不倦，且处事认真，操守清正，深得人们敬重。他平时生活俭朴，乐于助人，不义之财不取，帮助别人解决困难从不希冀图报。他所写"愿将暮齿为蚕烛，放尽光芒吐尽丝。但期薪尽能传火，却望才良早入班"等诗句，体现其高尚精神。

为了全面了解黄教授在茶广期间的事迹，今年端午节回老家，我特意走访了村里的几位老前辈，又得到了很多黄教授在茶广村的一些故事，尤其是茶广村的原任党支部书记魏永近特意送给我一本黄教授著的《山居集选》诗集。我如获珍宝，如饥似渴地拜读之后，发现诗集中的《山居遣兴》《山居夏日》《村居》《续茶广杂咏四首》《茶广竹枝词七首》《续茶广竹枝词九首》等诗词，都是描写黄教授在茶广村居期间的工作与生活情况，与茶广村乡亲口述的故事基本相吻合。

黄教授初到茶广村，与他同行的有他的姑姑黄氏和他的儿子黄高宪，因黄教授妻子已离世，其姑姑随行为其父子俩洗衣服、做饭。由于茶广村地势险要，山高路陡，房子基本上都是吊脚楼，黄教授当时已年近花甲，且双眼近视，走路都不敢直步走，要双手扶着墙壁慢慢摸过去，下岭时都要蹲着一梯一梯挪着下去，步履维艰。黄教授有诗曰：

> 经岁东归岭峤间，婆婆林壑亦闲闲。
> 喜无车马门前过，爱逐鸡豚栅里关。
> 积案有文谁共赏，充盘兼味固多艰。
> 故人天末还相慰，一读新诗一破颜。

又一首诗曰：

> 义理何须探洛闽，宅心处世但存真。
> 年来深入农村去，未是逃虚作逸民。

都说孔夫子搬家——都是书。黄教授到茶广时，当时农村尚未通车，交通不便。他从福州带过来一书柜的书，要雇两个身强力壮的农民用杠木抬到茶广。黄教授一家三人住在村民的老房子里，日常到集镇购物很麻烦。村民们哪家有宰猪了，都会优先留个猪蹄给黄教授，猪肉售后有剩余的，黄教授都可以统购。每逢新米上市，乡亲们就用大米与黄教授兑换粮票，然后到集镇的粮站买面干，也为教授父子俩要爬山越岭到集镇去买大米节省了苦力。当时黄教授工资相当高，他告诉村上的乡亲，其工资被七除八扣之后，每个月到手还有260元，而当时的猪肉一市斤只有0.72元。黄教授会抽烟，平时抽的基本是"海堤""水仙"牌子的香烟。他在茶广山村的生活渐渐习惯了，有诗《山居遣兴》曰：

> 一椽岩屋可迎风，三伏炎天暑气空。
> 楼上时闻鸡啄米，墙头每见雀衔虫。
> 新诗偶咏期无闷，故籍重温叹少通。
> 差幸村居多暇日，老来犹得卧书丛。

黄教授在村居期间，为生产队写墙报，公布社员工分；为村民结婚写对联；为农家新添置的家具写姓名记号；教村民科学种田、猜字谜；为村民新生婴儿取名字等。现任茶广村支书魏祖烈的名字就是黄教授取的，他有《茶广竹枝词七首》之一首诗曰：

　　　　　教授眼花字却清，正书容易认分明。
　　　　　竹箩布袋新添置，都请先生写姓名。

一转眼，来居茶广，瞬已周年，喜而有作：

　　　　　来村瞬一岁，时爱踏山行。
　　　　　父老知年事，儿童记姓名。
　　　　　渐谙耕稼乐，略悉里间情。
　　　　　更喜春风至，繁花照眼明。

黄教授博学，但也有不足之处，他看不懂农村16两一斤的老杆秤秤花。为了推广"珍珠矮"新品种水稻，不让农民种低产量的"屏南红"。农民在播种时用大秤称30斤的"珍珠矮"种子，跟黄教授说这是50斤了，数量够了，他也信以为真。黄教授白天到田园察看"珍珠矮"新品种水稻播种情况，夜间召集村民开会学习，宣传党的方针政策。有些村民有意找一些生僻的汉字或稀奇古怪的字谜去找他认字或猜谜底，有个别生僻的字也难住了他。所以黄教授有诗曰：

　　　　　万事随春动，观风每独行。
　　　　　山村多怪字，野物鲜知名。
　　　　　渐熟交叉路，欲通上下情。
　　　　　微吟难寄意，幸冀启聪明。

又一首《山中遣兴》诗曰：

　　　　　经岁山中客，生涯亦可思。
　　　　　习耕晨出早，宣政夜眠迟。
　　　　　俚谚能聪耳，童谣每解颐。
　　　　　物华俱有意，何事不宜诗。

茶广上村与下村中间有个小山坡，坡上有一片风水林，尤其有几十株苍翠挺拔的马尾松，树干笔直，高耸入云。黄教授当年刚到时见此片树林，惊叹不已。他认为这一片风水林可以防护台风、净化空气、保持水土，让村民安居乐业。离开茶广村的时候，黄教授一直叮嘱村民一定要好好保护这片树林，他说，有树才有村，千万不能砍伐。对于山村景色，黄教授有《山居夏日》诗曰：

  山村夏日雨兼风，变化晖阴靡有穷。
  晓雾倏吞千嶂绿，夕阳忽吐半林红。
  人随物候成今古，水逐潮流论塞通。
  我似苏门山上客，闲吟每对月玲珑。

  黄教授在茶广两年多时间，与村民们和谐相处。他为人和善，平时给村民传授文化、弘扬科学、宣传政策，得到村民的一致好评与爱戴。他有《茶广竹枝词七首》之一首诗曰："下放山居岁两周，学农宣政意悠悠。村人喜我身增健，相劝推迟请退休。"黄教授离开茶广之后，就再也没有到过茶广村了。1990年7月黄教授离开了人世，但他的故事永远留在茶广人的心中。

  如今，我也人到中老年了，偶尔回趟老家茶广村，静坐于山野林荫一隅，远离尘世的喧嚣、纷扰、烦恼、浮躁，倾听自己心灵的声音，倾听闲花落地的轻语，倾听细雨湿衣的呢喃，享受一份安然，体味一种宁静。走走停停间，似乎又找到了当年黄教授在茶广村居期间的那一段峥嵘岁月。

第四章

古建传芳　胜迹寻幽

宗 祠 风 采

◎ 李典义

宗祠是家族的象征，也代表着家族荣誉，如果家族中出现了优秀人物，那么，这个人无疑会成为这个家族的荣耀，在家族祠堂里占有显著位置。同时，宗祠也会因为这个人而有了不同一般的标志。按清朝规制，达到一定品级的官员，宗祠匾额都会有"钦赐"或"御赐"字样的牌匾来显示家族的荣耀。

玛坑汤氏宗祠

玛坑汤氏宗祠位于村中心，玛坑溪水绕环而过，是玛坑开基世祖结庐入居之地。其选址和建筑布局、设计均是开基世祖盘隐所定。

明洪武四年（1374）建祠堂前后厅两座，盘隐就前后厅、明堂、门楼、大池、大路、沟、衙等俱立界石为记。乾隆甲辰年（1784）夏十六日，宗祠忽遭火灾烧毁，仅剩残垣断壁。时玛坑开基后第三世祖丕承6子，分房为福、寿、荣、华、富、贵诸公聚议重建。于当年仲冬动工，于丙午年季春重建起祠堂前后厅，还增建太子亭一座。

建太子亭打造地基时，凿开大石壁，露出一石窝，内藏大小如蛋的石头6块，人称凤凰蛋，称该地为凤凰孵蛋之穴。当时就把这些石蛋移置到大池中心，以视6房的人丁共同建造汤氏宗祠，永志千秋。

大祠堂按富、贵两字重叠的造型建设。祠堂左

玛坑汤氏宗祠（叶先设 摄）

右侧路和祠堂后小坪形成"富"字的宝盖头。长15米，深6米的太子亭，形同"一"字。亭前泉水窟凿一方形水井，即成"富"字的"口"字。该井底有7个泉眼，泉水终年盈井，取之不尽，用之不竭，井水清澈见底。水井前是祠堂正厅，前下方有天井，

天井左中右设石阶踏步与前厅相连，形成"富"字的"田"字部，从而组成一个"富"字。前后两大厅与天井石阶踏步形成"贵"字头的"虫"，祠堂坪与照墙两侧通道形成"贝"字，从而组成一个"贵"字。

祠堂前大坪称为大坪中，面积200余平方米，石头铺面，大小相间，错落有序，大坪前半部正中以条石铺成宽2米的石道，两边小石嵌砌，条石道通至里半部，分为6条石道直达祠前，似是6房祭拜祖辈的路位。坪前照墙依官袍的绣图，里面绘双龙戏珠，背面画百鸟朝凤。靠照墙处矗立4根高十余米的旗杆，每根旗杆上套2个方斗。大坪中左侧两层建筑是书院，面积共计400平方米，上层供孩子读书习文，下层为商铺；左侧是长房支祠的边廊楼及"廊亭下"。廊亭下今改名敬老亭。

川中汤氏宗祠

川中汤氏宗祠建于明末清初，原为三甲外宗厅，俗呼房头厅，坐艮兼寅。清嘉庆五年（1800），思齐公裔孙扩建成前后两座，第二次重修于清道光四年（1824），第三次重修于民国三年（1914），第四次重修于2000年。大门上的"善积大一"四个大字透出儒释精神之精髓所在，两边一副对联"祥征玄留家声远；派衍中山世泽长"苍劲有力。据老者言，原联是"万里风云开礼乐，九天星斗焕文章"，又是礼乐；又是文章，儒气十足，应该更能反映那个时代的精神吧。面前坪291平方米，存留4块旗杆夹石，一对石狮。祠堂高9.7米，宽18.15米，深28.12米，占地面积1017平方米，建筑面积726平方米。这一砖木结构的祠堂，柱梁式方格，上下两厅，

川中汤氏宗祠（叶先设 摄）

中天井。上厅正中供奉始祖塑像，面前木质案桌，两边安放列祖列宗神主牌；梁上悬挂"进士"，"文魁""选魁"等金字，原有出自名家手笔的匾牌20多块，却全部毁于"文革"。

樟源魏氏宗祠

樟源村魏氏宗祠建于清道光十六年（1836），坐西朝东，占地面积888平方米，建筑面积788平方米。以砖木结构三进两大厅，中开井，两侧廊庑，前面空阔，内有戏台，门有石狮把守，宗祠大坪直立双斗旗杆两对。

2006年，全祠拆旧换新，重建后仍然保存原有规格与结构。红墙青瓦，飞檐翘角，双凤歇顶，各种浮雕栩栩如生，巍然壮观。新建祠的大门首，按原魏氏祠堂的大门设置。大门仰首可见横嵌着"魏氏宗祠"鎏金石匾，两边楹联"礼门义路率乃攸行；智水仁山增共式廓"，是清朝嘉庆年间进士魏敬中手迹。大门上方檐下饰以各式精美浮雕，有双龙、人物、鸟兽等。厅堂悬挂着历代名人

樟源魏氏宗祠

赠送或后裔为德高望重先人立的匾额。有民国时期福建省省长萨镇冰赠题"敬宗牧族"、后裔为前贤敬中设立"世科甲""进士"等匾额。摆在正中及两侧的神龛上的先祖宝像，及各式各样精雕细刻的神牌保存完好。其中以嘉庆二十四年（1819）考中进士的魏敬中神主牌特别显眼，不仅尺寸大，造工精细，其牌身则刻着："赐封进士""翰林院编修""国史管总纂""晋封朝议大夫"等字。牌两侧双龙戏珠，腾云驾雾，牌顶则为镂空龙头雕。

王宿李氏宗祠

王宿祖厅和唐王宫就是王宿李氏祠堂。王宿祖厅位于王宿村中坐北朝南，四面环山。始建年份不详，重建于2012年，历经3年，耗资近100万元。占地面积800多平方米，建筑面积500多平方米。重建后，仍然保存原有规格与结构。三进二厅构造，外是祖厅大坪，祖厅分上下大厅之间隔着天井，两侧廊庑，前埕空阔，上厅

供奉着祖宗神像，下厅搭建着戏台。砖木结构，黄墙红瓦，飞檐翘角，双龙歇顶，各种浮雕并附以彩绘，栩栩如生，巍然壮观。祖厅内上方悬挂的历代诸官名人赠送或后裔中为德高望重者设立的匾额等，下方各柱挂满刻有乐捐芳名鎏金楹联。而在正中的神龛上坐着祖宗神像，神像后墙面中央为石雕镂空龙头，并刻有唐皇始祖，两边绘以双龙，腾云驾雾，翻江倒海。大门仰首可见横嵌着"祖德流芳"鎏金石匾，两边门联"系出唐皇金枝竞秀；派分宿地玉叶流芳"。大门上方檐下饰以各式精美石雕如鸟兽等，工艺精雕细刻，精美绝伦。门下方有石狮把守，前面大坪中央建有八角形风水池，两边并竖立雄伟壮观的中华灯。

唐王宫位于王宿村西面，是为纪念始祖唐朝颖王（岳王）李提而建，始建宋朝，重修于清光绪二年（1876），由于当时设计与资金原因，建筑为土木结构，十分简陋，加之年久失修，主体倾斜，濒临倒塌。2016年秋应族人提议，在周宁县理事会关心支持下成立了重建理事会，于同年6月动工，总投资300万元（其中首捐李成华60万元）。并在原址重建，总占地面积2160平方米，总建筑面积560平方米，坐西朝东，枕山面水。按宫殿建筑，木石结构。皇宫规置，华表耸立，壁画九龙，木刻石雕，精美绝伦，威严壮观。

紫竹陈氏宗祠

紫竹陈氏宗祠位于村中心。走进祠堂，就像走进一个深宅大院，气势磅礴。陈氏宗祠是迁居紫竹源始祖树六公的家庙。原建于清朝康熙年间的祠堂，因岁月侵蚀，严重损毁，于2008年由陈姓村民集资新建。陈氏宗祠坐北朝南，北靠七星台（又称群凤上山），南朝文亭峰，东临龙甲石，西依笔架山。宗祠整体砖木结构，重檐歇山顶，高十余米。二进设计的主体建筑，进与进之间有天井相隔，两边有回廊相连。第一进设有戏台，第二进为大厅，进与进间中间设5台阶，寓意"五子登科"，回廊两旁设3个台阶，寓意"三阳开泰"。大厅这一部分也是建筑的主体部分，雕刻特别精美，中央是一个较大的天井，整个正厅皆由木柱支撑，梁间斗拱等处都雕有精美的浮雕木刻。祠内现存有"望高月旦""义门世家""祖德昭彰""闽赣一家"等7面匾额，楹联16对，祖宗牌位130面。牌位按历史远近有序排列，述说和显示着陈氏家族的荣耀。中间高悬着嘉庆年间朝廷钦赐的"父子明经"牌匾，特别引人注目。祠前中间一面大门，左右两边两小门，寓意"门当户对"。前中央之上刻有"陈氏宗祠"匾额，大门前左右两旁摆放一对石狮，祠堂大门前竖有高大的两根旗杆。宗祠建筑面积800多平方米，包括祠前大坪，坪内设水池、假山等人造景观。

溪边彭氏宗祠

溪边村彭氏宗祠建于咸丰元年十月（1851），坐亥加壬，为土木结构，占地200平方米。重建于2009年10月。重建的祠堂为二进一天井式，砖石木构架。上下座均为重檐歇山顶，穿斗式木结构，雕梁画栋，飞檐翘角，古色古香。

祠堂前有一约20平方米用大理石铺地的空坪，空坪外用石栏围着。每根栏柱上均有一石狮蹲着，石栏横板双面刻荷花、仙鹤、凤凰、牡丹等。门前左右安放一对高贵尊严吉祥的青石狮子，大门上方横嵌一块刻有"彭氏宗祠"4个大字的牌匾，为白底黑字。两扇门上分别书"敦宗""睦族"4个金色大字，左右墙上嵌方形石刻花卉图案。抬头望一层飞檐横楣雕有人物花鸟等，为金色。二层中间刻"源远流长"4个大字，为墨色。祠脊上雕塑双凤采牡丹，色彩艳丽，栩栩如生。

走进大门来到下厅，厅上建凤凰池，绘凤凰及八仙图。厅左右墙上有山水壁画。在下厅可望上座，其结构与下座相仿，也是二层穿斗式结构，飞檐翘角，雕刻各种花鸟图案，色彩艳丽。不同的是，脊上雕塑双龙献珠，底下用4根圆形大石柱支撑，看去甚为壮伟。柱上均刻楹联，字为红色。穿过天井踏上几层台阶就到上厅，可看清石柱上的字，分别是"祖荣宗应从诗书启后，报效恩泽饮水思源""耀祖慎终追远民厚德；彭氏家族当以孝悌为先"。大厅上亦建凤凰池，绘龙及八仙图，形态生动，色彩艳丽。左右墙上绘飞龙献珠及凤凰牡丹图，还悬挂4块牌匾，书"源远流长""荣祖报德"等，厅最后供奉着彭氏历代祖宗龙牌。整个祠堂不失典雅古朴，彰显"祖德流芳""子孝孙贤"。

杉洋詹氏宗祠

詹氏宗祠坐落于杉洋东南，骑狮戏球，群山拱卫，秀峰挺拔，曲水环抱，月山照应，其建筑有宋元之遗风，建筑面积约有千余平方米。正门外两侧二狮踞守，石鼓对擂。殿高3.6丈余，昂鱼越顶，蟠龙绕梁，戏台二象驼梁，四狮走台，戏台虎腿。殿首上高悬皇帝御封"詹公侯王"之圣旨，坪中有武进士御前侍卫詹绍安等人教谕。亭中楹联描写自然美景"起云台诸峰拱贵，景明堂众水长生"，左右两门楹联叙明詹氏历史和安居情况"周称派分于议里；晋元勋建在桃林""唐代十公分九派；宋朝一姓肇三溪"。大厅楹联介绍说"八姓入闽居一族；十公演派发三房"，大厅内安置詹氏世裔灵牌，左边"公德祠"，右边"孝"。整个建筑雄伟壮丽，泥工、木雕、石刻都有历史特色。

枣岭孙氏宗祠

枣岭村孙氏宗祠，坐北朝南，祠后形似青狮，有成片风景林；祠前重叠的小山坡。原建于1934年，至今已有79年历史，虽建祠时间不长，但因旧社会经济比较落后，建筑条件差，用的都是杂木，经不了风雨，已经破烂，再加面积小，只有140平方米，难以开展大型活动。2013年改建，为砖、木、石、水泥等结构，虽规模不大，但主体突出，层次分明，布局合理。正中殿神龛上，坐着孙灵王公婆仪像，周边坐着各房祖先神主牌。大门口两侧是用青石雕刻的松竹图案，青石雕刻对联"始祖远公肇创鸿基林洋境；世代儿孙弘扬祖德振家声"。

梅台高氏宗祠

梅台高氏宗祠位于众厅东侧，仅一墙之隔，建于民国十三年（1924）。为单檐硬山顶抬梁穿斗式土木结构，东山墙为猫拱背式火墙包栋，西山墙就是稍高些的众厅马鞍形火墙包栋，屋面青瓦，外墙粉白。建有翘角门楼，大门上方横书"高氏宗祠"，门联书："昭穆不失其伦；子孙亦明为序。"

孙氏宗祠

进门有小天井，二进正中间天花藻井。最靠里面中央摆着一排龙头神主牌。西面墙上一排纸板，有"宗亲乐捐芳名录""中华高氏八闽宗亲联谊会周宁第一届理事会"等图文。东面有一上书"庚婺联辉"的牌匾，笔力苍劲古朴，是道光二十七年（1847）赐进士例赠文林郎宁德知县冯杰为耆民高天派同妻汤氏所立的。

芹村何氏宗祠

芹村何氏宗祠背山面水，明堂宽大，整体方正，左右互衬，四势匀和。坐落于村庄前面，又居于盆地中央，四周群峰屏列。

何氏祠堂高8.5米，宽17.15米，深25.12米，建筑面积430平方米，占地面积550平方米。整座祠堂为砖木结构，柱梁式方格，上下两厅，中天井，上厅正中供奉始祖塑像，面前木质案桌，两边安放列祖列宗神主牌；宗祠顶上，双龙戏珠，屋顶金碧辉煌，在阳光的映照下金光闪闪。

宝岭张氏宗祠

玛坑宝岭村中建有张氏宗祠，建筑面积300多平方米，祠堂上下两座连为一体，前座有戏台，后座安放着许多祖上龙牌，供后代祭奠。两旁有走廊，有天井堂。大门向南，有对联"百忍传家铭祖训；英风济世颂宗功"，横批"源远流长"。宗祠是族裔祭奠先祖的场所，当张氏先人去世安葬后，都会举行隆重的龙头牌进祠堂仪式。每年农历七月十五日中元节，大家都会敬备牲礼，燃烧纸钱，祭奠先祖。

长峰陈氏宗祠

长峰村陈氏宗祠建于清光绪十一年（1885）九月初八，坐丙向壬加己亥三分，长22米，宽12.2米，面积268平方米，于1979年重修。内设戏台、天井，上殿有陈氏四世叔宝公赐像一尊，像前放着一个三脚鼓钉香炉。祠堂后面是一片石壁，正中间有一个天然洞，约10米深，曲径幽深。在石壁上方生长有两株鸳鸯罗汉树，相距约3米远，一株在上，一株在下，上方的一株叶子是纯绿的，下方的一株树心叶是紫红色的，实属罕见奇观。

林氏宗祠

上坂林氏宗祠始建于明末清初，清嘉庆年间六年（1801）建造，第二次重修为清道光五年（1825），第三次重修为1998年。祠堂上甲内正柱上写着一副对联"九龙新世泽双桂旧家风"，字体苍劲有力，反映出当时繁荣昌盛、优良的家风和时代精神风貌。祠堂高10米，宽15米，深30米，占地面积450平方米，建筑面积350平方米，整座建筑物为土木结构，柱梁方格式，分上下两厅、中天井。上厅正中供奉始祖塑像，两边安放历代列祖列宗神主牌。

玛坑溪边的林氏是康熙十三年（1674）李墩黄埔林四公派下十四世伯麒公肇基，宗祠建于康熙年间，位于彭氏宗祠旁不远处，坐向相同，为土木结构，占地约100平方米。大门上方挂一块红底金字的牌匾，上书"林氏宗祠"4个大字。门联为"祖德宗功千年泽；子承孙继万代春"。祠中厅内挂"祖德流芳"牌匾，为黑底金字，厅最后供有历代祖宗画像及龙头牌。

江氏宗祠

东坑江氏支祠建于同治壬申年（1872），据说建祠堂时东坑才8户人家，由于资金不足，于是联合七斗、官塔、陈家洋，石壁炉村江姓兄弟合建，故称"支祠"。祠堂坐东朝西，为土木结构，占地约500平方米，分为上下两座，中间为天井。祠堂大门上方刻有"江氏支祠"，其左右刻有"裕后光前宗廟食而子孙保；负山带水宝钱兴而蛟龙生"这些字。大门两边刻有对联"宋相家风文传谏草；济阳派衍源基创丰洋"。走进大门，就进入下座，其大厅中间设有戏台，戏台上有拱形凤凰池，其中间画有凤凰牡丹，周围画八仙图。下厅两边画有壁画，其建筑人物栩栩如生，内容反映古代生活等。下厅两侧都建有走廊，分上下两层，戏台天井两侧走廊相连，分为前后两节，有门相通，供演员化妆及妇女儿童观戏所用。穿过天井走上5级台阶就是上座，其大厅是大众看戏的场所，其上方也有拱形凤凰池，在大厅上还悬挂有数块古时牌匾。再往后高起的地方是神祖牌座，祠堂边门上有"惠迪吉"3个大字。远看江氏支祠背靠起伏的祠堂岗，祠脊翘角，塑有两只鱼龙正对着脊中间的龙亭，更显得庄严肃穆。

赤洋村江氏旧祠堂建于清嘉庆年间，坐北向南，占地总面积300平方米，深22.5米，宽13.3米，分上下两厅，中间一天井，下厅设戏台、走楼、化妆室。上厅靠里设先祖龙牌供奉位，前排留神像观戏坐，每逢正月十五迎请林公、奶娘婆后，村中执年甲头便谢请神戏，抬神像进祠堂看戏后再移像回宫。新祠堂为江氏三房于2003年建成，位于桥头宫后，深23米，宽10米，占地面积230平方米，结构与旧祠堂相同。

宗祠作为一个祭祖传承祖德和宗族议事的重要场所，几乎遍及每个村落，甚至有的村落还有好几个宗祠，这里无法一一俱全。宗祠崇拜先祖与神灵的产物，是先民精神和英灵栖息的殿堂。宗祠是历史的教科书，阅览祠堂，如同阅览一卷绵长的历史画卷。而宗祠文化是一种相当有地方特色的民俗文化，它既蕴含着淳朴的传统内容，也埋藏着深厚的人文根基……

林公祖殿建筑审美与文化价值

◎ 陈圣寿

林公忠平王祖殿坐落于杉洋村西南方位，占地面积共约3000平方米，始建于明正德八年（1513），清嘉庆十二年（1807）增建太子亭，清光绪十一年（1885）重修太子亭。

林公祖殿青砖黛瓦，掩映在绿树中。农舍环绕中突显的轩昂，面前流水带来的清幽，让人恍惚来到了烟火气中的圣地。祖殿背山面水，周边清一色古松高大茂密，面前之回堂水以缠结怀抱。殿基咬石而立，殿宇卓尔不凡。

现有主体建筑是：一殿（大殿）、二楼（钟楼、鼓楼）、三阁、中间起云台太子亭，附左右厢房。全殿宽17米多，深34米余，高10米。祖殿面积510平方米，东西偏殿各260平方米。厕所、福寿亭、假山等配套建设占地面积600平方米，空地面积约1800平方米。在建筑手段上，林公祖殿以官式大木作法为主，小木装饰，

林公忠平王祖殿（钟陈灼 摄）

造型手法多样，斗拱、木雀、弓梁、垂花柱、花座木锯花、花窗、博风板、悬鱼等无一缺失，灰塑、彩绘、木刻、石雕皆保存完好，具有较高的艺术价值。

宗教信仰类建筑是有灵魂的，其崇高与完美往往使步入其中的人们叹为观止，甚至被一种强大的精神力量所征服。

林公忠平王祖殿前临小溪，后倚青山，松环竹绕。正门前的空坪上立有石旗杆，并有棵枯而不朽的灵树。正门两侧建有马房，各塑有一马奴，执缰绳，牵骏马而立，那严装待发的样子，十分威武。中间的太子亭高18米，为三檐歇山顶结构。正门上方有敕封林公忠平王祖殿石匾额。左右为石雕门神。正门墙上环以泥雕三国故事，人物造型栩栩如生。亭屋上昂鱼翘栋，十分壮丽。进入正门左右两侧分别为钟、鼓楼，建筑形式为穿斗式歇山顶，土木结构，屋檐上泥雕人物十分逼真。林公宫正殿为单檐歇山顶，穿斗、抬梁混合式土木结构，巍峨雄伟。正殿内有多处大幅石雕花草吉祥图案，供奉有林公及其从祀诸神、部属神像，并悬有一口古钟，立有建宫碑记。十分引人注目的是那个带锁的铜香炉，香炉内置一柜，柜中神香半月一更换，香火一年四季不断。各地求林公者，就是从这个祖殿香炉中分取香火的。

祖殿的建筑因受场地的制约，在中轴线上仅能安排门楼、天井和祖殿，为增加使用空间在祖殿的左右两侧增建有配殿。这在当地也是传统建筑平面布局的一大特色，主要是在山区地带选择比较开阔的位置，兴建大体量的建筑有一定困难，因此采用向两侧拓宽的空间布局。

用于祭祀林公的建筑除在杉洋村的称为"殿"之外，在别处的都称为"宫"。可能是由于林公是皇帝敕封的"王"，所以才享有"殿"的待遇，建于其他地的"宫"可以理解为是"行宫"之意。在周宁各大村落大多建有林公宫的建筑，其中狮城镇安厚村的林公宫建于嘉庆二十三年（1818），以庙内终年不结蛛网，庙顶瓦片不见枯叶令人称奇。也有林公与陈靖姑并祭的，如七步镇龙溪村的林公宫。林公宫、陈圣母宫的建筑与宗祠建筑一般都位于古村落的水尾，平面布局也基本相同，在中轴线上依次建门楼（门楼前为正门、仪门，仪门后为戏台）、天井、大殿，天井两侧为双层厢房，厢房二层与戏台相通。

林公忠平王祖殿建筑工艺精湛，正殿形制恢宏气势沉雄，殿脊双龙戏珠衬托王者气象。大殿，即是正殿，为林公宫的核心建筑。其中林公忠平王的神像，鼻如悬胆，口吐云气，慈祥含笑，全身金黄，端坐在大殿神龛中间，神采奕奕，光彩照人。两厢钟、鼓楼比肩相对，前厅太子亭如云海星辰，楼阁翘角花叠式穿斗，层层烘托，工艺独特，尽显明清优美典雅风格。祖殿主体布局仿帝殿而建，兽首吊桐，古风古韵，虫鱼石雕，妙艺胜形，别具一格。整个宫殿依山而建，坐南向北。主体建筑随山势从前往后层层高起。附属建筑由两翼次第展开，主从有序，参差巍峨，极具气势。

在林公祖殿的建筑布局上，太子亭（位于门楼房顶上方的建筑）斗拱的制作可谓最得意之作，由下而上共有5层，层层叠加到最顶层正面，包括已遗失的在内横排共33斗。明清之后，斗拱在力学和构造上的意义便逐渐降低，进而变为装饰性意味更明显的物件，不但不能支撑斗拱上的重量反而增加底下支柱和枋梁的负担。但不影响其审美意味，作为中国建筑所特有的构件，无论早期它在力学上的作用还是后期在美学上的表现，都堪称中国传统建筑的精华所在。

林公祖殿建筑除翘起和斗拱之外，在屋脊的灰雕、檐下的泥塑彩绘、窗扇的透雕以及柱头花的雕刻等方面的工艺制作也都十分繁复精妙。它的石雕艺术更是美轮美奂，石雕构件的使用范围包括柱础、门磁、挡板、供桌、香炉等。四方亭柱之柱础尤具特色，每尊柱础四方皆雕刻精美的图案，其中有"琴、棋、书、画"和"渔、樵、耕、读"以及世外桃源仙境等景象，内容丰富，可谓个个精妙，成为祖殿不可或缺的部分。

殿前石阶7级，石阶之下为辉绿岩铺设的天井，天井前现存的门楼建于清嘉庆十年（1809），门楼正上方所建太子亭为三檐歇山顶，正门上设龙头透雕石匾，竖刻"敕封林公忠平王祖殿"，正门两侧立石雕门神两尊。很可惜"文革"时门神被打，至今还可见到门神绑着绷带的模样。天井两侧厢廊上为钟、鼓楼，为重檐歇山顶。殿之左右配殿建于清乾隆三十八（1773）年，毁于"文革"期间。2007年经省文物局批准在原址重建，配殿东侧为附属房（原为客栈），客栈大门右侧立有宣统二年（1910）八都馆乞首吴大妹所立的"禁乞碑"。

进楼门为石板铺砌而成的天井，蹬7级上正殿。左右配殿采用相对使用级别较低的单檐悬山顶来烘托祖殿重檐歇山顶的尊贵气势。正殿三面设有神龛，抬梁为穿斗式混合土木结构。基座高1.2米，踏跺两侧垂带石，一改厢房低矮单调，仅为过道之用的传统模式。

林公忠平王祖殿的建筑对闽东地区的宗教建筑和礼教建筑的建造具有较大的影响，周宁周边县市建于清晚期的古建筑在门楼的顶上加构双层或多层的太子亭，还有在屋面四角翘起的做法也能看出模仿林公祖殿的式样。林公祖殿及附属建筑物屋角的翘起的数量和长度都达到夸张的程度，这也是林公祖殿建筑的一大特色。著名建筑师李允鉌先生认为：不同的翘起程度似乎代表着不同的性格，表现出不同的气质。曲线的层面绝不会仅限于一种功能的形状，同时是由材料和力学、构造方法来的形式。它们本身同时是一种有意识地去创造的艺术语言，在天空画出一条条优美的线条，也许象征威严和伟大，也许代表轻逸与愉快。

如果从主殿以外的分部来看，亦各有其美。

如门楼，林公宫设两道山门楼，以壮观瞻。靠近公路的石阶正门楼位于林公宫围墙的正上方，上置长方形的青石横批板，横批板上方两端塑立体青龙一对。为进入林公宫的第一道山门，该山门明清建筑风格，布局严谨，错落有致。建筑以雕刻见长，宫门两侧石柱上雕刻二尊门神，高1.8米，手持砍刀，怒目圆睁，神态逼真。大门石横梁上雕刻着蟠龙圣旨牌，上书"敕封杉洋感应林公忠平侯王"，显得庄严肃穆。殿门两侧各有一排石刻，门檐两侧的壁画取材于《三国演义》中的"桃园三结义"典故，连着一溜展开，古朴细致，人物神态栩栩如生。门拱上为瓷贴图案的鲤鱼跳跃、孔雀开屏、松鹤映日等图案。墙堵上方屋顶覆绿色琉璃瓦，飞檐翘角，屋脊塑立体青龙一对。两个边门略低于中门，门拱上各有泥塑一幅。进此山门后，再登台阶即到达林公宫祖殿。祖殿匾题"永怀祖庙"，以表达广大信众对祖国、祖庙的眷念之情。

再如钟鼓楼，亭两侧，左为钟楼，祀司钟将军；右为鼓楼，祀司马将军。两楼均刻有精美的花鸟、掌故木雕镂刻。钟鼓楼下祀神：钟楼烂醉如泥为虎将军神，相传其手持刀为凡人斩断孽缘；鼓楼为马将军神，相传其手握印章为新生儿决定命运。林公宫建筑按传统的"一殿二楼三阁"式建成，大雄宝殿居中，钟鼓二楼分列左右。

林公祖殿建筑以雕刻见长，宫门两侧石柱上雕刻着2尊门神，高80厘米上下，怒目圆睁，神态逼真，手持砍刀，可惜的是，原砍刀只余下了刀柄，现在看到的刀是后来装上去的。顶端横着的石梁上刻着圣旨牌，庄严肃穆，两侧有许多镂空木雕画，殿门口两边也是一排石刻。

林公宫殿顶正中高悬"赐封林公忠平侯王"牌匾，宝殿中间，有林公和诸神的塑像，神态各异，可见当时塑像工艺之精美。殿中石柱径达30多厘米，长丈余，殿沿青石板每条都达丈余，表面光滑，可见当年建造此宫殿时所费财力之巨大。大殿朝前的，是一溜浮雕，上面刻有人物、花卉、亭台楼阁等，这些浮雕表面光滑，刻工细致，刀法精湛，显示了当时雕刻者高超的手艺。宫中的文物除了石雕外，还有许多壁画、木雕柱头。尤其是这些木雕柱头，在宫中通廊两侧齐腰高的柱顶端镂空雕刻，每个柱头20厘米见方，所刻神话人物、花卉等图案精美绝伦，疏密有致，细处如丝相连，中呈空旷状，实属木雕中之精品。

十年"文革"期间，林公宫也未逃浩劫，宫中的石雕人物被砸，木雕柱头被锯，牌匾被摘，其情景一派凄惨。后经多方修整，逐渐恢复原貌，并被定为周宁县文物保护单位。近年，宫四周修建了"福""寿"二亭和鱼池、假山等，为古老的林公宫增添了现代气息。

两边墙壁上镌刻有林公忠平王《家范》10匾和楹联16副，其旨趣高远，意蕴深刻，含孝悌、礼仪、治学、修身、立业等，寓"修身齐家治国平天下"思想，丰富了林公的传说和林公宫的旅游文化内涵。

建筑之美在于传递主题诉求、创造共情氛围，林公祖殿作为帝王敕封的信仰类建筑，融合了宫殿的庄严感和寺庙的通灵感。从传统的宫殿建筑特点来说，主要包括3个必备要素：第一，宫殿一般是一个庞大的建筑群，包含许多不同功能的建筑；第二，在布局上，强调"中正无邪"，最重要的建筑都建在中轴线上，其他辅助性的建筑则建在两侧；第三，都城和宫殿二者的关系非常紧密，宫殿的布局往往扩大到整个都城，从而进一步凸显出宫殿的重要地位。当然，考虑到林公祖殿地处山村，规模不可与都城的大殿相提并论，但亦足以称得上壮观。而祖殿把杉洋村当背景，融之于山水与街衢，在乡村视野上无疑是一流宫殿。

寺庙建筑则与之不同，它有意将内外空间模糊化，讲究室内室外空间的相互转化。殿堂、门窗、亭榭、游廊均开放侧面，形成一种亦虚亦实、亦动亦滞的灵活的通透效果，所蕴含的空间意识模糊变幻，这与中国天人合一的宇宙观有深层联系。"四方上下曰宇，古往今来曰宙"，空间与时间的无限，即为宇宙。"宇"字本意为房檐，无限之宇，当然则以天地为庐。这个宇宙观，把天地拉近人心，人与自然融合相亲。所以，中国寺庙建筑群往往留出较多的室外空间，不把自然排斥在外，而是要纳入其中，"深山藏古寺"讲究内敛含蓄。古人云"托体同山阿"，建筑与自然融为一体，正是天人合一的体现。

林公祖殿背倚青山，面临绿水，四周树木苍翠，环境清幽，风光怡人。后山是一片挺拔苍松，竟有五六十株之多，每株高达六七丈，虬枝苍苍，傲骨凌天，四季常绿，据传，这是目前宁德市保存最完好的成片古松树林。而鸡鸣犬吠引吭于左，牧歌田园渲染于右，将人间的温暖繁华、乡野的清新自然、庙宇的肃穆祥和、宫殿的庄严高贵巧妙地融为一体，使林公祖殿作为民间信仰圣地的同时，成为不可多得的建筑艺术瑰宝。

川中古民居群建筑特色和风格

◎ 汤细昌

川中村现存60多栋古民居，大多是明清时期建筑，但并不是明清时期建造的房子都可以称之为"古民居"。本文所称古民居，是指在明清时期建造的具有传统建筑技术特色和艺术风格的民居。

你若对传统建筑有兴趣，笔者陪你一同领略川中古民居的技术特色和艺术风格。

一、独具特色的墙体结构

你从远处一眼就看到一排排犹如凤凰展翅飞翔的风火墙。凭你的眼神，确认是遇到古民居了。对！你的直觉没有欺骗你。风火墙正是川中古民居最显著的建筑特色和艺术风格之一，具有以下技术特色与功能。

川中古民居（李洪元 摄）

1. 环保耐久。墙体采用当地黏性泥土、青砖筑成。最具经典的是用"三合土"夯筑。它由石灰、黄土和糯米等材料用力搓拌而成，具有优良的力学性能和耐久性。历经200多年，至今墙面仍然光滑润泽。在川中古民居中，许多建筑墙壁和地面都采用了"三合土"建筑材料。

2. 防火功能。木头房子最环保，但最怕火灾。风火墙的形状可以有效地引导气流，防止火灾的蔓延。

3. 抗震功能。墙体与房屋结构分离，可以更好地保持建筑体的稳定性，从而减少建筑物在地震中出现的倾斜和倒塌的风险。即使墙体倒塌了，由于墙体与房屋结构分离，也不会导致房屋倒塌。

二、庄重典雅的门头装饰

当你走进一栋古民居，首先要经过大门，川中人叫"门头"，你会情不自禁地被典雅精致的大门装饰所震撼。毫不夸张地说，"门头"是古民居最重要的一个组成部分，不仅是人们出入的通道，还是家族等级的象征，昭示着地位、财富和文化品格。所谓"门第等次""书香门第"即为此意，所以古民居的"门头"建筑特别考究。

1.门框由4块青石板组成。这些青石板选材优良，经过精心打磨、雕琢，形成了一个庄严稳重的门框。门框的上方雕刻有精美的花纹，有的门框两边还雕琢门联，增添了整个大门的艺术价值。

2.门楣上镶嵌一块牌匾。牌匾的字体、刻法和图案都非常考究。

3.牌匾两旁有一对墀头。墀头是门头两侧凸出的部分，上面通常用砖雕、彩绘装饰。墀头本来承担着屋顶排水和边墙挡水的双重作用，但由于它特殊的位置，往往会被宅院主人精心装饰，增加了整个大门的庄严与美感。

4.大门前面的两扇小门，俗称矮门。从外形来看，矮门高度大约是大门的一半，刚好到成人的腰际，所以又叫腰门。在大门两侧的青石板上，分别精心雕琢着两个小门臼。你也许感到奇怪，有了坚实的大门，为何还要再安装两个小矮门？原来这里头还有一个悲壮的典故：矮门又叫"六离门"。闽剧《六离门》写明末闽人洪承畴降清后回闽省亲，洪母制"六离门"以示"六亲不认、众叛亲离"，拒洪于门外，斥子之后她举火自焚。此后，凡是不忠不孝之人，都不得进"六离门"。"门头"的这些特点，不仅体现了古代工匠的高超手艺和审美追求，还承载了传统文化底蕴和历史价值。

三、意蕴丰富的空间布局

川中古民居空间布局意蕴丰富，表现出丰富的传统文化韵味和哲学伦理思维的精髓，十分强调建筑组群的中轴对称，沿着一条中轴线，采取均衡对称的方式来布局。笔者带你领略川中古民居意蕴丰富而深邃的空间布局。

1.门厅。当你迈进"门头"，按空间布局顺序，先是进入门厅，川中人叫"门头厅"。门厅是古民居的重要组成部分，通常是指进入宅院或房间之前的过渡空间，具有多重功能和意义。首先，门厅是一个过渡空间，将外部空间与内部空间分隔开来，可以进一步保护宅院或房间的隐私和安全。其次门厅还具有重要的礼仪功能。在传统社会，门厅是一个迎接宾客的重要场所。宾客在进入宅院或房间之前，主人通常会在门厅迎接，进行一些礼仪性的问候和交流。因此门厅也成了一个重要的装饰空间。通常会设置一些精美的装饰，如雕花的门窗、屏风等，以增加空间的视觉效果和艺术价值。这些装饰不仅可以使门厅更加美观，还可以表达主人的身份、品位和文化修养。

门厅内还设有第二道门，川中人叫"四扇门"，犹如一道屏风，起到进一步保护宅院或房间的隐私和安全。这道门平时关着，只有重大礼仪活动才隆重开启。平常行人由门厅左右两个边门出入。此外，门厅还可以起到调节室内温度和湿度的作用，避免"穿堂风"直接进入屋内，为室内活动提供良好的环境条件。

2. 天井。一过门头厅，一眼就看到天井。

天井是我国传统建筑师的创举。川中古民居以天井为中心，按规模、地形、功能灵活布局其他模块，具有强大的实用功能和不可小觑的风水意义。天井的设计理念体现了我国传统建筑文化中"天人合一"的思想，即尊重自然，与自然和谐相处的理念。在传统建筑中，水元素被视为财富的象征，而天井则是水的载体。通过将天井设计为四面围合的结构，让雨水从四面流入天井，叫"四水归堂"，寓意着四

川中石门巷大厝（叶先设 摄）

方之财汇聚于家中，象征着财源滚滚、家业兴旺。天井的顶部通常有天窗或天棚，可以增加自然采光和通风，使房屋内部更加明亮和舒适。通过在天井中设置植物和水缸等装饰性设施，可以营造一个室内自然景观，使人们在室内也能感受到自然的美好和生命力。天井通过自然通风和采光的方式，减少室内能源的消耗，有一定的资源节约意义。通过在天井中设置水池、水缸等水源，可以收集雨水用于家庭生活用水，节约水资源，预防火灾等。天井还可以设置一些装饰性设施，如假山、水景、花草等增加天井的美观度。

天井的构造符合科学原理。研究显示，天井同时扮演着气体浓度处理与废气处理的特殊角色。其上口设于高位，通过自然通风途径，使得新鲜空气得以注入天井，经过自然沉淀后，有效净化天井内的空气，使其品质优于生态环境中的空气。通过利用自然通风、废气排放、空气净化和降低噪音等手段，天井可有效提升室内空气质量，从而改善居住环境的舒适度。

3. 照壁。大门朝东的古民居，建筑师在天井的正南面，将整面墙精心营造一幅照壁。川中古民居的照壁大多数是建造在宅内天井南面，主要起装饰和教化作用。照壁上，通常会雕刻有一些吉祥图案和寓意深刻的警句，比如"修身""养德"等家训之类，既有装饰作用，也有教育象征意义，不仅体现了古代建筑的艺术风格，也展示了古代人们的生活智慧和审美情趣。

4. 回廊。天井两旁是回廊，是连接门厅和其他房间的走廊。这种设计不仅在视觉上提供了丰富的空间层次感，也具有实际的功能。回廊是一个过渡的空间，它既与室内相连，又与室外相连，为民居提供了充足的通风和采光。

5. 厢房。回廊两侧是厢房，厢房是川中古民居中的一种次要房间，通常作为客房、书房或者会客等辅助功能空间。尽管在古民居中的地位不如主房重要，但厢房在结构和功能上也有其独特的特色。在富裕的家庭，厢房被视为家庭中重要的社交空间。在厢房中，家庭成员可以聚在一起交流、阅读、娱乐等。此外，厢房也是接待客人的重要场所。在传统社会中，客人来访时，通常会被安排在厢房中休息、交谈，以示尊重和友好。由于厢房的位置特殊，处于回廊的两侧，房主会非常注重厢房门窗的装饰。通常，厢房的门窗会采用较为华丽的雕刻和镂空工艺，采用一些传统的文化元素，如花鸟、山水等。这些元素代表着吉祥、幸福、长寿等美好的寓意，表达了房主对于家庭幸福和长寿的美好愿望，为古民居增添了丰富的视觉和文化魅力。

6. 厅堂。走过回廊，便进入厅堂。厅堂是古民居中的核心场所，用于家庭聚会、会客和举行喜庆仪式等重要活动。在传统家居的布局中，厅堂布局最为讲究，也最为严格。作为古民居的核心区域，厅堂在装饰上具有独特的风格和价值。厅堂的梁枋、柱子、门窗等部位通常会进行精美的雕刻和镂空工艺，展示出本地区的传统装饰风格。

厅堂的后墙中心位置被称为中堂，是整个厅堂的中心。中堂的布置非常讲究，通常会根据主人的身份、地位、品位和传统习俗进行布置。中堂正中往往悬挂中堂书画，两侧配以堂联，柱子上张贴对联。大户人家往往还悬挂十分考究的楹联，俗称"柱联"，是刻在木板上挂在柱体上的对联。柱联往往用名贵木材制作，黑底金字，是建筑艺术最耐人寻味的装点。柱联的书写非常讲究，通常由书法家或文学大家亲自执笔。柱联的内容通常与主人的身份、地位、品性和志向有关，可以是表达家族传承、弘扬道德品质、祈愿家业兴旺、歌颂功德等，通过富有哲理和意境的语言，传达出主人的心声和追求，也为厅堂增添了一份文学气息和艺术美感，展现了川中古民居的文化底蕴。

在中堂前面，设置一张条案，川中人将其称为"几桌"。其设计与材质均有极高要求，往往选用名贵的木材，并配以细腻的雕刻工艺。几桌上通常会摆放一对花瓶，象征着吉祥平安。同时，中堂还会展示古玩、字画等艺术品，彰显主人的学识和财富。在几桌之前，通常会摆放一张八仙桌，两侧配以扶手椅或太师椅。遵循传统礼俗，座次排列根据右主左宾、左高右低的顺序，无论是年长者还是尊贵的客人，均遵循此顺序，这被称为"座有序"。而在厅堂的两侧，对称摆放的几和椅，则是晚辈或下属的座位。

7. 主卧。厅堂两边的房间称为主卧，是房子主人的卧室。屋内装饰根据主人的地位、经济程度而定，川中古民居卧室的窗棂都是精心雕刻的。

窗棂是川中古民居中非常具有特色的构件，它不仅可以提供采光和通风的功能，还可以通过精心的设计和装饰，营造出独特的意境和艺术效果。窗棂分两部分，上部分是对称的镂雕双窗。每扇窗户中，又由3节组成。上节与下节多以镂空技法，雕刻花卉瓜果，当中是条棂组成。下部分由一整块木雕组成，主题通常由花纹混合构成"福、禄、寿"等表示吉祥文字图案。窗棂的样式非常丰富，有方格、菱花、冰裂、"万"字、鱼鳞等各种形式。在窗棂上，会用各种材料进行装饰，营造出一种独具特色的艺术效果。

俗话说，外行看热闹，内行看门道。领略了意蕴丰富的空间布局后，我们再来看真正有门道、最具价值的是古民居建筑结构。

四、堪称经典的建筑结构

中国的传统建筑结构在世界上享有盛誉，被誉为国宝级别的文化遗产，而川中明清时期的建筑结构已经堪称经典。

我国的传统建筑结构以其独特的方式，展现了东方文化的深厚底蕴，形成与世界其他体系建筑迥然不同的结构特征。这些建筑结构以木材为主要材料，采用榫卯、斗拱、梁架为主要结构方式。川中的传统建筑结构在明清时期已经非常成熟，堪称经典。

1. 榫卯。榫卯作为传统建筑中广为运用的巧妙独特的拼接方法，无须钉子或螺丝的辅助，即可巩固整栋建筑的框架结构，赢得了西方建筑专家的赞誉。其搭建的原理，是利用木材的硬度特性，通过精确的切割和打磨，实现了无钉子、无螺丝的牢固结构。榫和卯，是凸出和凹入的两个部分，榫与卯的精确配合，使得建筑的结构牢固而稳定。榫卯的魅力，在于其卓越的稳定性、简洁性以及艺术性。首先，榫卯结构在稳定性方面展现出色。由于木材的弹性，榫卯结构能有效地吸收和分散外力，使建筑在面临台风、地震等自然力量时表现得更加稳定。此外，榫卯结构还具有出色的耐久性，从而保证了建筑的长期使用。其次，榫卯结构的简洁性也令人叹为观止，通过榫卯结构的应用，建筑能够实现复杂的受力结构，同时保持外观的简洁和优雅。这种简洁和优雅的设计，充分体现了中国古代文化中的审美追求。最后，榫卯结构具有极高的艺术价值，在传统建筑中，榫卯结构不仅具有实用功能，而且具有装饰功能。各种形式的榫卯结构，如龙凤榫、燕尾榫等，凭借其精美的外观和丰富的寓意形态，为建筑增添了独特的艺术魅力。

2. 斗拱。斗拱作为古代建筑中最具象征意义的装饰与功能元素，彰显着鲜明的时代特色，成为中国传统木质建筑形制演变的典型代表。它位于屋檐之下，梁柱之间，承担着承上启下、传递负荷的职责——屋面及上层结构所承受的重量，经由斗拱传递至柱体，再由柱体传输至基础；同时，斗拱向外延伸，将最外围的檐桁向外扩展一定距离，从而使建筑物的檐口更为深远。

洋中古民居

◎ 肖 珊

洋中的繁华是用时间铺就的。

一幢房子就是一首诗,描写着对户人家接画檐,芰荷一丛云光淡,引人看燕子双飞舞,听梧桐树上蝉鸣,品花格窗里灰鼠闹,马头墙上牡丹笑。

这里的古民居要细细赏味。

洋中村所在地在历史上是一个文明的发祥地,这里有距今3500—5000年的叠岱岭遗址。此外还分布着周宁较早的街区遗址、街区分生活区和坟墓区。它距离县城32公里,在交通不发达的年代,它可是商贾重地,因为它南通宁德、霍童,北通政和、浦城,西通古田、屏南,许多商家聚集于此,让各种商品流通各地,所以就形成了当时的繁荣景象。

它现今留存的古建筑多为徽派建筑,这种明清风格的建筑,整体上符合中国建筑学中的枕山、环水、面屏的审美传统。建筑群现有主座建筑18幢,次座建筑16幢。

古民居不管从用料方面还是建筑风格那一块,都极其考究。古人在建房时安全

洋中古民居(李洪元 摄)

防卫意识很强，采用砖墙包栋的建筑构造，砖墙墙顶高过房顶，而且房子的前后座都用土墙隔开，倘若某一处房子失火，并不会殃及邻座房子。

从内部布局看，正门、偏门、前厅、后厅、正房、厢房、天井等整个布局均显宏阔、明朗、通透，从房子的用料、斗拱之间的构造、隔开的两层天花板以及大门两旁的门檐、匾额、石刻的门联等看，无不体现明清时期民居的豪华气派。

中国人的尊卑观念在古建筑中有着十分明显的界定，现代人看着好玩、有趣、惊奇的建筑中包含着古人森严的门第之制。庭院深深、门道高严其实是在委婉地提示你，这不是一般人能进去的地方，这样的宅子，你要遵守它赋予你的机遇、尊贵、阶级，它是有严格要求的。大门的门槛高，有50多厘米，门槛越高等级越高。二偏门的门槛略矮些，由家人常行走，门楼厅正面是照门，照门只有贵客光临或办喜事才能开启，平时门是关着的。由于外墙的高耸，里面都是有天井，天井里铺着的青石条重达几吨或几十吨都有，在那个没有起重机械、一切靠人力的时代，这些大家伙就是靠手抬肩扛进入一座座豪门大院里的。

那些石头、木板造就了大房子，木板、石头本身是不会说话的，因它们被赋予文化而有了故事性，有了生活气息，人们在板材上、石头上描绘花鸟虫鱼，使它有了生命力，它们从山上从河里走到了地面上，逐一被贴上标签、印上精彩工艺，从而有了性灵，有了人类的感情和血肉，使单一性走向多维度走向立体，每一处都有精彩的过往。

它的珍贵，一点一滴体现在它的细节方面。这一点你仔细观察，从大门、檐角到门联到神龛，以及它们精雕细刻的窗格，处处就能找见。

小小的窗棂下，一寸见方的镂空窗花上，有的人喜欢在上面镂刻富贵牡丹，衔枝喜鹊，吉祥如意。

有书册、人物，人物大都神态喜气安详，多数的人都身着唐人服饰，园子里微胖的孩子卧在古树下玩小昆虫，大人枕着头斜躺着，一脸陶醉，闲听笙歌。也有的画面写的是乡村牧童，他扎着小小辫子的孩子，骑在黄牛背上吹笛子，经过几百年，他们脸上的笑意依然灿烂如昨。有的人直接把灰鼠嬉闹的画面刻在镂空的窗格里，赋予它完美的动感，也留给人无尽的想象空间。

窗格里的蚂蚱好像能跳动，小鸟会唱歌，一刀一笔极致精微、喜感，富有生命力。隔着几百年，依然能与人对话，它们好像活了几百岁，古代的工匠在做这些细活的时候，倾注他所有的情感，也一定赋予这些小东西以纯洁的灵魂吧。

给游客留下印象至深的是一扇窗格下几只老鼠在嬉闹的画面，那是一个童话题材，3只小老鼠在南瓜地里捉迷藏，小黑老鼠穿过空心的南瓜，身在南瓜里，头却从南瓜里钻出来，引逗它身后的灰老鼠；灰老鼠站在南瓜藤下踮起脚尖，它原本想要攀藤上去，听到黑老鼠的呼唤，复转身欲跳下来；黑老鼠右前头的褐老鼠也转头欲从另一条南瓜藤上一跃而下，与它们一起疯玩。整个画面极具张力，空灵、生动，充满阳光又栩栩如生，能不令人浮想联翩？这些用人的智慧所镌刻出来的故事，跟现在那些机器打磨出来的完全是两回事，它们是无法复制的精华。

有的人在天井的面壁上檐角上彩绘花鸟鱼鸢。厝角头的灰雕古树桃花历经几百年依然颜色鲜艳，仿佛在黄土墙上生了根，汲取天井里的精华。

古民居留给世人的，除了用时间凝成的技艺精华，也有它永恒向上的寄托，这是它的价值所在。技艺它是无法复制的，但经典可以永流传。

洋中无疑是周宁地界上留给后人很多时间财富、精巧建筑的地方。它有一种穿越时空的生命力。多年以后，烟火散去，人也慢慢退出生活的舞台，刻在窗格上屋角里的故事还在熠熠生辉。

附：

云影飘过的地方是浅浅墨池，这是古居先祖闻鸡起舞时埋下的生生宏愿，来日腾达，远行万里也不忘自己的根在哪里。

在这里，黑瓦青砖的光影曾伴着牛羊走在屋前的小路上，出发,为了如锦的前程，家国的职责，回家，只为在悠闲时，悠然坐拥一井一地的风景。

"小阁凭栏芫尔，匡床拥被陶然，夜半雨声何处，花檐秀竹松林。"

窗里的世界是一个世界，窗外的世界又是另一个世界。

说到洋中，有一个人不能不提，他就是廉臣孙翼如。孙翼如的祖父孙淋湄是嘉庆年间少司马奉政大夫，他的父亲孙光璋，是清道光年间的武翼都尉。

孙翼如从小就很聪慧，能文能写诗，因在赶考的途中资助家贫受困的学子万培英，后万培英中了进士，他落榜了。又几年后，万培英出任四川按察使，经他举荐，孙翼如赴四川资州任罗泉井分州通判。他为官清廉，深入民间体察民情，十分重视农业发展，常向农民授教农业科学技术，经常赈济饥民，善解民众之间的纠纷，患病后拒不接受当地人的珍贵土产，后患风寒症死于任上。

万培英在他死后，根据当地百姓的请求上奏朝廷，皇帝准许万民给他制"白龙伞"。上书圣旨，从几千里外的四川运送他的灵柩归回故里。

光绪二十一年（1895），四川资州任骆成骧手书"莲鹤双清""人结去思"的"万民伞"，赞扬他如莲花一般清廉及对他去世的悼念。

文化的承载

◎ 汤生旺

夕阳的余晖洒在文昌阁四周金灿灿的稻田上，诱人稻香氤氲在文昌阁的四周，似乎在传递着一种文以载道的深层境界。

文昌阁坐南朝北，占地面积36亩，坐拥水田中央，一条小河绕阁而过，环境优美，尽显望族气派。整座建筑红墙黛瓦，由3个主体部分组成，分前院、前堂、中厢房、后堂。迈进正大门，第一眼见到的是魁星阁，两边各有5间厢房。经过厢房，就到了正厅，正厅是文昌阁的主体，供奉的是"春秋贤德"孔子塑像。

坐南朝北，是否蕴含着面朝北斗七星的寓意？当然不是！朝北方向有众多良田，良田似一张张宣纸铺展开来，一年四季，光景变换，春去秋来，吐纳天地，如诗歌般演绎耕与读的历史。阁中的柱联恰如其分地道出了文昌阁朝北奥秘，读圣贤书须从实践尽些人道，因为在人们心中，读与耕从来都不冲突的。

大门进去，左右两边均有小小的水池，呈方形走向，分里外两层，水池中既无鱼也无花。这两方精心设计的砚台，让进入文昌阁中的游览者、朝拜者和沐恩叩酬者，仿佛进入了一间浸透着文化的气息的书斋。

水田为纸，方池为砚，则湖笔又在何处呢？

正大门的门楣上书写着4个大字"藻发儒林"，飞檐处正中央镶刻着一株傲雪梅花。站在魁星阁楼或文昌阁正厅都能看见梅花，一眼尽览。我相信这也是设计者精心营建的一处玄机所在。

古时，学子清晨踏入文昌阁，先行拜天地礼，再行拜师尊礼。抬头就能望见这株傲雪寒梅，似乎在告诫学子，做学问须如凌寒梅花一般，不畏严霜。"梅花香自苦寒来"，做学问，读春秋，达贤德之人，从来就没有随便成功的。从大门经魁星楼到达正大厅，座台层层加高，沿5步台阶拾级而上，意在告诫学子们：做学问要循序渐进，如登山，一步一重天。

魁星楼是一座3层塔楼，八角飞檐。第一层供奉着魁星神像，神像面如红枣，左手高握湖笔，右手执方印，一脚踏鳌头，一脚后踢斗。

传说魁星是个才子，曾连中三元（解元、会元、状元），却因貌丑惊吓了皇后被乱棍逐出皇宫,愤而跳入东海。玉皇深悯其人,赐朱笔一支,命其掌管人间科举文运。还有一种说法是:魁星高中进士,在殿试之时,皇帝见他相貌如此丑陋,跛脚加麻子,就问他为什么脸上长了这么多斑点?魁星答道:"麻面满天星。"皇帝又问他的脚为什么跛?魁星又答道:"独脚跳龙门。"魁星的对答如流使皇帝龙颜大悦,高兴之下就钦点魁星为状元。于是,天下的读书人都供奉起"魁星爷"来,以期图个吉利,使自己也能高中状元。此外,民间传说中还有人将"魁星"与"钟馗"和"奎星"联系在一起,可以说是魁星身份的具体化。

《史记》曰:"魁,斗第一星也。"魁也为第一的意思。"魁星点斗,独占鳌头"是对高中科举状元的美称。魁星作为赐科试第一的神灵,被人们尊称为文运之神,"魁星点斗""魁星踢斗"也由此应运而生。读书人信奉魁星的风俗,早在宋代就有。《魁星点斗》的瑞图也流传很广,尤其是文房用品,流行描绘这类题材。通过此图,表达了古代文人对自己寒窗苦读的认可,同时期待命运的眷顾,终可金榜题名。

从魁星楼左边外侧的木梯旋转至第二层,二楼有八角天花藻井,中央是龙凤呈祥彩绘,极为壮观。望子成龙,望女成凤,是每一个家庭的心愿。在古代,许多人都会以彩绘图案的不同,来寄托内心的厚望。

魁星楼的楼顶如葫芦一般,高耸入云,因"葫芦"与"福禄"音同,学优则仕,一切命运的改变都在这一个小小建筑元素中发挥到极致。再者,葫芦是富贵的象征,文昌阁以彩色葫芦作佩饰,其意可表。这一点睛之笔也使整个魁星楼既自信又不张扬,既豪迈又内敛。

三层楼塔的魁星楼,就像是一支雄劲的湖笔伫立在双方砚台的中央,整座建筑的玄妙,意在提醒前来朝拜的人们:万般皆下品,唯有读书高。对金榜题名的祈盼,让这里沐恩叩酬者络绎不绝,仅从挂在正厅的彩旗就可证实。也因此,每逢中高考期间,文昌阁热闹非凡。

文房四宝,方田为纸,水池为砚,魁星楼实乃最精致的湖笔,然,墨者何在?潺潺桃源溪,清澈的流水,墨,原来就在此处!纵观文昌阁四周,这一方水土的布局,将天地万物,山川河流都纳入其中,足见构建者的智慧与才情。

最添彩处,还是魁星楼旁边植着两棵樟树,穿过两边的厢房,而在正大厅前又植着一棵桂花树。

先植樟后种桂,也不是随意而为之。樟者,文章也。自古以来,樟树被人们视为"文章立身""文章铺路"的象征,唯读书之立命安身,正如读书改变命运是一样的道理。经过刻苦学习,方能折桂冠问鼎。厢房的瓦当是流云瓦当,学生凡是抬头,总能望见它。若要实现平步青云的壮志，就要耐得住做学问的辛苦，毕竟，苦尽才能甘来。

可见，具有广泛意义的瓦当，经过人们的想象与构造，被赋予了更多明晰的精神寄托。在文昌阁中，不仅仅厢房的瓦当是流云之状，在飞檐中央，也是镶着云纹装饰。整个文昌阁的细节无时不在提醒人们，读书入仕，折桂问鼎，实现青云之志。而文昌阁独立于民居之外，四周水田围绕，也切合了"唯有读书高"的寓意。

文昌阁的正大厅是主体建筑，采用土木建筑结构，神龛中央供奉着孔子圣人像，上方挂着两块牌匾，分别为"春秋贤德""博学慎思"。两边的墙体挂满了沐恩子弟的红色锦旗，多为"叩谢圣恩""有求必应"等字样。在这里的锦旗，就好像是一条"学优而仕"的命运转变之路，这就是信仰的力量。

文昌阁后面一条石拱桥横卧小河之上，桥名"桃源桥"，过了小桥有一座小亭，亭子上方书写"前程似锦"。过了此亭向南面而去，正是古时学子进京赶考的方向，不得不为文昌阁的选址暗自赞叹。

出阁，过桥，享受这一方一时的心境。桥者，谐音为轿，文臣坐轿，武将骑马。想来，这桥、这亭是古时前往官道的必经之路。此福地，也许就是上苍的恩赐，看似无意为之，却是对寒窗苦读的学子，寄予平步青云、一举成名的激励。

如今，官道在旁，桥（轿）落河上，前程似锦就不远了。这也是建筑的变通之策，更是在时刻提醒人们，诗书文章通天、鱼龙际会的虔诚笃信。

古人聪慧，所有一切如棋布局，都附着在建筑之中。整座文昌阁的地理位置、建筑风格，乃至装饰或布局，似乎都在潜移默化着后人，引导和规范着他们的行为。

深秋的晚风中，彩霞满天，与金色的稻田交相辉映，这一片丰收的稻田不就是"金榜"的铺展吗？此时，恰逢学子们放学归家，成群结队走在稻田边的路上，此情此景，不就是走向金榜题名的征兆吗！

皇恩亭寻踪

◎ 阮梦昕

皇恩亭（郑树龙 摄）

对周宁咸村这个地方的最初印象，是听说那里蕴藏着许多历史悠久的古迹。带着对古文化的探寻和敬仰，我和朋友一同踏上了这块积淀着厚重文化的土地。

我们沿着咸村通往宁德的古道前行，路旁翠竹掩映，绿树成荫，雀鸟争鸣，野花摇曳。远处雨后初晴的山峦，薄雾缓缓上升，缭绕于树间峰顶，更显初春的生机，轻步其间，心中顿感宁静与恬淡。过了何姑桥，放眼四望，群山延绵，古树参天，藤蔓纠缠。桥岸两边灌木丛生，茶树荆竹杂于其间。

徐步缓行，突然桥下游左岸不远处的小道间，一座造型优美而独特的亭子赫然映入眼帘，在青山绿草环抱中，宛如一只待飞的凤凰。此时我们似乎都不敢大声说话，生怕惊走了它。心中暗想：也就是这样的灵山异水才留下它的吧。渐渐走近，一座重檐歇山顶式砖木结构、飞檐斗拱、粉墙彩饰、造型精致且保存较好的坊亭静静地矗立于眼前，虽然经受岁月的风雨，却冲刷不走那种天然的雍华气度。

同行的朋友告诉我，此亭就是周宁县唯一由官方修建的纪念性坊亭——皇恩亭，为清同治四年（1865），宁德县奉旨为川中监生汤日坛妻黄氏安人百岁五世同居，儿孙拔萃，钦赐竖坊价银而建。亭子由毛石为基，青砖为墙，四柱重檐，顶部覆盖青瓦，亭角飞翘，自远处观之似凌空欲飞状。亭子上部，由层层斗拱纵横交错叠加，形成上大下小的托架，将其上部屋顶承托外展，显得优美、壮观。其多达6层的斗拱，本身就是一个极为精美的装饰性构件，构造精巧，造型美观，如盆景，似花篮，蔚为壮观。整个亭子南北长6.5米，东西宽6米，高7.5米，中为通道。高挑的檐角显得淑女气十足，粗犷与俏丽两种风格得到巧妙、完美的结合。

亭子北面歇山顶有"奉旨旌奖百岁动帑建坊"竖匾；门额有"百岁五代坊"横匾，横匾左右墙面分别有题诗的字画；门边有一副楹联曰："百岁休征微扬锦悦；一堂聚顺宠锡天恩。"此楹联是特授宁德县正堂汤箴已撰写，寓意只有仁义之人才能得到这种赏赐。自古以来，人以长寿为荣，年寿特高者被尊为人瑞，地方上出了个百岁老人，政府就表请朝廷，敕建"百岁坊"以示昭彰。

亭子南面歇山顶也有"奉旨旌奖百岁动帑建坊"竖匾；门额有"七叶衍祥"横匾，横匾左右墙面也各有题诗的字画；门边也有一副楹联曰："凤诰亲承祥征五代；鸾音下贲庆衍百龄。"此楹联是福宁府正堂舒英撰写。中国古人立坊是一件极其隆重的事，每一座牌坊上的横竖匾牌、门上的楹联、雕刻彩绘的各种图案花纹不尽相同，都蕴含着其丰富的内涵和象征意义。

为了辨清坊亭前后的4首草书题诗，我们花费了不少精力，才确认是出自唐代诗人张说的诗作。亭子北面墙为："别馆芳菲上苑东，飞花澹荡御筵红。城临渭水天河静，阙对南山雨露通。""绕殿流莺凡几树，当蹊乱蝶许多丛。春园既醉心和乐，共识皇恩造化同。"亭子南面墙为："去岁荆南梅似雪，今年蓟北雪如梅。共知人事何常定，且喜年华去复来。""边镇戍歌连夜动，京城燎火彻明开。遥遥西向长安日，愿上南山寿一杯。"可以看出，造亭者选用这4首诗，是有一番斟酌的。虽然诗词的情境有相似之处，却并未描绘出当时的一段佳话，而且不知是书写者的笔误还是其他原因，还把"边镇戍歌连夜动"的"夜"写成了"日"，总显得有点美中不足。

走进亭中，亭内西侧建有佛龛，东侧竖"百岁五代坊"，坊上有碑文，落款为"同治十年岁次辛未阳月吉旦、夫姻侄陈欣清顿首撰、房愚侄汤之铭若新氏书"。亭子边还设有坐板供行人憩息，听说在公路通车前，亭内有专人供茶水及小卖品，公路通车后行人稀少。

据碑文记载，清同治皇帝颁诏封赐的"黄安人"，乃是国子监黄瑾次女、咸村汤荆轩次子汤日坛监生的妻子。黄安人95岁时，家中五世同堂，家庭和睦，子孙有成，为当时少见的福寿人家。当地官员纷纷认为，这不仅是汤家的吉庆，也是国家的光耀，应当让朝廷知道而表彰这位德高望重的长寿老人。于是上书皇帝，请以将表彰显，以示皇家福瑞。那奏章是这样写的："瑾题为遵例举报事，该臣看得宁德县故监生汤日坛之妻寿妇黄氏，生于乾隆三十三年之同治元年，年九十五岁，赋性冲和，持家恭俭，昔事姑嫜承言悦志，今贻孙子绕膝胪欢，五叶绵延，极人伦之乐事；百龄渐届，信天赐之纯禧，皆由圣泽所涵濡，笃生人瑞；宜荷恩纶之宠赐，用表休徵。据署福建布政司丁日健详请具题前来，臣复核无异，出册结图送部外谨题请旨，恭候纶音。"

到了同治三年（1864），皇帝下诏书封她为"黄安人"，恩准百岁，钦赐彩缎和建造牌坊的银两，还有锡制的匾额，上面写着"七叶衍祥"。黄安人拄着拐杖拜受圣旨，当时精神还很好，第二年就仙逝了。丧葬后，子孙恭敬地遵照圣旨，在路口建造牌坊，以彰显天子的恩赐。牌坊中峰高耸，表示皇帝圣德巍巍；四面护以围墙，表达皇恩广庇。

古亭，按其价值区分，大致可以分为路亭、纪念亭、景观亭。《园治》中将亭定义为："亭者，停也，人所停集也。"《营造法原》中将亭定义为："亭为停息凭眺之所。"咸村境内的亭子就有十几座，而皇恩亭是唯一的一座由清政府拨资为女性高寿、家庭和睦而建成的坊亭，独特而精致的造型，寓意高寿祥瑞，具有极高的历史和艺术价值。在古代，牌坊是崇高荣誉的象征，树牌坊更是彰德行、沐皇恩、流芳百世之举。一个人或家庭若是被立了牌坊，便是莫大的荣耀，不仅是自身，更是一个家族，一个村庄，乃至方圆乡里。牌坊更像是一位威严的传道者，以不容置疑的语气，指引或规范着人们的行为，一路传承，一代接着一代。

皇恩亭，虽历经140多年的风雨摧残，仍岿然屹立着，让百里山谷能赏阅它的风姿。这座既有纪念性意义，又美观通透，还可供人赏景、避雨小憩的坊亭，不能不说是咸村抹不去的骄傲。

时光流转，夕阳西下。静立于村口山林中的皇恩亭，如处子，恬然、安静。那飞檐翘角，在斜阳的映衬下，让我的思绪飞出很远、很远……

邂逅梅峰书馆

◎ 阮梦昕

梅峰书院（李洪元 摄）

于梅山的大致，早就有所耳闻，都说那里盛产柿子，色红味甜，一直想去领略一番。后来知道梅山有个年代久远且闻名遐迩的梅峰书馆，想去梅山探访的愿望更是与日俱增。

这个初冬，终于有机会随县文联采风团前往梅山，心中甚是欣喜。我们一早从县城出发，车子盘旋在蜿蜒的公路上，一眼望去，蓝天白云，树木瓦舍，在初冬的阳光下，水洗一般的清澈。远看峰峦起伏，川谷跌宕，间或有一些细小的溪流从窗外潺潺而过，心境不由得开阔明朗起来。

梅山是咸村镇一个偏远的历史古村，是唐宣宗年间的进士汤耳汤知县的后裔聚居村，景色清幽，与周围优美的自然环境连成一片，明丽、安详。一株千年古榕树守卫在村口，枝繁叶茂，青葱苍翠。村中遍植柿树，枝头挂满红灿灿的柿子，给安静的小村平添了几分妖娆。

走进静谧的村子，扑面而来的是一股质朴的风，带着浓浓的墨香气息，似凝固了岁月时光。清晨的炊烟已经差不多消散尽了，村子上空仍笼罩着一层薄薄的半透明的山岚，在阳光照射下颤动着隐隐的光波。虽是冬季，这里却不见冬的影子，太阳暖暖的照在身上，让人舒畅而慵懒。

在村中老者的指引下，我们来到了一座保存完好的带着清朝建筑风格的老宅前。老宅门厅照壁上一个大大的"福"字，两扇大门上写着"神荼郁垒"4字，门楣上悬挂着"奎壁联辉"横匾。进入大门，映入眼帘的是门厅上方悬挂着"隔帐延禧"的匾额，那是光绪四年（1878）副举人魏开铨给师母贺寿而送的，下方则是一副对联"圣代即今多雨露；文昌新入有光辉"。环顾四周，肃然凝重的氛围，让人恍然间走进了一座古朴高雅的文化殿堂。就是这么一座普普通通的典藏在民居中的老宅，镶进了一页页厚重的历史，数百年来，与整个梅山村唇齿相依、一脉相关，它就是梅山传授学问的课堂，也是村人向往的神圣之地——梅峰书馆。

驻足书馆门前的台阶上，轻声诵读门口那副翰林院编修国史馆总纂魏敬中亲笔手书的赠联"天下无不是底父母；世间最难得者弟兄"时，思绪不时涌动着，仿佛穿越了历史的风尘脉络，站到了几百年前的那块土地，听闻着青衫士子们琅琅的读书声，目睹着曾经书香盈室的热闹情景，感受着历史数百年的文化积淀。

梅山村自古崇儒重教，文化底蕴极为深厚。公元870年前后汤知县的长子汤让迁居梅山后，修屋筑路，建造宗祠，开荒造田，引水修渠，日子过得红红火火。汤氏后裔尊崇圣贤之道，牢记"礼仪为先"的祖训，不忘儒学，设立私塾，对学童进行启蒙教育，将汤氏家族的耕读传家理念一代一代传承下来。明成化年间，聪明睿智、才情盎然的梅山姑娘汤满娘与宁德七都才高八斗、满腹经纶的进士林聪（后任刑部尚书）喜结连理，在林聪的影响下，梅山村创办了梅峰书馆。书馆开馆授业后，先生德高望重，教学有方，近至咸村、川中，远至霍童、七都、蕉城的学子纷纷慕名前来求学。此后，书馆读经论道蔚然成风，历代不辍，一拨又一拨的莘莘学子在这里聚首研习，孜孜不息。梅峰书馆逐渐声名鹊起，文风振兴，英才辈出，真可谓是桃李满天下。

梅山村虽小，文化传承颇为深远，自梅峰书馆开馆以来，许多历史名人都留有楹联匾额。林聪就多次亲临梅山，为村里汤氏族谱撰写《谱序》，还为书馆赠联："翠黛娥眉应验夫人两朝诰轴；青云仕路还期子侄百代书香。"虽然手书联已于"文革"时被毁，却是他与夫人汤满娘琴瑟和鸣、举案齐眉的深情写照，凝结了他对梅山学子的殷殷期望。书馆先生60大寿时，学生送的"养教有方"匾和"广种桂兰荣玉砌，长培桃李沐春风；桂蕊兰芽恒沾世泽，杏林槐市咸被恩光"等祝寿联，字里行间无不流露着对先生的尊敬和感激。恭立于前，耳边似乎回旋着先生的声音："大学之道，在明明德；在亲民，在止于至善……"还有七都进士林洪迪的赠联"梅纳春先寒透凤山香彻骨；桂开秋早气嘘蟾窟树萌芽"，虽说只是一个小小的书馆，却也反映出梅山的人文郁起，蟾宫折桂，魁台历游，远在深山亦不乏其人。

梅峰书馆是梅山村文化灵魂的聚集地，在教化民众、传承文明中发挥着独特的作用。人才源于教化，读书方可成才，而书馆则是传道授业解惑之地。凡在梅峰书馆熏染过的学子，大多功成名就，梅山这个仅152户人家的小村庄就走出了2位知县，可以说是人才辈出。

徜徉于这古老的山村书馆，犹如走进了历史文化的最深处，让人生发思古之悠情，感怀世事的沧桑。置身其间，连时光都染上了书香的味道。四季景致不同，朝暮风情各异，亘古不变的，是这里的文脉相承。我相信，只要后人记得，教育继续，为学之精神自然会永远承传下去。

走进梅山，这里的一石一瓦都有岁月留下的痕迹，这里的一草一木皆遍尝风霜雨雪。青山斜阳依旧，梅峰书馆依旧，牌匾楹联依旧，作为历史的见证者，它们盛着过往的岁月，以一种平和的姿态，让后来者在聆听和回眸中走进昨天的历史。

习近平总书记说，要留住文化的根，留住乡愁，而梅峰书馆不正是梅山的根吗？它是梅山富有特定生命的历史，是一个凝固的传统符号，是梅山所蕴含的内在文化精神，永远根植在梅山人的心中。

第五章

厚重民俗　多彩非遗

黄七公巡游节

◎ 肖吉香

每年正月初，咸村镇都会迎来一场隆重而盛大的民俗活动，即"黄七公巡游"活动。

咸村历史悠久，古镇至今已有1000多年历史，人文底蕴深厚。何为"黄七公"？据黄氏虎丘家谱记载："黄七公五代时官至节度使，为人正直，后为避黄巢乱，居咸源，卒咸源，当地人立祠祭祀之，祠在咸源大路下（今下坎宫是七公宝像所在）……"，现存在咸村下坎的"黄七公宫"是清朝所建的。咸村八境的村民尊崇黄七公的为人，敬黄七公、何氏夫人为神，希冀黄七公庇佑咸村各境风调雨顺，国泰民安。故而每年正月初，咸村镇上各境的民众都会按照惯例轮值组织黄七公巡游活动，这种活动是纯公益性的民俗活动。当地民众的热情与对黄七公的崇拜之情撑起所有的细节，轮到哪个村当值，哪个村就是当年巡游节的头儿，那么他们就负责巡游日的择日并组织活动开展，以确保这项活动在那一天能够有序且顺利地开展。整个队伍在组织下，请出黄七公宝像巡游咸村各境，等十二月十五祈福后再将黄七公宝像送回下坎村。

古老的咸村镇群山环抱，丛山错落，山体沿着海拔线的下降延绵至河谷地带，层次分明地拓开地界，镇上一条清澈的溪流源于鹫峰山支脉的菩萨顶，于万山之中曲折迂回，汇集无数山涧溪流，流经车盘、际岩里后流至村庄，于平坦处形成的冲积平原。因水源丰富，气候良好，土地肥沃，资源丰厚，造就了咸村千年古镇，养育了千千万万的咸村百姓。

2023年的黄七公巡游活动轮到下坎村当值首，开幕展演在下坎宫拉开帷幕，受万人瞩

黄七公巡游（李洪元 摄）

目的民俗文化巡游重现咸村八境。

巡游队伍从下坎村的下坎宫开始，锣队在前，龙伞队次之，龙旗队位列第三，依序是仪仗队、鼓乐队，热情的村民请来剧团古装扮演八仙，整个展演队伍多达1000多人。众人沿河岸到下坂、洋中、咸村社区的街尾宫，至王山、宝坑、咸洋、芝田、店后、上坂，每到一座"宫宇"或祠堂前，队伍都要停下，在广场上让传统剧目、曲艺、体育游艺与杂技及各色民俗文化活动——亮相，或轮番上场，或同台竞技。这些"活"起来的非遗项目与民众游客零距离接触，以接地气的方式展示出传统文化的魅力与风采。扮演不同角色的团队以边巡游边演绎的形式为民众带来了"一站式"非遗民俗文化观赏体验。

黄七公巡游

黄七公巡游

队伍所过之处，若遇上狭小的村巷，巷子里面汹涌的人群摩肩接踵，热情高涨，整条巷子被挤得水泄不通。

原本并列两排开道的龙旗阵、花鼓队只能排列在一起放慢脚步，舞龙队、戏班队伍鱼贯前行，被人群挤到角落里的看客只有后背贴着房屋的土墙，踮起脚尖，横着走，一步一步挪移前进。

巡游路线覆盖咸村镇新老景观，从传统老街移步换景至每个村庄，所到的大街小巷，村民都出来举香礼拜，燃放长串鞭炮迎神。场面盛大，可谓是一次巡游走过古镇千年历史。

据了解此巡游活动已经有好几百年的历史，每年农历十二月值首便开始计划，筹谋活动怎么举行，表达古镇人民对未来生活风调雨顺、安居乐业的淳朴愿景。

今年的巡游节遇上晴天，场景比往年更热闹，不仅有当地的非遗项目舞龙队参加巡游、展演，还有来自广东的一支强大的非遗队伍受邀前来助阵，杂技表演以唱跳的形式演绎视觉艺术，给众人带来经典感官享受，表演充分展示了动与静、力与美的结合，调动所有人的激情，点燃全场。巡游队伍所经的街道看热闹的民众里三层外三层地叠起来，纷纷拿出手机拍照分享，此时好多人恨不得自己的身高一下子长高，好占个有利的角度拍照。

好多人跟着队伍从下坎宫出发，一路看到巡游活动结束。

巡游到中午时，众人会停下来到镇中的一处大厅稍事歇息。组织者已经在厅里厅外摆下上百张木桌，宴请表演队伍和从各地赶回来参加节日的民众。

近年来，因为交通的便利，又兼春节假期，农闲时分，参加巡游节的人越来越多。队伍行进之处沿着咸村古村落辗转绕行。咸村古镇由明清古建筑群、古亭、公园、宫庙等景点组成，依托桃源溪之境，承载着村民出行、休息、娱乐等诸多功能，为古镇平添了一份"岸边行人，溪里听水"的诗意。巡游活动各路兵马沿村道水道淋漓尽致地展演，充分实现传统风貌保护与现代功能开发的完美结合，凸显文化旅游小镇特色，让古镇尽显古朴和温婉的气息。已列入非遗项目的巡游节，无论从民俗文化、宗教文化等方面来看，都具有较深的文化底蕴和学术研究的历史价值和文化价值，对凝聚乡情、促进和谐、丰富群众文化生活，具有现实意义和可贵的现实价值。

因黄七公治水有功，当地人建宫庙来纪念他，追溯先祖造就之功，引后辈追思之情，唤起人们的感恩之心。民俗的传承并不停留在表面形式上，而是遵从人的内心情感，尊重人的朴实愿望，以满满的仪式感一代代传承，拓宽人们的生活空间。

巡游节活动当天自清晨5点开始，延续到傍晚。每个宫宇前的广场作为巡游队伍展演的主会场，古老的宫宇、祠堂与老街区、居民房、村道连成一片，集非遗互动体验和特色民俗文化，融人间烟火和人类情感各项元素一起，以城市穿行开展活动，让群众享受民俗节的乐趣。此外，设置的种种烟花秀，给孩子带来多维度视野享受，用实景解谜的形式带领参与者以新的视觉游历美景。

这种盛大活动的践行，既是对中华传统民俗文化的传承，也是对黄氏先人为咸村做出的贡献予以追溯和传播。

川中"盘诗",一朵耕读文化的奇葩

◎ 汤细昌

川中全景(李洪元 摄)

古人回故乡,心情都很激动。当年杜甫闻官军收河南、河北,可以回故乡了,"漫卷诗书喜欲狂"!我每次回故乡,虽然不及杜甫"喜欲狂"那般激动,但也是梦里故乡梦外往事。

这次回乡,是专程拜访孩提时的盘诗师傅表哥。老人们都喜欢屋檐下晒太阳聊天,进村看到表哥也是如此。他一眼认出我来,拄着拐杖,拉着我的手要我坐在他旁边。他虽然84岁高龄,但除了腿脚不灵便外,精气神还挺足。我单刀直入:"你是我小时候的盘诗师傅,你现在还盘诗吗?"他摇摇头说:"还跟谁盘呀?年轻人都不懂也不盘诗。没用了!"我说:"那我跟你盘吧!"于是,师徒二人当着众人面盘起诗来了……

盘诗,是周宁民间喜闻乐见的口头文学,好多村都有,但叫法不尽相同。有的村叫"盘童诗"，有的叫"盘唐诗"，川中村就叫"盘诗"。"盘"就是"盘唱"，放牛娃、砍柴哥在山间地头休息时，用方言轮流对唱。据我父亲说，我祖父是清代秀才，回乡在祖屋开设学馆教书，最推崇的就是"耕读传家"的祖训。他主张读书人既要读圣贤书，也要学做农活，对那些没钱读私塾的放牛娃、砍柴哥，就按照唐诗韵律，把文字、历史人物、故事，编写成诗歌，让他们在山间地头休息时用方言盘唱。通过盘唱诗歌学文化，按现在的话语，就是寓学于乐。我祖父主张盘诗，用意很明显，就是倡导"耕读传家"。由于是我祖父倡导的，我从小就爱上了盘诗。

我小学五年级转学回川中读书，住姑姑家，爱盘诗的表哥自然就成了我课余时间的师傅。他没有上过学堂，从小放牛、拾柴，但他满肚子都是故事和诗歌。他给我讲《三国演义》《薛仁贵征西》等故事，教我放牛、拾柴、盘诗。有了这个师傅，就不怕被放牛"个儸"（小孩）欺负了。放牛"个儸"以为我刚刚回川中，不懂盘诗，经常用盘诗挑逗我。当我刚刚捆好柴，对面山放牛"个儸"就传来嘹亮且挑逗的盘诗声："一把白扇画白眉，你要盘诗当就来。一掸字诗抠白扇，莫做乌龟不敢来。"我自然不做乌龟，对方规定只能"字诗"和"白扇"，我就回了一首"字诗"，用关爷提刀吓唬他一下："良字猴耳就是郎，关爷提刀丈二长。有人说我提刀短，一刀下去两排行。"对方气势被我压住了，现在由我起头："大字两点就是头，铁珠和尚好拳头。身穿砂衣戴石帽，铁掌神功无处逃。"我仗着表哥家传本领，喜欢用"字诗"压住对方嚣张气焰。我表哥还教我一首"压台诗"，说如果对方也唱这首"铁珠和尚好拳头"诗，你就回他一首："丁字加火就是灯，擂台英雄来相争。天下英雄为第一，独吞少林四家僧。"据表哥介绍，当年雍正皇帝要消灭反清复"的泉州少林寺的铁珠、铁鞋、铁柄、铁板4个和尚，故意设擂台引诱泉州少林弟子来打擂台，企图乘机消灭少林4家僧，就发出"天下英雄为第一，独吞少林四家僧"的号令，但我不喜欢这首诗。从表哥教我这首诗之后，我从未用它打压过放牛"个儸"。

我最喜欢盘唱三类有故事的诗。

第一类就是《三国演义》和《薛仁贵征西》等历史故事："出字脱落两座山，刘备拿帖请先生。三请茅庐诸葛亮，三跪九叩请下山。""四字写来四角亭，七岁孩儿是罗成。头戴银盔薛仁贵，马失污泥李世民。"

小时候有一本《薛仁贵征西》的小人书，总是爱不释手，天天不厌其烦地翻看。薛仁贵身着白甲，头戴银盔，骑一匹白马，手持一杆方天画戟。这副装束模样，是我乃至同龄伙伴们都崇拜的神明，把薛仁贵和村头亭里的二郎神等同起来。路过亭子都要朝二郎神磕几个头，心里默念着：菩萨保佑我，长大成为一名像薛仁贵那样保家卫国的军人!

第二类是神话故事:"出字脱落两座山,观音为佛普陀山。观音修行十八难,菜篮挑水上高山。""一把白扇画润桃,青蛇白蛇姐妹哥。青蛇手拿双把剑,白蛇手拿双把刀。"

刚开始不知道什么是"画润桃",请教过我堂叔,他是我祖父的学生。他说"画润桃"是你祖父教的,取意"三月春雨润桃花",现在读来很有诗意,但在小孩子心里只对"青蛇白蛇姐妹哥"感兴趣。在川中的话语里,小姐和丫鬟之间也可以称兄道弟的,正符合小孩的平等心理。

第三类自然是闽剧里的人物故事了。川中闽剧戏班在新中国成立初期就很出名,在本村祠堂里经常演出《狸猫换太子》《八美楼》等经典闽剧。这些闽剧里的人物故事也就成了"盘诗"里的内容。比如:"出字脱落两座山,仁宗皇帝真不堪。奶奶(母亲)白目(眼睛)你不认,雷公调来换心肝。"

表哥给我讲:宋朝李娘娘被刘皇后陷害,用剥皮狸猫调换李娘娘所生太子,李娘娘被打入冷宫,哭瞎了眼睛。后来太子当了仁宗皇帝,却不认他的亲娘。李娘娘找到包公,包公也拿仁宗皇帝没办法,就调来雷公换了仁宗皇帝的心肝。

在不谙世事的孩童心里,对帝王家事不感兴趣,最感兴趣的是英雄打擂台。打擂台不仅有铁珠和尚这类英雄,也有女侠,闽剧《八美楼》就演8个美女比武打擂台:"天字透头就是夫,八美打擂沈月姑。圣母师尊来托梦,男扮女装是你夫。"

舞台上美女比武打擂着实好看,但在孩童心里也蒙上一层谜团:"可字加大就是奇,人间姻缘真稀奇。八美楼上沈月姑,一杯茶水泼下来。"

闽剧《八美楼》演蒋云闲逛八美楼,沈月姑无意中将一杯茶水泼到蒋云身上,却成就了两人的爱情。闽剧里经常有"一杯水""一枚钗"就能搞定姻缘的剧情。小时候虽然不信这等巧合,但朦胧中也有期待。

这些小孩们都喜欢的诗,一学就会。但是大人们都会主动教给我们一些穷苦小孩苦学中状元之类的诗,也有故事,比如吕蒙正住破窑中状元之类,也背了一些,但在盘诗中却很少用到。

一转眼,小学毕业,升入县城一中。放牛娃们,再见了!盘诗,再见了!但盘诗里的那些故事,却都渗透到了我的血液中,盘诗也成了乡愁的一个引力。

而我真正理解盘诗价值的,还是在上了大学之后。教古典文学的老教授教导我,所谓诗歌,就是写来唱的。即使到了唐代,诗也还是可以唱的。只是时代久远,诗的文字保留下来了,而声音和曲调却淹没在历史的河流中了,实在可惜。但是教音韵学的教授则告诉我：福建方言是中原古韵与福建原住民族语言的融合，是古汉语的"活化石"。听了老教授们的教导，自豪感油然而生，原来我老家的盘诗还是熊猫级的国宝啊！

从此便有了一个心愿：退休后回故乡，把盘诗用文字记录下来，怕家乡年轻人不放牛，不砍柴，把盘诗都扔了。

先要把《盘诗曲谱》记下来，这很重要。我不懂乐理，就唱给同事老师听，经同事妙笔一挥，一首曲谱就出来了。

在我外行人看来，这首《盘诗曲谱》与《凉州词》等古典曲谱相比，也毫不逊色。据堂叔说，我祖父传授唐诗七言绝句时，也是用盘诗的曲调吟唱给门生听，正如音乐家孙玄龄教授所言："唐诗写了就能唱，曲调就不会很复杂。从现存于民间口头的吟诗调里，能够找到唐人吟唱诗歌的连接点。"[1]顺着现存的吟诗调轨迹，也许能窥探唐代诗歌吟唱风貌。由此可以推测，盘诗的曲调应该是传承了唐诗的曲调。

盘诗押韵也是按照七言绝句的要求，一、二、四句押方言平声韵。我所收集到的100多首盘诗，都押方言平声韵。其中大部分既符合普通话声韵，也符合"平水韵"。如："一把白扇画芙蓉，芙蓉花开十八重。风吹不倒灵芝草，雨打无声万年松。"

有三分之一左右符合"平水韵"的平声韵，但用普通话盘唱却不押韵。如："可字三氿（点）就是河，杨令公托梦杨令婆。杨家也出杨八妹，八妹骑马跳过河。"

这首诗里"河"和"婆"，按普通话，韵母分别是"e"和"o"，但在"平水韵"里却都是"五歌平声"。有位学者就"e"和"o"是否押韵这个问题专门撰写了一篇论文，洋洋洒洒写了2000多字。结论是，在古汉语里，"e"和"o"是通韵。如果这位学者也会用川中方言盘唱这首盘诗，他就知道，"河"和"婆"的韵母都是"o"，是同韵，而不是通韵。这可能就是音韵学教授所说的"福建方言是古汉语的'活化石'"的例证了吧。

还有一部分诗，当用方言盘唱是押韵的，用"平水韵"衡量却不在一个韵部。如："六字写来两只脚，师傅盘诗嘴也燋。盘诗原是跶遛事，劳你拿凳又端茶。"

"脚""燋""茶"在"平水韵"里都不同韵部，但方言里3个字的韵母都是"a"。开始我也百思不得其解。后来看到一篇《跟随南岛语族，追寻福建先民的足迹》的报道，说是远在万里之外的南岛语系和福建方音都把"脚"叫"ka"，终于明白"脚""燋""茶"3字的韵母都是"a"。至于为什么在盘诗里有一部分韵脚与"平水韵"不符，甚至有些是有音无字，则有待进一步探究。

但毋庸置疑的是，川中老祖宗遵循"耕读传家"的祖训，为从事耕作的子孙创作寓学于乐的"盘诗",内容上、形式上都超越了《童谣》玩耍游戏的稚气和《黄连歌》男女私情的俗气,传承了唐诗的典雅隽永的雅气,是一朵耕读文化的奇葩!

注:

① 引自孙玄龄:《吟诗调小议——兼谈唐诗的一种歌唱方法》,

首章杖头木偶戏

◎ 肖吉香

杖头木偶（魏孙亮 摄）

首章杖头木偶戏古称"驼戏"。

周宁首章杖头木偶戏剧团创建于清朝光绪年间，由首章村的郑住官、郑宜仓等人创建的。他们先是到浙江温州拜师学艺，学成回村后开始组织唱班，继而在村里和周边村庄表演杖头木偶戏。经过多年反复演练，把杖头木偶戏表演得非常灵活生动，得心应手，就此将杖头木偶戏发扬光大，并让第二代艺人把杖头木偶戏的表演技艺延续下来。此后，一直以杖头木偶戏（驼戏）形式表演。

木偶戏主要以传统文化为前提，剧本以地方戏曲闽剧为主，越剧、黄梅戏为辅，擅长表演小品、京剧中的唱段，把民间故事设为背景，以木偶的形式表演。后台乐器主要有鼓板、打击乐器、二胡、越胡、扬琴、电子琴、唢呐、笛子等。

经过100多年的传承和发展，杖头木偶戏的表演不仅仅是停留在传统曲目的表演形式上，而且成为继承优秀家风、弘扬中华优秀传统文化的重要载体，并且根据时代的需求把传统文化和时代精神融为一体，为老百姓创作出更多精彩纷呈的作品，以演绎的形式让老百姓在享受戏曲带来愉悦感的同时又能深受启发，既丰富了曲艺界的表演形式，又拓展了弘扬传统文化的载体途径，十分有力地发挥它的能量。

新时期的表演形式以时代发展的大潮流为背景，为丰富乡村群众文化生活增添充当文化轻骑兵，结合时代需要宣传党的路线、方针、政策。

在表演艺术风格上是粗犷而又细腻的，富于神韵，且技艺精妙。偶人的水袖、扇子的舞动看着风流潇洒，耍脚步、抖髯口又都恰到好处，以偶人肢体细致入微的动作刻画人物内心活动，极大地发展了木偶艺术的表现功能。表演艺人一手握着中间竹竿举起，一手抓住两根钢丝操纵各种动作，相对于其他木偶表演，杖头木偶表演更加灵活、生动。木偶艺术代代相传，风格粗犷而又细腻，富于神韵，且技艺众多。杖头木偶戏精湛的演技，熟练的表演得益于艺人长久的练习。别看他们一手握着中间竹竿举偶人，一手抓住两根钢丝操纵各种动作，看着轻车熟路，实际上，他们为此付出很多的时间，没有长久的坚持训练是无法演绎种种剧目的，相对于其他木偶戏表演，杖头木偶戏表演更加灵动，富有生机。

首章杖头木偶戏表演剧团在100多年前成立于周宁县玛坑乡首章村，表演团队曾到达各地去演出，20世纪90年代后由剧团团长郑松锦组织表演人员郑先然、郑胜雄、郑金成等人在台上表演杖头木偶戏，组织郑丽娇等人在后台演唱并伴奏，剧团也常受邀于福州、厦门、周宁、宁德、福安等地的文化节文旅节现场登台表演。

演出特别频繁的时期是20世纪60年代至80年代初，当年主要在福州长乐、福清一带以及周宁和宁德、古田、屏南等地演出。这种独特的表演形式，每到一处都得到许多观众的赞赏。

2021年年底至2022年初剧团受福清当地民众邀请，也有前往福清、长乐一带长期进行杖头木偶戏演出。

首章杖头木偶戏剧团处于周宁县玛坑乡首章村，地理条件优越，环境优美，周边森林环绕村庄，距村3公里有一座千年古刹方广寺，它是一个有着近800年历史的行政村，这里的人民勤劳奋进。

首章村自古以来就有各种乐器的表演艺人，每当村镇及周边村庄有红白喜事都会被请去表演弹唱，每逢春节或者休闲时节，评书先生会受邀在祠堂里说书，除此之外，村里还举办驮灯、树火柱等各类民间习俗活动。

剧团初创建的名称是周宁县首峰木偶剧团。剧团第4代艺人郑松锦将首章村的

"章"字改为樟木的"樟",名首樟木剧团,意为木偶头部是樟木雕刻,头为首,首是樟,以首樟注册名称恰到好处。现在剧团主要由郑松锦组织演出,郑丽娇后台伴唱,郑先然、郑松锦、郑华贵、郑金成、郑胜雄、郑丽娇、汤贵兰、郑金成、郑胜雄、缪美清、汤郑梅、郑丽斌等人在前台演出。汤夏玉、汤明益、陈永财、汤郑梅、郑仙昌等人负责后台伴奏和伴唱。

杖头木偶(魏孙亮 摄)

传统木偶戏表演形式有三大类,为提线木偶戏、布袋木偶戏、杖头木偶戏,但是各个地区的表演风格有很大差异,首章杖头木偶属于中型杖头木偶,整个木偶高约1米左右,头部为樟木雕刻,面部画戏曲脸谱,木偶躯体的上半身内部由竹篾编制,下身和双臂内部是中空的,中间由一根小竹竿撑着,双手用两根约70厘米长的竹签或者钢丝连接,木偶服饰均为古装戏曲里的服饰,衣服上的龙凤图案用手工或电脑刺绣完成。表演艺人出台后,站在幕布后面一手握着杖头木偶的中间竹竿举起偶人,一手抓住与木偶连袖的两根钢丝操纵各种动作,偶人肢体语言丰富,相对于其他木偶表演,杖头木偶戏表演以偶人肢体细致入微的动作刻画人物内心活动,极大地发展了木偶艺术的表现功能。

角色集戏曲中的生、旦、净、末、丑五类角色,表演人物一应俱全。

现代的木偶在制作上更精良,相对以前的木偶,现代的偶人眼睛会眨,嘴唇会动,更灵动,具有时代差异性特征,生动而精致,这种木偶将给喜爱木偶戏的观众带来极大的视觉冲击,深受观众们的欢迎。

表演形式经过并不断的探索和更新,根据不同时代观众喜爱的剧目和演出风格创作作品,这种独特的表演形式,每到一处都得到观众的赞赏。

近30多年来,随着文娱形式以及网络的普及,木偶戏这一类的演出逐渐淡出了人们的视野,但是原来表演杖头木偶戏的老艺人一直都在,技艺也都在。早期的木偶戏表演艺人郑先然、郑金成等人表示能够重新恢复杖头木偶戏表演,他们很高兴，并且老一辈的艺人也意识到他们都已经老了，重新开始培养新人。

2019年5月首章杖头木偶戏剧团在中共周宁县委宣传部及县、乡镇有关部门领导关心和大力支持下，正式组团逐步开始练习。在老艺人郑先然的耐心传授和全体演职人员刻苦排练下，经过几个月练习和大家共同努力，于2019年9月成功参加第9届宁德市地质公园旅游文化节，在文化节现场演出。2020年又成功参加宁德市第10届地质公园旅游文化节，杖头木偶戏的演出得到各级领导以及观众赞赏。

原创剧本主要以古装戏闽剧为主，目前演出剧目有：《兄弟俩状元》《包公下陈州》《扬江奇缘》《寒窑探女》《唐僧出生》；闽剧民间神话故事小段有"三仙福禄寿"：《三仙》《迎财神》《云头送子》《八仙》；越剧《白蛇传》选段《西湖山水还依旧》；黄梅戏《刘海戏金蟾》选段《十五月亮为谁圆》。

正在排练的剧本有《钦差选贤》《甘国宝与王莲莲》《大闹蛇盘山》等。剧本主要编写者是郑松锦、郑先然等人。

偶人文职身份的角色所穿服装有量身特制的黄蟒、官衣、女衣、帔、褶子等。武职身份的角色所穿服装有靠、箭衣、袍衣、夸衣等。此外还有水衣等，并有专置的盔、冠、巾、帽。

后天器具需要：幻灯、音箱、音响设备、幕布、衣箱以及搭建木偶剧戏台的设备等。

表演人员分前台和后台，前台举偶演绎人员10个，后台8人。

曾定期在风景名胜区鲤鱼溪郑氏祠堂演，不定期的演出是各大文化节现场以及各地祠堂，且都是采取开放性的演出，另外郑松锦团长还带领演绎人员以木偶戏进校园的方式培养下一代木偶戏表演接班人。疫情期间暂停演出。

首章杖头木偶戏自清中期延续至今，依然有着十分强盛的生命力，此项表演技艺产生于民间并依惯例世代传承。选择适当的机会推广它，让他们上台表演，在舞台上展示杖头木偶剧的精髓部分，就是对该项目最有效的保护。20世纪90年代文化馆通过多方走访，资料收集，当时取得了第一手资料。

周宁县委、县政府把发扬杖头木偶戏这项非遗文化纳入本县长期发展规划，从政策层面保障和助推杖头木偶戏剧的发展与提升，以资金补助的形式让他们在游客面前进行开放性演出，为这项传统戏剧表演提供活动场所。在各大文化旅游节现场展示杖头木偶剧文化剧，举办杖头木偶剧文化摄影作品展。

将杖头木偶表演技艺加以整理、存档，建立保护目录清单和非遗数据库。支持剧团购买第二代杖头木偶道具、服饰、木偶，组织杖头木偶剧演出，加强杖头木偶剧相关演出场所的保护工作。全程跟踪杖头木偶表演的活动过程，以影像、图片及文字进行记录,建立健全档案。扶持与杖头木偶剧相关的戏剧唱本、传统剧目、民间技艺的传承与发展。

引导杖头木偶剧演出活动规范、有序开展。完善杖头木偶演出文化广场、非遗展示馆等重要活动展示场所。规范杖头木偶戏传承、内容、文化方面的传播。在各大文旅节、文博会推广杖头木偶剧,扩大杖头木偶剧的社会影响。

打造杖头木偶剧文化产业,促进杖头木偶剧的活态传承、保护和发展。保护非遗就是保护文化!

(注:杖头木偶戏为宁德市第7批市级非遗项目)

王宿三年一贡

◎ 李典义

三年一供（叶先设 摄）

桃源溪流域的西北面有个王者气势的村庄——王宿村，村里有258户，1000多人口，村民以李姓为主。村内的民居古屋、街坊巷道、路亭关隘古意犹浓，各座建筑布满浮雕、楹联、名匾、石雕让人赞不绝口。特别让人惊叹的是李氏三年一贡的传统习俗，由古至今仍展现着它的无限魅力。

"三年一贡弘祖德，四境七迎谢宗恩。"颖王逝世后，李氏后人为念先祖缔造之艰难，不忘尊宗之意，建造了宫殿式土木结构李氏家庙，雕塑了他的神像，像前按宫廷规制，陈列着玉印、御笔等，两侧排列銮驾御品。

每逢寅、巳、申、亥年的仲冬举行贡祖会宗。贡祖年十二月初三日早，每户派代表1至2名，集结前往仕本李氏家庙，恭请祖宗神像回王宿一个月，与王宿李氏祖宗神像一起过年。

恭请祖宗回王宿的仪式，按唐时回访巡游的王室规格，前面开路是全副武装神铳队，随后是彩旗队、回避牌、龙头杖、西瓜锤等仪仗队；接着是四人抬着祖宗神像的轿子，每个轿后有一人手持龙伞并不停旋转着。一路铳声、锣鼓喧天，钟鼓、唢呐齐鸣，铙钹应和，一派喜庆祥和的场面。

途经礼门、贡川、阮洋中、际会、吾东溪等村，先是神铳队鸣铳告知，沿路各村听鸣铳后，村民们也持神铳在村口回鸣多响，以最高礼遇欢迎岳王一行神像到来，家家户户持香朝拜。特别到了阮洋中、际会村，全村男女老少全部参加接祖活动，仅神铳队伍就达数百人。

神像回王宿后，择选吉日良辰，在王宿祖厅举行隆重、庄严的"贡祖"典礼。

"贡祖"当天早上法师在祖厅的上厅设坛，厅内贴上各种作用的神符、剪纸，桌上摆上整猪、整羊、整坛酒及各式各样的贡品。鸣铳喧天，锣鼓鞭炮连发，"众首"（村民中抽选出的该活动组织者）打鼓敲锣后，法师吹鸣法号告天，手持法器开始念咒，恭请各位为神祖宗下凡，同时还邀请王宿周围的神灵（如大圣王、奶娘、九姐仙娘、土地公等）齐聚祖厅、普天同庆、笑纳子孙为报祖德宗恩而设的贡品等。念完咒，法师宣读贡典祈福疏文：祈求祖宗在天之灵，降吉祥，保国泰民安、风调雨顺；护人丁兴旺、四季平安等。同时李氏子孙及他姓的善男信女，一个接一个持香跪拜谢恩。随后，部分信众还请求法师作疏祈福护佑子孙。周边村庄他姓群众和李氏子孙还进纳贡品于祖宗神像座前以谢宗恩，许愿还愿、抽签卜卦。

"宗会"谓"王臣会亲"。中午，上厅中央同样摆桌设坛，法师按当年岳王随从亲臣护将职务大小，依序往四周墙上贴上其"神号"，以便对号入座。贴完神号，法师回坛前开始施法，吹鸣法号告天，手持法器开始念咒，恭请各位为神祖宗下凡，及宣告随其入闽的文官武将神号。

夜幕降临，在祖厅口点燃"天炬"（用干毛竹为心，外面绑着竹枝，长15米多），寓意是：表示归宗会址，以及归来的王室成员照明。

午夜左右，法师停止法事，意思是各路祖宗已回至王宿祖厅，开始了神宗们的会亲宗会了。此时，为不打搅祖宗们王臣会亲氛围及维护王族祖宗威严，上厅的法师及群众都下到下厅。村民在下厅排队入座，众首们分发米糕、红酒、点心等。黎明之时，上厅的王臣会亲已毕，法师和村民一起到上厅拿好各种法器等，恭送与会的各路王室成员回去，整个王臣会亲活动结束。

"走礼"贡祖。次年正月，与仕本村各推选24名知书达礼、颇有威望的年轻人为代表，组成"会亲团"，其中有4名是已经掌握了全套唐宫廷礼仪的青年，俗称"礼生"。"礼生"享受族人最高礼仪待遇,摆香案、供香花、烛台送迎。

正月初二晚上,两村"会亲团"齐聚王宿村祖厅,安排茶点叙亲。此时王宿"礼生"邀请仕本"礼生""走礼"。两村"礼生"在神像前,按照唐宫廷礼仪,主客一对接一对"走礼":"礼生"朝服打扮,头戴官帽,身穿有长水袖的圆领袍衫,袍衫外套袍褂,手持"礼帕"。"走礼"的仪式有"双蝴蝶""剪刀剪""平丈""廿四拜"等。

"走礼"有多种步法。如"双蝴蝶"走法:1.双方代表各一名,分宾主面对面以立正姿势站立,距离约3米左右,主位在左,宾客在右。2.双方面向祖先神像,同时清官(即正官帽)、风扣(即正衣领)、角带(即正腰带)。3.主客向外转(主向右转,客向左转)。4.主客目光对视,双手环抱与肩平向外作揖,双膝微曲,也就是拱手礼。5.主客互换位置:双方迈出左(右)腿以半圆形弧线调换位置,客走外圈,主走内圈。6.双方眼视前方行拱手礼。7.双方各以左腿向前迈一步,又拱手礼。8.双方再向前一步,再行拱手礼。9.三次拱手礼后,客原地不动,主半圆形走向客对面,双方互相行拱手礼。10.主到茶桌边以"礼帕"分别向凳、筷、杯作请坐、请吃、请饮的姿态,客人以拱手礼作回应,最后主人走到客人身边相携入座。其他"礼生"随同入座举行话茶会。会亲茶话过程,双方主要共叙本家祖德宗功、"李氏渊源及

唐宫"走礼"(李洪元 摄)

两村相互祝福等。

"阅谱"，先在祖厅桌上摆香案，供香花、烛台，及整猪、整羊、整坛酒等各式各样的贡品。"会亲团"们朝拜案桌中央的族谱先在祖厅桌上摆香案，供香花、烛台，及整猪、整羊，两村各派代表一名，由保管族谱方代表念"开箱礼语"（俗称：讲好话），并启封条，保管钥匙方村代表手持钥匙开锁。两村代表从箱取出族谱，开始翻阅周宁李氏总谱（从唐高祖李渊至今李氏族谱），承先祖宗之德，启后子孙之贤；并对两村3年来"闭贡"期间重大事件进行记载后，在两村监事人员监督下进行封谱，并在族谱箱口贴上两村监事人签章后的封条，一封3年。在此3年间内，为维护族谱的权威、真实，王宿、仕本两村任何人都无权对其总谱启封、翻阅，天大事也要等到下次"贡祖"时启封、翻阅、记载。封谱完毕，当场交换两村保管方式：原保管族谱箱钥匙方要交付保管3年的钥匙于对方，换成保管族谱。该族谱就这样由王宿、仕本两村轮流各保管3年。

王宿"贡祖""宗会""走礼""阅谱"典礼完后，于次年正月初三早，恭送祖宗及李氏总谱回仕本村。恭送的礼仪、规模与迎请一样热烈、隆重。

初四早晨，王宿、仕本"礼生"在仕本大厅门口举行告别仪式，告别仪式也要"走礼"。礼毕，"贡祖"活动全部结束。

王宿人文历史深厚，李氏三年一贡的传统文化沿袭了一代又一代，如今在文化界、政界、商界的积极推动下，王宿村三年一贡的传统习俗已被纳入福建省非遗项目，焕发出新的生命力。

玛坑剪纸技艺

◎ 肖吉香

中国人办喜事，最重要的前奏是"讨彩头"，营造喜气洋洋的气氛。好日子的前两天先在门框上贴红红的对联，大门上贴着裁剪一新的红双喜，窗户上贴喜鹊衔枝，房间内贴金童玉女，喜桌上装着染得红红的喜蛋和红肉，喜担上盛满花生、红枣、桂圆、莲子，请来年老而家事祥和的老人家郑重在喜蛋、果子上披上红红的双喜，有了那些剪裁得当又栩栩如生的剪纸增色，使这一切看着是那么喜庆、吉祥、圆满。

在村里，手巧的老人真的是个宝，他们的剪纸图样全凭巧手和想象力，心中有祝福，成像便在纸上。剪刀转动之间，经典的贺词和鲜活的喜果、鲜花、鹊儿一对对来纸上报喜，惟妙惟肖，一下子将人带入欢乐的氛围中，看着那么喜气、美好，令人心生欢喜。

传承（郑树龙 摄）

剪纸技艺曾是周宁民间广为流传的技艺。剪纸艺术也是中国最古老的民间艺术之一，闽东柘荣的剪纸技艺在 2009 年便被联合国教科文组织列为"人类非遗代表作名录"。

民间剪纸以剪为主，以刻为辅，创作时不打草稿、不用粉本，先剪外形，再进行图案内部镂空。剪纸外形不求对称，随意挺劲，图案概括简练，质朴粗犷，布局轻松写意。剪纸艺术作为一种镂空艺术，其在视觉上给人以透空的感觉和艺术享受。由于剪纸的工具材料简便普及，技法易于掌握，有着其他艺术门类不可替代的特性，因而，这一艺术形式从古到今，深得人民群众的喜爱。

剪纸工具很简单，有剪刀、纸张、画笔、小刻刀就够了。纸的纹样分为人物、鸟兽、文字、器皿、鳞介、花木、果菜、昆虫、山水等。强调装饰性，构图平视、对称，画面均衡、美观大方，线条粗细相宜，色彩鲜明，柔和协调。用剪刀前，手巧的师傅在心中已有各种各样的图案了然于心，沿着心中设计好的构图辗转腾挪于刀尖，用于传统节庆、喜庆装饰的就剪出节庆的喜庆的图形，用于宣传的就剪出宣传的内容，民间常见的图形有窗花、盘花、墙花、灯花等，用以烘托喜庆氛围，增添美感。

周宁玛坑剪纸风格独特，具有鲜明的地域个性，既承传了中原剪纸的写意、质朴、浑厚，又融合了南方剪纸的严谨、细腻、秀丽，具有浓郁的地方特色，文化品位独具，作品或淳朴、率真，或写意、粗犷，或清新、典雅，符合大众的审美需要和欣赏心理，是收藏馈赠和家居装饰的佳品，既是艺术礼品，也是很好的旅游商品之一。

现今玛坑剪纸主要代表性人物有陈美慈的后代、詹兴娇、汤奶照、汤正康等人。从技法上讲，剪纸实际也就是在纸上镂空剪刻，使其呈现出所要表现的形象，传承人需凭借自己的聪明才智，在长期的艺术实践和生活实践中，将这一艺术形式锤炼得日趋完善，形成了以剪刻、镂空、拼接图案为主的多种技法，如撕纸、烧烫、拼色、衬色、染色、勾描等，使剪纸的表现力有了无限的深度和广度。细可如春蚕吐丝，粗可如大笔挥抹。其不同形式可粘贴摆衬，亦可悬空吊挂，由于剪纸的工具材料简便普及，技法易于掌握，有着其他艺术门类不可替代的特性，因而，这一艺术形式从古到今，几乎遍及我国的城镇乡村，深得人民群众的赞美。

民间剪纸是中国民间习俗必不可少的一种艺术活动，它的存在，依附于民间特定的文化背景与生活环境，不同的场合扮演不同的角色，裁剪不同的内容。家中有白事，窗户上就不能贴得红红火火；娃娃生病，道士剪黄色道符悬挂；用于摆衬礼品的，要看是办喜事、丧事还是做寿；这种受存在目的作用制约的依附性特征，表现在具体作品的构图处理上，也就是作品的装饰性特征。如悬空吊挂的门笺、碗架云子之类，必须线线相连；贴在窗户上的则要求与窗格适合，并多镂空，否则迎光看去只是一个大纸片。

诸多的限制，也形成了艺术上的独特语言。周宁剪纸在完成一定的民俗作用之外，又极力显示着自身存在过程中的独立性——即美的特性。一张剪纸，不论它用于何种场合，传承人在创作的过程中灌注自己的审美感情，只要人们以美的标准肯定了它，它也就有了存在中的审美价值。当然民间剪纸这种艺术形式的独立性，对于民俗的限定不是抛离，而是充分驾驭民俗形式的随心所欲，因而，其存在价值也超越了陪衬民俗的行为目的。

不过，这种艺术上的独立性，正随着社会变革和民俗功能的淡化而退化。

桃源溪流域
YAOYUANXI LIUYU

玛坑剪纸（郑树龙 摄）

　　100多年前，陈美慈女士从上一辈的老人那里学的剪纸技艺，后来传至她的孩子汤奶照、汤丽珠。

　　陈美慈、汤奶照剪纸技艺高超，具有鲜明的地域个性。现在汤奶照成了玛坑文化站管理人，剪纸内容更为多样化，被赋予更多时代内涵，表现形式也随之创新。他将剪纸融入重大主题创作，剪纸图样不再只是节日的装饰、祈福的物件，还是反映时代精神、展现人民风貌的艺术载体，生动刻画党的光辉历程和伟大成就。驻足凝神，一幅幅鲜活的画面，一个个动人的故事，让观者在领略艺术魅力的同时，受到一场精神洗礼。她在剪纸细节处理上更显严谨、秀丽，由此形成了兼具粗犷随性之外形、细腻柔美之细节的独特艺术魅力。剪纸来源于生活，最终也回归生活。

　　汤奶照、汤正康的剪纸技艺不仅仅局限在民俗节、文化节，也渐渐从节日活动现场转向校园，定期向学生传授剪纸技艺。通过艺术作品诠释宏大主题，将主题创作与主题宣传相结合，通过朴实细腻的艺术语言，生动展现时代新风尚，彰显当代文化传承的优良作风，让剪纸成为推动文化传播的新媒介，使学生们的接受度更高，他们也由此更广泛地传播剪纸技艺。

　　欣赏美是人与生俱来的能力，把重大主题融入剪纸创作，既能丰富剪纸内涵，又能起到润物细无声的效果。

　　（注："周宁剪纸"为周宁县县级非物质文化项目）

玛坑神奇黑膏药

◎ 肖 珊

玛坑膏药的配制发明与玛坑人尚武分不开。

玛坑乡旧属宁德县管辖，明时分属十四都，民国时称咸杉乡。民国三十七年（1948）咸杉乡划入周墩县管辖，原名玛溪，后改为玛坑，1948年9月从宁德县划归周宁县管辖，当年是凤湖乡公所所在地。

玛坑村建村年代不详，早年有马、王、钱、郭、雷等姓氏居住，元末明初玛坑村汤氏祖先迁入玛坑，繁衍生息，开枝散叶至今800多年。玛坑乡名人辈出：清朝汤贵玉等人戎马一生，忠贞爱国，无私无畏，功勋卓著，声名远播，为后人所敬仰；明朝举人、直隶同知汤昶等人清正廉洁，彪炳史册；民国时期，汤万益、汤雨生等人为革命事业，抛头颅，洒热血。

旧时由于匪患频繁侵扰乡民，很多人尚武也是为了保家护民，所以有的村民家

玛坑黑膏药（魏孙亮 摄）

中依旧保留着祖辈学武时的兵器，现今闽安都督府旧址仍旧矗立于村中。玛坑村位于周宁县东南部，境内峰峦叠翠，山陡谷深、溪谷交错，属中亚热带海洋性季风气候，总体气候温和，冬长夏短，雨多雾重。东北部与福安市康厝乡接壤，东南部与宁德市赤溪镇毗邻，西南、西北分别与本县咸村镇、七步镇相接。

玛坑跌打黑膏由来已久，和玛坑人尚武密不可分，具体发源时间不详。据说是几百年前，宗祠里有聘请南少林和尚入村数年传授少林武术，和尚因感激当地村民的热情，留下基础膏药配方。玛坑先祖结合当地的草药特点，试制出适合当地乡民的玛坑黑膏药，它是玛坑劳动人民长期用来治疗骨折、腰腿劳损、风湿痹痛、跌打损伤的民间验方。经过玛坑及福安、宁德一带人民几百年来的实践证明，对治疗各种风湿病、关节炎、腰腿疼痛、肩周炎、腰肌劳损、坐骨神经痛等各类骨病伤病有康复功能，是中华传统医学宝库中的一颗明珠。

玛坑跌打黑膏药从方剂配伍、中草药采集的地点、季节、时间、气候都有严格的要求。时间、气候、温度、湿度均影响药的疗效，有些中草药需在春天采集，有些药则需在细雨蒙蒙的夏季，还有些必须在深秋，或是在冬季大山的阴面采集。在传统的制作过程中，既要掌握温度、时间，又要掌握药膏的黏度、颜色、气味，既要让它黏而易揭，又能使其拔丝一米多长如同少女长发细而不断，这些只有遵循严谨的传统工艺和独特秘传炮制方法才能得到。黑膏药是传统纯手工制作的膏药，不含任何西药成分，为了保证药效，每副膏药都要经过20多道工艺，炮制时间长达2个多月才能完成。

自黑膏药发明以来，慕名而来的患者遍布整个福安、宁德、霞浦、寿宁、屏南、周宁以及其他八闽境内的县市。

黑膏药的使用方法根据患者不同的病状，选择不同的方法，正常使用黑膏药前，视伤情而定，若没有破皮，先在伤痛处擦揉3—5次，每次揉到发热为止，再将黑膏药加热贴于病痛处。有些病症需要先进行拔火罐后再贴上经过加热的黑膏药，一般一剂黑膏药可以使用2—3天，若是瘙痒的话，揭下黑膏药，痒症便消失。

当然它的制作方法特殊，具有历史传承及地域特色，用地道的季节性药物结合中草药组合配制而成。

有的患者需要视病情轻重配制膏药，按照发病的时间配制不同的方药，发病或骨折前面10天使用的药跟后面20天使用的药的配方不一样。

药的配制方法根据药的性质，有的药宜采用鲜根茎捣烂跟别的药配伍制作，有的药需等根茎变成九成干，跟许多药一起放在小锅里慢慢熬制半天或一天而成。

此膏药数百年来在闽东福安、宁德、霞浦、寿宁、屏南等地声誉极佳，很多患者经治疗后效果明显，何常峰的医术和药方得到患者高度认可。

何常峰这脉传承自汤茂仁（何常峰曾外祖父），生于清道光戊申年（1848年），有史可寻已有150多年的历史，且是结合南少林黑膏药与玛坑当地草药结合配制的。何常峰继承先辈遗愿，希望能将此造福一方的膏药传承下去。他自1979年周宁二中毕业后，1980年开始在玛坑村开中草药店，1990年受福安市城阳镇卫生院聘请在卫生院担任骨科专科医师两年，后在周宁城关兴业街西一巷18号开设个体骨伤诊所。从医近40年来，何常峰不仅在周宁，还在闽东福安、宁德、霞浦等一带出诊行医，接触伤者上万名，经他的药膏疗好风湿骨痛的不计其数。他现有徒弟3人：何开杰、何孙冲、何开，医术和膏药都得到闽东百姓的认可。

医者父母心。何常峰一家在治病救人的途中有时难免遇见家庭条件困难的，若是遇上这种病患，不仅免费给人诊疗，还时常赠药，倒贴出诊的车费。

现在制药行医除了何常峰还有他的孩子以及徒弟，父子俩在保有传统跌打膏药配方外通过实践，近几年对有的伤药也有增加改良配方。

传统医药是中华文明的智慧结晶，成为千百年来中国文化传播的有效载体，它是世界医学体系中最具特色和优势的传统医学，几千年来，为中华民族的繁衍和昌盛做出了巨大贡献。直到今天，传统医药以其独特的优势与现代医学相互补充，共同承担着我国人民医疗健康保障的任务，是中国医疗卫生体系中一支不可缺少的力量。

（注：玛坑膏药为周宁县县级非遗项目）

线狮表演

◎ 肖 珊

历史沿革

周宁线狮表演源于咸村下坂村的民俗节。下坂村位于咸村的东南面，村庄为谢氏聚居地，历史悠久，文化底蕴深厚，四周山清水秀，鸟语花香，风光旖旎。

线狮是下坂民间艺人谢玉振于清乾隆二十四年（1759）创作编排的，当时一经演出，便深受群众欢迎，此后，作为一种传统的体育竞技类的民俗节目保留至今。

每年农历二月初四这一天夜晚，咸村桃源溪两岸万人空巷，街道上人声鼎沸，线狮与龙队、桌坪戏、驮古事几个表演团队在咸村镇周围的10个村庄巡回演出。闽东多地的群众也会在这一天纷纷聚集桃源溪两岸，观看这项民俗表演，整个表演队伍2000多人，一路浩浩荡荡沿路向前开展。

狮图的表演阵容由11个人和3只狮子道具组成，其中4人手执1只母狮（拉动7条绳子），6人各执2只子狮（每只狮子拴在5条绳子上，两人手抓10条绳子），另1人手执绣球，引诱狮子起舞。后台击鼓4人，推车4人，群狮舞动时，欢快激越的锣鼓声纵情伴奏，两只子狮环绕一只母狮，合着节拍欢腾跳跃，时而翻滚扑球嬉戏，时而飞越上空，时而摇头摆尾扭动腰身。演员表演时讲究团队的合作精神，大家必须配合默契，才能同台共演同一台戏，舞动一只狮子。下坂线狮舞狮团队对这项活动极其热爱，他们表演的时候精神饱满，充满激情，大家都是竭尽全力按照设计好的"狮图"去表演，一举一动都把真狮雄健威武的凶猛习性表现得淋漓尽致，极具观赏性。所到之处，人潮涌动，所有人都叹为观止。

狮图的表演形式分"走街""圆场"两部分，走街为行进舞蹈，在行走过程中表演摆尾、扭绳、双对狮等动作；圆场是就地表演，有四门斗、绣球戏狮、群狮扑球等各种舞蹈动作。线狮是通过绳索操纵狮子表演各种动作，集文功、武功于一身，其表演有单狮（雄）、双狮（一雄一雌）、三狮（一母二子）、五狮（一母四子）4种形式。线狮表演最早是沿途行进，边走边舞，后转到固定舞台上表演。经过历代民间艺人的实践性创造，线狮的表现力越来越丰富，能表演坐立、蹲卧、苏醒、

线狮表演（陈英华 摄）

伸展、登山等各种不同姿态，仅"狮子戏球"就有寻球、追球、得球等动作。下坂线狮有传男不传女的家族传承特点。"狮图"表演时，3只狮子和1个彩球全由幕后的11名男子通过38条20多米长的纤绳遥控指挥，其难度比木偶戏、皮影戏要大得多。在传统的狮舞表演中，随着激越的鼓乐声响起，狮王率先跳出，它上下扑腾，左右跳跃，衔住长杆上的彩球，欢舞一阵，再带领另外两只小狮子扭头摆身，跳脚抓痒，表演到最精彩的环节，狮笼上方的一个彩球突然打开，狮王带领两只小狮子飞跃4米多高的舞台，其中一只小狮子张嘴把彩球衔住，然后是狮王与它的"狮孩"们亲密玩耍彩球。狮群舞有条不紊，步调一致，扑腾、跳跃、挠痒等动作活灵活现，栩栩如生。每当人们啧啧称奇、看得如痴如醉之时，狮王开始呼风唤雨，吞云吐雾，狮笼顶上的3只狮子从车上一跃而下，向观众拱手示意，祝福人们"风调雨顺""岁岁平安""万事如意"，增加其神奇色彩。

"狮图"是咸村下坂传统民俗展演当中独树一帜的一项节目，它具有鲜明的民族性、民间性和地域性等艺术特色，并具有很高的艺术品位与深远的艺术影响。

据历史记载，咸村下坂每年都会举办"二月四"游"齐天大圣"灯会，线狮表演是"二月四"灯会中极具特色而精彩的节目之一。清代中后期以来，咸村下坂线狮成为当地节庆文化的重要组成部分，是当地民俗活动中的亮点。

线狮表演如没有专业的队伍是无法表演的，这项活动极其考验一个队伍的组织力和凝聚力。队伍里的11个表演者分成数组站在台后提绳子，人距离狮子少则5米，多则超过10米；每组表演艺人中选一人为主，其他人为辅，各组员之间拉绳的动作需配合无间才能自如演出；他们以不同的节奏或频率拉扯绳索，表演出狮子的各种动作神态；舞狮者不但要有熟练的技巧，更要有充足的体力。

线狮起源

线狮活动起源和表演地点主要在咸村，历代相传。活动从二月初四的早晨开始，而线狮主要表演时间是晚上，演出区域从下坂到下坎、洋中、咸村镇十字街，然后到街尾宫、宝坑、咸洋、店后、芝田，最后到上坂演完回到下坂村。整个队伍沿着桃源溪两岸十多个以村或社区为单位的固定场地巡回演出。

目前线狮的表演队伍主要传承人为生于1967年的谢承林以及谢云忠、谢云海、谢文金、谢文业等人，整个线狮表演队伍约20人，这些人都是固定的表演队伍。道具制作传承师傅：谢宏锡、谢承林、谢文金、谢树明。表演人员除了谢承林父子外，还有谢胜保、谢文其、谢雄全、谢文叶、谢如飞、谢陈良、谢文金、谢陈甫、谢建全、谢荣安、谢承吕、谢承挺、谢树明等20多人。

线狮，也有的地方称"抽狮"，或称"打狮""柜狮"，周宁线狮表演队伍的主要成员是咸村镇下坂村民众，线狮道具的制作以及狮舞的演练传习地点也是在咸村镇下坂村，舞狮技艺代代相传，以一种游艺表现形式演绎传统民俗情结，是一种风格独特的游艺活动。

咸村镇是周宁县目前唯一的省级历史文化名镇。考古发现，商周时期，原住民就已在此繁衍生息，明清时期已较为繁华。咸村传统民俗文化丰富，有高跷、铁枝、舞狮、线狮、舞龙、肩上戏（驮古事）等各类传统体育游艺与杂技类非遗活动。咸村地灵人杰，历史上名人辈出，曾出进士、举人8人，代仕外职官16人。如唐宣宗年间进士汤耳曾任长溪县知县；清嘉庆进士魏敬中曾任国史馆总纂、《福建通志》总纂。

镇上有典型的新石器时代文化遗址、宋代古村落遗址、明清古民居。洋中、川中被列入中国第四批传统古村落名单。

咸村作为拥有奇山秀水，集寺、村、古民居诸多风景于一身的文化小镇，承载了千年的历史长河，记录了中华民族自唐宋以来文化南迁的过程。淳朴的乡镇民众，源远流长的民俗文化，呈现了一个别具一格的文化小镇，而咸村下坂线狮，是古镇文化的其中一个缩影。

最初线狮是竹子制作的，由单狮表演，后增加至三狮、五狮，最后计划发展为九狮，"九"取"长久"与丰足的吉祥之意。现在各大节庆日活跃在节庆现场的狮图是"三狮图"，下坂村的村民也一直努力改良着狮图。传统民俗认为舞狮可以驱邪辟鬼，故此每逢喜庆节日，例如新张庆典、迎春赛会等，都喜欢敲锣打鼓，舞狮助庆。

现在的代表性传承人谢承林属第7代传人。

线狮布局

线狮表演之前，从舞台制作、灯光效果配置到绳子布局均由人工操作。狮子全身由多种材料制成，以竹篾为框架，里面填充棉花、布料、橡胶等，狮毛则用彩色塑料丝制成，狮身为千层纸制作成纸板，经过历代民间艺人的改革，线狮的体型从最初的小如木偶发展到大如孩童，结构由简单变得复杂，制作工艺也得到了很大的发展和完善。现在的线狮母狮狮身长度约1.5米，高度约0.9米，宽度约0.6米，小狮子狮身长度约1.3米，宽度是0.48米，高约0.8米，大狮子体重27公斤，小的狮子体重18公斤。传承人根据狮舞设计绳索绑定的位置，分别在狮子的头部、尾部以及双腮左右系上绳索，用以控制线狮。表演时，通过头索尾索以及腮索的拉动，使线狮呈现跳跃、俯冲、坐立、蹲卧、摆首等动作形态，配以灯光变幻、吐云喷火、打击乐器等，使得整场表演惟妙惟肖、栩栩如生、灵动欢快。线狮所衔的球精致灵巧，大球网筐内套有旋转自如的小球，并配有灯光。

21世纪以来，线狮表演舞台相比以前的舞台，在布置上更复杂而完美，因为增加了缤纷的舞美灯光和喷雾，在闪烁的灯光下随着轻雾的曼舞，表演中的线狮动作灵动兴奋，颇具冲击力的视觉效果极大地调动了围观者的注意力和感情。

表演时要11个人的默契配合，通过几十根线绳来控制狮子的动作和表情，一头大狮子带着两头小狮子在玩耍戏球，时而坐立，时而蹲卧，时而摇头摆尾。以前的线狮个子较小，活动起来也只能前后跳跃，后来经过不断地改进完善，现在的线狮不仅能够含球、吐球，还能下地一起玩耍，增加不少表演环节。如今咸村的线狮表演技艺在不断提高，2019年9月25日特邀参加第九届宁德世界地质公园文化游节表演。

非遗文化价值

线狮演出的队伍经过众多人员的组织，多日的排练，精心的安排，到"巡游日"，随着以往固定的路线沿着桃源溪两岸十多个场地表演。精彩的演出少不了好的配置，演出线狮所衔的狮球精致灵巧，大球网筐内套有旋转自如的小球，小球配有灯光，在夜里闪闪发光，象征点点繁星。

后台主要用鼓、锣等三种乐器，乐器击打具有强烈的节奏感，极富表现力。紧锣密鼓乐器击打唤醒沉睡的狮子，雄狮表现勇猛的时候，要往上跳时，锣鼓就打得特别激烈，母狮出台表演舔毛时姿态放松温和，锣鼓就会慢一点，按照音乐来指挥，调子一般为"锵、咚、锵"。表演者的动作要整齐划一，全靠锣鼓来指挥。

技能价值：线狮表演最早是沿途行进，边走边舞，后转为固定舞台表演。经过历代民间艺人的实践性创造，能做出坐立、蹲卧、苏醒、伸展、打呵欠、挠痒、摇首、舔毛、蛰伏、依偎、跳跃、奔窜、上柱、下地、钻穴、出洞、登山、跳涧、越岭、飞腾、回旋、翻滚、喘气、战栗、怒吼、咆哮等姿势，光是表现"狮子戏球"，就有寻球、追球、得球、踩球、咬球、争球、抢球、抱球、抛球等动作。狮子所有表演全凭艺人们同心竭力的默契配合和紧张敏捷全神贯注的操作得以实现，这项表演极其考验人的力量和专注度。

文化价值：狮子在中国人民的心目中是力量与意志的象征，因而经过挖掘提炼的狮图，在原有雄健强劲的基础上，更增添了一股富有东方特色的神秘色彩。狮舞

幕 后

活动的出场到现场演绎以及平日里的排练，都极其考验人的组织能力，得力于民众之间的团结协作，狮舞的展示也同时增添了民间民俗活动的色彩多样性，为多姿多彩的民俗活动添枝加叶。

历史价值：线狮舞蹈是传统狮子舞中的一种，它具有鲜明的民族性、世俗性、地域性等艺术特色，并具有很高的艺术品位与深远的艺术影响。因此，对这项技艺的传承与发展，便具有继承发展传统民间文化的重要战略意义，对研究古代乡村生产生活及乡间习俗具有不可替代的历史价值。

后台工作

后台准备工作：线狮表演之前，从狮子球的编扎到狮身彩绘、舞台制作、灯光调试配置到绳子布局均由人工操作。绳索的穿结是线狮表演的关键环节，每根绳索都有固定的方位，为便于操作，38根绳索长度不一，但每根绳索的穿孔牵线都必须细致认真、安全牢固，只有把38条绳子绑好，才能让表演队伍舞动狮子。

线狮演绎场所：每年农历二月初四这项大民俗活动参与人数均达2000人以上，活动开始即按照百年来沿袭的顺序，由红旗队开队，龙灯队第二，舞龙队第三，打八仙第四，驮古事表演第五，线狮表演第六，桌坪戏收尾。

咸村镇下坂村的民众以村为单位组成舞狮子班按排定的位置表演，11人的线狮表演队伍与后台的击鼓队默契配合。高潮时，众狮子动作高度吻合，俱显绝技，异彩纷呈，非常壮观。特别是传承人谢承林，当狮子跳跃上升的时候，他双手拉动线狮绳子，整个人左右两边横跳，一分钟跳跃几十下，随着他在后台的牵线、跳跃，狮子在台上表演一个个精彩绝伦的动作。

线狮经过200多年的传承，具体表演项目除了一直沿袭的"祥狮送瑞""三十六计""九串珠""巧夺狮球"之外，现在也有传承人新创的"狮图"。这项活动随着源远流长的传统民俗活动，是咸村下坂农民的创造，是众人一心向民的民俗活动，也是咸村镇的盛大节日表演，这种优秀传统节目是中国传统艺术瑰宝。

后续工作

传统节日是祖先留给我们的重要文化遗产，狮子在中国人民的心目中是力量与意志的象征，因而经过挖掘提炼的"狮图"，在原有雄健强劲的基础上更增添了一股富有东方特色的神秘色彩。

线狮是属于传统舞蹈狮子舞中的一种，它具有鲜明的民族性、世俗性、地域性等艺术特色，并具有很高的艺术品位与深远的艺术影响。因此，对这项技艺的传承与发展，便具有继承发展传统的民间文化的重要战略意义。

下坂线狮表演习俗由来已久，自清中期延续至今，每年农历二月初四都有表演。线狮表演有着十分强盛的生命力，此项表演技艺产生于民间并依惯例世代传承。跟踪周宁咸村下坂线狮表演的活动过程，以影像、图片及文字进行记录建档，对此项非遗文化进行全面研究。

组织表演队伍演出，通过各种媒体全方位宣传推介周宁线狮表演技艺，挖掘周宁咸村桃源溪两岸传统体育、游艺与杂技以及其他民俗文化、非遗文化，是当下急需要做的工作。

（注："线狮"是宁德市第七批市级非遗项目）

桌 坪 戏

◎ 肖 珊

桌坪戏（郑树龙 摄）

每年的农历二月初四是属于咸村镇下坂村村民的狂欢节。正月底，村里的村民们就开始为这个一年一度的家门口的文化节而做种种准备了。

组织者首先从村里选孩童做桌坪戏的主角，也就是旦角、生角，先让他们唱起来，演起来。曲目的排演是基础，不能让桌坪戏在文化节上落下，也不能让那些有表演天分的演员们真正闲下来，这是他们百年来的做法。

下坂桌坪戏原是咸村镇下坂村独一无二的传统戏剧，它的舞台是在一辆宽2.6米、长3.6米的四轮车上，由人推着在街头巷尾转动着走，是名副其实的"行走的舞台剧"。车子停下来时，演员们站在上面演戏，最多时有十多个人在台上一起表演。车动人也不闲，后台热闹地响应着，随着车子的缓速前行，舞者依然站在台上翩然起舞。

桌坪戏起源于18世纪中后期，18世纪末，下坂村民当时以临时搭就的舞台作为桌坪戏的表演场地演出，后组织演员随着巡游队伍辗转在咸村八境临时搭就的舞台或固定的舞台上演出，从此它便作为一种流动的舞台剧演绎到今天。演员们站在舞台上尽情演唱，他们多以唱功见长。剧目多为黄梅戏选段为主，演员们功底深厚，在小小的舞台上也能挥洒自如。演唱时吐字清晰，唱词浅显易懂，具有浓厚的生活气息和广泛的群众基础。

戏虽短暂，但尽量保持黄梅戏的灵魂，以新的理念诠释故事。在内容上对传统剧目去粗取精，立意鲜明，唱腔婉转动听，唱词贴近人民美好心愿，主题喜庆，在酣畅淋漓的剧情演绎中，传颂着人间的真善美。

它植根于民间文化，表演台词具有浓厚的乡村特色，俗世气息。喜庆是其最大特点，多是民间小戏，最初由男女或女女演员表演。唱腔曲调细腻，唱腔优美动人，极具感染力，唱词诙谐幽默，讲究韵律，富有生活气息。

曲目多为传统吉祥喜庆的曲目，主要有《八姐游春》《庵堂双会》《女驸马》《天仙配》《功夫小子》《孟姜女》《五女拜寿》《黄山行》《蜜蜂记》等。这些曲目都是根据中国传统戏剧改编，讲述乡民喜闻乐见的美好故事和心愿，颂扬了中国传统文化当中的真善美，表达了人民对美好生活的一种期待和祝愿。每每上演后，都能给观众留下深刻印象。舞台上最多容纳十多人，唱词曲调以黄梅戏的基调为主。保有民间活泼自由的民俗生活的精髓，表演时间不长，多为短剧、轻喜剧。

戏曲主体唱腔是板腔体，有慢板、二六板、垛板和散板等多种板式。其表演艺术虽吸收了闽剧、京剧的唱段、程式，善于以点带面既展现现实生活，又保留桌坪戏的传统。

艺术特点以唱功见长，吐字清楚，唱词浅显易懂，演唱明白如诉，表现生活的浓厚气息，富有民间味道。它的形式活泼、自由、散漫，生活气息浓郁，善于表现当代人民生活，因此城市和乡村都有大量观众。

表演手段是对唱形式，边说边唱，边唱边舞。对于演员的表现手法，有"四功一绝"之说。"四功"即唱、说、演、舞；"一绝"指在流动的车子上并不拘束，辗转自如。四功"唱"为首，讲究味、字、句、板、调、劲；"说"指说口，以插科打诨为主；"做"讲究以虚代实；而

桌坪戏（郑树龙 摄）

"舞"主要指"三场舞"。桌坪戏的"一绝",以三尺舞台为主要舞台,车动人演,别具一格。

这几十年来,桌坪戏就像一块大海绵,一直在不断吸取各种艺术的精华,不封闭自己,能够"化他为我",不断增加自身的魅力。古往今来,不管是历史故事,还是生活小事,什么都可以往里吸收,而且不是生搬硬套,而是通过学习来转化自己的作品。

古老的咸村镇在商周时期,即有原住民就在此繁衍生息,明清时期就已较为繁华,目前还遗留有周宁最早的地面建筑——唐咸通二年(872)的遗址云门寺遗址。同时由于接近宁德霍童一带,曾是周宁商贸最发达的地方,闽东北往来的客商集聚此地,经营商贸,转售货物。这种多形式的交流,加上当地"黄七公巡游"活动,有利于桌坪戏的延续,产生了新的舞台剧,演员们在小小的舞台上展示各种唱腔,群演队伍沿着桃源溪两岸十多个场地演唱。

这种流动的接地气的演绎方式深受当地农民的喜爱,它善于表现当代人民生活场景,因此城市和乡村都有大量观众。下坂人还在戏曲艺术上不断汇入革新创造的精神,同时吸收文明戏的表现手法,编演了一批很受群众欢迎的反映现实生活贴近时代的舞台剧。

艺术表演形式多样,讲究硬功夫,现代舞演员在流动的舞台上边敲击锣鼓,边舞动边演唱,打击乐欢快激昂,富有激情,极大地带动了节日氛围。符合节日的喜庆特点也未变,古老的戏曲节目仍然保存,黄梅戏演员一退到幕布后,现代舞蹈演员即上场,戏曲与现代舞曲你来我往,从而推动了桌坪戏多向发展。

二月初四这一天注定是疯狂的一天,镇上有车子经过的街道都被围得水泄不通,镇上的人们携儿带女全家出动。鼎沸的人声吹动节日的号角,所有的人都踮起脚尖一睹舞台的风采。演出结束后,人们怀着极大的期望,期待来年的二月初四的到来。

为了把优秀的作品更好地传承下去,下坂垚杉文化传媒有限公司参与组织编写《天仙配》以及《八仙贺寿》等剧目。这些剧目都是根据中国传统戏剧改编,主要讲述乡民喜闻乐见的美好故事和心愿,颂扬了中国传统文化当中的真善美,表达了人民对美好生活的一种期待和祝愿。民俗节上一经演出,就给所有观众留下深刻印象。

随着经济转型和社会转轨,人们的文化生活日益丰富,可选择的娱乐方式越来越多,但这种戏剧以别开生面的轻喜剧的形式刷新了戏剧的形式,也开拓了人们的视野。

桌坪戏形成后，吸收了闽剧，京剧，黄梅戏等地方剧种的剧目、现代还加上流行音乐和舞蹈。

活动从二月初四的晚上开始，演出区域从下坂到洋中、咸村镇十字街，然后到街尾宫，到宝坑，到咸洋、店后、芝田、最后到上坂。

这种活动从清乾隆四十年（1775）以后便流行于咸村一带，当地农民每年二月初四，自发组织起来演唱。形式有"小群演"和"对口"两种。跟着曲调对唱，一般是唱小段，有时也唱成本故事，如《天仙配》等。"对口"即男女双人扮演。伴奏除按拍外，有时也用弦、笛、锣、鼓等，表演者一唱一和，你来我往，且说且唱，亦歌亦舞，有时有一人或几个帮腔。

在音乐方面也吸收了当代流行音乐、民乐色彩，乐器方面增加了皮鼓等，但符合节日的喜庆特点未变，戏曲节目仍然保存，从而推动了桌坪戏多向发展。

桌坪戏这种多姿多彩的表演形式也是经过不断丰富和完善而逐渐形成的。"对口戏"的行当是一旦一生，以代言体、单折式、分场式为其戏剧结构基本体制。上演的剧目虽短小，但首尾相接，故事连贯，具有中心人物和配角。至此演员便依据角色人物性格，有了明确的分工，所表现生活内容不断丰富，相应地也出现了现代舞等表演形式。

桌坪戏多以反映下层官吏、市民阶层、农民阶层的生活为主，因此各行当的表演艺术（声腔、技巧），特别家庭之间的小插曲、小愿望，现今它的表演手段，每年都在不断丰富和发展，保留了民间小戏活泼自由、生活气息浓厚的特点。

在唱、做、念、打各种艺术手段的运用上，桌坪戏的唱功最为突出。早期的男旦演员和女演员都曾以唱功称绝一时，大大增强了桌坪戏的表现力，深受当地群众喜欢，所以一代又一代延续下来，不断推陈出新。

（注：桌坪戏为周宁县县级非遗项目）

驮 古 事

◎ 肖吉香

驮古事

多年前，周宁许多地方在春节期间都会有人组织驮古事表演，后来这些表演就被孩子们带到学校里当作游戏在下课时玩耍。课间操期间，孩子喜欢成群结队组成几个自认为非常默契的队伍，大个子的男生将小个子的男生扛在肩膀上跟同学们比赛驮古事，看谁能跑得快，谁能坚持到底，在时长上取胜，谁就赢得掌声和称赞声，孩子们之间的游戏是驮古事最初的模样。现在咸村镇下坂村在民俗节那一天还有这项表演。下坂村位于周宁县咸村镇，东依双牛山，西傍桃源溪，距离新修的衢宁线火车站一公里，古称福建省闽海道福宁府十九都岭坂境。

下坂村是《福建通志》总纂魏敬中的出生地，平麓祖师幼年居住地，主姓谢氏。这里民风淳朴，文化底蕴深厚。

驮古事又称为"肩上戏"，由5至8岁的孩子双脚站立在成人表演者的肩上。一般情况下成人表演者都由小朋友的父亲扮演，可谓"父子齐上阵"的亲子活动之一。

孩子化装扮演的形象取材《三国演义》中的人物，有皇上、皇后、太子、四将军等。为丰富舞台人物多样性角色，同时又巧妙利用民间地方戏剧"云头送子"的人物，有天官、状元、青蛇、白蛇及若干将士等，这些都是群众津津乐道和心中塑造的人物形象。据考察，咸村驮古事这项传统游艺活动一直随着民俗节的举办，演绎着当地的民俗文化。

咸村的民间戏剧活动十分活跃，各个戏班竞相演出。话说有个领班别出心裁，创新出一种小孩子站在大人肩膀上表演的"肩膀戏"。小孩负责唱腔、头部表情和双手动作，大人负责台位变换的腿部动作。戏有生、旦、净、末、丑之分，小孩担任什么角色，大人就走什么台步；小孩唱起来字正腔圆、声情并茂，演起来招形式有致、惟妙惟肖。大人更不含糊，或跑、或跳、或碎步、或弓步、或垫步……根据剧情需要，与肩上小孩巧妙配合，上下默契，浑然一体。

"肩膀戏"确实是好玩的，它与其他戏种迥然不同，在全国其他地方也少见。这是独树一帜的戏，不像是演双簧，两个演员同骑在一条凳子上，一前一后，一个做动作，一个发声音，合二而一，配合默契，引人发笑。也不像演木偶和傀儡，木偶是演员站在幕后台下，把木偶托在手上，举出舞台，用手指操作演出；而傀儡则是演员站在幕后台上，用线吊下傀儡，抽动演出，傀儡虽比木偶大些，但体形都很小，都是艺术品。"肩膀戏"是不同于木偶戏和傀儡戏，更不同于双簧，上下演员都是真人，一个在上，一个在下；一个出上半身，一个出下半身。出上半身的是小学低年段年龄的儿童，他站在出下半身的大人演员的肩膀上，两只小腿紧紧夹住大演员的头颈，而大演员也举起双手，向后握住小演员的两条腿脖子，以做固定，小演员则可任意演唱表演，指手而不画脚，大演员则在下随戏走台，或左或右，或前或后，或高或低，上下配合得当，令人称奇，惊险而灵动。

"肩膀戏"是流动的舞台表演戏，到处都可以走动。咸村下坂每年二月初四，表演的队伍先由下坂村的众厅出发，人们看肩膀戏，从桃源溪的东岸下坂，一直看到桃源溪西岸的下坎、洋中、咸村、咸洋等地，再绕回到下坂村。每演一场，都有新鲜感，都有新的收获，并无重复之嫌，有些人从出发到结束，整天跟在后面看到底。在路上，驮古事队伍所到之处，一路上都有欢乐的相迎场景，鼓乐喧天，鞭炮齐鸣，村民就是基本观众。

肩子头，就是肩膀，棚就是平台，此指戏台。那么肩子头棚就是以肩膀为戏台的戏，意译成普通话就是"肩膀戏"了。

"肩膀戏"是活动的广场文化，它不需事先搭台，也没有戏台的朝向。四围的

驮古事（郑树龙 摄）

观众都可以观看，不存在背向问题，都可一览无余，"肩膀戏"也是放大了的高跷，观众即使在远处，小演员也不会被前面的观众遮住，照样在高高的灯下演戏。

"肩膀戏"演绎的剧目有《孙悟空三打白骨精》和《三国演义》等民间故事，每台戏都有18组演员，再配上鼓乐队，和备用的替换大演员，队伍有一定的规模，非常热闹。

"肩膀戏"的角色不多，只能演些生活小戏，由于它是由小演员和成年人配合表演的一种艺术，很难表现人物众多、排场繁杂的大戏和武戏，这就给它继续提高和发展带来局限，这种戏曲形式只活动于咸村镇几个乡村，其他地方很少流传，剧目也不多。

打击乐有硬鼓、大锣、小锣、大钹、二钹、木鱼、打板等，锣鼓与京剧近似。

艺术特点：演员中的成年人必须身强力壮，全身穿白，脚蹬草鞋，肩垫白毛巾，肩托小演员，并且要熟练生旦的科步动作，和谐地配合小演员表演。小演员也有行当分工，一般分小生、小旦、小丑，号称"三小"。演出时，下身不动，只用两手和上身做各种舞蹈表演，小演员不能太大，多是些七八岁到10岁的小孩。这些小演员站在大人肩上边唱边舞，演得声情并茂。

有人好奇地问肩上的孩子："怕不怕呀，小朋友？"

"不怕！"孩子很实诚。

"为什么不怕？"

"因为我们勇敢。"

这些勇敢的小家伙都是来自村庄中的乡民的孩子，小朋友站在大人肩上有一定难度，要靠技巧。他们要有舞蹈功底，再培训站肩膀，学戏曲、现代戏等，而大人在这个过程中不仅仅需要极大的耐力和体力，还要掌握一定的技巧。保护好肩上的孩子，"肩膀戏"的最大局限就是年龄问题，这些孩子一旦长大就不能再演"肩膀戏"了。但他们一旦演过，就会把那些过程存在记忆中，经常回味。

因为，这是多好玩的事儿啊！

黑 狮 舞

◎ 肖吉香

黑狮表演（张小英 摄）

洋中的黑狮舞源自明嘉靖年间，近代舞狮者主要是孙昌调、孙淑荣。年轻一代有孙水、孙春明、孙春茂、孙春龙等人。

流行于我国各地的狮舞，由于狮身色彩艳丽，舞蹈活泼，多用于节日喜庆场合，独咸村洋中的黑狮，浑身黑色，几十年前多用于驱邪，现用于民俗节。

洋中村坐落于桃源溪冲刷形成的河谷地段，500多年来洋中村民沐浴着阳光，开垦着那里的土地，抚育着自己的后代，过着世外桃源的生活。村庄在群山层层环抱之中，背靠鹭峰山脉狮子山，村后水田层次分明，缓缓降至河谷地带，生成美丽村庄。洋中村民风淳朴，自然风景秀丽，婉约的古建筑及传统手工艺文化，成为桃园溪流域经济发展、社会进步的后花园。

狮子山镇守洋中村，福佑村民保平安，明景泰年间枣岭孙氏八公迁入洋中开枝繁衍。因应后门狮子山形，为展现村民的图腾信仰，在500年前村民就开始手扎布狮，点燃树枝，因为狮身是黑色的，舞狮者与喷火者相互配合，使得黑狮看起来有一种霸气、煞气，在科学不发达的时代，它的作用很神奇，连牛见了它都很害怕，被人们当作驱邪避难的利器。

黑狮表演技艺经代代相传逐步完善，2005年8月，周宁县举办建县60周年，孙淑荣带黑狮队参加表演节目。近年来村民的生活水平提高后，对精神文明活动的要求也逐年提高，洋中村舞狮队也积极参与多项民俗活动。

内行看门道。行内的人都知道舞狮比舞龙累多了，马步要稳，跳跃要准，四肢要配合得当，两个人要配合十分默契，舞动起来动作才能连贯完整，不停歇、不停变化脚步和动作。

黑狮是"文狮"，舞狮队伍最少要有13个人，且团队要比较稳定，大家有一定的基本功。在参与传统活动时，除了表演者外，还有举火把者、抛球者、拿旗者、敲锣打鼓者、后备表演者等人。所有的人配合得当，才能有强大气场，令整个场面显得很震撼，见者啧啧称奇。

通常他们都是在夜晚表演，一只狮子两名表演者包裹在狮身内，主演双手抓狮子头，副演抓布身，相互配合。舞狮以道具与人物肢体动作相结合，展现搔痒、打滚、跳跃、腾转、蹲伏等狮子的各种形态。

狮子舞动极其考验舞者也就是举狮子人的功力，舞狮者不但要有英雄气概，还要有良好的武功，马步一定要稳扎，跳跃功底讲究速度和敏捷性，功夫好跳起来能连续不断富有灵动性，又有一定高度。狮子舞动不仅手脚要用力，同时眼睛、耳朵积极配合。随着锣鼓声起，孙淑荣举着狮头一步跃上一米多高的桌面，展示"前空翻过狮子""后空翻上高桌""云里翻下梅花桩"等动作。引狮子的徒弟与狮子默契配合，除此之外他们还能展示"耍长凳""梅花桩""跳桩""隔桩跳""亮搬造型""360度拧弯""独立单桩跳""前空翻二级下桩"等高难度技巧。孙师傅平常没有活动的时候，在家里的练习也不能松懈，每天练习举杠铃、哑铃、蹲马步，基本功不能落下。他是一名心志坚定的表演者，在表演过程中，以各种招式来表现舞狮武功，非常富有阳刚之气。

孙淑荣从20岁到60岁的几十年间，曾带领着舞狮队伍到福州、宁德、柘荣等地参加各地民俗活动，也有很多人来咸村请舞狮队赴当地舞狮，演出最频繁的时间是春节期间。

20世纪70年代出场费一场是5角或1元，80年代、90年代最多一次才40元。

道具主要为铜头布身两部分。

狮头以戏曲面谱做脸谱，色彩艳丽，制造考究。眼帘、嘴都可动，眼睛非常灵动，大嘴张合有度，既威武雄壮，又憨态可掬。表演时能模仿真狮子的看、站、走、跑、跳、滚、抖毛等动作，形态逼真。狮子头制作工序繁复，清朝与民国期间，老师傅曾用泥土塑造狮子头，现在改用木制。孙淑荣先把狮子模样画出来，依样雕刻出来，然后在狮子面部画图像。面部彩绘画好后，用手电筒的头当眼睛装进木雕的眼眶里连接上电源，最后再黏上狮子毛发。

狮子的狮身每一年都要维修，彩绘重新画上，狮身的布料要暴晒。

舞狮是中国优秀的民间艺术，古时又称为"太平乐"。舞狮有南北之分，南狮又称醒狮，咸村的就叫黑狮。黑狮身是由黑色布条做的，铜头有彩布条装饰，通常两个人合作表演，一人舞头，一人舞尾。洋中黑狮被认为是驱邪避害的吉祥瑞物，每逢重大活动必有舞狮驱邪。此举长盛不衰，历代相传。

想必看过央视春晚的人都知道，中国人喜欢舞狮活动，所以只要有华人之处，必有舞狮。舞狮成为扬民族之威、立中国之魂的重要仪式，以及海外同胞认祖归宗的文化桥梁，其文化价值和影响十分深远。

关于舞狮的起源有种种版本。从汉朝开始，老百姓认为舞狮子是为国争光、吉祥的象征。于是仿造狮子，表演狮子舞，舞狮从此风靡流行。

杨炫之在《洛阳伽蓝记》中记述当时洛阳长秋寺佛像出行时有"辟邪狮子，引导其前"的话。

有个故事说的是唐明皇梦游时，在阶前出现一只五彩缤纷、阔口大鼻的独角兽，对着唐明皇却没有恶意，且在阶前滚球，姿态威武。唐明皇醒后要重睹这一现象，他要求近臣照他梦境中的瑞兽模仿出来，同时由乐部配以雄壮的锣鼓编舞娱宾。自此之后，舞狮便流入民间。唐《立部伎》中的《太平乐》也称《五方狮子舞》。唐代著名诗人白居易有诗云："假面胡人假狮子，刻木为头丝作尾。金镀眼睛银贴齿，奋迅毛衣摆双耳。"（《西凉伎》）可见唐代已有狮子舞。

唐朝的狮舞流传到了日本。日本的一幅《信西古乐图》中，就画有古代的日本奏乐舞的场面，与唐代的相似，只是规模小得多。唐代以后，舞狮子在民间广为流传。

明人张岱在《陶庵梦忆》中，介绍了浙江灯节时，大街小巷，锣鼓声声，处处有人围簇观看舞狮子的盛况。

民间流传最多的是乡民们为了庆祝驱赶年兽成功及纪念纸扎兽头的功劳，便于春节将它拿出来舞动。有的人建议把它命名为"舞狮"，因为狮是兽中之王，是勇猛的代表，吉祥的象征。人们不满足于立门墩、屋檐、石栏、印章、年画上静止的狮子艺术形象，他们要让狮子活起来，于是他们便创编了模拟狮子动作的舞蹈。

孙淑荣的表演不但让观众看到精湛的技艺和高超的难度，更重要的是让观众从中看出或悟到狮子在表演中的各种思维、各种动作的目的,把舞狮表演拟人化,赋予人的思想。

孙淑荣的狮子舞根据狮动激情配以轻、重、快、慢、急、缓鼓点步法,随鼓点节奏而改变姿态。表演狮子生气发怒时,怒目瞪眼,开口吼叫,狮头用力抖动,配马步、弓步站立步。

表演威猛的姿势时配重、快、急鼓点。气势壮,力量大,嘴眼开合有力,抖头逗威,踏步有力,战胜困难,胸有成竹。

表演惊步时配急、快、重后突停鼓点,因突然情况产生害怕受惊而狂奔或原地瞪眼开口或合嘴,狮身抖动,特别狮后腿的抖动突出、逼真,配弓步、马步等。除此之外还有不同的寻步时配轻、重、快、慢结合鼓点,眼、嘴随鼓点节奏而动。狮头左右有力转动,前伸后缩寻找结合,原地转动结合有目的地寻找;表演盼步时配轻、快、慢结合鼓点,狮伸首开眼远望,左右慢转动盼望,配以弓步、马步、上膝、坐肩等步姿。

表演探步时配轻转重转急鼓点,狮子遇险侦察,前爪或后腿由高向下,由近向远试探,也可上体前伸试探,嘴眼微开合与鼓点相配。表演烦步时配急、重的鼓点,狮头左右摆动,老是踏步或转身,眼东张西望,嘴一开一合。随鼓点一开一合,狮子一进一退,前爪或后腿一伸一缩或带一擒一纵之意,步法一般急步上后突停,继而慢慢探步上。

击打狮鼓、锣、钗伴奏,是使狮艺神态表演达最佳效果的重要组成部分,在狮艺形神逼真、套路完成与否都起重要的决定作用,突出轻、重、快、慢、急、缓、停等种类。因舞狮表演者,两人在狮被内无法商量动作步伐,故所有动作的起止大都靠锣鼓指挥节奏,往往初期学习舞狮者都会先学习锣鼓节奏,只有熟悉了舞狮锣鼓节奏之后,才能开始学习舞狮。

掌狮头和掌狮尾两人,动作配合默契多变,模仿雄狮的各种姿态,惟妙惟肖展示力与美的艺术结合,是原生态传统武术文化遗产。

第六章

民间信仰 信俗文化

宫 庙 概 览

◎ 李典义

桃源溪区域风光秀美，有着深厚的人文底蕴，神宫庙宇的发展与地方开发也紧密联系，特别是佛教的传入对地方文化经济的发展起到了推动的作用。千百年来，桃源里的一座座神宫庙宇犹如一个个璀璨的明珠熠熠生辉。

据南宋《三山志》记载，云门寺、凤山寺至今已逾1000多年，方广寺也有700多年。这些将以独立篇幅具体阐述，在此不再描述。除此之外，桃源境的每一座神宫庙宇都值得我们一一探寻与朝拜。

龟灵寺，又称腊洋寺，前有鼓峰、钟山和木鱼岗，与龟灵寺相互辉映。一条从阴山门顶倾斜直下的小溪流，如玉带缠腰从寺门蜿蜒而过，环流五弯四曲，最后从悬崖峭壁飞奔而去。寺院后山古树高耸入云，翠竹修长挺拔，随风摇曳。

据《周宁县志》记载："龟灵寺，在咸村乡坪坑村，始建于明洪武二年（1369），

慧日寺（郑树龙 摄）

民国二十七年（1938）重修。"20世纪60年代被用作腊洋林场场部办公地址，因此改名为"腊洋寺"，至今已有600多年历史。龟灵寺大雄宝殿横梁上书"大明洪武元年太祖詹显震喜捨龟灵庵田叁石叁斗未还香灯祈求子孙万代兴隆"和天王殿横梁上书"大清光绪二年岁在丙子拾月十六日卯时上樑重新鼎建"字样。清代初由占家洋詹氏族人重建，坐西向东，依山而建，为单檐歇山顶建筑，屋脊双龙戏珠，飞檐翘角。建筑面积460平方米，由"凹"字形双层厢楼、天井、大雄宝殿、观音堂组成。大雄宝殿面阔三间7.6米，进深五柱6.7米，前廊深1.7米，两侧廊宽分别为3.4米、3.7米，为穿斗抬梁式减中柱。前天井有露天石阶15级，天井南、北、东三面为双层厢楼。1984年在寺院北侧建有观音堂，寺院整体保存基本完整。

历史悠久的慧日寺坐落在虎头岩下，据《宁德县志》记载："宋开宝七年（974）僧元白结居此，东方未曙，林间有光，赤若晨曦，因名慧日。"又传元泰定间，村民为支提寺德禅师静修之所，明代废弃，遗址俗称外院。站在慧日寺前，桃源风光尽收眼底，可谓"山耸千层青翡翠，溪流九曲碧琉璃"。

1996年重建的慧日寺，依山而建，错落有致。移步山门，登上石阶，就可看到庄严的大雄宝殿，宝殿前方为十八罗汉殿，全部为木质结构。建筑采用现代雕花与彩绘技艺，金碧辉煌，气宇轩昂，兼具佛文化的肃穆和原生态的完美结合。宝殿的山岩中有一口永不干涸的龙泉，这就是寺内饮用水之源。宝殿右上方是观音殿，下方是三圣殿，内祀天、地、人三圣。还有天王殿、平鹿祖师殿等列坐其间。

宝峰寺，又称上院，是咸村桃源八景之一，位于周宁县咸村镇西面。因为在离宝峰寺西南不远处，还有一寺院叫宝林寺，两个寺院直线距离仅450米，且都是坐西向东。为了更好地识别，就习惯称上院、下院。

宝峰寺依山而建，背后是自然风化的大山岩，表面呈灰黑色，坚硬无比。大山岩的周围生长茂盛的植被，有梧桐、杉木、松树、竹子等。早课的晨钟与寺后的松涛声、竹叶声相互应和，天籁之作也。

宝峰寺占地7亩多，其中建筑面积3亩。建筑群有：寺院大门、大雄宝殿、念佛堂、客房、接待室。从建寺至今，有两次实质性的修缮，第一次在1947年，重修并扩建大雄宝殿，弥勒厅以及僧舍斋堂，此次重修主持僧是释净庭。第二次在2005年，将本寺山门外的水田改造成寺院的广场，将原本寺前的一条小溪改成暗流，并将原寺院大门改东北朝向。2012年，完成了对寺院大门的修建及寺院交通主干道的硬化，对原有的僧房进行扩建，并安装现代的网络通信设备等。每逢农历四月初八日、六月十九日，上千香客前来烧香拜佛，香火鼎盛。

凌云宫（李典义 摄）

宝林寺，位于咸村镇所在地西向，与宝坑村接壤。据《周宁县志》记载："宝林寺，在咸村镇宝坑村，始建于明万历年间，民国三十五年（1946）九月重修。"寺院坐西南向东北，建筑面积630平方米，由门楼、天井、主殿、观音堂组成，两侧有双层厢房。主殿面阔三间10.4米，进深八柱14.86米，高7.8米，穿斗抬梁式减金柱砖木结构，硬山顶。建筑布局紧凑，防范性能较好。寺内的弥勒殿是建于康熙十一年（1672）主体建筑是弥勒殿、大雄宝殿、观音阁与两边的僧舍组成。

蝉定庵，环境优美，幽冥清静，是科举时代攻读圣书的好去处。清宣统年间，紫竹村贡生陈国斌在此办过私塾。据《周宁县志》记载："蝉定庵，在玛坑乡玛坑村，始建于明代，民国五年重修。"坐落于玛坑村东山头（又称状元顶），距离玛坑村2里路，它的前身是下洋庵，位于下洋钱氏坪前。

明万历年间（1573—1619），有一姓罗人家出家当和尚，据说是中状元不仕而出家为僧。他云游至下洋钱氏坪前，见庵堂破落，庵内仅一丘尼病重卧床不起，认为此地不是久居之地，于是为其寻地重建。寻至玛坑村东山头，见山头分两脉而下延伸，如双手相抱。山上修竹茂林，郁郁葱葱，山中溢一口清泉滋养前面一垄田。面对亘绵群山主峰文丞峰，十分开阔，入此地如进天界，凡尘世俗全忘，不愧为养心修性佛地。于是就在此建庵堂，建成后未取庵名。夏日，学士郭中山旅游至此，

第六章 民间信仰 信俗文化

183

林公宫新殿（郑树龙 摄）

步入境内，四周蝉声戛然而止，因而命名"蝉定庵"。蝉定庵建成，善男信女为庵堂捐田产18处7石75斗，布袋水田块。堂每日信男善女络绎不绝，香火旺盛，十分鼎盛。至民国五（1916）年，庵堂已经破损，由玛坑汤氏宗祠董事进行重建。1990年，僧自志住持时筹资建成前座。

崇福堂，位于距玛坑乡政府所在地10公里东南部的下坑村，东邻孝悌村，西邻咸村镇，位于下坑村南侧，坐南朝北，寺院周围平坦，视野较为开阔。寺前是块约200平方米，东宽西窄呈梯形的水泥坪，坪外临溪，溪畔有一株枝繁叶茂一干四冠的千年古榕树。

崇福堂是周宁境内建筑较早的寺院之一，始建于明代，占地800多平方米。原先建在下坑村后门山岗上，坐北朝南。下坑村地处麒麟山下，一条小溪从村中穿过，把村庄分为南北两片。据村民说，原村落当时因坐北朝南，经常"火烧厝"，后来村庄房子全改坐向，到清乾隆年间，崇福堂也搬迁至现址。堂顶梁上有墨书记载"乾隆三十六年（1771）十一月鼎建"。

福寿庵，又称福寿堂。据《周宁县志》记载："福寿堂，在玛坑乡杉洋村，始建于清光绪三年（1877）。"民国二十八年（1939）修改建堂，后来由于损坏，又于2000年修缮，至今保存完好。福寿庵建在杉洋村村尾部，背倚百户人家，面迎巍峨青山，依依绿水，四周树木苍翠，环境清幽，山清水秀，风光怡人。清进士杜梅书："'抚琴顿觉溪山响，对日默观天地心'。"宋朝进士王杰书："三霄湛露，九畹光风。"体现的正是这种心旷神怡、豁然开朗之境。

除此之外，还有兴福堂、水福堂、凤池堂、白云寺等庵堂在农耕时代从不同侧面满足着人们的各种精神需求。

作为道观神宫的众厅在每个村落都起到重要的积极作用，在人力物力不足的年代，老百姓将各路神仙请到众厅，既便于供奉，又能满足村里的各种祭祀和娱乐活动。充分体现了儒、释、道的交叉融合。

众厅俗称大厅，一般坐落于村中央。梅台的众厅据族谱记载，始建于建村初期的明洪武年间（1368—1398），后几经修建，今为1987年重修。为单檐硬山顶抬梁穿斗式土木结构，马鞍形火墙包栋，屋面青瓦，墙面镶以白灰粉刷。面阔三间，4榀22柱，柱枋梁椽交错有致，斗拱榫卯连接无间。最里面坐着一排神明塑像，中间正中央是奶娘婆陈靖姑，其左是林公，其右是当境土主郑九公；东间是开基始祖高三、高四、高五；西间是保产虎、马二位将军。每尊神像后还贴有神单。两侧山墙中段的三脚架上各置一鼎，烧香火用。村中集体的、重大的事情都在此举行，如婴儿出生"做三旦"、女儿出嫁"分家计"、新娘拜奶娘等仪式。

上坂祖厅始建于明永乐年间，坐南朝北，占地面积1200平方米，建筑面积320平方米，土木结构，青砖青瓦，四榀柱梁式格局。厅前有个中天井，天井两旁建木质结构小角楼，天井底全部用小鹅卵石铺成做工精细，天井四周用长方形辉绿岩板石垫铺，屋顶泥塑"双龙戏珠"。祖厅大门上方悬挂着清光绪年间（1875—1908）由福建闽县籍武探花林培基赠立的一块木质牌匾"探花及第"。门头亭一个，明正德十五年（1520）的古石凳两条，门头亭上方悬挂着嘉庆年间赐乡科进士（举人）赠立木质牌匾，属县级文物保护单位产。

川中祖厅始建于清顺治年间（1638—1661），坐北朝南，占地面积1100多平方米，建筑面积540平方米。砖木结构，青砖青瓦，四榀柱梁式方格，上下两厅，中天井，前一大门，两旁四小门，路为"丁"字形。屋顶泥塑"双龙戏珠"和"鳄鱼吐亭"。梁壁间雕刻各种花卉鸟兽以及"二十四孝"人物图案，工艺精美壮观。这座古建筑几经磨难：清乾隆十一年（1746）十二月二十一日失火，祖厅烧成平地，一片瓦砾废墟，同时烧毁民房16座；乾隆十三年（1748）重建。民国三十六年（1947）因年久失修，椽烂瓦漏，濒临倒塌，于是第三次重修；2001年再次重修，都在原型原样基础上进行。现拓宽门前坪，增添石狮一对，增建左右凉亭两座，石柱、石凳、八角凤凰池绘画"八仙过海"图案。村中村民休闲、假日多在亭中下棋、讲书、谈经、论道。

川中延寿宫坐南朝北，占地面积560平方米，建筑面积500平方米。分上下厅，中天井，下厅门楼为楼阁式，连接古戏台，原有化妆室，两边小楼（后被糖厂占用）。上厅正中供奉"通天圣母陈靖姑"神像。是村民祈求风调雨顺、国泰民安奉祀的场所。几经兴废，屡毁屡兴，现于2007年重修后，更换新石柱，门前增添石狮一对，屋顶泥塑"双龙戏珠"和"双凤朝阳"。宫内壁画有"松鹤延年""满蛟拜塔"等各种人物图案。此外，还有木雕、花卉、鸟兽，雕梁画栋，工艺精美，规模宏伟壮观。

咸洋村也有宫观多处，现存至少6处，其中，最为著名的有槟树垅大圣宫、徐坑大圣宫、徐坑桥头大吴宫、三官宫、咸洋头宫、芝田付氏水尾宫6处。大吴宫处于徐坑桥头大枫树下，此枫树有500余年历史。每当村民杀猪时，都取下猪头办理供品到此处还愿，祈求大吴公保佑下次养猪顺利长膘。

仕坂宫始建于明正德十年（1515），坐东南朝西北，占地面积600平方米，建筑面积350平方米，分上下厅、中天井、天井，两边为小楼连戏台。上厅正中供奉"朱公明王"神像，左边供奉"通天圣母陈靖姑"神像，右边供奉魏虞二大真仙菩萨（求雨神），是村民祈求风调雨顺、国泰民安奉祀场所。几经风雨侵蚀，屡毁屡兴。新中国成立后，曾经作为集体粮仓，而后于2002年重修，屋顶泥塑"双龙戏珠"和"双凤朝阳"，宫内壁画有"松鹤延年"等各种人物图案。此外，还有各种花卉、鸟兽，雕梁画栋，工艺精美壮观。

黄七公宫坐落于岭坂第四房谢氏居住地（谢厝里），始建时间不详。清道光五年（1825）大修，2013年扩建。据江厦石桥黄氏族谱记载："黄七公即七使公，生于南宋，官至节度使，霍童石桥黄鞠公（黄氏开闽始祖）后裔，石桥中兴始祖，娶何氏为夫人，是黄鞠公后裔坚守故居的主要一支，擅长兴修水利。墓葬于岭坂下雄狮球桥边。"公规划设计了河坂头至下宅塘水渠，名河坂头汧。为感其恩德，在下坎谢厝里建造黄七公宫，宫内留有"恩泽咸源"古匾一块。

桃源观坐落于洋中村尾，依山临涧。名刹渍碑纪绩编入《全闽通邑》，考其岁月实为清道光（1827）丁酉。民国二年（1913）十月十三日重新鼎建，经历两次重修（1941年和2012年）。

福灵宫俗称"大宫"，始建于乾隆五十四年（1789），2005年重修，坐落于岭坂村南面开阔地大园坪、"琵琶倒地"附近，紧邻平麓祖师殿。

芹太坵村彭姓祖宗，在明天启五年（1625）建众厅一座，位于南山村中，坐南朝北，占地80平方米，为土结构。正面木结构为两开大门，大门前设走廊由4根柱子支撑。

大门上设回形花格7块。走进大门就是大厅，其上正中挂有一块书"其年孔硕"的牌匾，是大明天启五年(1625)彭姓建厅时由"宁德正堂知县加五级纪律"所送。因众厅太矮，1979年彭姓村民将其升高3尺，柱子用同样大的杉木接上。这里是彭姓村民祭祖等活动场所。

1984年芹太丘村民集资在村中开阔地西面建宫一座，坐西朝东，为土木结构，占地100平方米。灰墙青瓦，宫脊翘角，脊山塑有彩龙两条，左右相对。宫门楣上书"神通广大"4个大字。门上联是"王功有赫庇福利"，下联是"圣德无疆保安康"。宫内整个一大厅，厅顶四周绘各种彩色山水图案，中间设凤凰池，绘双凤彩牡丹及八仙图。厅中柱上均有对联，特别是最前端两柱上的对联别具一格，是用雕刻好的半圆形木制联挂上去的，黑底金字，上联是"祈福时常宜恭敬"，下联是"迎神此日亦诚心"。厅里供有奶娘、林公等塑像。这里是村民迎神祈福之场所。

玛坑溪边宫位于溪坪村尾，坐北朝南，始建于乾隆年间，占地面积约80平方米，为土木结构，重建于1979年9月。原址上重建的宫深58米，宽16米，为二进一天井式砖石木结构。下座结构较简单，为木架青瓦，占地较上座大，中设戏台，两边设走廊。上座建筑结构迥然有别，由6根大石柱支撑宫顶，其建筑为二层穿斗式木结构，飞檐翘角，雕梁画栋，很是壮观。厅前端两根方形石柱上刻有对联为"百代

上 院（郑树龙 摄）

英名隆典礼；万年宗社属神灵"。厅内供林公、奶娘、虎马将军等塑像。

孝悌村的奶娘宫，坐落下洋通往后孝悌路口，背靠山头岗，左有犀牛望月山，右一小山包如钹。传说，孝悌村因地质灾害，村人梦见靖姑娘娘踏雪而至，护佑众生。村人梦醒，至下洋寻找，确见雪地上靖姑的足迹，因此在此建宫。同治二年（1863），孝悌村汤无成、汤正达、何光邦等人筹资建成。民国甲申年（1944）洋尾梅田垄村汤潮友重建。宫内供奉靖姑娘娘外，还有三十六婆神、马鹿夫人等神像。宫前悬挂"灵次临水"匾额，终年香火不断。

杉洋的林公宫，位于杉洋村村尾，背倚巍峨青山，面临依依绿水，四周树木苍翠，环境清幽，风光怡人。宫后山是一片挺拔苍松，竟有五六十株之多，每株高达六七丈，虬枝苍苍，傲骨凌天，四季常绿。据说，这是目前宁德市保存最完好的成片古松树林。林公原名林亘，生于宋宁宗庆元三年（1198）。林亘高大健壮，威猛善战，带领村人除兽安民，用青草药治病救人，相传他还会斩妖除魔。后卒于宋度宗咸淳五年（1270），村民以神敬之，改原白马塔纪念之。明成化七年（1466），宋宪宗帝敕封亘公为"杉洋感应林公忠平王"，下诏杉洋谕其名。明正德八年（1514）建林公祖殿。2015年被国务院审批为国家级文保单位，为保存祖殿的完好，林公宫管委会于2020年在杉洋村口新建一座气宇轩昂的林公宫，以满足闽东几百万信众迎请林公香火的信俗活动。

"文化大革命"期间，村民把它保护存在家中，现移居大松坪宫中。故此每年宁德、福安、霞浦、寿宁、古田、周宁等地人要到林公庙请林公，而玛坑人不要请林公。

此外，桃源境的每个村落几乎都建有林公宫，每年正月都会到杉洋迎请林公，消灾祈福保四季平安，万事顺意。

总之，桃源溪流域的神宫庙宇给人们的生产生活中带来了精神上的安慰与启迪。在潜移默化中影响着人们的观念和行为，并间接地为地方做出积极贡献。

深山古刹方广寺

◎ 阮梦昕

方广寺（郑树龙 摄）

也许是一种佛缘，外出旅游时，总喜欢去寺庙走走，让思绪浸润佛的庄严慈悲。而纵观大大小小的寺庙，多在群山环抱之中，它们一样的四围山色苍翠如洗，一样的化入白云悠悠的永恒空间，一样的融入春花秋叶的时光流转，让人感受佛学与山水之间那种浑然的和谐之美。

一

在周宁县玛坑乡首章村附近的一个群山环抱、茂林修竹掩映的山坳中，有一座名闻遐迩的深山古刹——方广寺，既是悠久的佛教圣地，又是风光优美的景观休闲好去处。不同的季节，在心灵的探寻中，都能感触到它那历史脉搏的凝重与厚重。

从玛坑出发经首章村后，便转入一片墨绿葱茏的山岭，峰回路转处，在白云与苍翠间屹立着一道石质斗拱五脊单檐石雕牌坊山门，正中镌刻着"入三摩地"匾额，字体古朴，苍劲有力，肃穆而威严，这就是方广寺的山门。据相关史料记载，方广寺是平麓祖师亲手创建的，于元贞元年（1295）建立道场，至元五年（1339）扩建成寺，因诵读《大方广佛华严经》有感而得名，距今有700多年的历史，1983年被周宁县人民政府定为首批县级文物保护单位。1984年经中共宁德地委批准对外开放后，寺貌日新，四方信徒慕名而至，游人日增，渐渐成为周宁县一处瞻仰佛教文化的生态旅游胜境。

进入山门，是一个宽阔的寺前广场，前方的人工湖岛上，一尊挺拔巍峨的观音菩萨立像稳落在莲花座上，手持净瓶，眉目含慈，雍容静俨。远远望去，修竹茂林环拥着一泓碧波，在蓝天下宛若一面宝镜，山光水色，叠彩倒影，让人恍然如入仙境。

广场左侧是一座精美的三脊歇山顶牌楼式内山门，门额上镌刻的行楷体金字"方广禅寺"格外显眼。沿着整洁干净的石板路走进内山门，映入眼帘的是个椭圆形的放生池，池中央那座呈半月形的如意桥与水中的桥影相映，勾成一轮悬在空中的圆月。池中乌龟、鲤鱼成群，悠哉穿梭，怡然自得。

方广寺外景（郑树龙 摄）

二

抬眼间，阳光下黄墙黛瓦、飞阁流丹、古风仆仆的禅寺，就那么祥和地映入眼眸，它静静地隐居在这山林里，紫云缭绕，四季流转，默默参悟着人生的"八苦"。流连其中，佛歌袅袅，梵呗声宣，如入另一世界，瞬间忘尘脱俗。

佛寺以天王殿、大雄宝殿、圆通宝殿为中轴线，取三进式对称格局。殿阁依山而建，错落有致，飞檐宇脊纵横，肃穆庄严。中轴线第一进为天王殿，殿前题匾"空门第一"，大殿上悬挂着明成化间（1465—1487）刑部尚书林聪题写的"慈云广被"和"雨我公田"匾额。殿内正中供奉着弥勒塑像，左右供奉着四大天王塑像，背面供奉韦驮塑像，韦驮座下有一口长宽均为0.8米、深8米的古井，井底有一段古木，用竹竿撞击，会发出砰砰响声。据传为平麓祖师建寺时，在浙江募捐木料，利用神力由井中涌出，故称"涌木井"。

天王殿后是个鱼池，鱼池两旁的长廊与大雄宝殿相连。大雄宝殿雕梁画栋，保持着元代建筑风格，古朴大方。宝殿正厅有4根圆径达1.88米的花岗岩圆柱，中殿供奉释迦牟尼、迦叶、阿难；左殿供奉平麓祖师、如、信二尊者及伽蓝菩萨；右殿供奉地藏王菩萨及闵公、道明和达摩祖师。平麓祖师佛像前有"敕封大圣平麓祖师活佛菩萨香位"石质龙头神牌。据记载，平麓祖师为方广寺的开山祖师，于宋咸淳四年（1268）四月三日出生于今蕉城区洪口乡溪里村的农民家庭，7岁从释礼凤山寺云衲和尚为师；元贞元年（1295）八月，离凤山寺到寺址的黄氏坟地驻锡，构石作龛建立道场，至元五年（1339）扩建成方广寺。平麓祖师敬慎斋戒，刻苦静修，终成正果，于元至正元年（1341）正月初一日子时坐化，享年74岁。因其肉身不腐，徒众将其祀为佛像，并按其圆寂前的嘱咐为其"十年一更衣"。因此，世称其为"活佛""方广佛"。明成化七年（1471）刑部尚书林聪将此事表奏朝廷，次年获宪宗皇帝朱见深封为"大圣平麓祖师活佛菩萨"。后因信众日增，崇祯元年（1628）二月初八日，炉香发火致保存287年的活佛肉身与佛殿俱焚，僧众特制木雕软身佛像，藏佛骨于像中，乘坐轿龛，供人瞻奉。轿龛为木质镂花鎏金，内置座椅一张，佛冠饰簪缨绦带，佛袍为黄色布衣，外披绣金袈裟。至今每年农历四月二十三日佛诞之时，四方信众云集，为其更衣、易轿、设供。

佛殿之中香烟袅袅，烛光摇曳，不同地域、不同心性的人聚在平麓祖师佛像前，双眼微闭，双手合一，各自吐纳着求索情怀。有的甚至在大厅席地而睡欲求一梦，以获得祖师的启迪，用现代语言说，这就是梦开始的地方。常年香火的氤氲渗透，久远的积蓄沉淀，使得这里的气息难以言说。

大雄宝殿外廊有4副对联，其中一副很有深意："晨钟暮鼓惊醒迷途尘外客，经声佛号唤回苦海梦中人。"意思是让人放下该放下的一切。著名美学家朱光潜曾说："佛教以出世精神，做入世的事业。"这也是佛教与别的宗教不同之处。大雄宝殿东侧的圆通宝殿又称观音堂，正中为普陀崖塑，佛像漆金焕彩，端严而不失慈爱。置身于此，伴着佛音悠扬，心态愈加淡定祥和。寺中老僧告诉我，"阿弥陀佛"的意思是远离名闻利养，用宽容的心去生活，去处事。我想，人在世间，总有不平，总有忧烦，若都能以隐忍之心，平心静气，坐看花开花落，也就一身轻松了。

三

方广寺，这座历经700多年的古代禅寺，几经倾废，几度重修，至今仍然保存完整且规模不断扩大。全寺有山门、自在亭、佛殿、宝殿、藏经阁、钟鼓楼、墓塔等13处建筑物，面积达4166平方米。这些建筑亦颇具特色，既保持传统的飞檐画栋、黄墙红瓦，古色古香，又融进新兴的建筑工艺，采用蟠龙石柱浮雕、精致牌楼彩饰等。虽然这里多为后来改扩建的，但寺内至今还保留有大小不一的匾额和许多碑文石刻，其中《方广碑志》记述着禅寺的历史，《方广寺丹碑》《平麓祖师赞》记载着创始僧人平麓祖师的生平事迹，这些碑刻具有极高的历史文化价值。寺内还保存着清嘉庆二十（1817）年至民国十六年（1927）的匾额4块、清代寺谱4部、《乾隆大藏经》等佛经442册。逡巡于殿堂、楼阁、塔像之间，辨读着匾额、碑铭及石刻，意欲去探寻方广寺历史文化的精髓，去参悟一种生命的本源。

方广寺还具有光辉的革命历史，它地处周宁、福安、宁德三县交界的深山密林之中，山间小路四通八达，适宜革命队伍的集散。1932年，安德县游击队开始在方广寺建立活动据点；1935年2月，中共周墩凤山区委在方广寺成立；1934年至1937年，闽东红军独立师在辗转游击中，独立师领导人叶飞、叶秀藩、范式人、阮英平等经常率队驻寺指导革命活动。先辈们在这里组织、领导革命斗争，书写了闽东革命的壮丽篇章。

20世纪30年代，方广寺的僧尼不仅不遗余力地为革命队伍提供食宿方便，还积极提供情报信息。有一次叶飞同志在方广寺召开秘密军事会议时，因国民党兵突击包围，无法脱身。危急时刻，住持云灯法师急中生智，将袈裟披在叶飞身上伪装成寺僧掩护他安全脱险。叶飞在方广寺袈裟脱险的故事，在民间广为流传。那块雕刻着"周宁县重要革命纪念地之一"的石碑，仿佛一位历史老人，经历着世事的风风雨雨，述说着沧桑的历史故事。立于碑前，铺开时间的卷轴，拂去厚重的黄尘，似乎有一声低沉的呼唤在久久回荡着……

四

方广寺不仅以得天独厚的景观闻名于世，其独特的祈梦文化更是美名外扬，令人赞叹。中国的祈梦文化，历史悠久，早在《汉书·艺文志》中就有"众占非一，而梦为大，故周有其官"的说法。周代时，朝廷就设立了专门释梦、圆梦的官职。"夜夜游人问梦频"，千百年流传下来的许许多多梦验故事和传说，更给祈梦文化披上了一层神秘的面纱。

祈梦，是方广寺的一项传统活动。四方善信因事有所求或疑难未决，即向活佛请求梦示。据《周墩区志》记载"远近到寺祈梦屡著灵异……"，故寺内大雄宝殿东西两侧各有一进厢房专门设置为祈梦之所，内并排着床铺，最多时可容纳300多人。祈梦者到寺时，首先要备办香、烛、纸箔及供品，并把所求之事写入疏文，于晚课后，焚香、点烛、上供，由主持僧导引，跪在活佛座前通报疏文，并焚化纸箔，然后上床就寝等候活佛梦示。方广寺的祈梦与占梦带有浓厚的神秘色彩，无不传递着人们心灵深处的玄机奥妙。

相传在明代，有一远道而来的祈梦者，夜得一梦，梦见自己的眼睛碰到树杈上而惊醒，立即起床，求寺中住持解梦。住持听了"梦境"连连说好梦，解释说："眼睛称作'目'，树杈乃是'木'，'木'与'目'合在一起就是'相'字，你将来能成为宰相。"那祈梦者回家后发奋苦读，后来果然位居宰相之职。还有一个传说：民国初，周宁进登村张某夫妇，30多岁了还未生育。夫妇俩怀着虔诚的心到方广寺求嗣，在"祈梦房"里安睡时，梦见一个草堆里摆着两个石蛋，当即捡起，拨开草堆又发现一个石蛋，也一起捡回。后来生了两个男孩，长子名"佛蛋"，次子叫"梦应"。此后全家乐于公益事业，深得乡人好评。诸如此类的传说举不胜举，方广寺也因此声名日盛，香火日炽，周遭觐礼进香的信众从善如流，天南地北慕名而来的游客络绎不绝。

五

方广寺是一个山水、历史和佛教结合得严丝合缝的佛家胜境，在闽东乃至福建佛教界中享有崇高的地位，旅游资源也极为丰富。明代宁德知名贡生陈琯游方广禅寺时曾题七绝诗一首："禅关幽隐白云隈，法衍曹溪一派回。飘缈烟霞迷古洞，独标色相现如来。"生动描述了方广寺的清幽景象，令人遐思无限，回味无穷。

方广寺除了内、外山门、白石观音像、放生池、桥、亭以及石佛出山等人文、自然景观外，还有如佛骨塔、海会塔、涌木井、龙滚田、龙小门、莲花墓等古迹，这些古迹都不乏许多美丽的古老传说，给方广寺增添了诸多神秘色彩。这里空气清新，环境幽雅，风景秀丽，春夏山花怒放，秋冬满山红叶，自然景观得天独厚，人文景观悠久灿烂，不仅是个香火旺盛的祈梦胜地，也是人们避暑休闲的好去处。

方广寺，在700多年日出日没的交替中，默默地守候着花开花落，聆听着时光流淌的清音，张望着凡尘俗世的兴衰，消解了多少人人生的种种不幸和虚妄。这座藏风聚气的深山古刹，每一片山峦，每一个角落，都呈现着佛教信仰赋予的不凡气质。在这里，无论游人如何攒动，都是很难听到喧哗的，来这里游山玩水的人也好，祈梦祭拜佛祖的人也好，瞬间都会变得平静从容，回归本真。

人生如寄，多忧何为？大凡到寺庙的人，也许都是为了追随一个内心深处的祈盼。在现代人的意识里，佛门净地，恰是浮华嚣躁世风中的一缕清凉，能给人一种回归乡野迁徙宁静的慰藉。站在高处的山头，感受着古刹袅袅的钟声，凝视着群山浓绿怀抱中的方广寺，在冬日柔阳的披沐之下，皴染成一幅古意盎然的粉彩，散发着一种庄重的气息，恰似一片神秘而氤氲的梦。

夕阳西下，清风吹动，古刹的烟火在眼前渐渐吹散，与天上的白云融在一起，渐渐化成了心中的禅趣，慢慢平歇了心中世俗的躁动……

大山里的男神——林公信仰

◎ 陈圣寿

在闽东北的崇山峻岭之间，藏着一个神奇的山村——周宁县杉洋村。她拥有秀水佳山、地轴如盘，村民则普遍崇文尚武、好读勤耕，加之敦伦睦邻、风醇俗润，在三县交界的方圆百里中素享盛誉。

而诸多荣光里，最耀眼的当属林公信仰，近千万人对一尊男神的信仰。

跟中国几乎所有的民间信仰一样，林公信仰也遵循着从人到神的演进过程。比如被尊为海神的妈祖，原名林默，是福建莆田湄洲岛林家的第6个女儿；再比如临水夫人（或称顺天圣母等），原出生于福州仓山下渡的一个普通官宦人家。林公原名林祖亘，曾是一名流浪的少年。

迄今普遍采信的有关林祖亘生平事迹如下：

林公，原名林祖亘（或称林亘），据《林公史记》记载："林公生于云气，养于杉洋。"父母原住宁德蕉城区九都镇云气村。南宋庆元二年（1196）林祖亘出生，几年后父母相继去世。嘉定五年（1212）林祖亘漂泊乡间，来到周宁玛坑乡杉洋村，被当地詹氏兆源公收留。其间，林祖亘为民做好事，尤其平虎患、行医除瘟疫、勇斗白马怪等事迹，被传为美谈并逐渐带上神话色彩，影响不断扩大。林祖亘于宋咸淳五年（1268）十月初九逝世，享年72岁。当地百姓为了纪念他，将白马王塔改作林公塔。明成化八年（1472）二月，明宪宗朱见深敕封林祖亘为"杉洋感应林公忠平王"，下诏在杉洋村建忠平王祖殿祭祀，后人尊称林祖亘为林公，并逐渐演变成为闽东北地区的民间保护神。

以上内容是有关林公生平的简略梗概，而更细化的人生经历及事迹可以进一步分述如下。

生长在云气

林亘的父亲林珠及其兄长林玉二人原居住在长溪县西乡芹洋境溪乾头村（今属福安市溪潭镇芹洋），林珠娶吉坑村徐姓女子为妻，宋淳熙十五年（1189）迁居云气近旁的柏院。林珠不但尚武克邪，还是一位狩猎能手，收入不错，因而衣食无

请林公

忧，日子倒也过得和和美美，略感不足的是，连生三子都不幸夭折了。宋庆元二年（1196），林珠和妻子徐氏商量后把家正式迁到云气村，同年三月十六日生下林亘。林亘5岁了才会说话，可是就在那年他母亲病逝了，自此父子相依为命。到了林亘12岁那年，其父又无任何疾病征兆就去世了，林亘孤身一人被同村一陈姓乡亲收留抚养。

游历到杉洋

南宋嘉定五年（1212），林亘只身来到杉洋，被杉洋人詹兆源发现并收留。幸运的是，詹兆源并非乡间等闲人物，乃出自书香门第。詹兆源对林亘视如己出，把他先后送到詹氏私塾、书院、文昌阁等文化场所接受教育。林亘天资聪颖，不仅饱读文史诗书，又多方请教，精通药方制剂，熟悉冶炼火器，经常跟随养父在宁德、温州、闽北等地讲学行医。经历逆境洗礼，既秉承天赋，又经过各类训练与熏陶的不凡青年林亘以一系列除害行善的大作令闽东大地上的人民感动与膜拜。

除害施大德

年轻的林亘因得父亲家传，加上天生聪慧敏捷，练就一身狩猎好本领。当时杉洋附近的黄仙峰一带，山深林密，虎狼成群而居，不时出没为患乡里，村民谈虎色变。林亘仗着一身功夫，立愿誓除虎患。他选择在嘉定十一年（1218）十月的一天率众出征。正午时分，一行人浩浩荡荡跟随林亘直捣虎穴，村人看见张牙舞爪的老虎，逡巡不敢向前，林亘却是铁骨铮铮，沉着应对，连毙三虎于地，当村人将老虎抬回村中时，方圆百里来围观的人不绝于道，威镇宁德、长溪县。百姓从此皆视林亘为神人。这段打虎经历在《林公神话》书中记述十分传神："近午时分，风声作，群虎起，村人骇而夭之，唯亘公神骨铮铮，镇静自若。人虎峙视眈眈，虎性起，扑将来，似山倒；亘公臂落拳出如流星，似岩倾；人往虎迎，惊天动地，腥风血雨。亘公凭神威，连毙三虎于地。"此后，虎患渐绝。

《林公神话》中还记载着林公扶危济世的几件大事。一是发明大排铳，"淳祐元年，兽害纷起，孽害众生，野猪为害最烈，民往驱之，反受其害。亘公审时度势，发明大排铳，轰震驱之，兽闻响声，逃之夭夭。人畜安泰，农业兴旺"。此后，由于林亘造出的大排铳轰击驱逐山兽收效显著，远近村民争先仿造。自此山村人畜安泰，生产兴旺，这排铳也就是流传至今的神铳。

除了打虎除兽，林亘由于精通药理，熟悉药性，经常进入深山老林采集草药，帮助村民防治各类疾病，包括疑难杂症在林亘手上也常常药到病除，从而声名鹊起。尤其于"淳祐七年，福宁各邑瘟疫横生，人人相染而殂，遍地哀鸿。林亘精通医药之理，积善好施，设坛驱疫，指草为药，无不立效，普救众生，尊为神医"。

降服白马王

这是有关林亘后来成神的最重要也流传最广的传说。宋咸淳五年（1245），杉溪萌生妖魔怪事，林亘凭借平时练就的武功，与妖魔斗智斗勇，终于制服了白马王。除此而外，民间还传说，林亘显灵，助阵郑成功率军跨海收复台湾，惩罚赌徒、调水洗宫殿。久而久之，林亘成了正义、护民，造福一方的神明化身。

相传林公与白马王斗法，苦战一天不分胜负，决定第二天再战。当夜，林公托梦给村民：明晨村外天空有红白两只乌鸦相斗，令观者齐呐喊"红赢白输"，以威其阵。村民梦醒聚集，相议异床同梦，个个称奇。第二天晨司一过，果然天昏地暗，两只乌鸦空中红来白往，相斗惨烈。几乎同时，屏南程氏担锣，本境坎下村周氏担呔（音，陶器）路过此地，程周摇锣打呔，村民齐呼"红赢白输"，连路边杨树柳树也齐声呐喊助威，白乌鸦终于一败涂地。胜利后，林公便得道成神了，因此深得百姓敬仰，香火不断。

林公激战白马王并由此成神的过程，表面看来或许神话色彩浓厚以致令人难以想象，实则反映了当时闽东社会对生产条件和生存环境的新需求。林公信仰正式形成的起始，应源于林公和白马王的斗法故事。白马王，来自福州地区的道教神灵，《八闽通志·地理·山川·善溪》中有他的记载。闽人把他尊为祈雨的神灵，畲族信奉者普遍，逢村尾处皆建白马庙。宋时的杉洋，据詹氏族谱记载，就有少量畲族存在，确实在村尾处建有白马塔一座。相传古时杉洋村白马塔附近发生了一系列牲畜失踪的怪事。某日，村民赶猪经过白马塔，也遭遇同样的怪象，猪忽然不见了。村民祷告林公，林公化凡观察，告知猪在塔内。村民讨要不果，林公即与其斗法。在村民们的帮助下，历尽艰辛，林公终于斗败白马王，白马塔自动飞往咸村下坂山上，至今该地山上建有白马庙一座。村民为了纪念林公，遂将白马塔改作林公塔。据调查推测，宋时福建山区旱灾并不严重，负责助人祈雨的白马王遂被冷落。虎患和疾病成为民众面临的头等大事，于是把祀奉的神灵变更为林公顺理成章，只是需要一个正当的借口而已。以上斗法的故事不管来历如何，却为林公取代白马王提供了一个充足的理由，同时还将后者庙宇也直接占用，倒是省得另造新庙，这应该也是很重要的经济行为吧。久而久之，林公成了福宁府畲汉民众的保护神。

明宪宗敕封

明成化七年（1471），时任刑部尚书的宁德人林聪（夫人汤满娘系咸村梅山村人，梅山距杉洋不足30里路），在他到梅山探亲期间，亲赴杉洋，将民间流传的林公事迹写成奏疏，上报朝廷。第二年即明成化八年（1472），明宪宗朱见深颁下圣旨，敕封林亘为"杉洋感应林公忠平王"，下诏在杉洋建忠平王祖殿崇祀。明正德八年（1513），杉洋村詹氏族长詹诚斋，喜奉慕缘庙基全座，梅峰弟子汤八郎喜舍杉洋炉田四斗。在此基础上，历经3年，林公祖殿终于建成。这是一座占地面积300平方米，典型的明代建筑，清嘉庆十二年（1807）添建太子亭。几百年来，虽历经风雨侵蚀，几次重修，至今仍保持明代建筑风格。林公祖殿的建成，标志着林公信仰文化的正式形成。同时，林公信仰的神灵班底亦渐次完善起来。除助阵斗法的屏南县程氏、周宁县周氏以及杨、柳大将外，增加了林公生前结义兄弟林祖仲、林祖超、林祖卿、林文珍，完整的林公信仰神灵体系基本形成，宁德、温州、福州等地的信众也越来越多。据清代宁德等地县志记载，建设规模较大的林公宫就已经有数十处，而建设规模大小不一的林公宫在闽东地区则随处可见，仅周边畲族村供奉林公神像或神位的宫庙就达200余处。2013年林公祖殿文物管理委员会（简称林公文管会）按朝拜信众所属村落登记的记录显示，共达680余村，迄今各地所建林公分殿近千座。每年正月初五至正月十五，林公岁首祭祀活动即"请林公"时，周宁及福安区域600多个村落、近15万信众赶赴杉洋参加该崇祀活动。随着林公信仰的影响范围不断扩大，又增加了来自东南亚、我国港澳台地区及周边等地的一万多名信众到周宁林公宫进行请香、祈福。

从林聪代为上奏朝廷并得敕封开始，林公信仰由民间自发的信俗活动升级到了官府认可的层次，这是极其重要的一步。不可否认，中国的民间信仰虽然由民间自发传播而来，但与朝廷是否重视往往关系重大。如能得到皇命敕封，一时与有荣焉，且立即身价倍增风光无限。这是民间信仰发展的中国特色，陈靖姑、妈祖、林公以及其他有影响力的民间信仰都因为获得敕封而荣宠，使信众快速增长。也就是说，中国的神跟地方官一样，也离不开皇命恩典，这种现象同样是自古皇权威加天下的印证。

同时我们绕不开一个重要的题外话，林聪主动将林公事迹表奏朝廷是至关重要的一步，由此直接或间接地推动了皇帝敕封、建造林公宫祖殿、各地建设分殿，从而有力地促成了林公信仰在闽东北、闽中乃至海外广泛传播。这当然也是林公宫祖殿近年获批成为第8批全国重点文物保护单位的历史功绩。联想到周宁另一个国保文物单位——宝丰古银矿遗址也间接受益于林聪，正由于林聪积极上表要求减免银矿课税，促成了张彭八为代表的大小银王们造富传奇，极大地丰富了周宁的古银矿文化。林聪，真乃周宁文化的古代大使也！

随着林公信仰文化在后期的不断演变与丰富，特别随着"林公家范"的完美呈现，林公信仰对社会的正面教化作用日益彰显日益重要。事实上，"林公家范"的出现，不仅为林公文化注入了清晰的儒学精髓和道德情操，而且也由此摆脱了过于功利的低级趣味，使林公文化从单纯的祈愿诉求，升格为内涵更健康更丰富的精神大餐。也正由于"林公家范"对传统美德的弘扬，使林公信仰成为便于普及实操的道德推广"课件"。

以今人的视角看来，林公信仰不仅与儒学为本的传统道德观日益融合，而且与社会主义核心价值观多层面契合，是社会主义精神文明建设可资利用的重要力量，值得进行因势利导。尤其在开创周宁全域旅游的今天，林公文化正在与旅游深度融合，借助古已有之于今为盛的民俗香火节及其配套节目"请林公""诵读家范"等活动，游客将成为林公文化的粉丝，而信众则成为有信仰的游客，香火节正演变成精彩纷呈的林公文化旅游节，也自然成为周宁文化旅游越来越重要的流量接口。

千年古刹云门寺

◎ 陈圣寿

据历史传说，唐朝有个皇帝微服私访到达霍童一带，游山玩水之际十分开心。某日，发现碧空如洗的天空上，竟有美女驾五彩祥云若隐若现，渐飘渐远，终至于西北方向的大片森林后隐身不见。皇帝回京后将此"艳遇"说与近臣们听，其中笃信佛教者断定此乃非凡福地也，驾云美女是观音菩萨。在礼佛气氛浓厚的唐朝，皇帝自然宁可信其有，不可信其无，便派一位姓金的太监到此一探究竟，金太监踏遍方圆百里后发现林中有个香炉，认定这正是自己寻寻觅觅的佛缘之地。据此上报，得皇帝同意太监择此建庙，以求菩萨保佑天下太平、江山永固。

寺庙落成之日，天空中又飘来一朵祥云直入寺门，因此取名"云门禅寺"。而金太监则蒙恩准，脱俗为僧，担任首任住持。

今天的寺院已经成为一页历史，任人去驰目骋怀，浮想联翩。当我们的目光在那历经风雨的石柱上停留时，仿佛又看到了当年的香火，听到了当年的梵音，善男信女祈愿的眼神还历历在目。石槽、石磨、石门槛，笨拙而沉重，墙头的马尾草在微风中摇曳，好像在书写着云门寺的冬夏春秋。

传说中的故事颇为神秘，但现今云门寺遗留下来的早期遗物遗迹很少。据考，云门寺在明朝期间香火旺盛，由于过客和僧侣甚多，需要招聘强劳力开荒种地，保供应亦保寺产。众僧多方考量，决定雇佣罗源县畲家的蓝正元一家。万历十年（1582），蓝正元携全家迁往离云门寺600米处的山坡上建茅屋居住，以此为家，开基创业，风风雨雨数百年。我们现在所见的云门寺是在清道光七年（1827）重建的，至今有近200年。因世事沧桑，年久失修，逐渐没落。正所谓风流总被雨打风吹去，当繁华落尽，昔日香火鼎盛的云门禅寺如今只留下空寂。而云门畲村却正勃然兴起，以另一种方式将云门的辉煌延续。

当然，我们不应该满足于虚无缥缈的传说，而应该以更审慎的类似史家的态度进行考证与梳理。在留存寥寥的史迹与资料中提炼并整理出云门寺自古至今的轨迹及有关数据如下。

云门寺位于云门下村，创建于唐咸通二年（861）。历经多次修建，现存主殿为清道光七年（1827）在原址重建，寺庙坐落于山间小盆地之中，坐西北向东南，后门山为西北东南走向，南面桃源溪川流不息，面对的笔架山清晰可见，两边山势龙虎环抱。寺院占地面积900平方米，僧舍建筑面积300平方米。主殿坐西向东，面阔五间20.8米，进深七柱16.5米，高9.75米，穿斗抬梁式硬山顶土木石结构。殿内石柱为八角形对径0.5米，高有4.62米和3.44米两种，共16根，上端接着木柱，石柱上写着捐舍人的名字，每一根一般4人，有郑姓、陈姓、谢姓等，可见其当时的影响范围之广。大雄宝殿供桌上供奉一方神主，上书"佛光普照"，中间写着"云门寺伽蓝祖师灵官大帝"，两边分别写着各位如来金刚、菩萨诸佛，下方写"宝座"二字。散存有纪年款石槽4个，其中一个在口沿处铭刻"元祐甲戌五月住僧……"。北面僧舍一座，建于清道光七年（1827），宽12米，高约8米，通进深25米，穿斗式土木结构。主座正门倚石，梁眉、案板均是花岗岩，倚石两边有两个凹陷的长方用来写对联的，可惜年代久远，已被腐蚀得没有字迹了。该寺院是我县境内已知始建年最早的地面建筑，寺内遗存有大量的唐宋以来的石刻、石雕、建筑构件和生活用具，对研究我县历史、宗教、沿革具有重要的意义。

重建云门寺用银共计771两，在僧舍后天井有碑刻记载，该碑首刻有"赐进士出身授率政大夫翰林院编修，国史馆纂修加……"，因左下角残缺无下文，查《周

云门寺（李洪元 摄）

墩区志》出自清己卯年进士魏敬中先生之手。

唐代原来建造的寺庙较为矮小，布局分散，但经后世不断发展，规模渐扩，香火愈盛，尤其到了清朝道光七年（1827）时，整个云门寺在原址上大规模重建，分为上下堂、正殿，下座有中心路、门亭、门栋、池塘、书馆、走廊，正殿竖有直径60厘米，长4米和5米的八角石柱18根，上端接着木柱，有的木柱还是红木（红豆杉）做的，大雄宝殿僧舍连建，占地面积3000平方米。寺内有石槽、石脚盆、石磨、石门槛等（现留存），地下铺设石板条和三合土（黄泥、沙子、壳灰组成），寺外石板条铺路。过去封亭、千丈岩一带路未通之前，这条路是周宁到宁德的必经之路，过往行人都会在云门寺暂歇，加之许多善男信女专程来烧香拜佛，热闹非凡，盛况空前。

云门寺目前是周宁县重点文物保护单位。虽然它的兴建被赋予美丽的传说，并进一步联想到它的繁荣与皇恩浩荡息息相关，但实际上，更可能的背景应该是唐朝历代皇帝尊崇佛教形成的造寺热潮。仅就福建而言，在闽国前后时期福建的寺院总数达3000多所，周宁地域就有4所：建于唐咸通二年（861）的凤山寺、云门寺，建于后唐天成二年（927）的般若寺，另有建于开宝七年（974）的慧日寺（确切位于何处、毁于何时，目前无考）。

且同名的寺庙不少，著名的如浙江省的绍兴、萧山，湖南省的湘乡，广东省的

云门寺遗存（周许端 摄）

韶关，福建省的泉州等地所建云门寺。其中位于广东韶关乳源县慈云峰下的云门寺，建于923年，是云门宗始祖六祖慧能九传弟子文偃禅师所建。云门宗是禅宗五家七宗之一，以开山祖师云门文偃禅师（864—949）而得名。云门宗宗风陡峻，以简洁明快、不可拟议的手法破除参禅者的执着，反观自心。据徐晓望先生主编的《福建通史》介绍，云门文偃是嘉兴人，俗姓张，出家后被睦州高姓介绍到福建雪峰寺义存处学法。后来文偃云游四方，至岭南云门灵树寺，被闽籍高僧知圣大师选为法嗣。文偃在禅宗哲学上颇有发展，形成云门宗流派，对后世有很大的影响。所以由此观之，周宁云门寺极有可能是由于云门宗流派的加盟而名之。

福建在唐代300年统治期间，以地方官吏为首，掠夺良民为奴隶，称为"南口"，可以当作馈赠的礼物，也可以贩卖。《新唐书·列传》说："是时，诸道岁进阉儿，号'私白'（私自阉割），闽、岭最多，后皆任事。"乖巧的小太监"皆任事"自然有不少的积蓄，因无家眷，年老之后多返闽建寺以养终年，所以就有了"金太监"选址建寺之举，这也是福建在唐末五代寺院林立的原因之一。五代周世宗时，北方严厉约束佛教的发展，历史上又发生了灭佛事件，而南方统治者却在这一时期大力扶植佛教，在闽王王审知的鼓励下，福建民间对佛教极为狂热，积极捐助佛寺的建设。

有趣的是，云门村的后山被称为弥勒山，这或许正是自然景观的佛缘吧。山形如弥勒佛双耳垂肩，笑口微开，袒胸露乳，手扶双膝，屈腿而坐。弥勒佛在中国是大肚笑佛的形象，并因此留下了"开口常笑，笑天下可笑之人；大肚能容，容天下难容之事"和"弥勒真弥勒，分身千万亿。时时示时人，时人自不识"等名句。弥勒山的存在，佐证了云门与佛的不解之缘。

历史上曾经有一个时期，云门村与云门寺呈现出盛衰不定、此消彼长的现象，致使部分民众对云门寺的重新修缮保留一份疑虑。类似的情况也出现在川中村与凤山寺的关系上。随着时代进步，相信人们会越来越理性地看待信仰与世俗社会的相互影响。

凤山禅寺话沧桑

◎ 汤亦方

据《建寺志》及《周宁县志》记载，凤山寺始建于唐咸通二年（861），宗据师所创，位于咸村镇川中村西北。初名"资福"，宋太平兴国四年（979）改为"崇胜寺"，后因寺宇所在地山形冈峦翔舞，如凤仪之状，名曰"凤山"而改名凤山禅寺。元至元辛丑（1301）住山彬禅师重建佛殿。庚戌年（1310）庆禅师继建诸堂、别殿、楼阁廊庑、香积、寮舍等。丁酉岁（1357），乙巳年（1365）僧大用已住持3年，有志兴建，以弛担不果。洪武岁庚戌（1370），复住当山，壬子年（1372）命工鞭石造普济、鸾溪二石梁，越五年（1377）成，行者不病涉焉。殿楹木将朽，伐南山之材易之，凡一十八楹。至戊午岁（1378），殿宇壮丽一新。经元朝至明朝几任禅师住持修建，殿宇众多，且宏大壮丽，僧众达1000余人之多。《宁德县志》有载"一龟山、二凤山、三支提"，现今三大古刹唯剩支提寺，可见凤山寺当时之规模，后于清乾隆年间不幸毁于火灾。

古今墨客，历代文人，尽辞章之渲染，穷笔墨以华文。从来胜景，天命佳题。因火毁，遗今稀零，有福宁郡守李拔诗："天外飞鸾奠海疆，肯教凤顶独朝阳。等闲矗立三千丈，百鸟回头不敢翔。"另有宁德知县徐梦发题："百役经尘吏，过门一解鞍。频来无事忧，孤作有山看。留月不掩户，抬风长倚拦。马嘶催去路，吾道尚盘桓。"唯此两首，被传至今。

由于凤山寺毁于火灾，除了官方的一些史料，几乎没有多少资料留存于民间，民间所说的方广寺与凤山寺的渊源倒是方广寺有记载。方广寺记载其开山祖师——平麓祖师来自凤山寺，平麓祖师早年出家于凤山寺，凤山寺方丈见其不凡，于是给他一根芦苇秆做扁担、一只泥公鸡、一个石臼，让他在扁担断、泥公鸡叫唤、石臼落地之地建寺。平麓祖师于是寻到了玛坑乡首樟村一带的深山之中，在扁担断、泥公鸡叫、石臼落地之地开基建寺，方广寺于元至年间始建。

乾隆年间，凤山寺火毁后，一些不愿离去的僧人在原址上搭起简易的庙堂及居住场所，四处化缘善款，欲重建凤山寺。但随着乾隆皇帝后的清朝社会经济日益衰败，到晚清时内忧外患、民不聊生，凤山寺一直没能重建，且僧人生活更加困难，清末僧散寺废。

扼腕叹息！古寺火毁已然。1958年在遗址上挖出大量的刀剑和铁器，印证了凤山寺有练武武僧的传说。后遗址于1961年遭到彻底的破坏。唐朝遗留的16根石柱，及明洪武年款的八角石柱，在建造通往宁德方向的公路桥（凤洋桥）时被毁断作为桥墩石基使用。同年，寺院地面建筑全部被拆除，土地被平整为耕地、茶园，现穿山路上沿几十亩茶园皆为凤山寺遗址所在地。

古寺能遗留于世，首先是稀少零落的史料记载，史载凤山寺开基祖师宗据师于凤山寺始建同年，建造周宁县最早的木廊桥（普济桥），后圮于水。又于元至大三年（1310）僧庆禅师改建石梁桥，后遭水毁。再者实物遗留的有：僧庆禅师改建石梁桥遭水毁后，明洪武年间（1372）僧大用禅师再建石梁桥，同年上游建石拱弯溪桥。两桥堪称大桥，长30米，宽3.6米，遗留于世；还有一块厚0.3米，约5平方米的天然巨石，阴刻"泰定四年，丁卯三月吉日住山云纳造"，此石现存于新凤山寺；以及新凤山寺的石香炉，炉上刻有"凤山寺，光绪癸未年"（1883），佐证了凤山寺一直到清末才真正僧散寺废。

乾隆年间火毁后的凤山寺一直没有重建，直到释戒明禅师在川中南部靠近梅山村的山崖巨岩下开始重建。她发动俗家家族人员出资，再历经千辛万苦，化十方善众之善款，逐步买下1000亩荒山地。为了开路肇基，她身体力行，靠用一肩一挑的方式开拓这些荒山地。重建后的凤山寺在2019年时又遭自然火患，部分殿宇及山门被毁。火患后，释戒明禅师再次依托俗家家族人员筹措善款，及十方善众善款逐步

凤山寺（李洪元 摄）

修缮，才有如今看到的宏伟庄严肃穆的凤山禅寺的崭新面貌。

不得不感叹释戒明禅师真正虔心向佛，她以一个女性坚强的意志，用柔弱的肩膀担起凤山寺40余年的重建事业，特别是20世纪80年代初，改革开放才开始，社会经济极其贫弱的情况下重建凤山寺，是何等的困难，又是何等的情怀。

新凤山寺环境优美，巨岩下为凤山寺，巨岩上方为道观，岩顶矗立引凤亭，整体望去，佛国仙境浑然合一，释道和谐，赞叹不已，于是乎，抒胸臆写下《凤山寺记》：

癸卯年暮春，余回梓里。闻凤山禅寺已重建，甚为诧异，参访新寺，作文以记之。

观凤山新寺，梅岭屈膝为台。左龙右虎，前景后佛。一侧磨刀石，引虎将关羽守护；另侧山余脉，恰苍龙祥集徐来。衔远山，蕃播福惠，普照天域；倚奇石，天成弥勒，地涌莲台。波光潋滟，正觉般若何在；谷壑幽深，阿逸多佛悠哉。

天下之异，盖此处为尤。驾长车，辞行舟。纵眼览阔，川岳尽收，孤风神气，甫畅心修。好山万皱，有谁赏悦；斜阳一拈，引众注眸。持风送目，穷绝瞋眸。松云抱、烟霞绕、畲歌引、云门游。云烟百里，欲锁云中燕；峰峦十里，竞皆方外丘。鲤峰听禅静天籁；风涌梵音托云浮。长空漫漫，山色黝黝。如若月夜，邀明月、对金樽。遥溪畔，水嫌束缚，斡旋千山脚；壑怀仁智，融汇两溪流。

望后山道观，守一身清凉，与山川河岳论玄黄。天光云锦，楼阁金装。骚人雅客，揽翠疏狂。有仙鹤之潇洒，潜鱼之徜徉。久悟禅机，皆为松声竹韵；慈恩慧业，当应固根谦良。宏开大道，瑞霭飞扬。纵阴阳之谋绝，挽天地之苍茫。豪华惯看，盛景弘长，为吾浩叹。

嗟夫！省半生碌碌，子虚无为。荒芜德业志，惭愧稻粱仓。风动钟响，神契思量。万象归真境，一心即祖禅。莫问浮生事，浮生梦黄粱。荣不眷春盛，哀不怨秋黄。沐风迤飏，浅悟云尔：

禅心风动已无我，世路波翻且顺他。
尘事尽抛如释负，挈云作驾向天涯。

第七章

工艺荟萃　物产丰饶

能工竞秀　良才辈出

◎ 李典义

桃源溪流域深厚的人文底蕴孕育着一代代走村串户的手艺人。他们是木匠、烹饪、演戏等等,他们大多是祖辈代代相传土生土长的手艺人,他们用娴熟的手艺扮靓了乡村,也丰富了人们的精神世界。

岭坂厨师美名扬

说起岭坂厨师,咸村八境以至周宁县城有许多人都会竖起大拇指。岭坂村的第一代厨师代表当数谢承派。谢承派年轻时为了养家糊口,在咸村街开炒面店。他为人忠厚,善于经营,逐渐形成自己的烹饪品牌——"承派炒面"。面食色香味俱全,用油适量,火候适中,软硬适度,咸淡适宜,上了一定年纪的咸村人,对"承派炒面"都记忆犹新。在 20 世纪七八十年代的咸村街面,享有相当高的知名度。

厨 艺

第二代岭坂厨师的代表主要有谢承宇、谢兰元、谢捷飞、谢齐春等人。谢承宇厨师虽年逾古稀，仍未封刀养老，依然活跃在咸村八境。他为人乐观开朗热情，好学善变通，乐于为事主当家谋划，菜量配料计算精准，而且谙熟民间厨技和婚丧喜庆的民间风俗，在实践中悟出了烹饪理念和烹饪技艺，逐渐形成了"承宇流派"。但凡咸村八境人办酒筵，都得提前一年半载预约。谢兰元厨师是周宁鸿运大酒楼的创始人和主厨，谢承派的长子，"承派炒面"的嫡系传承人。到鸿运大酒楼就餐的宾客，均不忘品尝"承派炒面"的风味。谢捷飞厨师是周宁宾馆的早期主厨，厨艺精湛，手法传统而老到，在第二代岭坂厨师代表中他带的徒弟是最多的。谢齐春厨师是20世纪90年代"天湘园"酒楼的创办人和主厨。

第三代岭坂厨师人数众多，据不完全统计持有厨师证的已超过百人，他们中的多数均师承谢承宇、谢捷飞、谢兰元和谢齐春。第三代岭坂厨师代表主要有谢荣波、谢建松、谢修明、谢修建、谢文斌、谢星雄、谢荣果等人，活跃在周宁城关的各大酒楼、宾馆、乡镇和机关单位食堂。

岭坂厨师以其纯朴的人格，自然的烹饪理念，娴熟的烹饪技艺和独到的传承方法，赢得了老百姓的口碑，推动了烹饪服务业的发展，提高了人们的生活品质，打造了乡村名片，成就了岭坂谢家厨艺招牌。

紫竹墨斗技艺高

紫竹村能工巧匠世代相传，不仅技艺高超，而且品德优良。其中木工建筑行业首屈一指。在周围村庄还流传着"紫竹墨斗""西铭畚斗""宋家笠斗"的佳话。

"紫竹墨斗"说明了紫竹村从事木工行业的人数和技能，按照现代的说法已达到产业化和专业化水准，一个不到200户的小村庄，从事木工行业的竟有60多人。它与康厝西铭村的畚斗产业、宋家村的斗笠产业并列"三斗"。同时也成就了一代名人，流传不少佳话。

过去，每建一座房子，从"取料""安门梁""加马"（加马，就是做木工在建房工程中必备的木马架）到"立柱""上梁"，木匠会收到许多个红包。紫竹村第二十一世的宏金公为人仁厚，他为了防止徒弟们因红包的大小影响工作情绪。从年初开始，把一年所有的红包都原封不动地收集起来，到年终收工时才打开分给伙计，同时，也为徒弟们积攒一笔收入，好过个吉祥年。他的建筑作品现存的有杉洋林公庙前座的太子亭。他的三十四世孙华乾公，不仅会建房，还会雕刻，他设计的建筑有霞浦赤岩的林氏纪念堂，支提寺的法堂和霍童石岩寺的观音堂。华乾公长子陈增生，继承发扬了他的工艺，20世纪90年代在周宁县狮城镇创办了仿古家具坊，专门生产仿古家具和祠庙几桌。十几年来，他潜心钻研工艺事业，从一个自制自售的小作坊发展到目前拥有2000多平方米的厂房，集人工与电子机械相结合的现代仿古家具生产线，产品在国内市场畅销，年产值达1500多万元。2012年被宁德市文化广电新闻出版局定为"宁德市第一批文化产业示范基地"。

紫竹村木工领班陈氏第三十四世陈兰树公，8岁父亲就离开了他，15岁拜孝悌师傅学艺，16岁就"出艺"了（独立设计并施工），18岁开始领队从事木房建筑行业，在咸村一带"作艺"。新中国成立初期参加咸村建设队、周宁建设队、福安建设队，后因缩编回乡。他擅长民房建筑，在福安的穆阳、康厝，周宁的咸村、宁德的赤溪、霍童等乡镇及本乡颇有名气，他与同村的陈华树公（铁匠）两人并称为"紫竹两树"，他的建筑风格、团队的勤劳、淳朴的作风赢得了周围30里村民的尊敬和喜爱。

职业操守、技艺精湛是紫竹村木工团队兴旺的基础。20世纪80年代以前，人们的生活非常艰苦，建新房子的几乎都是住房紧缺的人家，真正有余钱剩米改善住房条件的极少，木工行业竞争激烈，艺人都要靠过硬的本领和高尚的职业道德和淳朴的生活作风才能开辟"路头"（从艺领地）。兰树公对伙计要求十分严格，经常教导大家要做到"饭饱菜少酒三分，艺真手勤话斯文。冬早莫贪被窝暖，夏辰莫交卯时分。马前出力慎动口，伙计酉时好沟通。寸木难求无法补，榫眼偏差实难封。师徒伙计需谨记，莫出差错损班风"（就是说，再好的东家，纵有满桌子的菜肴，木工只能吃点青菜、咸鱼等一些廉价的菜，你酒量再好也只能在晚上喝一点缓解疲劳。夏季日长，你再累也只能以轻度的工作来代替休息，早上再困也要摸着鞋子起床。白天干活讲话要注意，有什么事睡前沟通。木料加工一定要认真，锯错、凿错了就补不来了）。他一生从艺，职业操守，技艺精湛，能为东家着想，省工省料，深受人们的喜爱。先后拜他为师的有20多人，与他搭档的也有20多人，建筑房屋200多座。

"交子千金，不如教子一艺"。在20世纪六七十年代，劳力要集中参加生产队劳动，如果外出打工，必须要拿钱向生产队卖"工分"，当时打工工资每天一元，劳力每天劳动获得工分12分上下，劳力好点的13、14分，差点的10、11分，有的队里还设"先进分""奖励分"，一元只买10分。可是到年终分红，整个生产队的劳动成果折成金额与总工分相比较，10分就相当于0.3至0.5元，这种机制极大打击了艺人的积极性。但是，为了不荒废手艺，不丢失从艺领地，对得起东家的信任，尽管队里这样为难，艺人也要想方设法坚持下来。虽然这样，村里的年轻人还是愿意学这门手艺，"紫竹墨斗"与紫竹人信守"艺不负人，己不误人"这一古训是分不开的。

紫竹戏班剧目多

人们谈今论古、吟诗作赋、对山歌、讲故事，道村里的发展史、叙历史名人传说、神话故事，有些故事代代相传，用传统的文化教育后代人，起到了潜移默化的教育作用，激励和影响着陈氏后人，极大丰富了农村群众的文化生活。与此同时还组建了吹班（鼓乐队）、戏班（即为现在的周宁县牡丹花闽剧团）。周宁县牡丹花闽剧团（紫竹村闽剧团），前身为紫竹村文艺宣传队，成立于1976年，主演闽剧，也演现代剧、小品、歌舞等。文艺宣传队成立初期，演员农忙时下地耕作，农闲时组团到外地巡回演出，剧目多为现代戏，如《红灯记》《智取威虎山》《沙家浜》片段，以及《忆苦思甜》《毒赌祸》等。宣传新思想，新文化，富有现代气息的剧目，古腔唱新调，古词谱新曲，推陈出新，古为今用。

20世纪80年代初期，文艺提倡"百花齐放，百家争鸣"，当时全村就有100多人加入，组成了两个剧团，90年代整编为一个剧团，称紫竹村闽剧团，开始演古装戏。面对少经费、缺古戏服的情况下，村民凭着对传统闽戏的喜爱，自掏腰包，

社 戏

紫竹墨斗

自制戏服，自做道具设备，办艺人培训班。闽剧著名导演陈平先生早年下放玛坑乡时，曾对剧团给予辅导，执导了多部闽剧，如《十五贯》《春草闯堂》《桃花扇》等，培养和造就了一大批后起之秀，为剧团闽剧的传承和发展打下了坚实基础。

经过几十年的艰苦努力，剧团初具规模。2010年更名为周宁县牡丹花闽剧团，现有演职人员40多人，现任团长陈石良，其爱人、儿子都是剧团的中坚力量。建团40多年来，在名师的指导下，排演了30部传统剧目，较有影响的为《钗头凤》《炼印》《紫云钗》《荔枝换降头》《天下财王》等，有效地保护、传承和发展了闽剧这一非物质文化遗产。剧团常年巡回演出于福州地区的长乐、闽侯、福清、连江、闽东各地山区。

此外，还有石匠、竹匠、铁匠、地理、说书、卜卦、酿酒等行业。他们用匠心在岁月中流转几十上百年，那份善良、坚毅与细致亦在村前巷尾中回荡，化作永恒的匠人、匠心。

茶乡茶业

◎ 东 城

茶叶茶乡

在盛产高山云雾茶的周宁县，玛坑乡是名副其实的茶乡，拥有老牌茶企绿立茶业公司，年产绿茶与花茶在八闽名列前茅，并由此带动全乡种茶面积逐年扩大，其规模远超其他乡镇。而首章作为后起之秀的茶村，经过十多年创业探索，已形成从种植、采摘，到加工、销售的茶业品牌村企，走出了一条乡村振兴的茶香绿道。同时，茶旅融合的美景正在灵凤山千亩茶园及其附近变成现实。

作为茶乡，玛坑的地理与气候优势十分独特。多是山区丘陵地带，海拔高度适中（500—800米之间），使其所产茶叶既具有高山云雾茶的各种优点，又避免了高山区过于高冷造成生长缓慢、产量低下，从而获得了较为理想的综合性价比。

玛坑目前全乡茶园面积1.8万亩，人均拥有茶园面积1.3亩，现有梅占、金牡丹、福鼎大毫、金观音、小菜茶、铁观音、白芽奇兰、安吉白茶、福云六号等茶叶品种，年生产干茶10.5万担，茶产业产值1.5亿元以上。论茶园面积与茶业产值在周宁都名列前茅。

为了促进全乡茶产业更加均衡发展，玛坑乡从2021年开始将区域相邻、条件相近、产业相同的首章、灵凤山、升阳、芹太垱等4个村联合起来，成立玛坑乡茶叶专业联合社和周宁县首个党支部领办合作社联合社"联村党委"（玛坑茶产业发展联合社"联村党委"）。通过党建领航、统一产业总体规划、统一生产标准、统一过程管理、统一技术创新，推动4个村在茶产业、茶文化、茶科技等领域深度融合，以强村带动弱村，推动村级茶产业抱团发展。

联合社内设专家服务站和人才服务驿站，集聚省农科院茶叶研究所和农业农村厅专家，以及省市县下派的第一书记、乡村振兴指导员、科技特派员等资源力量，为各村提供技术支持和村庄发展指导，让人才资源发挥最大效用。对比以往单一的合作社生产经营模式，联合社模式极大提高了市场话语权、定价权和竞争力，相信将在未来展现出更强大的优势。

最早推动玛坑茶产业发展的是福建省周宁县绿立茶业开发有限公司。绿立公司是周宁茶产业的龙头老大之一，拥有无公害绿色高标准茶园基地4600亩为基础，全面推广无公害茶园建设。设有标准化加工厂房及其配套工程，形成茶叶科研、种植、加工和营销产业中心。

为了保证充足的茶叶原料供应，于2009年9月16日，注册成立周宁县徐家洋有机茶专业合作社，曾荣膺"省级示范社"称号。拥有有机茶茶园基地面积1300亩，有两处厂房，即玛坑乡下洋和玛坑乡杉洋，两处厂房占地达26亩，建筑面积6600平方米，为拓展市场，转变经营模式，正在杉洋厂区扩建厂房，筹备办理自行出口。公司主要生产设备有清洁型电能滚筒杀机、揉捻机、解块抖筛机、园筛机、抖筛机、远红外提香机、风选机、包装设备、示范茶园设备等32台；生产线7条，质量检测、废弃茶灰收集利用设备2套。生产工艺：杀青、揉捻、干燥、拣剔、提香、包装等工序。

公司技术力量雄厚，拥有技术人员10人，固定员工30多人，临时性员工240多人，目前与南京林业大学竹材工程研究中心等科研院校建立科研合作关系，并签订协议。同时依托省、市茶叶科研部门的技术力量，通过推广应用新技术、新工艺，开发新产品，适时调整产品结构和茶叶深度精制加工等措施，不断提高产品的产量、质量和档次，实现生产方式由粗放型经营向集聚化经营转变。

绿立公司主要采取"公司+基地+农户"的经营管理模式，生产者、经营者与市场紧密结合。通过"专业合作社"示范，直接或间接带动周边及周边乡镇1800多户农民参与茶业开发生产及技术改进，辐射带动周边茶农茶园面积18000亩，茶农增产又增收，对推动玛坑乡成为名副其实的茶乡贡献卓著。同时，走精深加工和品牌建设的发展道路，推进周宁茶叶产业化的发展进程。绿立公司生产的"绿立牌"绿茶、红茶系列产品通过了QS质量安全体系认证，畅销各地，其中珠茶产品通过外贸出口。绿立公司及其品牌产品十几年来屡获各类荣誉，不愧是周宁茶叶行业中富有影响力的规模企业和品牌企业。

如果说绿立是玛坑乃至周宁影响力巨大的领军茶企，那么首章则不愧是跨越式发展的茶村。首章在村支书陈桂清带领下改变了传统的副业，把养母猪改成种茶。为此，陈桂清夜以继日地四处参观学习，向专家请教，苦口婆心说服村民们改行，引进优良茶品种"福云6号"，以改良茶树品质，提高茶叶产量。

功夫不负苦心人。在当选为村支书的3年时间里，陈桂清舍小家为大家，为首章倾尽了所有的心血。终于在任期届满的1996年，人们欣喜地看到首章变了，变得整洁清新，空气中曾经弥漫的骚臭早已烟消云散，淡淡的茶香飘扬在四周。触目所及，是干净的房屋和街巷，是漫坡绿意盎然的茶园，是村民们日益欢快的笑脸，是首章

梯 茶

开始生机焕发的图景。

周宁扶贫协会主管领导李林清同志于十多年前选定首章村作为推进扶贫开发和社会主义新农村建设试点村，并亲自进村挂点。扶贫协会助力茶产业的举措与陈桂清的发展思路不谋而合，经过两个5年的脱贫致富规划与拼搏，初步形成从种植、采摘、加工到销售的完整产业链。2013年，为了进一步壮大村集体经济，陈桂清再一次使用有效的"笨"办法：说服家人和其他几个股东，把原来属于个人的茶厂低价转换成村企，并利用政府部门的产业政策资助与贷款，进行厂房扩建与设备升级，使首章村拥有了半自动化的制茶厂。2014年又多方筹集资金200多万元，扩大金牡丹种植基地300多亩，新建茶叶加工厂一个，并注册茶叶商标"丹山梦缘"。同年6月，在周宁首届"官司云雾茶"杯斗茶技能大赛中，首章茶叶专业合作社选送的"丹山绿茶"力挫群雄，从20多家参赛企业中脱颖而出，获得"绿茶王"称号。

这是极其重要的一步。改革开放以后，乡、村两级集体经济的衰微多年来成为一种趋势，造成村民各自为政、低端竞争的散乱现象，并由此促成贫富差距加大，部分群众再度陷入贫穷的命运。首章村的茶厂，吸收50多户村民入股，其中贫困户的原始股本金5000元由扶贫协会资助。茶厂每年都有盈利，为村民带来分红、工资等不菲收入，同时给村财每年增加至少10万元以上盈余，形成了产业振兴、共同致富的可喜局面。

首章村于2017年全体脱贫后，村财年收入达三四十万元，人均年收入近2万元，村固定资产达500万元以上。展现在人们面前的是成排的新屋，平阔的村道，崭新的文化宫、幸福院、福利楼、生产繁忙的制茶厂、优美的风景林、景观带，微波荡漾的鱼塘倒映着美丽新农村的动人图景。

为了突破传统产业发展瓶颈，2008年，首章村两委带着茶叶种植大户多次到安溪、福安取经，回村后开办培训班，请茶技专家授课、出谋划策。次年初，村两委领办首章茶叶专业合作社，开启"党支部+合作社+农户"发展模式，鼓励农户以资金、土地入股、劳动力等方式入股，推行清洁化、规模化、集约化生产。

通过村两委领办合作社，首章村共吸纳全村58户310人入股合作经营，将村集体和群众通过股份合作紧紧扭在一起，改变群众单打独斗的生产模式，有效将村集体力量激活。截至2021年，首章村集体资产达到800多万元，村集体经济收入突破50万元，村民人均收入从2009年的不足2000元提高到2021年的20000元。

为了更好地适应市场需求，2021年，玛坑乡党委牵头组织首章、灵凤山、升阳、芹太坵等4个村，成立周宁县首个支部领办合作社的联村党委，推动4个村在茶产业、茶文化、茶科技等领域深度融合。

首章村以此为契机，开始升级改造茶叶精制加工厂，2022年4月，新厂顺利投产，同年7月，该茶厂顺利通过SC（食品生产许可）认证。至此，首章村茶产业发展进入"快车道"。在村两委的积极运作下，首章村茶叶重新进行产品包装设计，成功注册"首章"商标，村集体茶叶基地推行有机管理并成功取得第三年度有机转化认证证书，5G智慧茶园系统投入运用。同时，基地通过茶叶产品实行"一品一码"可追溯管理，与省茶叶学会签订技术服务协议，邀请制茶大师指导制茶工艺等措施，有效提高茶园及制茶的科技力量和管理水平。

首章村同时开始改造村内年久失修的茶叶初制加工厂，在原址基础上建设集智慧乡村、智慧茶园、直播间、农副产品交易展示厅、能化爱心超市、茶叶包装间、茶室为一体的茶产业交易中心配套茶叶初制加工厂，茶产业配套设施得以进一步完善，形成了从生产到包装再到销售的全链条发展，茶叶经济效益进一步提升。

支柱产业如火如荼发展的同时，首章村深入挖掘优势资源，引导村民种植山茶花、桃树、生姜、花生等多元化产业，注册"首章"地标品牌、修建游客旅游服务站、建设林中游道、重建非遗文化首章杖头木偶戏、创办农家乐和民宿、定制美丽乡村自驾旅游路线……逐渐形成"种、养、创、游"为一体的观光休闲生态旅游富民产业。

随着玛坑各村茶产业效益逐年不断提升，干部群众的思路也活络起来，看到了发展乡村旅游的机遇。

玛坑乡充分发挥万亩茶园自然优势，打造茶文化主题公园项目，并建设文化主题中心服务楼、茶园步道、摄影观光长廊、停车场、公厕、景观台等配套设施，并在万亩茶园套种樱花，吸引不少外地游客前来观光旅游。

在提升茶园"颜值"的同时，玛坑乡还以首批省三星级乡村自驾游线路、金牌旅游村建设为契机，打造芹太丘老区基点村"红色茶文化"、升阳村"观光茶文化"、灵凤山村"民俗茶文化"、首章村"禅茶文化"旅游示范路线，把文化资源、文化要素转化为旅游资源，促进茶旅、文旅融合发展。

其中，灵凤山千亩高山云雾茶示范基地称得上玛坑乃至周宁的范本。所产之茶除满足消费需习外，更大的价值还在于"眼球经济"。置身于茶园，可登临享台，沐山风，饱览无边山色；可游赏流连，用镜头发现美捕捉美；可采茶乐活，亦可闲坐品茗，无不闲适惬意。而当茶园邂逅古刹，可以美丽，也可以佛系。与观光茶园同属玛坑乡环形旅游圈的方广寺，也是经典的打卡胜地。若说千亩茶园展现的是玛坑的生态之美，那么，方广寺则是厚重的人文历史。

以"茶旅一体化"为载体，按照茶旅一体共建设、茶旅一体共营销、茶旅一体共发展的思路，推进乡村旅游与茶产业发展共同促进、良性互动，致力打造以新农村建设、茶园自然风光为核心的农业休闲旅游区。赏茶园、观古寺、品好茶，沿着玛坑乡灵凤山、首章村至方广寺一路，一条茶旅融合的旅游线路初步形成。玛坑乡数万亩茶园早已成为游客喜爱的打卡地，是目前周宁最成熟的茶旅基地。而当玛坑的万亩茶园遇上山中古寺方广寺，又多了几分禅意，茶园风光如画，云雾缭绕，寺内钟声婉转，宛如仙境。禅茶之修，为茶旅添韵。

综观玛坑茶乡，茶业筑底，茶人纷涌，茶企领军，茶村勃发，茶旅竞秀，让传统的茶香糅合在时代的机器里芬芳四溢、异彩纷呈。

百年传承，历久弥新
——"汤家工夫茶"侧记

◎ 汤细昌

工夫茶

"闻道新年入山里，蛰虫惊动春风起。天子须尝阳羡茶，百草不敢先开花。"①今年入春早，未到惊蛰，汤家山上的菜茶早就吐出黄绿色的嫩芽。川中村茶农依照旧制，每年都要举办春茶开采节仪式。今年特别隆重，因为"汤家工夫茶"被全国老字号与工匠技艺精品博览会组委会评为"老字号"品牌。

"汤家工夫茶"品牌起源于福建省鹫峰山南麓的川中村，选用当地优质品种"汤家山菜茶"，依托传统工艺的传承和创新，经过精心制作而成。

汤家山地势高，四季云雾缭绕，气候湿润，茶树氨基酸、叶绿素和水分明显增加。加上昼夜温差大，非常有利于茶树氮磷物质的代谢，加快茶树自身营养物的体内循环，促进茶树生长。汤家山土质好，多以腐质土壤为主，酸度适宜，含有丰富的有机质和矿物质，茶树生长旺盛，芽叶肥壮，内含物丰富，加工而成的茶叶当然香气高扬，滋味鲜爽。新中国成立初期就被评为"福建省茶树优质种植资源保护品种"。

据村志记载：光绪三十年年（1905），秀才膺焯汤公在自家古厝设馆教书。汤公秉承"耕读传家"祖训，除讲授"三百千""四书""五经"之外，还讲授陆羽的《茶经》，鼓励门生上山种植菜茶，并参照《茶经》与门生一同研制工夫茶，因其制作技艺独特，被称为"汤家工夫茶"。

"汤家工夫茶"品质独特，外形条索紧细匀直，叶色润泽，毫尖金黄，汤色红亮，滋味温润，香气持久，齿颊留香。"汤家工夫茶"之所以有如此独特的品质，是因为其制作过程注重传承"汤家工夫"传统工艺。

工夫茶的生产工艺当然不外乎采摘、萎凋、揉捻、发酵、干燥、精制等工序，但"汤家工夫"的传统工艺则有精到的功夫。

采摘是制作茶叶的第一步。"天赋识灵草，自然钟野姿。"[②]看似简单一片茶叶，却凝聚了大自然的灵气，也考验采茶姑娘的识茶天赋。"汤家工夫茶"第一道关就是采用优质品种"汤家山菜茶"，选择晴天采摘一芽一叶或一芽二叶，及时付制，保持鲜叶的新鲜度。

接着进行萎凋与揉捻。萎凋需要掌控适度，待叶质柔软，手捏成团，松手不易弹散，嫩梗折之不断，青草气大部分消失，略有清香，则可进入人工揉捻。揉捻是重要的工序，即塑造外形和形成内质。工夫茶要求外形"条索紧结"，内质滋味"浓厚甜醇"，均取决于揉叶的紧卷程度和细胞的破损率。以条索紧卷，茶汁充分外溢，黏附于茶条表面，用手紧握，茶汁溢而不成滴流为度。紧接着便是发酵。发酵是工夫茶加工的独特阶段，它使茶叶中的多酚类物质充分氧化，形成红茶色香味的品质特征。整个发酵过程一般维持2—3个小时，待发酵叶青草气消失，出现桂花香、果香，叶色大部呈鲜明的铜红色为适度。其中茶黄素与茶红素的含量全靠制茶师的经验掌控。

最后一道工序是干燥，也是决定品质的重要环节。"汤家工夫茶"最具特色的是竹笼炭焙干燥法。先用青竹皮制作成竹笼隔层，将发酵的茶叶均匀分撒在竹笼隔层上，选择优质无烟的木炭，将竹笼放到已烧得通亮并覆灰的炭炉上进行烘焙，适时进行翻拌。青竹皮经过木炭烘烤，发出竹子香气与茶香融合，再加上木炭的火香味，烘焙出来的茶叶，独具竹、炭、茶融合的浓郁香气，经久不衰。

经过以上工序，还仅仅是初制毛茶，还要通过抖筛、平圆筛、手拣、补火等精制工序，去除碎茶、末茶等，形成条索紧细、外形匀齐美观、净度良好的上等"汤家工夫茶"。

"汤家工夫茶"除了讲究制作工艺的功夫外，更讲究饮茶礼仪的功夫，形成独特的"汤家工夫茶"文化。茶文化不仅仅是一种礼仪形式，更是一种文化传承和人际交往方式，它体现了人们对于茶文化的尊重和热爱。"汤家工夫茶"文化除了将

梯茶晓雾

传统"茶道七境界"融入茶艺中之外，还注重茶道表演。

第一步：展布茶席，轻展茶席，整齐地摆放茶具。

第二步：温洗器具，温杯热盏，注水唤醒主泡器，并倒入公道杯中，水尽收壶，同时依次注入品茗杯中。温杯涤具，既可以温热品茗杯，利于茶汤香气的散发，又能达到清洁的目的。

第三步：取茶，手扶住茶罐，并持茶则，以旋进式手法取出茶叶。

第四步：投茶，将茶分两三次拨入盖碗中，动作舒缓流畅。

第五步：润茶，沸水温热茶身，使茶叶舒展唤醒茶性，润茶的茶汤不宜饮用。

第六步：冲泡，以回旋高冲低斟的手法，注水入盖碗中进行冲泡。

第七步：出汤分享，将主泡器中的茶汤，倒入公道杯中，公道中的茶汤，依次平均分入品茗杯中，天地之间，人人平等，茶汤面前，公道自在。

第八步：奉茶，礼敬众宾，将茶汤至真至诚地敬奉给客人，诚邀贵宾共品汤家工夫茶，感悟茶道，体会茶香，品味茶韵。

常言道："一斤工夫茶，四万茶树芽。"这四万颗茶树芽，凝聚了天地之精华、茶农之艰辛、茶师之智慧、茶道之艺术。我们将这一份精华、艰辛、智慧、艺术奉献给您：一盏润喉吻、二盏破孤闷、三盏搜枯肠、四盏发轻汗、五盏清肌骨、六盏通仙灵、七盏生清风[3]。

品罢工夫茶几盏，只羡人间不羡仙！

注：

①③［唐］卢仝：《走笔谢孟谏议寄新茶》。

②［唐］陆龟蒙：《奉和袭美茶具十咏》。

打铁札记

◎ 肖 珊

千锤百炼打铁人

  古人说人生有三苦：打铁、撑船、磨豆腐。

  撑船：船行风浪间，随时都有翻船丧命的危险；打铁：日夜在炼炉旁忍受炎热，活着就如入地狱；卖豆腐：三更睡五更起，做驴子的工作，得仅能糊口的小钱。

  打铁是一种原始的锻造工艺，因为农民的生活、农活离不开它，它盛行于农村，20世纪只要大点规模的村庄都有铁匠铺，这种工艺，虽然原始，但很实用；虽然看似简单，但并不易学。

  如今随着时代的发展，很多铁制的生活用具逐渐被许多新材质打造的用具替代。

  不过，咸村桃源溪畔的铁匠铺依然矗立在溪畔，陈建师傅几十年如一日地固守着老手艺，孜孜不倦地打造各种铁器，把上一辈的打铁技艺一直传承至今。

  陈建师傅出生于玛坑乡的紫竹村，从他太爷爷那一代开始便以打铁为副业，后传至他爷爷陈华树，父亲陈乘法，这项技艺传承到他已是第5代了。

在人们的印象中，铁匠铺里的炉子似乎日夜不息地烧着，映着屋子发光发亮，因为炉子的光亮，好像铺子里都不需安一盏电灯，如果有的话，便是很奇怪。

打铁最常见的场景是师傅和徒弟赤膊上阵，在铁砧子上，师傅抡大锤不断敲打；徒弟持小锤，"叮当叮当"敲打着铁块呼应师傅。

所谓"铁匠铺"只是一间房子，屋子正中放个大火炉，炉边架一风箱，风箱一拉，风进火炉，炉膛内火苗直蹿，火花发出"踢它踢它"的响声，铁匠师傅把裁切好的铁料埋入熊熊烈火的炭堆里，把铁料烧红。炼锻时，师傅把烧得通红的铁块用铁钳夹起来放在铁砧子上，左手夹着火红的铁块，右手举铁锤捶锻修补；站在对面的徒弟，在师傅的锤声指挥下，有次序地举锤子捶锻拉伸铁块。即使老师傅经验丰富，在捶打中也需要全神贯注，动作连贯，看铁块成型便翻转到另一面，使之能将方铁打成圆铁棒或将粗铁棍打成细长铁棍。在老铁匠的手中，坚硬的铁块变方、变圆、变扁或尖均可。

一般定型这类活儿由师傅掌主锤，使铁器角度对应，徒弟在边上补锤，打至铁料由红变暗，再重新放进炉里烧红，如此反复，最终锻成大小弯度不同的铁具，诸如锄、草耙之类的简单器具。铁砧子旁有一只大木桶，里面盛着冷水，每打几次铁，都要用钳子把铁器入水冷却，行话里叫淬火。淬火可以使其硬度增强，以后会更耐用，淬火后还要回火，就是在炉子里继续烧，烧红后放在铁砧上再敲打，或者埋入炉渣灰自然冷却，末了，再用磨刀石打磨，以求锋利。打铁虽然流程简单，其难度就在于把握不同的材料、火候与淬火的时间，一个铁匠如果没有一手过硬的淬火功夫，是难以维持生计的。此外，还需要忍耐高温，时刻小心以免被火花烫伤。

铁器成品有与传统生产方式相配套的农具，如犁、耙、锄、镐、镰等，也有部分生活用品，如菜刀、锅铲、刨刀、剪刀、火铲、火钳等，此外还有如门环、泡钉、门插等。打一件铁器不是容易之事，有的最少要一天，最多的可以是半年。

打铁不仅要技术，还要耐性，铁锤敲下的一瞬间，观者眼睛会不自觉地跳一下，然后火星子就飞了起来。出生于20世纪70年代或更早的人们小时候很少能看烟花，倒是这种铁匠铺的火星子看得多，许多人觉得看人打铁很有趣，就像现在看着电视纪录片里的大国工匠在创造一件件举世罕见的精品。

铁匠铺很热，低矮的屋顶，狭小的铺子，里面生着一只大火炉。你从门口走过都能感到热浪如潮，打铁的人在里面挥汗如雨，那汗水是真正的像下雨一样。两个铁匠头上身上的汗飞溅不休，落在烧红的铁块上会发出吱吱的声音。拉风箱的女人，一身薄衫子全贴在身上，头发如从水中初出，火光映着她的脸显出一些媚色。每次淬火后，师傅就在一旁的凳子上端起一只大茶盅，是那种碗口大的茶盅，咕噜咕噜喝水，如牛饮。

晚上小孩子一般不去铁匠铺，感觉铁匠铺有些怕人，黑黑的铺子里只有炉火，火光把所有的东西都映在墙上，有点诡异。冬天最适合去那里，看着火炉里的炭花飞溅，感觉很暖，尤其是老人，如果手上火笼里的火炭没燃烧起来，到铁匠铺里夹两块火红的炭火放在火笼里的黑炭堆中，慢慢地，没燃烧起来的黑炭就烧起来，人们管它叫"应火"，所以冬天的铁匠铺里头，人们喜欢坐在那张永远漆黑的长条木凳上，看师徒二人一点一敲，看火星子飞出，看女主人弓着腰来回不断推拉风箱。叮叮当当，呼哧呼哧，如观战一般，能够待得久。

外面有多冷，屋里的人全然不知。

红泥小火炉，能饮一杯无？白居易诗里面的红泥火炉指的是冬天里的浪漫故事，这里所说的火炉是铁匠铺里的，但它们都是向世人传达温暖的讯息和浓浓的人间烟火味的。

铁器成品当中越是小器型的越不好打造，如陈建师傅现在经常打造的一种叫做"库钱钻"的铁器，"库钱钻"底部有一排弧形圆头（即一种在粗格纸上印刻图形的刀具），单个圆头比指甲盖还小，这种铁器锻造难度很大，造型小巧，讲究空隙均匀，需精心打磨，这样才能使精致细小的图形具有立体感，它大量销往福安、宁德等地。

陈师傅很少回到凉爽的紫竹，常驻在咸村桃源溪畔给各地的农人打造茶剪、锄头、菜刀等各种农具，他所锻打的大茶剪手把设计角度贴合，农人用它剪茶枝时拿捏轻松，能起到事半功倍的效果。他的锄头锄地轻巧好使，每年秋后不断有周宁、福安、宁德等地的茶农向他预定茶剪刀、山锄。当今社会随着不锈钢产品的盛行，而铁器又容易生锈，比较沉重，很多人图携带方便或使用方便就渐渐用不锈钢代替铁器，所以铁器的打造及使用受时代市场所限，销量呈逐年下降趋势。不过，虽说铁匠是少见，铁匠铺急剧缩减，但铁器经久耐用，所以很多人还是很喜欢这种古朴的利器。

只觉得笨重无比又坚硬粗糙的铁块在师傅手下怎么那么容易就变成一把把锄头、铁钳和剪刀，师傅的手好像变魔术一般通过神奇的技巧改造这个世界，创造生活，也很快就达成乡民们的种种想往，完成人们的种种诉求，是不是有神助力？

陈师傅的曾祖父最早是在玛坑乡的紫竹村打造农具，后来带着下一辈徒弟担着风箱、铁锅四处走街串巷上门兜揽生意，落地给人打造农具，福安、宁德一带都曾去过。

只要是农人需要的铁具，陈师傅都帮人打造。陈家特别擅长打造厨房用具，如菜刀、剪刀，实践证明，经他家打造的菜刀、剪刀锋利耐用，能够使用20年或更久，所以很多人回过头来又去光顾他的铁铺子，找他打铁器。

工艺奇葩铝箔画

◎ 肖吉香

在风景优美的咸村桃源溪畔下坂村，有个以易拉罐为原材料制作精美艺术品的工艺大师——谢修文。

谢修文的作品塑造力极强，多姿多彩，栩栩如生，制作精美程度不亚于银制品。

谢修文师傅的作品以易拉罐为主要材料制作成书画作品，也称铝箔画、银贴画，由于易拉罐内壁具有金属光泽，有很强的银质感和浮雕感，因此制成的书画作品不仅立体效果特别好，而且还低碳环保。如今谢修文的铝箔画已有上千幅，分为人物、花鸟虫兽、书法、书画等系列，其中100多幅为仕女图，最大的为1米高、0.5米宽的《丹凤献瑞》。目前谢师傅也有以铜片为原材料制作的作品，铜片在色泽上金黄亮丽，看着喜庆，富有华贵的色彩，引人入胜，深受欢迎。

制作过程很复杂：首先选择易拉罐，将易拉罐裁剪成片状（将易拉罐从中间剪开，去掉头尾部不用），以片状为原材料。制作工具有：各种易拉罐、笔、尺子、复写纸，厚约3厘米的一块橡胶垫，大、中、小号剪刀、刻刀，彩色水笔、水彩或油画色、乳胶、多功能胶、砂纸、衬纸、衬布、镜框等。

第二个步骤是拓印底图，先设计出精美的图画作为底图，然后再把底图用复写纸拓印在易拉罐片的正面，因为在边外较硬，应尽可能把画面拓印在易拉罐的中间部位。

第三个步骤是耐下心来描刻，把拓印好的易拉罐片平放在橡胶垫上，用圆珠笔按复印的线条把图描刻一遍。描刻时注意力量要适中，掌握好力度，以金属版反面能辨认出线条印迹为好。

最后把描刻好的底图进行挤压、刻画成型。应根据底图的要求，需要凸起的部分，把金属片反面朝上平放在橡胶垫上，依据线条印迹，用笔、笔尖对画面进行挤压、划刻。要凹陷的部分，再用上面的方法对金属片的正面部分进行挤压、刻画，在操作过程中用力要适度、均匀，使金属表面不能有明显的挤压、划刻痕迹。力量过大会使金属表面破裂，过轻则达不到画面的立体效果，通过反复的挤压划刻和正反面的修整，才能使画面产生立体效果。成型后，还需用清洁剂对画面进行洗刷，清除

下坂铝箔画（郑树龙　摄）

掉污点，清洗到画面干净纯粹。

修剪着色起到画龙点睛的效果。先用剪刀把易拉罐片的成型画面剪下来，无法剪的部位可用刻刀雕刻，并对画面进行必要的修整。再根据底稿的设计要求，把剪下来的各部分图形用胶拼接在一起，构成一幅完整的画。接着，根据需要用颜料着色，当然能用易拉罐的本色最好。

装框时要对画面进行整体、全方位的检查、修整，使画面更加完善。之后，把衬纸（衬布）用胶平整地黏贴在镜框底板上，再把画用胶黏贴在衬纸（衬布）上，装进镜框。

谢修文师傅在精心设计铝箔画的同时，也不忘向咸村的中小学生传授铝箔画制作技巧和构图。

每周的周三，是他到咸村中心小学教学铝箔画的时间，他的授课讲究学以致用。学生带上准备好的材料也就是易拉罐到教室里，谢修文会耐心地从外观上、剪裁上讲述选材要领，然后手把手教孩子们如何打磨设计好的作品。当铝箔画作品一件件摆在课桌上，挂在宾馆、酒店、办公大楼的走廊里、墙壁上，看得人驻足观望。许多人不禁好奇，这些精美的作品是什么东西做的呢？

这几年，谢修文师傅的作品经县委、县政府的大力推广，走进宁德世界地质公园文化节，福州三坊七巷，厦门文博会，各种文博会、文化节现场，每到一地，总有人对他的作品产生浓厚的兴趣。目前，他计划将他铝箔画与"周宁有鲤"公司的包装盒相结合，设计外观精美高贵又便于收藏的盒子，使人不仅喜欢包装盒里装的东西，就连包装盒也会连带喜欢，甚至恋上它，像收藏艺术品一样收藏它。

铝箔画艺术是以铝箔为基材研发的工艺美术新画种，是新中国成立以来极少的优秀创新工艺美术项目。铝箔画艺术填补了世界工艺美术的空白，谢修文师傅近20年来潜心致力于铝箔画的研究，将个人想象与艺术融为一体，对照制作视频，他一次次尝试、摸索，用废了几百个易拉罐，还自创了称手的制作工具。铝箔画的特点在于有雕塑感、画面感、立体感，坚实的基础需扎根于民族文化的土壤以及20余年的辛勤耕耘，能够形成自己的风格到最后有着累累的成果，跟个人经年累月的探索创新脱不开关系。他的作品今已流传于多个地区，多次获得工艺美术奖项。

铝箔画是中国工艺美术的一朵奇葩，它的创作题材，不受局限；形式风格不受局限；作品尺寸大小不受局限。独到的造型技法，独家发明的着色技术是其他姐妹工艺无法做到的。小到一个草虫，大到几米的壁画，无论是风景人物，花鸟鱼虫，古典园林建筑，都能艺术地再现，完美地刻制。

重酿酒技艺

◎ 肖 珊

周宁人祭宗拜祖、婚嫁喜庆、乔迁新居、生子祝寿等节庆之事皆离不开红酒。起坛开酒,洗坛酿酒酝好事,非贵客无以举杯,开坛出酒人人乐。红是一种颜色,也是一场喜庆与欢乐;酒是一种补品,也是一份祝福与敬意。周宁女人一旦生孩子,家人便将红酒与周宁当地的土鸡一起煮食给其滋补身体,千百年来的实践证明,红酒煮土鸡有很大滋补功效。

重酿酒概括来说,就是用米酒酿出的酒。在咸村多处,年前酿重酿酒是一种传统,更是一种代代相传的乐趣和仪式,酿酒的主要过程有:

1. 备料(选米):精选本地圆头糯米,将酒缸等酿酒工具清洗,并用开水刷过消毒、晾干。

2. 淘洗(浸渍):选上等糯米,掏去杂物,清水浸泡。水层约比米层高出20厘米,时间为一天一夜左右,以米粒浸透无白心为准。

3. 上甑蒸熟(蒸煮):用大圆框筻篱将米捞起沥清白浆,沥干后投入甑内进行蒸饭。在蒸饭时火力要猛,至上大气后5分钟,揭盖向米层洒入适量清水。再蒸10分钟,饭粒膨胀发亮、松散柔软、嚼不沾齿,即已成熟,可下甑。

4. 米饭出甑后,倒在竹席上摊开冷却,待温度降至36—38℃不烫手心时方可用(否则容易酿酸酒)。

5. 拌曲装坛(落缸):将冷却后的糯米放进容量100斤的大缸,即可撒第一次泡好的红曲,再翻动一次,撒第二次红曲,并拌和均匀,加适量的山泉水。

6. 灌缸(前发酵):装坛后,静搁室内让其自然糖化发酵。

7. 发酵(后发酵):由于内部发酵,米饭及红曲会涌上水面。因此每隔2—3天,要用特制的搅酒木棒搅拌,把米饭等压下水面,并在坛盖上加盖麻布等,使其下沉而更好地发酵。经20—25天发酵,坛内会发出浓郁的酒香,酒精逐渐下沉,酒液开始澄清,说明发酵基本结束。此时可以开坛提料,装入酒箩内进行压榨,让酒糟分离。

8. 酒糟分离(压榨):压榨出来的酒通过沉淀后,装入口小肚大的酒坛内。

9. 自然澄清(澄清):经十多天后,酒坛内上层酒体清澈透明。

10. 成品（青红）：酒体自然天成，艳如血色，酒香醇厚，口味清甜。

这只是酿第一遍酒，然后再将成品酒当山泉水，重复前面的10个步骤酿制红酒。这样才能真正酿出"重酿酒"。

选曲：选酒曲也必须选同一家百年技艺的老作坊做出来的纯天然"酒曲"。

人类利用谷物通过发酵来酿造酒的历史，可追朔到公元前2000多年前的夏朝。早期的"酒"是谷物酿造酒的通称，宋元之后蒸馏酒技术的普及，随后白酒、红酒、黄酒、果酒、葡萄酒、药酒竞相出现。随着对外文化、经济交流的频繁，啤酒、白兰地、威士忌、伏特加及日本清酒在我国立足生根，我国酒苑可谓百花争艳，酒色满园。

但唯独出产于福建省周宁县咸村镇的重酿酒未见于文献的记载，能掌握这一酿造技术的群体除了周宁个别乡镇外，多为周宁咸村桃源溪流域的咸洋、洋中、下坂、川中这一峡谷地带的民众。久而久之，到了年前，酿造重酿酒不仅是传统生活的一部分，更是咸村镇民众的一个朴素情结，一种仪式和乐趣。

咸村是周宁县目前唯一的省级历史文化名镇。据考古发现，商周时期，原住民就已在此繁衍生息，明清时期已较为繁华。咸村传统民俗文化丰富，镇上有典型的新石器时代文化遗址、宋代古村落遗址、明清古民居。洋中、川中被列入中国第4批传统村落名单。

咸村镇作为拥有奇山秀水，集寺、村、古民居等诸多风景于一身的文化小镇，承载了千年的历史长河，记录了中华民族自唐宋以来文化南迁的过程。淳朴的乡镇民众，源远流长的民俗文化，呈现了一个别具一格的文化小镇，而重酿酒酿造技艺，是古镇文化的其中一个缩影。

有重酿酒古文一篇："闽东山巅有周宁，山深林密，瘴疠毒虫密布，豺狼猛兽横行，自古蛮荒之地，人不敢深入。然高山有灵流泉多德，天无绝路必留生机，闽之古越土著，幸得天授造酒法：三蒸三晒粳稻曲，香绵粘滑南糯米，甘冽清醇活泉水，厚钿陶坛醇又醇。开坛香袭人，酒出艳如血，烫盏薄雾起，入口温润醇，落腹暖如春，甘甜喉生津。酒藏中医养生道，高山粳糯补中气，冷泉中和酒烈性，性温御寒养胃津，因酿法得名重酿，取得色称为红酒。古越土著得此红酒，瘴虫猛兽皆无惧。出门一盅酒，胆壮力强博豺狼；上山一碗酒，舒筋活络飞步履；下地一杯酒，荒山筑出梯良田；睡前一壶酒，身心舒畅好入眠；酒泡当归枣，内服活血外搓瘀；杯酒炖只鸡，健母催乳胖娃娃；煲汤加勺酒，汤浓肉香鲜醇厚。至三国群雄逐鹿，中原士族如丧狗，避战乱南迁至闽，闽人无私授其酒。崇山峻岭成通途，从此八闽一家亲。"

高朱义是现在咸村传承传统酿酒工艺的传统手工艺人的典型代表，其酿酒技艺就是高氏酿酒技术的传承,其祖父辈在光绪年间成立高达成酒行,那时就开始酿酒。新中国成立后,高达成酒行被并入工商业改造,纳入后来名躁一时的咸村老酒厂经营。高朱义及其叔父高一峰亦被招录进厂并成为当时酒厂的酿造师傅,高氏酿酒技术在咸村老酒厂得以延续。高师傅退休在家后继续进行酿造生产经营至今。高朱义师傅的传统酿造工艺精湛、成熟,并善于结合现代酿造知识,积极探索总结酿酒技艺。他酿造的"鸡老酒""当归酒""药酒"是酒中精品、酒中珍品。味道上既有酒香又有药香,从价值和意义上来说,不仅仅是酒,更是一种补品、保健品。

重酿酒另一个重要的传承人是谢承德,谢氏家族在几百年前即在自己家里开始酿造重酿酒,传承到谢承德已是第七代,现在又在重酿酒的酿酒产地开发新的品种,让酒呈现更多品类,酒品更醇,酒的保存期更长久,更适应市场要求。谢承德在传承重酿酒酿造技艺方面,除了继续发扬光大重酿酒产业之外,另外,还在酒的研究领域开发新的产品。这些产品包括:开胃酒、烧酒、米酒、葡萄酒、酒精饮料、果酒、鸡尾酒、清酒、黄酒等,不仅在咸村镇开发酿酒的领地,在纯池镇还以家庭作坊的形式带动河坑村民酿酒。

重酿酒酒体颜色自然天成,艳如血色。口感香浓醇厚,味道醇和。重酿酒是咸村镇传统产业。重酿酒是红酒中的精品,具有通血脉、温肠胃、润皮肤、散湿气等功效。重酿酒中富含人体必需的氨基酸、维生素、抗氧化活性物质,能促进人体新陈代谢,提高机体免疫力。喝适量重酿酒,能降低胆固醇和高血脂,预防高血压。另外,

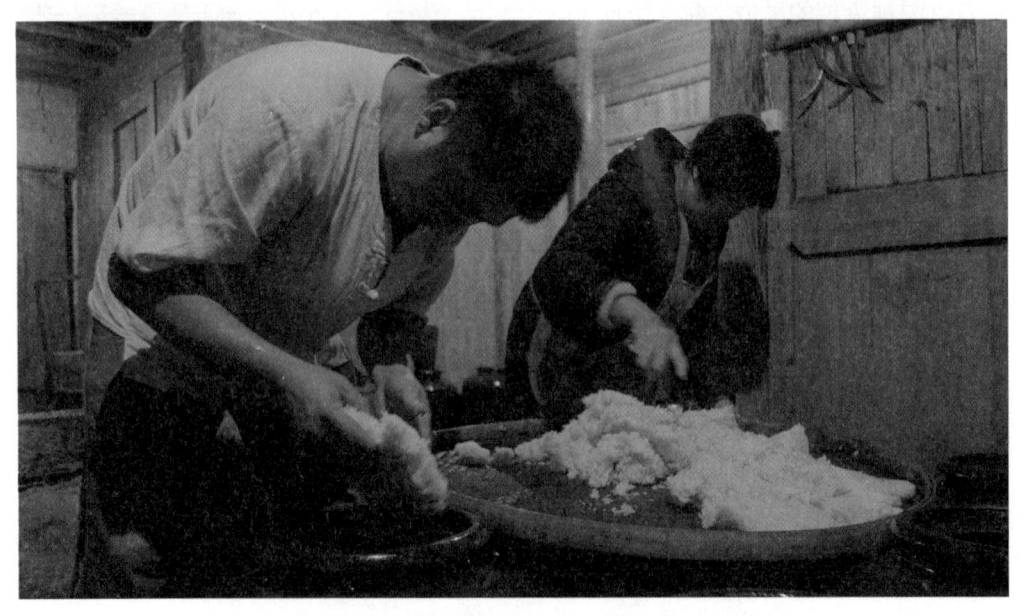

酿酒流程(叶罗彪 摄)

凉温（王建东 摄）

重酿酒可去除食品中腥味、杂味并起到增香、改善口味的作用，吃海鲜饮重酿酒最佳。

重酿酒概括来说就是用米酒酿出的酒，具有不加糖而甜，不着味而香的特点。咸村镇其历史可追溯至唐朝，咸村重酿酒，正是出自于这样的古文明村落，历史悠久，手艺都是老祖宗们一手传下来的，一整套酿造工艺从来没有变过，这种工艺加上咸村镇的水质与气候酿造出的重酿酒原汁原味、淳厚味正、清晰透明、醇香浓郁，年前酿重酿酒是一种传统，更是一种代代相传的乐趣和仪式。

咸村重酿酒的主要成分只选产于当地的圆头大米、古田县的红曲、山泉。

重酿酒最大的问题是存续问题，重酿酒属于传统手工酿造，由于产量少，季节性强，不好保存等特性，在现代市场经济冲击下，很多人无法维持生计，这些都将造成重酿酒传统手工技艺难以维续并出现断层。现阶段要得以传承、延续、发展必须要解决的问题是生产场地、配套及相应生产、储存设备等问题。有相应的贮藏场地，才能让咸村重酿酒这项传统手工技艺才能得以延续传承。

重酿酒的传承主要是靠祖辈的口口相传，一代传一代。每家又有自己的特色，但传统的工艺是一样的，都是到秋收季节后，从冬至起，用当年的新糯米来酿制独具特色的重酿酒，除了在春节喜庆场所畅饮之外，女人还可以用来坐月子。

贮藏场所一定要选在地窖里，用老坛装酒密封好，贮藏好的酒可以放上三五年。

酒的种类：咸村重酿酒当中除了重酿酒之外有鸡老酒、橄榄酒、金樱子酒、糯米香醋、日晒酱油、猕猴桃酒。包装有青瓷装、陶瓷装等系列。

（注：红曲酒酿造技艺（重酿酒）是宁德市第七批市级非遗项目）

土特撷英

◎ 东 城

桃源溪流域自古物产丰饶，除了普通的庄稼以外，出产特色作物品质上乘，美名远扬。最富盛名的莫过于宝岭花生、赤洋油茶、梅山柿子和各类花果。当然，柿子一般不纳入作物范畴，但梅山柿子原由村民种植，广义上亦可归之于特种作物之列。同理，花果之类既可单独列为种植业项目，也可以纳入特色作物队伍。

宝岭花生名扬四方

宝岭村海拔600多米，雨量充沛，日照时间较长，满山拌有沙粒的黄土，很适宜花生的生长。宝岭花生种植历史悠久，自乾隆八年（1743）先祖起基居住后至今270余年，种植花生从未间断。

宝岭花生虽然粒小，但颗粒饱满，品质好，营养价值高。村民把它制成水煮咸花生，清香甘甜可口，回味无穷，吃了还想吃，百吃不厌，吃了又不上火，且带壳卫生干净又安全。吃货们对宝岭花生情有独钟，铁定认为别处的花生决没有宝岭花生这种独特味道。

宝岭花生

从 20 世纪 90 年代开始宝岭才较大规模种植花生。2008 年成立宝岭花生种植专业合作社，并向县工商部门申请注册了商标。由于花生品质好，价格即使高点一样供不应求，所以普遍效益不错，村民们种植花生的积极性自然很高。

但受限于宝岭园地面积少，再加上荒山野岭，野猪出没，啃食破坏花生严重，致使宝岭花生产量上不去，现在每年种植不过 200 亩。所以市场上宝岭花生较贵的原因之一在于产量有限。

赤洋特产油茶苎麻

赤洋村的桂油（油茶）种植历史悠久，远近闻名。有史以来，就大量种植，至 1955 年再创新高，已达千亩，户均产桂油百斤，经穆阳、霍童销往福安、霞浦、宁德、福州等地，是赤洋村人的主要经济收入。

农耕时期，桂树是赤洋人"摇钱树"，种植于山上不占园地，常年不用施肥，无虫害，只要初秋时给予铲锄林间杂草，便四季常青，秋季开花，立冬采摘果实，加工成油，十分省钱省力。但是，生产成油的工序十分繁杂，得花很多的工时，要经过采摘、剥壳、日晒、烘焙、碾磨、笼蒸、包裹、压榨才可出油销售。

桂树全身是宝，树叶可以烧灰淋汁裹粽；桂花收集晒干，还可成为烟瘾者的烟叶替代品；果仁榨取的桂油是上等的纯天然食用油，更是止痛消肿疗伤的良药；渣饼不仅是烧压香火的上好材料，还是最好的洗发剂，取小块把它捣碎用手巾包好，放入脸盆倒进热水泡浸 5 分钟后，取水洗发，头发松软柔顺。也是很好的毒鱼剂；果壳是制作蚊香的主要材料，1975 年赤洋生产的"红旗牌"蚊香一度畅销福安、霞浦、福鼎、宁德、罗源等县。

赤洋的苎麻也声名远播。制作苎衫麻袋是赤洋妇女的绝活手艺。所采收的苎麻经过除梗去皮，留下白质纤维，晒干，妇女空闲时，经热水泡浸，软化后，破丝、捻线、搅浆、绕线、上机、纺织，织成的苎布较柔软，可染成青色做粗布衫，耐磨散热是夏天下地干活最好的工服，麻布较粗硬，把它染成红色，做成红布袋，好给女儿当嫁妆。

此外，赤洋的甘蔗、花生、柑橘、茶叶等也小有名气。

梅山柿子红透四方

如果你来到梅山随处走走，可见整个村子，举凡田间地头，房前屋后，山岭沟崖，都是柿子树的天下。

梅山柿子

梅山柿树的种植已有很久的历史，独特的地理位置和肥沃的土质，很适合柿子树的生长。由于日照充足，梅山柿子个大味甜，果鲜多汁，富含糖分和蛋白质，入脾润肠。也因此，"梅山柿"成了梅山村的名片，远近闻名。

梅山柿因其含糖量高，营养丰富，再加上梅山人的巧手加工，制成的红柿、覆柿、干柿甘润可口，非常惹人喜欢。每到深秋柿子成熟季节，也就是梅山村最热闹的季节，漫山披红挂紫，充满一派喜庆气氛。每天到梅山村购买柿子的商人络绎不绝，车水马龙。叫卖声喊价声不绝于耳，直到太阳西坠，乡村才回归于平静。有富余劳动力的家庭，将柿子加工成熟后，自己肩挑车推送到外地贩卖，比生卖可获更多的收益。

梅山村共有居民100多户，几乎家家户户都有种柿子树，全村共有柿子树1200多棵。每棵柿子树产量在500斤以上，至2000多斤，梅山村民仅每年收获柿子一项年收入即可达4万元左右，真可谓富民"摇钱树"。

缤纷花果四季飘香

因为独特的资源条件，周宁一年四季花开不断。而在海拔高度相对较低的咸村，得益于较为温暖的气候，无论自然生长或人工栽培的花果都拥有生长期较短而产量较高的明显优势。

在咸村镇吾家洋村非洲菊基地，20亩香槟色、粉色、红色等五颜六色的非洲菊，挺直腰杆绽放出最美的姿态，四季皆可采摘。周宁县绿城生态农业有限公司与广州生辉兰业有限公司投入100多万元，在咸村镇川中村建设蝴蝶兰基地，培育蝴蝶兰2年苗1万盆、年销花0.5万盆。

2019年初，云门村村主任蓝庆同在该县科技特派员的指导下，带领村民种植金丝皇菊，2019年底，实现年产值20万元，带动本村贫困户13户，每户年增收5000多元。合作社计划扩"阳光玫瑰"500亩，全面改善葡萄品质，走好精品果路线，带领更多的果农致富。

走进周宁县咸村镇启瑞源家庭农场，成串的葡萄柚挂满枝头，处处弥漫着沁人心脾的果香，让人垂涎欲滴。之所以叫葡萄柚，是因为它成熟后会像葡萄一样一串串地挂在树上。这里的葡萄柚从台湾引进，首批种植了近15亩。

得益于周宁的气候和区位优势，这里种植的葡萄柚生长周期更长，皮薄肉厚、汁水丰富、色泽鲜嫩、果肉细嫩。

启瑞源家庭农场近120亩的农场里除了种植台湾葡萄柚，还种有台湾木瓜蜜丁、富本脐橙、龙回红脐橙等十几种水果，销售渠道均为外销和进园采摘。

桃源溪流域的珍贵植物

◎ 陈贵忠

周宁县桃源溪流域海拔落差大，由 65 米上升到 800 多米，境内峰峦起伏，沟深岭峻，溪涧密布，溪谷山峰纵横交错，气候悬殊较大。得天独厚的地理条件使得境内植物种类繁多，不同海拔区域的植物种类有一定差别，如还亮草、猴耳环、芦竹、香蕉、木麻黄、柠檬桉等植物主要生长在低海拔地区。桃源溪流域内的植物被列入国家重点保护野生植物名录（第一批）（Ⅱ级以上）的有 8 种以上，按低等到高等的顺序简介如下。

角 叶 藻 苔

角叶藻苔是藻苔科藻苔属植物。植物体茎叶分化，辐射对称，密集丛生，叶不规则螺旋状生长在茎上，叶裂片圆柱形，被登记为极危（CR）保护等级。标本来自咸村镇洋中村。

金 毛 狗

金毛狗是蚌壳蕨科，属蕨类植物，根状茎粗大卧生，叶柄长达 120 厘米，叶片三回羽状分裂；孢子囊生于下部的小脉顶端，棕褐色。金毛狗的根状茎可入药，《神农本草经》记载：其味苦甘、性温，具有补肝肾、强腰膝、除风湿、壮筋骨、利尿通淋等功效，茎上的茸毛能止血。标本来自咸村镇洋中村。

罗 汉 松

罗汉松是裸子植物门、罗汉松科，属常绿针叶乔木，高达 20 米，胸径 60 厘米。枝叶稠密，叶条状披针形螺旋状互生。种子卵圆形，熟时肉质假种皮紫黑色，有白粉。花期 4—5 月，种子 8—9 月成熟。其材质细致均匀，易加工，可做家具、器具、文具及农具等用。玛坑乡方广寺内有一棵 400 多年树龄的罗汉松，生长状况良好。

红豆杉

红豆杉是裸子植物门、红豆杉科，属常绿乔木，植株高达30米，雌雄异株。叶披针形，雄球花成穗状花序，雌球花单生或成对，种子包被于肉质假种皮中。花期2—3月，果期10—11月。红豆杉秋天长出樱桃大小的红色豆形果实，因而得名。《本草纲目》对红豆杉有详细记载：红豆杉通经、利尿，对肾病、肠胃病、糖尿病、伤寒、霍乱有特殊疗效，常用于治病、养生、健体。科学家利用红豆杉提取物紫杉醇制成抗癌药物，是治疗转移性卵巢癌和乳腺癌的药物之一。红豆杉四季常青，可作为观赏植物。红豆杉是第四纪冰川遗留下来的古老树种，因其生长缓慢、发育困难而极为稀少，被称作"植物界的大熊猫"。标本来自玛坑乡紫竹村，树龄约200年。

巴戟天

巴戟天也叫鸡眼藤，是茜草科，属藤本植物，叶纸质长圆形，头状花序有花4—10朵，花冠白色，聚花核果由多花或单花发育而成，熟时红色扁球形。花期5—7月，果熟期10—11月。全株具有补肾阳、强筋骨、祛风湿的功效。用于阳痿遗精、宫冷不孕、月经不调、小腹冷痛、风湿痹痛、筋骨痿软，药用价值高。标本来自咸村镇洋中村。

红豆树

红豆树是豆科常绿或落叶乔木，高达20—30米，胸径可达1米。奇数羽状复叶，圆锥花序长15—20厘米，花疏，有香气，花冠白色或淡紫色，荚果近圆形扁平，种子近圆形，种皮红色，花期4—5月，果期10—11月。红豆树木材坚重，收缩性小，强度中等，心材深褐色，坚硬有光泽，木材组织有别致的花纹，是上等家具、工艺雕刻、特种装饰和镶嵌的珍贵用材，著名的浙江龙泉宝剑的剑柄和剑鞘即为红豆树的心材所制。咸村镇芹村村、下坂村、梅山村有红豆树，其中芹村村最大的红豆树胸径1.9米，高30多米，树龄约700年，获评"福建鄂西红豆树王"。

细柄半枫荷

细柄半枫荷是金缕梅科，属常绿乔木，高25米，叶聚生于枝顶，具多型性，因其部分叶片呈掌状，貌似枫树叶，得名"半枫荷"。头状果序近圆球形，有多数蒴果。半枫荷具有枫香属和草树属的综合性状，对研究金缕梅科系统发育有重要的

科学价值。由于其独特的叶形而具有较高的观赏性,是园林绿化观赏的优良树种。全株具有祛风除湿、活血消肿的独特功效。标本来自玛坑乡紫竹村,目前全县只发现2棵细柄半枫荷。

闽　楠

闽楠是樟科,属常绿大乔木,高达20米,胸径达2.5米,树干端直,树冠浓密,叶革质披针形,圆锥花序生于新枝中下部叶腋,果椭圆形。花期4月,果期10—11月。闽楠木材芳香耐久,淡黄色有香气,材质致密坚韧,不易反翘开裂,加工容易,削面光滑,纹理美观,为上等家具和建筑用材,见于古老的建筑中。北京十三陵有两人合抱的楠木柱,经久不腐。闽楠是工艺雕刻及造船之良材,武夷山白岩的楠木船棺,距今已有3000多年,保存基本完好。标本来自咸村镇梧桐村旧址,玛坑乡紫竹村也有分布。

目前,桃源溪流域部分国家保护植物没有得到保护,滥挖滥采现象严重。我们强烈呼吁广大群众爱护植物,特别是自觉保护珍贵稀少的植物资源。

风水林之歌

◎ 陈贵忠

风水林

　　树林会唱歌。当轻风拂过，树叶沙沙响，那是树林欢快的合唱。当急风掠过，树叶发出尖锐刺耳的鸣叫，那是树林顽强的呼号。即便没有风，鸟儿、蝉儿也会齐唱，那是树林最悦耳的歌声。庄子说："天地与我并生，而万物与我为一。"我们的祖先深谙此道，选择水源充沛、植被茂盛的山场肇基，在村落背后留下一片树林，美其名曰风水林，既能藏风又能聚水。子孙后代赓续保护风水林，风水林不负众望倾力回馈，用魁梧的身躯抵挡暴风骤雨，用粗壮的根系护卫山体，蓄下一眼清泉滋润乡里。风调雨顺，岁月如歌，山村处处鸡鸣犬吠。

　　在咸村集镇东北面 8 公里的半山腰间，原本有个张氏家族拓居的村庄——徐坑，村落的地形像一把太师椅，两泓清流环绕村前，环境清幽。徐坑村人丁兴旺，很快就发展到 70 多户 300 多人，为解决温饱，村民不断在陡峭的后山开荒种地，只留下村前和村东面的风水林。裸露的山体在雨水冲刷下出现山体滑坡隐患，村民的安危牵动人民政府，1957年省政府专门发文拨款，支持徐坑整村搬迁。

60多年过去，旧村址演替成森林，山前尽是两人合抱的枹栎，还有甜槠、米槠、枫香、猴欢喜等古树。山涧水流淙淙，把沟床的一整块大岩石硬生生地磨出一道长长的凹槽。两侧的古藤盘地而走，藤条千姿百态向四周延伸，把山涧上空编织成藤的世界，画面犹如书法家笔下狂奔不羁的草书作品，又像一群不见首尾的巨蟒嬉戏缠绕，村民说是"群龙聚会"，古藤上竟然附生着万年兰，香艳整个山谷。一棵巨大无比的枹栎20多米高，翠绿的树叶间缀满果实，粗壮的树枝长满槲蕨，伸展开的枝条挤占山谷。见过独木成林的巨榕，真没见过这么大的枹栎，自然基因的洪荒之力令人震撼。山谷两侧成簇生长的华南省藤、鸡眼藤（又名巴戟天）、芭蕉、瓜馥木、土田七等植物，将山野妆点成热带雨林。省纵三线周宁段开通后，公路从村口经过，咸村的有识之士就势而为，把这个还给野生动植物的村庄建设成静美的生态公园，成为咸村集镇的后花园。虎皮楠、黑壳楠等古树挂上树牌，山涧交汇处修建月芽形水塘，常春油麻藤爬到看不见的树梢，干枯的豆荚陈列在树干上。猴欢喜的果实爆裂开来，母体与孕育成熟的种子正式话别。星毛冠盖藤攀上木榍树，白色的花朵肆意怒放。木榍树已经把今年最美最香的芳华献给了山谷，残存的干花蓄在枝头依依不舍。"林深无人鸟相呼"，脚步声惊扰觅食的鸟儿，它们成群结队地从深密的草丛飞起。新修的游步道披着斜阳，山谷略显氤氲，枫香染上灿烂的绯红，芒草疯狂生长，柔柔的芒花铺满山腰。

这座大山的背面还有一个叫梧桐村的古村落。2007年，梧桐村得益于国家造福工程，整村搬迁到咸村集镇所在地。咸村镇咸格村前往玛坑乡的公路修通后，从咸格村新修一条公路通往梧桐村和吾凤楼村，原来交通不便的梧桐村不再闭塞。村庄虽然搬迁了，祖先留下的珍贵遗产还在，还要传承下去造福子孙后代。当然，这份藏在深山里的绿色宝藏也是绿色名片，吸引众多游客的青睐。

清康熙四十五年（1706），李墩阮家洞村的阮氏启模公迁居梧桐村，其子晋德公曾被乾隆皇帝敕封"奇民"锦旗，并赐"海国斯文地；宁阳风节家"对联。如今，古树环抱着古村，村落好像坐落在林海之中的半岛上。周宁县多数村庄种植速生型的柳杉防风固土，令人惊奇的是，这片葳蕤的绿荫之中，竟然生长着珍贵的树种，树龄都在百年以上。可以断定，这些树是阮氏先祖种下的，选择这些生长缓慢的树苗，就是为了给子孙留下一笔珍贵的宝藏，有种下梧桐树引得凤凰栖的深意。先说竹柏，竹柏是古老的孑遗裸子植物，起源于约1亿5千万年前的中生代白垩纪，被人们称为"活化石",是珍贵稀有濒危树种,古树难得一见。树林里有5棵竹柏,胸围大约180厘米,高10多米,生长良好,这在竹柏家族里算是大哥了。南方红豆杉2棵,胸围约200厘米,其价值堪比竹柏。数量最多的是闽楠,胸围约300厘米、高20多米的有10多棵。红楠、黑壳楠、大叶楠、润楠有好几棵,胸围都在200厘米以上。黄樟和雷公鹅耳枥数棵,胸围都在300厘米以上。栲、南岭栲、苦槠数棵,最大的一棵苦槠胸围380厘米,高20多米,比县林业局登记的坎下村苦槠树更大(其高27米,胸围278厘米),堪称"周宁苦槠王"。树林正中央有一棵冬青树,胸围近500厘米,高20多米,这么大冬青科植物极少见,这棵当属福建冬青王。林中还有密花山矾、杭州榆、枫香、蚊母树、松树、椤木石楠等。一户农家从山上移植了石斛、七叶一枝花、八角莲、长距虾脊兰、五加、细辛等草药,此地植物资源的丰富度可见一斑。

咸村镇洋中村的风水林是孙氏先祖在宗谱中立约保护的,面积约600亩。洋中村的后门山山体陡峭,发源自山门里的水源自古就是村民重要的饮用和农业生产水源,村后这片广袤的森林起到保持水土、涵养水源的作用,村民世世代代像保护眼睛一样珍爱这片树林,即便林中的枯枝落叶也不捡拾。林中的植物种类丰富,特别是闽粤栲的数量多,闽粤栲即是优良的生态树种,又是速生快长的商品林树种,集生态效益、社会效益和经济效益于一身。周宁县林业局在风水林建立"闽粤栲母树林采种基地",旨在更好地保护这一本土树种,扩大种植面积,充分挖掘、发挥它的价值。洋中村委打造森林公园,在风水林中修建环形游步道,与林下的孙中山纪念园相连接。风水林成为群众家门口休闲、运动的好去处,也成为学生研学的基地。

虽说周宁县的森林覆盖率达到76%,但由于之前无节制的砍伐,真正的原生林少之又少。得益于风水林,祖祖辈辈得到庇佑,还留下弥足珍贵的绿色资源。当前,在"绿水青山就是金山银山"理念指引下,人们植绿护绿、保护古树的意识增强。3年前,梧桐村口一棵闽楠被台风吹倒,有关部门花费数万元将其扶正固定。县林业局为保护古树名木资源可持续发展,投入资金对全县古树名木排查摸底,分批进行抢救复壮,并为县域内的425株古树名木购买保险,启动国家力量保护古树。许多村庄把风水林开发成森林公园,在保护的基础上充分利用森林的生态价值,为建设美丽乡村助力,为振兴乡村助力。这是风水林之歌,更是生态文明之歌。

芹村鄂西红豆树

◎ 陈贵忠

鄂西红豆树是豆科常绿或落叶乔木，高20—30米，胸径可达1米，树叶是奇数羽状复叶，花冠白色或淡紫色，旗瓣倒卵形，有香气，荚果近圆形扁平，种子近圆形或椭圆形，因种皮呈红色得名红豆树。红豆树具有材用、药用以及园林绿化价值，木材坚硬细致，纹理漂亮有光泽，心材耐腐朽，为优良的木雕工艺及高级家具用材。红豆树树姿优雅，是很好的庭园树种，其根与种子入药。红豆树自然繁殖能力和传播扩散能力较差，种群天然分布受限，多年来盗伐严重，导致现存林分布稀少，种群分布范围收缩、数量减少，正逐渐走向衰亡，已被列入《世界自然保护联盟濒危物种红色名录》、《中国生物多样性红色名录》、《中国重点保护植物》（Ⅱ级）。

周宁县最南端的行政村——芹村的村口有一座小山冈，约3亩见方的树林中相间生长着10棵数百年树龄的鄂西红豆树，最大一棵胸径1.9米，高30多米，树龄大约700年，获评"福建鄂西红豆树王"。这片树林被划定为省级重点树木保护区，这也许是福建省鄂西红豆树数量最多、树龄最长的原始林。这些树是村庄的何氏村民一代又一代用心保护的。清康熙二十九年（1690），周宁礼门村何氏先祖沿礼门—仕本—王宿—咸村—街头亭这条古道，一路踏寻到芹村，发现这一带地势平缓，一泓清水从后山款款而来，便于开垦大片良田。后山山峰酷似锦鸡，山脚下散落着巨大的岩石，形如鸡蛋，整体形似"金鸡孵蛋"。前山的树林树木葳蕤。这正是宜居之所。何氏先祖定居后以"立勤为本"为祖训，取村名勤村（因"勤"与"芹"的方言发音相近，村名演变成芹村），立约保护村前的树木，村民偶遇红豆树苗，也尽数移植到树林中。

明天启元年（1621）至光绪年间（1871—1908），宁德县在咸村街头亭设立盐仓，专营食盐业务，靠肩挑远销松溪、政和、屏南、寿宁和周宁各地，宁德霍童到咸村古道的商贸活动日益升温。街头亭海拔65米，咸村桃源溪和川中溪汇合后，经街头亭汇入霍童溪。沿霍童溪至入海处，河谷地势平坦，少有滩礁，适合木船航运。闽东地区陆路交通不便，街头亭成为宁德县得天独厚的边境集市。光绪年间街头亭村人口达200多户，盐商以谢、彭两姓为主，仅"光成号"日常仓储食盐达1000担以上。

鄂西红豆树

往来于街头亭与宁德三都、漳湾的梭船（载重1吨左右）20多艘，谢锡珍独占十多艘。肩挑客日均100多人次。俗话说近水楼台先得月，街头亭的繁荣在一定程度上带动仅一步之遥的芹村的发展，村里的茶叶、冬笋、笋干、稻谷、水果等农产品源源不断地销往外地，外面的信息也快速传递到山里。有史以来，芹村就是一个相对开放的山村。清嘉庆十二年（1807），天资聪颖、勤奋好学的村民何正辉进京赶考，荣登进士榜，嘉庆皇帝亲赐"翰林太史第"匾额。在土地革命战争时期，20多岁的何义量参加闽东红军，1937年任闽东红军某6连参谋长，追随叶飞北上山东抗日，参加了解放上海的战役。

时间追溯至清朝年间，经常到码头的芹村人必定知道红豆树的价值。风水林中的红豆树价值不菲，当地人称红豆树为银豆树，红豆树的种子是红色的，如何被叫成银豆呢？银豆就是硬通货，表明这种树很值钱。何氏先祖不为所动，一次又一次谢绝木材商贩的软磨硬泡，坚持守护风水林，这一坚持就是300多年。村口的古树林愈发茂盛。树林中最出彩的是榕树，最壮观的是鄂西红豆树。也许是水源充沛的缘故，三棵胸径1米、高近10米的榕树相互簇拥，其中一棵树干与另一棵鄂西红豆树纠缠在一起，几乎分不出你我。还有一棵名贵的黄枝润楠也来凑热闹，浓密的树冠将村口遮挡得严严实实。2013年，村委通过严苛的审批程序，出售一棵自然枯死的鄂西红豆树，砍下的树兜直径达1.5米，动用了挖掘机和起重机才把树干吊上汽车。

  盛夏时节，小广场是最清凉、最热闹的地方，树梢的蝉鸣此起彼伏一浪高过一浪，小溪的鱼儿兴奋地玩起"鲤鱼跃龙门"的游戏，收购茶青的茶农、买水果的贩子、歇工的村民聚在树荫下，吆呵声、玩笑声和着蝉鸣一句高过一句。古树抽芽岁岁新，村民致富日日勤。乡亲依托得天独厚的气候和地理优势，进一步开放搞活，扩大竹林产业，大力发展生态农业，打造鄂西红豆树王公园，利用资源优势，创建观景农业旅游景点，对接外表漂流旅游景区，推进观光农业产业化发展，有效增强千亩果园产业知名度。2022年，芹村村集体经济收入突破50万元，村庄越来越美，村民越来越富。

第八章

畲族风情　畲村风貌

畲族文化习俗

◎ 峭 哥

畲族在历史长河中创造了丰富多彩的习俗文化，以下选介其中重要的几项。

畲族"三月三"

"三月三"是畲族传统节日，又称为"乌饭节""对歌节"，其来源有两个传说。其一相传，很久以前，也许是由于年成不好或封建社会剥削过重，畲族群众没有吃的，连谷种都被山主抢走了。春播时，没有谷种的畲民急得团团转。这时，一个叫蓝天凤的青年带着几个小伙子乘黑夜盗出了山主粮仓中的谷子，分给群众连夜撒到田里。山主追查此事，为了不连累别人，蓝天凤挺身而出，被山主关进地牢。那天正是农历的三月三，天凤被打得遍体鳞伤，死去活来，还没有饭吃。乡亲们就把剩下的谷种做成饭团，探牢时带给天凤吃。但饭团却被看守给吃了。乡亲们于是想了个办法，就用乌稔叶煮米饭，黑乎乎的饭团吓住了看守，天凤这才得以活下来。到第二年三月三，蓝天凤被起义的乡亲救了出来，并推选他当义军领袖。之后，畲民们为了让后世子孙铭记这谷米来之不易，将"三月三"定为谷米的生日，成谷米节，亦称"乌饭节"。

在畲乡民间另有一个"三月三乌饭节"的故事。据传是在唐朝初期，山越（即畲族的祖先）首领雷万兴与同族人蓝奉高等起兵反抗封建统治者，斗争持续了40余年。有一年冬天，他们被唐军围困在山上，内无粮草，外无援兵，他们靠采食一种乌稔草充饥，熬过了饥饿与严寒。终于翌年三月三日冲出重围，杀退了朝廷官兵，获得了胜利。后来，畲族群众为了不忘这些农民英雄和乌稔果之功，便把三月三日作为本民族的一个传统节日。每到这一天，各家各户都要采集乌稔叶或取其榨汁同糯米一起蒸煮成乌饭祭祀祖先，然后一同品尝，对歌欢乐，以示纪念。

后来随着社会的不断发展进步，畲族人民逐渐由过去的农历三月三吃乌米饭，演变成了以踏青赏花、唱山歌、喝"山哈酒"、品尝畲乡笋包等为主要内容的节日习俗，并且在节日里还常常举办跳火把舞、竹竿舞、鱼灯舞或操石磉、赛龙舟、赶野兽等一系列热闹非凡的歌舞和竞技表演活动。

福安市是畲族最多的城市,2012年举办过福建省首届"三月三"畲族文化节暨"民族文化游园活动"。畲族历史文化展、畲家小吃、畲族银器、畲族服装服饰以及非物质文化遗产项目等丰富多彩的畲族文化展示,吸引数千民众涌向现场。宁德市民族中学的畲族姑娘们表演的"打枪担",整齐、刚劲的表演展现着畲家姑娘的青春与亮丽。"打枪担"原是畲族群众上山砍柴劳动休息时的游戏活动,经过加工提炼成为一项富有情趣的体育项目,"打枪担"曾在全国民运会上获得表演项目第一名,是该校民族体育表演的保留节目。畲族人民为茶乡建设也做出了杰出贡献,名闻全国的国家良种"福安大白茶"就是畲民的一大手笔。畲族人民不但是种植茶叶的能手,而且在社会生活中积累创造了富有特色的茶文化,"新娘茶""凤凰茶"便是畲族独特的茶俗。

如今,"三月三"已成为畲乡的品牌节庆,成为民族文化展示、文化与旅游融合的盛会。

畲 族 山 歌

畲族山歌(民歌)是畲族人民的口头文学,是畲族文化的重要部分。畲族只有语言而无文字,常借用汉字记畲语音法手抄许多歌本。旧社会畲民没有受文化教育的机会,把学歌唱歌作为一种重要文化生活。所以20世纪60年代以前,民歌普及率较高,常以歌代言,沟通感情;以歌论事,扬善惩恶;以歌传知,斗睿斗智,形成一套上山劳动、接待来客、婚丧喜事的对歌习俗。

畲族山歌7字一句,4句一首,讲究畲语押韵,不少人能即兴编唱,有的歌手对唱一两夜而不重复。唱时用夹有"哩、罗、啊、依、勒"等音的"假声"唱,平时学歌时不夹假音唱叫"平唱"。唱喜歌每个县有一种曲调,唱哀歌全民族统一一个曲调。唱歌的形式有独唱、对唱、齐唱,很少伴有动作与器乐。上山劳动,单人时往往以歌驱寂寞,远处有人听到,听出是年龄相仿的异性,就往往接上,发展成谈情说爱的对唱。山上常有人对歌,所以有人称畲乡是歌的海洋,故也有人把畲歌称为"山歌"。

农闲时,村上来了客人,村上年龄相仿的异性就活跃起来。天一黑,众歌手到客主家门口放一鞭炮,涌入中堂起歌头:"日头落山岙里黄,太(看)见阿哥(妹)娘洞(郎洞)来。阿妹(哥)冒(无)纳(物)好招待,安晡(今晚)行来打大铺(对歌)。"如果客人是歌手,会很快对上,如果客人确无歌手,则以歌骂得他回去以后非学起来不可。若客人来了,村上无人对歌,也会被人视为此村无能。找客人对歌,

云门畲歌（周华琴 摄）

村上上场唱者必须是年龄相仿的异性，客人必须是非本村出嫁者；主家如是3年丧服期内或造房竖柱时，不对歌，要对也要放别人家去对。来客对歌，主要是唱情歌，双方都未婚的，往往唱来一个终身伴侣。

来客对歌，一般对一整夜。半夜时主家烧点心招待所有在场者，唱到天亮时，要唱十二生肖歌以送歌神，结尾是"唠歌唠到天大光，送你歌神出外乡。唱条歌儿安香火，一年四季保安康"。对歌结束时，村上主要几个对歌者要集点钱作为"手信"送给客人。当然唱歌来了真感情，就不是送点"手信"了。

畲族服饰特点

畲族服饰图案大多取材于日常生活中的各种物象，如飞禽走兽、花鸟虫鱼、农舍车马、万字、云头、云勾、浮龙纹、叶纹以及传统的几何形图案等。有的用文字排列组合成图案，常用"五世其昌""三元及第""招财进宝"等吉祥语。

畲族男子一般穿着色麻布圆领，大襟短衣、长裤，冬天套没有裤腰的棉套裤。老年男子扎黑布头巾，外罩背褡。结婚礼服为青色长衫，祭祖时则穿红色长衫。畲族妇女的服装独具特色，大多是用自织的苎麻布制作，有黑色蓝色，黑色居多，衣服为右开襟，衣领、袖口、右襟多镶有彩色花边，衣服和围裙上亦绣有各种花卉、鸟兽及几何图案，五彩缤纷。一般来说，花多、边纹宽的是中青年妇女的服装。畲族少女均系一条一尺多宽的围裙，腰间还束一条宽 4 厘米，长一米余的花腰带，亦叫"合手巾带"，上面装饰有各种花纹，绣上吉祥语句，还有的是用蓝印花布制作的，别有一番风采。

畲族妇女的服装又称"凤凰装"，上衣多为黑色的大襟服，领子高 2—4 厘米，两旁开衩，一般后裾长于前裾。有趣的是衣服没有一颗扣子，只有右衽襟角缝有两条蓝色、白色或红色系带。衣领、袖口和两襟饰以红、黄、蓝、绿、黑五色花线修成的各式花边，有的花边由衣领延伸至肩部和胸口，美轮美奂。

2008 年 6 月 7 日，畲族服饰经国务院批准列入"第二批国家级非物质文化遗产名录"。2019 年 11 月 12 日，畲族服饰项目列入国家级非物质文化遗产代表性项目保护单位名单。

周宁暨闽东畲族概况

◎ 峭 哥

周宁县畲族聚居或由畲汉共居的自然村一共26个，计430户，约1900人。其中一个属于行政村，即地处咸村镇的云门村。比较纯粹的畲族自然村包括玛坑乡灵凤山行政村的半岭畲村、七步登科地行政村的东岗畲村和狮城镇所属前坪村的苎园坪、陈家山畲村。但苎园坪及陈家山畲村于1993年已整体迁入狮城兴福社区。以下是几个畲村的简况。

隶属登科地的东岗畲族村，已有200多年历史。东岗坐南朝北，聚居在一山岗平地上，东方日出，阳光直射在岗上，所以取名"东岗"。

东岗雷氏先祖由福安康厝始迁七步岩底，该地山势险峻两岸陡峭。先人过溪耕作时用锄头做柱杖，不慎流失溪水里，忖度后代子孙不好在此营生，即当机立断奔走到东岗搭草楼，垦荒山，重始艰难险阻的拓居生活，迄今逾七代近300人。

他们都是雷氏一姓子孙，按长幼有序称呼，倍加亲热，宗族内部团结。固守祖业，勤劳诚实，过着安贫乐道的生活。中华人民共和国成立后在党的民族政策感召下，畲汉亲为一家，改变了原来的闭塞状况，同汉族的各种文化交流日益增加，畲汉通婚率也有所增长。

前坪村的原有畲民102户486人，主要住在陈家山和苎园坪。陈家山的钟姓于清乾隆三十四年（1769）由福安磺溪迁入。雷姓于清道光二年（1822）由福安穆阳迁入。苎园坪雷姓于清道光十六年（1836）由福安桦垄头迁入。中华人民共和国成立后，畲族社会的生产水平和经济文化都非常落后。

苎园坪是著名的革命老区村。在1932年后的十多年革命历程中，苎园坪先后成立有交通站、党支部、福寿周（即福安、寿宁、周宁）革命中心、宁寿苏维埃政府、苎园坪东北区、苎园坪村革命委员会和闽东游击第十三支队等组织。党组织在这里召开许多重要会议，做出重要部署，有力地指导福寿周边区的革命。叶飞曾在苎园坪负伤养病，受当地群众爱护有加，此事在叶飞回忆录和谈话中多次提起。

由于苎园坪在福寿周革命历程中的重要作用，引起敌人的疯狂反扑。1936年至1937年间，遭到敌匪三次血洗，牺牲的革命同志就有钟日往、兰寿森等十多人，他们用青春书写了血染的风采。苎园坪的革命历史是周宁红色文化的光辉一页。

中华人民共和国成立后，党和国家的民族政策使畲族人民实现了当家作主的权利，并大力培养和提拔畲族干部。党的十一届三中全会以后，农村实行生产承包责任制，畲族山乡的经济搞活了，畲族人民的生活水平大大提高。1951年，县人民政府拨专款重建苎园坪村，建房7座，居住18户，其中有16户畲族兄弟。1973年起，每年拨民族事业专项补助款支持畲村发展生产，架电线、建设自来水管。在经济扶持的同时，县政府采取招生加分、提干优先等办法提高畲民文化水平，培养畲族干部。在计划生育方面给予宽松政策，增加人口。1954年，政府拨专款建成苎园坪小学校舍。

为了杜绝自然灾害隐患，让部分特困山村改变生产生活条件，20世纪90年代，县政府实施"造福工程"，首批"造福工程"安排陈家山、苎园坪和陈凤的下洋及散居在其他村的畲民102户486人优先搬迁，迁到居住及其他相关条件比较优越的兴福社区。

兴福社区位于狮城镇的东南方向，原名兴福民族居委会，在政府的关心关爱下，于1993年开始实施造福工期迁入，距镇政府所在地1.5公里，与长安社区、东园社区、陈凤村相邻，是县城重要的进出口门户。社区面积2.47平方公里，下辖兴福、兴民、五四3个大网格，党总支现有党员52名，社区常住人口1267户5123人，其中畲族人口123户563人，占社区常住人口的11%，是宁德市唯一一家少数民族社区。

畲族行政村云门地处周宁县咸村镇南部，距镇政府所在地5公里。现有114户，其中常住人口200多人，居民以蓝姓为主。半岭自然村是灵凤山村下辖的畲族自然村，52户，人口210人，距灵凤山村一公里，居民以雷姓为主。

鉴于云门村与半岭村另行安排了专文详述，本文不详加介绍。

在整个闽东地区，周宁的畲族人口不算多，在闽东占比1%。闽东是全国最大的畲族聚居地，畲族人口达18万，约占全省畲族人口的1/2、全国畲族人口的1/4。畲族人民勤劳俭朴、文明优雅、能歌善舞，有着独特的民族传统文化及生活习俗，丰富中华文化宝库，也是风情旅游的一大景观。

畲族属于中国南方游耕民族，从原始居住地广东被分散到福建、浙江、江西、安徽、贵州、四川，90%以上居住在福建、浙江广大山区，其余散居在江西、广东、安徽等省。

有资料记述，畲族发源于潮汕凤凰山，是古代潮汕最有影响力的土著民族。但至清时，多数畲族人已被汉化，成为潮汕人的构成成分之一。少数未被同化的畲民要么退进更深的大山中，要么被迫向别处迁移。此后赣闽粤交界处成为潮汕畲族基本住地及各地畲、潮错居的格局。畲族自称"山哈"或"山达"，"哈""达"，畲语意为"客人"，这种称谓，反映了畲族的迁徙历史。

根据闽东现有畲族谱牒统计，从唐至清，畲族蓝、雷、钟三大主姓共有74支迁入闽东，其中唐代2支，明代30支，清代42支；蓝姓26支，雷姓25支，钟姓23支。唐代的2支，最早的是唐乾符三年（876），有蓝姓畲民从侯官县（闽侯）迁入古田县的水竹洋（今富达村）；其次是唐五代时期，有钟姓畲民从汀州上杭迁入福安韩阳坂五十三都钟莆坑，其后裔又于北宋大观四年（1110）移迁今坂中畲族乡的大林村。

畲民大批迁入闽东是在明清时期，尤以万历至乾隆中期的200年最为集中。畲族迁居闽东的历程也正是他们告别游耕的过程。明清时期畲族入迁闽东的内因与以往的迁徙是大不相同的，以往畲民的迁徙都带有明显的军事性质，而这一时期及其后来的迁徙逐渐摆脱了反抗与游击生涯，转而开始定居，发展农业种植技术，竟将闽东发展成了最大、最重要的畲族热土，谱写出无数畲汉一家亲的动人旋律。

明洪武二十八年（1395），有雷姓畲民由罗源北岭迁福鼎十四都白琳大旗坑牛埕下，这是有明确时间记载的进入闽东的第一支雷姓畲民。此外，比较重要的还有福安后门坪雷姓，明成化二年（1466）从福州方向转迁而来；宁德猴墩雷姓，明万历元年（1573）从罗源迁入；霞浦水门茶岗雷姓，清乾隆元年（1736）从浙南迁入。闽东最主要的一支钟姓畲族是"大林钟"。该支派于明正德十一年（1516）迁福安大林，后来大林钟氏宗祠就成为闽东钟姓畲民共祀的祖祠。

明中期以后蓝姓开始大批进入闽东。较早的有宁德飞鸾葡萄坑蓝姓，于明嘉靖十九年（1540）自罗源八角井迁入。此外，比较重要的还有福安穆云溪塔蓝姓，万历年间（1573—1620）自寿宁迁入；霞浦青皎牛岭蓝姓，天启元年（1621）自罗源迁入；霞浦崇儒上水蓝姓，崇祯九年（1636）自浙江泰顺迁入。乾隆后期（18世纪后期）以后畲族入迁闽东的历史基本结束。

闽东畲村大多分布在近海濒海的山区或半山区。这个地带不论是畲村数量还是畲民人数都堪称中国第一。这样的一个分布格局是历史形成的，试分析如下。

一、闽东优越的自然条件和温良的民风对畲族新移民有很大的吸引力。

《闽书》云："福宁州（今闽东大部在明代为福宁州），西北依山，东南际海，鱼盐螺蛤之属不贾而足，虽荒岁不饥。其俗朴而专，和而静……福安，慷慨尚气，俭侈相半。男女安耕织，兄弟不相离，士民淳，尚作力，无浮靡之态。婚嫁称家，不相求备，其美俗也。"（明·何乔远《闽书》卷之三十八）可见闽东自古就是一个富庶而又充满温情的地方。在农耕时代，这样的生存环境很能够养人，这样的民风民俗也格外能够吸纳人。

二、长期围海造田缓解了土地矛盾，使闽东山区尚存较大的开发空间。

闽东大地，山多田少。尽管早在南宋之时就已是"插稻到山顶，栽松侵日边"（宋·王十朋《入长溪》），但是引发人们更大兴趣的却是围海造田。历朝历代闽东沿海各县不乏筑海成田的光辉记录。围海造田大大缓解了人口增殖与土地的矛盾，为大批畲族新移民提供了一个尚未充分开发的广袤的山区空间。闽东沿海近海星罗棋布的畲族村落就是在这样的背景下形成的。

三、清初的"复界"政策吸引了部分畲民由现居地再次向濒海迁移。

清顺治十八年（1661）清政府为了封锁占领台湾的郑成功，实行海禁，强迫居民迁界30里，造成大面积耕地抛荒。直到康熙二十二年（1683）清军"平定台湾，郑克塽归顺，海氛始靖，下诏开界，民归故土"（清·李拔《福宁府志》卷之四十三）。优惠的政策和大片的荒地吸引了一部分先期已经迁居闽东、浙南近海山区的畲民，使他们也加入复界垦荒的行列。复界垦荒一直延续到乾隆时期。今福安的甘棠、下白石、湾坞、溪尾，福鼎的桐城、前岐，

据2005年全国人口统计，闽东畲族总人口约17万，而现在达到了20多万人，生动诠释了国家对少数民族的生育鼓励政策。

畲药探秘

◎ 肖　珊

　　云门是周宁为数不多的畲族行政村，极具少数民族特点并富有神秘色彩。云门位于周宁县咸村镇所在地南侧约5公里处，处于周宁县与蕉城区交界处，村庄在半丘陵地区，居住着畲族蓝姓，极少数钟姓、雷姓。

　　云门村畲族传统文化传承保护极好，畲族医药、畲族山歌、服饰、婚嫁习俗、宗教信仰等颇具特色。村里建有畲族特色山寨门、凤凰休憩园、寨枫树林、鲤鱼朝天、观景亭、畲族民俗馆、舍利塔等特色村寨景点。

　　在土地革命战争时期，云门是闽东红军的一个重要的活动据点，叶飞、陶铸等老一辈无产阶级革命家都在此地战斗过，属革命老区重点村。

　　云门村历史悠久，始建于唐朝年间的云门寺，是周宁县已知始建年代最早的地面建筑。

　　在武术方面有蓝李陈、蓝李开兄弟，他们为了全村安全，不受外来侵犯和欺负，兄弟两拜师学艺。经过一番勤学苦练，终学精湛功夫。女拳手蓝田婆不但会武术，还会"十二时辰点穴"技术，当然会点穴之人亦会解穴之道跟解穴的药物，那种独门秘方只有点穴之人懂得。

　　畲族人民不仅能歌善舞，在医药、建筑、武术方面也有突出成就，特别是畲药，不论古今，它拯救了无数个饱受病痛折磨的穷苦人民。

　　早在我闽东红军在以云门为活动据点的时期，畲医畲药代替当时稀少的药品，对于治疗我军的疾病发挥了不可磨灭的作用。畲医独门秘制的配方在治疗蛇伤、骨伤、发痧方面有奇效，且药到病除。不用住院手术，花很少的钱甚至不花钱就能使病人身上经久不化的顽疾一扫而光。

　　云门在医药方面的代表性人物是生于清代的蓝春章。青年时的蓝医生看到村中民众疾病不断，又无医无药无银两，到外地就医又不方便，从此他就到外地拜师学医，专心钻研，经多年的临床实践得到了一套治病的经验，对病人真正做到药到病除。由于他医术高明，声传八方，哪怕到年老了，走不动远路了，人家还要从遥远的地方抬着竹轿子来请他去出诊。

畲族医药是畲族人民在长期生产、生活实践中，为适应生活环境和生存健康要求而探索创造出来的一门传统医学，是中国传统医药的重要组成部分，具有地区性、民族性、家传性等特点。由于云门畲民居住在半山区，他们有独特的医疗方法与用药习惯，在医治跌打损伤、蛇伤、风湿、黄疸肝炎、小儿疳积、肺炎、骨髓炎等方面积累了很多祖传秘方和经验方法。由于畲族有语言无文字，畲医药大多为口传心授，习而验之。医药一体，重于实践，其自诊、自采、自制、自配、自用的特点决定了它传承的艰难性。现大多数民间畲医均年事已高，有些名畲医已去世。因此，抢救整理畲医药、开发畲医药已成为当务之急。

畲医痧症疗法是畲族医药中最具特色的治疗方法之一，许多畲医和畲民仍传承和掌握着多种发痧技术，多有手到病除之效。痧症的治疗大法就是发痧疗法，对于病情较轻者，常采用刮痧、撮痧、放痧和搓痧等治疗方法。对于病情急重者，则采用针刺、放血、挑痧或配合畲药治疗，其治疗以单味、验方或辨证组方为主，最常用的药物有山苍子、破铜钱、塌地蜈蚣、黏花草、叶下白等十多种。

畲族医学对痧症的认识比较直观、形象，富有哲理，治疗极具特色。畲医痧症疗法是畲族医药学的重要组成部分，也是祖国医药宝库中的瑰宝，对传承发展祖国医药文化有着重要的意义，只不过目前这一民族传统医药文化与其他传统医药文化一样，面临西医西药的冲击，举步维艰，亟待保护。

畲 药

畲药制作技艺是畲族传统医药学的重要组成部分之一，是畲族人民在长期与疾病斗争过程中，总结和积累防病治病经验而形成的独特技艺。

畲医验方及畲药近千余种，畲药高效价廉，简洁方便，四季可采，遍地皆有。畲医在治疗内、外、眼、骨科及跌打损伤、风湿、痢疾、癫痫、牙痛、痔疮、小儿疳积等常见病方面有许多秘方、偏方、成方。医生既懂药又懂医，治病多取草药，有时用全草，更多的是用叶、茎、花、果、皮、根，有木本、藤本、蕨类、菌类等。畲医出诊常身背布袋，边出诊边采药，遍地皆采，随用随取。其治疗跌打伤和疑难杂症专科病的效果十分突出。

村中现代畲医主要有蓝蔡树、蓝庆林、蓝月明等人。

医者仁心，为方便问诊，蓝庆林常驻在咸村镇上，通常上午他会在咸村镇的铺子里接诊看病，配药卖畲药。下午如果天气好他就要赶到密林深处或高山陡岩上去采集草药。从医多年，对于他来说，没有什么比人生病更令人揪心的了，若遇上有人生急病，不论是三更半夜还是刮风下雨，他都会第一时间带着药箱出诊。因为他知道，三更半夜找他出诊的肯定都是比较危急的病，如蛇毒之类的。中毒者是拿生命在与时间赛跑，他一刻都不敢耽搁赶往现场。他常治疗的疾病是中风偏瘫、蛇伤、带状疱疹。蛇伤主要是治疗眼镜蛇、竹叶青蛇、银环蛇等蛇毒。

与其他中医医药一样，目前畲族传统医药文化传承后继乏人，亟待保护。

如果需要从图片或画面了解畲医，目前，云门展示馆里有展示云门畲村畲医畲药，历史文化、生产生活、民俗风情等。以图文方式讲述畲族起源，传说及云门畲村发展变化，集中展示畲村人民日常生产、劳作、经商等活动使用的传统生产工具、生活用具、民族服饰、乐器、手工艺品等，通过静态展示保存畲族记忆。

畲药馆里主要讲解如何以中草药和浸泡药为主诊治乡民疾病，它的独特配方对带状疱疹、毒蛇咬伤等有很神奇的治疗效果。

畲药是我国中草药当中的珍贵验方，值得推崇和推广。

（注：畲医畲药是周宁县县级非遗项目）

云门畲村

◎ 肖 珊

村情概况

云门是个很有诗意的名字。当然它也是个极具少数民族特点并富有神秘色彩的地方。

云门是革命老区村，也是周宁为数不多的少数民族行政村，地处周宁县咸村镇南部，距镇政府所在地5公里，属半丘陵山区，海拔210米，土壤肥沃，适合种植各种农作物及水果。现有114户，其中常住人口200多人，居民以蓝姓为主。

云门畲族传统文化传承保护极好，畲族山歌、畲族服饰、婚嫁习俗、宗教信仰等颇具特色。有畲族特色山寨门、凤凰休憩园、寨枫树林、鲤鱼朝天、观景亭、畲族民俗馆、舍利塔等特色村寨景点。

云门畲村（叶先设 摄）

在第一次土地革命战争时期，云门是我闽东红军一个重要的活动据点，叶飞、陶铸等老一辈无产阶级革命家都在此生活战斗过。

在这里春看桃花、夏观紫薇、秋摘水果、冬赏枫叶，这里的茶园梯田、果园也都是极佳的摄影基地。

历 史 沿 革

进入云门村需沿着咸村镇西南方向的道路至古岭坂村，从古岭坂一直往南走，过周坑村，约行3公里，就是云门村了。还没到村里，在停车坪旁边往西南方向看，远远地就能看见空旷的路中矗立着一个高高的寨门，那就是俗称"山哈门"的畲寨门。寨门底座用溪石堆砌，意为淳朴善良的"山哈"（畲民），上部为木质结构，雕梁画栋，绘画以麟豹和凤凰为主，成半斗拱形，意为笑脸，是勤劳好客畲族人欢迎远方客人的寨门。

畲寨门往前就是风水林，也称"常青林"。林子建在村口，与村后山的风水林遥相呼应。树林里的树木主要以松树为主。

村里的听水亭是村民休闲聊天的地方，也是外地的游客到此地逛一圈后累了就能坐下来休息的地方，在此可倾听悦耳的流水声，感受和煦的山风。淳朴善良的畲族女子在节日时会穿上"凤凰装"，在此互相盘上美丽的发饰。畲族发型是将头发从后面梳成长筒式发髻，形成一个鸡冠形的帽子扣在后脑勺上，发间用红绒线环束，不同年龄有不同的发饰。

村子中央树着一座鼓楼。高8米、底部长宽各2米、顶部1米，有大鼓一面，需乘90度的云梯直接爬上去，才能到达顶端。此鼓楼用于召集全村村民集体聚集做某种活动，不同鼓声传达不同的讯息，有不同的意义。因为它高高在上，只有勇敢健壮、行动敏捷的山民才敢爬上鼓楼敲鼓。

村里的紫薇园是观赏紫薇的最佳地。紫薇树姿优美，树干光滑洁净，花色艳丽。开花时正当夏秋少花季节，花期长，故有"百日红"之称，又有"盛夏绿遮眼，此花红满堂"的赞语。紫薇是观花、取干、塑根的盆景良材，同时它的根、皮、叶、花皆可入药。

在村南的议事亭里，常见三三两两的男子女子在此亭议事。畲族以麟豹和凤凰为图腾，男学麟豹女学凤凰，激励子孙后代成才立业，造福家园。村中大事，以家族为单位，在此讨论决策，显示民族事务的民主、公开、公正。

村西南有一座砖石结构的楼房，专门展示云门畲村历史文化、生产生活、民俗风情、民族特色。馆里以图文方式讲述畲族起源、传说及云门畲村发展变化，畲村人民日常生产、劳作、经商等活动使用的传统生产工具、生活用具、民族服饰、乐器、手工艺品一一铺展在人们眼前，人们通过这些眼前的实物看到清晰的畲族文化，保存畲族记忆。展示馆旁边还有一个畲药馆，畲药主要以中草药和浸泡药为主，它的独特配方对带状疱疹、毒蛇咬伤有突出的治疗效果。

村中的对歌台位于两棵常青大松树下，相距四五米，两人对唱，西边的叫"坐台"，东边叫"陪台"。对唱山歌，是畲族男女青年谈情说爱的主要方式，其婚俗也多以歌代言。畲族当中流传一句俗谚："不会盘歌莫娶亲。"到了节日、喜庆场合则彻夜欢唱，畲歌当中有"劝酒歌""嫁女歌""姻缘歌"等歌。对歌内容有固定的历史歌、故事歌等，也有用于互相诘难的传统对答歌曲，词曲多为即兴编唱。

村西南的葡萄沟长约300米，位于小溪流两侧。葡萄架遍布，葡萄藤蔓层层叠叠，绿意葱葱。四周是果园和菜园，花草果树点缀其间，农家村舍错落有致地排列，宛如桃花源。

位于云门村对面，像两只栩栩如生的金猴的山岭名叫金猴岭。此岭像一只神通广大的金猴保佑这座村庄的安宁，保佑村庄风调雨顺，村民富足安康。相传，人们在劳作的时候，只要抬眼看看金猴岭，劳累就会消失，重新精神百倍。

云门村的后山，当地人称为弥勒山。山形象弥勒佛双耳垂肩，笑口微开，袒胸露乳，手扶双膝，屈腿而坐。弥勒佛在中国是大肚笑佛的形象，弥勒佛曾留下"开口常笑，笑天下可笑之人；大肚能容，容天下难容之事"和"弥勒真弥勒，分身千万亿。时时示时人，时人自不识"等名句。

枫树林位于后山风水林中，其中较大的6株枫树树龄达到400年以上。枫树叶片较大，与人的手掌大小相近，叶柄细长，使得叶片极易摇曳，稍有轻风。枫叶便会摇曳不定，互相摩擦，发出哗啦哗啦的响声，给人以招风应风的印象。严冬季节，树叶变红，美不胜收。

畲山梯田错落有致，当地勤劳的畲民因山就势，根据不同的地形、土质修堤筑埂，利用"山有多高，水有多高"的自然条件，把终年不断的山泉溪涧，通过水建沟渠引进梯田。到了初春，形状各异的大小梯田盛满清泉，在明媚的阳光下，山风微吹，波光粼粼；三四月间，层层梯田青翠欲滴，宛如一块块绿色壁毯；夏末秋初，稻谷成熟，稻浪翻飞，放眼望去，一片金黄，梯田景观就是一幅变化奇巧、简朴秀美的水墨画。

村民在修建梯田时，有些地方山上的水到达不了，村民就改种茶叶。茶园当中的小道间种樱花、桃花。在春天里，这里的茶园是个美丽的大花园，茶园日照充足。茶树能吸收足够的甘露，转化成高扬的茶香，兼此处漫射光多，有利芳香物质的合成，同时昼夜温差大，加之充足的降水，湿度相对较大，如此的气候特征及地质条件，使之长成的生态茶，汤色亮丽、味甘清香。

近几年，村两委在村里还建造一个百香果观光步道，步道全程600多米，漫步在百香果林荫下，能感受大自然的灵动。百香果的果汁色、香、味、营养极佳，有"果汁王"之美称，浓郁的香味集番石榴、菠萝、杧果、香蕉等多种水果的香味于一体，香气迷人。果汁富含人体必需的17种氨基酸及多种维生素、微量元素等160多种有益成分，具有消除疲劳、提神醒酒、护肤养颜等功效。游客称之为"美容果"。

1934年，叶飞、黄垂明、阮英平、江淘等革命领导来到云门，常住蓝康前家和云门寺，闽东红军在此地成立苏维埃政府及抗租团，进行革命活动，并将后山一石洞当成临时革命根据地，云门畲族百姓经常资助红军革命活动，亲切称之为"畲汉红军洞"。

特色文化

畲族人民不仅能歌善舞，在民歌创作方面达到少数民族民歌创作之最，在建筑、医药、武术方面也有突出成就。

近几年，云门村两委按照"支部+合作社+基地+农户"的经营模式，成立山哈种养合作社，注册"畲云"商标，集中资金和资源，鼓励村民以劳力、土地流转等方式加入合作社，支持发展茶叶、水果、畲药种植等生态休闲观光农业。目前主要以拥有面积达680亩的云门生态果园采摘游项目为主，有效推动农业产业发展。

2018年周宁县云门畲族文化旅游开发有限公司在云门利用当地旅游资源开发云门畲族景区，并于当年12月28日申报成功国家3A级旅游景区。云门畲族景区文化资源丰富，红色文化、畲族文化、农耕文化等多元文化融为一体，为旅游产品的深度开发提供了坚实的文化土壤、浓郁的文化氛围，使得景区项目具备了较高的旅游开发价值。主要旅游资源有云门农业生态园、畲村山寨门、凤凰休憩园、寨枫树林、鲤鱼朝天、观景亭、畲族民俗馆、舍利塔等特色村寨景点，辅之以畲族特色餐饮、篝火晚会、民宿露营等农家乐活动，让云门畲村成为游客纵情山水、寻胜访古、体验畲族风情、休闲度假的好去处。云门畲族景区的设立，壮大了本村的集体经济能力，取得了一定经济收益。

2019年，村两委借助农村集体产权制度改革的东风，加强农业经营主体功能建设，完善集体经济组织各项功能，立足山地绿水青山，深入开发菊花、紫薇、新品茶园等产业，立足绿色开发，深化加工产能，实行一品一码，建立健全云门村益农信息社建设，积极打造农产品销售公共服务平台，推进农村产品流通现代化。此外扶持有条件的小农户依托云门景区建设，鼓励发展生态农业、设施农业、体验农业、定制农业，提高产品档和附加值，拓展增收空间。

云门村在交通道路设施建设上。从2015年以来，村内巷道全面实现水泥硬化，对连接上下村的总长220米的小山道进行条石步行道拓宽建设。2016年，在原有的进村公路的基础上，实施进村公路近村段和上下村公路拓宽改造工程，方便了群众进出，增强了交通安全。为配套落实云门3A级国家旅游景区的交通设施需要，按标准新建景区停车场及其配套设施，并改善了公路护栏、公共道路标识牌等，在建的云门村公路也在将来连接上纵三线4级公路。

在农业基础设施建设上，结合保持山间小溪的原始美丽景色及防洪引水灌溉，需要在村里不同溪段实施防洪堤景观建设，美化环境的同时加强了水利安全建设，促进了农业生产灌溉需要，在云门生态果园区内建设条石步行道、安全扶栏、休憩亭、指示牌等，提供游客安全且良好的农业休闲旅游体验服务。村里也同步改造下水道，

云门禅寺（周许端 摄）

改善饮水安全，建立生态林保护机制，完成民居外立面及屋顶改造，遍植景观花卉，完成畲村夜景亮化工程等。

曾经"八山一水一田"、地处偏远、地窄溪急、交通不便的山村云门，因各项基础设施建设蓬勃开展，道路改善、村貌变美、新修水利等等，短期内在基础设施建设上实现了跨越式发展。

村里严格按照3A级国家景区标准，对云门3A级国家旅游景区区域内实施综合景观提升工程，实施民居外立面改造及凤凰图腾喷绘、修建畲族特色马头墙、改善交通各项设施、遍植景观花卉、完成畲族特色山寨门、畲情风韵文化广场、鼓楼、墙面彩绘、路灯、凤凰休憩园、畲族文化展示馆、景观长廊、观景亭、对歌台、凤凰亭、旅游公厕、云门综合生态农业园、游客服务中心、特色民宿、智能智慧系统工程等多项景区设施设备建设。

现在的云门正以欣欣向荣，多姿多彩的新面貌喜迎各地游客。

名胜古迹

云门村历史悠久，处于村西山脚的云门寺（云门禅寺）始建于唐咸通二年（861），距今已有1100多年，是周宁县已知始建年代最早的地面建筑。

唐代建造的寺庙较为矮小，布局分散，但香火旺盛。经历代的变化，云门寺到清朝道光七年（1828）整个云门寺在原址上重建，分为上下堂、正殿，下座有中心路、门亭、门栋、池塘、书馆、走廊，正殿竖有直径60厘米，长4米和5米的八角石柱18根，上端接着木柱，有的木柱还是红木（红豆杉）做的，大雄宝殿僧舍连建，占地面积3000平方米。寺内有石槽、石脚盆、石磨、石门槛等（现留存），地下铺设石板条和"三合土"（黄泥、沙子、壳灰组成），寺外石板条铺路。过去封亭、千丈岩一带路未通之前，这条路是周宁到宁德的必经之路，过往行人都会在云门寺暂歇，烧香拜佛。香火不断，热闹非凡，此寺是县重点文物保护单位。

人物传记

蓝春章，男，畲族，生于清朝，畲医。蓝春章是云门在医药方面的代表性人物，出生于清代，青年时的他看到村中民众疾病不断，又无医无药，到外地就医又不方便，从此他就到外地拜师学医，专心钻研，经多年的临床实践得到了一套治病的经验，真正做到药到病除。由于他医术高明，誉传八方，哪怕到年老了，走不动远路了，人家还要从遥远的地方抬着竹轿子来请他。

蓝李陈、蓝李开，男，畲族，生于清朝。蓝李陈、蓝李开系兄弟，他们为了全村安全，不受外来侵犯，拜师学艺，练铁手指功和拳术，经过一番勤学苦练，终学精湛功夫护村佑民。

蓝法兴，男，畲族，是木匠能人，祖传造大木、圆木技艺，技艺精湛，所建的木屋尺寸准确，造型美观，构造结实耐用。制造的圆木板块合成很难看到缝隙，既美观又经久耐用。

蓝陈富、蓝神长　男，畲族，生于清朝，两人是当地传奇的吹手，音调动听，吞音本领高，一对唢呐一同吹响时声音嘹亮，使人听着感觉像是听立体声。一边吹唢呐一路步行过几个村庄还能轻松自如，不喘不累，真是奇人。

半岭畲村

◎ 张桂传

村情概况

半岭畲村属于灵凤山行政村所辖,是一个美丽且赋有诗意的生态宜居畲村。现有人口52户210人,是周宁县闻名的少数民族畲族村,距灵凤山本村1公里,居民以雷姓为主。

2015年,在上级党政部门的关心帮助下,半岭畲村着手造福搬迁工程建设,规划用地16亩,以"外圆内方"为总建造基调,统筹规划,现已完成42栋房屋建设,完成安居居住条件。

半岭畲族习俗文化气息浓厚,每年三月三、六月十九等重要节日时,半岭畲族

半岭畲村(叶先设 摄)

村民就自发组织开展各种畲歌对唱以及畲族特色小吃等民俗文化活动，极大地吸引周边群众，丰富了村民文化生活。半岭畲族民间中草药传统偏方以及民间畲拳等方面也得到了较好的传承与发扬。

半岭畲村到目前为止已累计投资300多万元，相继完善了村畲族综合文化中心楼、畲族歌台主体建筑、安全饮用水、路灯等基础设施，完成部分外立面改造、建成村庄及旅游公厕1座等项目建设。

明朝天启初年，因遭倭寇之乱，十四世百公率子孙南迁福安仙岭碓兴居，至十八公文登公迁到玛坑村居住30余年后，再迁居半岭村。至今已有300多年历史。

半岭畲村地处灵凤山脉半山之中，村落依山而建，故称半岭或前岗，海拔650米。因所处地势特殊，仅50来户的半岭畲寨还分上、下两村。半岭畲村陡坡路险，每当遇到台风暴雨天气来临，都会面临滑坡泥石流的险境，存在极大的安全隐患。20世纪末有一天，暴雨如注，上村山体滑坡冲毁一座民房，造成重大财产损失，幸好无人员伤亡。后每遇到雨季或台风时，村民总是忧心忡忡，彻夜难明。也正因为这一次事件之后，半岭畲民的安危，更牵动着各级领导的心。

1995年经福建省地质勘察院、国土资源部门勘察、鉴定，认定半岭村属于地质灾害危险地带，存在隐患巨大，需要整村搬迁。然而，整村搬迁涉及搬迁经费、新村选址等一系列难题，着实让灵凤山干群一筹莫展。单新村选址一项就让他们头疼不已，因为新村选址规划处于陡坡山腰，建设地基就需要垒砌一个填方坡长40米、宽10米、高15米的大护坡，仅这项填方工程资金就需要100多万元。在当年，这对于这个仅有几十户人家的半岭畲村来说真是一个天文数字！

2013年10月16日，在上级党政部门的全力支持下，规划用地16亩，集中安置少数民族和地质灾害险情群众51户198人。按照"外圆内方""畲风"为总建造基调，统筹规划，打造畲风情结的畲寨，实施整村造福搬迁工程。该工程于2015年1月动工，历经4年的艰苦奋斗，至2018年底，半岭畲村42户村民全部搬迁新居。村内已完成畲族文化综合楼、民族团结长廊、公厕、停车休闲两用公园、污水管网、下水道等基础项目建设。

几十年来，在社会主义新农村建设中，半岭与灵凤山畲汉一家亲，畲汉同胞情同手足。他们在半岭畲村整村搬迁，美化畲寨的过程中，不论干部还是群众，都出工出力发挥积极作用，灵凤山畲汉同胞发扬吃苦耐劳、艰苦奋斗、同心同德共同建设美好家园的故事，成为周宁县乡村振兴的又一段佳话。

如今，走进半岭畲村，映入眼帘是整洁平坦的水泥大路一直延伸到村内，路灯明亮，楼房相伴林立于村道两旁，整齐划一的白墙黑瓦成了半岭畲村一道靓丽风景线。

民俗文化

半岭畲族习俗主要有"三月三"畲族传统节日，其主要活动是去野外踏青，吃乌米饭，以缅怀祖先，亦称"乌饭节"。畲族盘歌：盘歌是一种古老的对歌方式，畲族青年男女喜欢用盘歌来互表心意，谈情说爱。盘歌一般以一问一答的方式对唱。

五月初五端午包苫粽，是少数民族特有的风俗。包苫粽很有技艺，包好煮熟的苫粽喷香迷人。

为了更好地弘扬畲村传统民俗文化，2023年农历三月三，半岭畲村举办了一场丰富多彩的灵凤山半岭首届民俗文化节活动。节日的半岭畲村，到处张灯结彩，彩旗飘扬，人头攒动，摩肩接踵，来自四面八方的客人齐聚一堂，笑逐颜开。台上精彩节目接连上演，观众应接不暇，现场掌声阵阵。舞台下形式多样的活动同样吸引眼球，民俗展示区、特色小吃品尝区、畲族文化展示馆等地成了欢乐的海洋。

半岭畲寨在党的富民政策指引下，走上了富裕道路，人们也更加重视文化教育事业的发展、更重视畲族孩子的教育问题。近十多年来，仅200左右人口的半岭畲村，却有大、中专学生15人，其中本科生就高达十多人。从这些数字可以看到半岭畲村在各级党政部门的关心支持下，在民族团结的大家庭中，半岭畲村从一个贫困落后的穷山村，蜕变为一个美丽富裕的民族团结好畲村。

人物传记

蓝玉英，女，畲族，周宁县玛坑乡灵凤山村半岭村人，1949年出生。

蓝玉英自幼就执有一种勤奋努力、踏实苦干的精神。20世纪70年代，半岭畲村是一个远近闻名的穷山沟，在这样一个穷乡僻壤且田地稀少的小山坳里，要做到粮食自给自足自然显得十分困难。

那时的蓝玉英凭借着一身热情，毅然决定带领乡亲们开荒种地。而此时的她正怀着身孕，每天依然坚持飞舞着银锄，将一片片荒山变成了一亩亩的良田。在她的带领下，半岭畲村的人们不仅实现了粮食自给，还年年按时按量交上了公余粮。由于出色的劳动表现，1976年蓝玉英当选为中国妇女第四届全国代表大会代表。

如今，年已古稀的蓝玉英仍保持当年妇女代表的激情，积极响应政府带领少数民族脱贫的政策，带领村民新村搬迁建设。在建设半岭新村过程中，有时遇到资金不能周转时，她和丈夫还拿出他们的养老钱垫付。如今，半岭新村面貌焕然一新，人们的生活蒸蒸日上。

雷大弟（1910—1936），男，畲族，周宁县玛坑乡灵凤山半岭村人。1935年11月参加革命，1936年任县肃反队副队长。1936年11月在执行任务时被捕，后被杀害于周宁玛坑杉洋村，时年26岁，革命烈士。

第九章

峥嵘岁月　红色文化

全国战斗英雄叶诚忠

◎ 周许苏

叶诚忠是20世纪30年代末坚持在江苏阳澄湖畔与日伪军斗争的36名新四军伤病员之一，即沪剧《芦荡火种》，后改编为著名现代京剧《沙家浜》中叶排长（叶思中）的原型。

叶诚忠原名叶吴赐，1919年生，福建省周宁县玛坑乡东坑里村人（祖籍周宁县李墩际会村），出身贫苦。1935年参加闽东红军游击队，1936年2月加入中国共产党，同年6月参加红军游击队攻打玛坑杉洋反动民团的战斗，经受了三年闽东游击战争的艰苦磨炼。

1940年夏，二支队在澄西桐岐镇打垮了高杏宝部后，与从横塘来到桐岐镇的50多名日伪军遭遇，发生了激烈的巷战。身为连长的叶诚忠带头冲锋，与敌人展开了一场激烈的肉搏战，当场击毙10多名日伪军。在猛烈的冲击下，敌兵且战且退，全部龟缩到桐岐镇一座庙宇的大殿里，妄图固守待援。叶诚忠率部连连发起猛攻，均未奏效。经上级批准，他采用火攻，把堆在大殿四周的干柴草点燃，烧得鬼子伪军哇哇大叫。少数窜出企图逃走的鬼子被叶诚忠部队击毙，其余日伪军全部葬身火海，桐岐庙成了这伙日伪军的火葬场。

这次战斗是新"江抗"成立以来缴获武器最多最好的一次，特别是一挺崭新的重机枪，在以后的多次战斗中发挥了很大的作用。因此，在新"江抗"的战史上还特地写上一笔"叶诚忠部队用鲜血和生命换取了新'江抗'第一挺重机枪"。桐岐歼灭战，叶诚忠率部队击溃国民党顽军后，又把一支武器精良、训练有素的日伪军部队一口吃掉，江阴人民无不欢欣鼓舞，都把叶诚忠所在部队称为"江阴老虎"。

1938年左右，以闽东游击队组编的新四军三支队六团进入江南后，重组为第一支队。当时，根据周恩来的指示，陈毅司令员向新四军下达了东进开辟根据地的命令，指定由坚持敌后三年游击战争的原闽东红军游击队组建而成的新四军六团担任东进作战任务。为了防止国民党顽固派寻找借口破坏东进，陈毅决定让六团与当地受共产党影响的地方武装"江南抗日义勇军"（简称"江抗"）汇合，并采用"江抗"名义东进。当时，"江抗"中有位令敌人闻风丧胆的英雄，名叫叶诚忠。

叶诚忠素描像　　　　　叶诚忠故乡玛坑东坑村　　　　叶诚忠故乡遗址纪念碑

　　1938年2月，闽东红军游击队改编为国民革命军陆军新编第四军第三支队第六团，叶诚忠被编入二营六连。2月，他跟随六团北上抗日。1939年5月东进后，第六团先后经过黄土塘遭遇战、夜袭苏州浒墅关火车站等战斗，有力地打击了日伪军的嚣张气焰，同时收编了大量地方抗日武装，与国民党顽固派"忠义救国军"等进行了殊死的战斗。在历次战斗中，叶诚忠始终保持着勇猛的英雄气概，奋勇杀敌，屡立战功。

　　1939年5月，叶飞率领新四军六团进入常熟，5月12日沙家浜地区抗日武装与"民抗"、新四军会师，统一编制为新四军六团，也就是后来所说的"江抗"。1939年9月，叶诚忠在与悍匪胡肇汉（即现代京剧《沙家浜》中胡传魁的原型）所带领的"忠义救国军"展开的自卫反击战中不幸负伤，被留在苏州阳澄湖地区养伤。他与夏光、刘飞等原来分散在各地的伤病员一起，在阳澄湖坚持斗争。10月，以36位伤病员为骨干，成立了新的"江南人民抗日义勇军"，叶诚忠就是这时留在阳澄湖畔养伤的36名伤病员中的一个排长。

　　"忠义救国军"溃散成的几十股土匪把这批伤病员作为日夜搜捕的目标，叶诚忠等伤病员被围困在一片密密麻麻的芦苇丛中的沙洲上，不能生烟火，不能出港汊，受尽伤痛、寒冷和饥饿的煎熬。

　　附近董家浜南梅村有个东来茶馆，这是当时中共常熟县委开设的地下联络站，老板胡广兴和侄儿胡小龙都是地下工作者。一天傍晚，胡小龙受县委指派，偷偷地解开船缆，躲在水底，把日伪军扣留的小船神不知鬼不觉地推向湖心，然后驶向沙洲，将叶诚忠他们转移到张家浜养伤。

　　中共常熟县委又请来一位杨医生和一个名叫蒋淑芳的护士，在这里办起了临时的后方医院，为伤病员治疗。叶诚忠的伤口经过精心医治，渐渐好转，到了11月已能自由行动。一天，管理员突然跑来，说一个汉奸带着一个日本鬼子进村来了。

怎么办？前面是河，后面是路，一马平川，无遮无拦，跑又跑不了，躲又没处躲，叶诚忠急中生智，抱起绷带，一头藏进岸边搭来洗衣用的水凳下。护士蒋淑芳也临危不惧，机智地拉开被单把他的头遮盖起来，自己装作没事一般仍然不慌不忙地洗起被单来。

当敌人来到面前时，没看出破绽，这样叶诚忠终于闯过了险关。

在张家浜养伤的这批伤病员，不久又有10人被可恶的败血症夺去了宝贵的生命。叶诚忠等战士没有向死神屈服，而且更加顽强地坚持斗争。到1940年冬，"江南人民抗日义勇军"达到了4000多人，编成3个支队。

1941年3月，"江抗"二支队被改编为新四军六师十八旅五十二团，叶诚忠任一营一连连长。时任一营一连指导员的吴志勤说：提起叶诚忠，二支队没有人不知道，这个苦大仇深的闽东老战士，怀着"打倒小日本，解放受苦人"的志愿，一直转战在阳澄湖畔与大江南北。奇袭梅李镇，他率领突击排，杀入敌人后院，缴获一挺轻机枪；激战湘城张家浜（今苏州市相城区阳澄湖镇张家浜村）时，他飞身跳下冰河，与战友并肩顶木桥，为冲锋部队开辟了通路；在血战洋沟溇时，他与战友们一起击毙了血债累累的日军小队长萨一岛。1940年秋天，叶诚忠巧用调虎离山计，佯攻青阳镇，直插桐歧镇。他带领尖刀班，在夜幕的掩护下，故意在桐歧镇桥头晃动身影，没费一枪一弹，诱惑并消灭了敌哨兵，然后随即和指导员吴志勤一起，与当地抗日自卫队会合，从凌晨1点开始，向盘踞在桐歧庙的日伪军发起猛攻。为减少伤亡，叶诚忠命令战友们在桐歧庙周围架起了干柴，泼上了火油，燃起了大火，将庙中30多名鬼子和伪军全部葬身于火海。

接连不断的胜利，使叶诚忠所在的五十二团在军内外声名大振，被誉为"江阴老虎团"。

1944年1月5日，一个大雪纷飞的日子。时任一营副营长的叶诚忠随军来到苏北开辟江（都）高（邮）宝（应）根据地。这天，他们所属的五十二团奉命主攻大官庄伪军据点。

大官庄由伪军二十八军第三大队踞守，约400人。据点周围有两道土围子，东西各有一个碉堡。外围东、南、北均是水田，仅西边是开阔地，易守难攻。一营担负主攻任务。当夜11点钟，战斗激烈地打响了。但在敌人负隅顽抗下，我军前进受阻。营长陶祖全在前沿阵地视察时，不幸中弹牺牲。

噩耗传来，叶诚忠悲痛万分，他怀着满腔怒火，组织突击排展开新的攻势。冲锋时，叶诚忠身先士卒冲锋在前。在接近敌堡时，一颗罪恶的子弹击中了他的胸膛，鲜血染红了白雪。通讯班长沈喜福见状，不顾一切地扑上前，背起叶诚忠就往河边奔，要把副营长送到后方医院去。在小船上，叶诚忠脸色苍白，不住地喘着粗气，他抓住沈喜福的手说："小沈，我浑身好冷，看来要到马克思那里去报到了。"沈喜福哭着说："叶副营长，不会的，后方医院的医生能把你医好的。"但叶诚忠摇了摇头，挣扎着在沈喜福的帮助下，从口袋里摸出了一本笔记本和一支钢笔，交给了沈喜福。他一字一句地对沈喜福说："我是个孤儿，党就是我的母亲，新四军就是我的家，请代我把这些交给党组织，拜托了。"说完，就永远闭上了眼睛。

总攻大官庄的一营战士们听说正副营长相继牺牲，激起了无比的愤怒，他们如猛虎下山似的怒吼着扑向大官庄据点……第二天上午，战斗结束，生俘伪军230人，解放了大官庄。

为永远记住英雄的名字，新中国成立初期，中共宝应县委便做出决定，把大官庄命名为诚忠乡，大官庄附近的安乐镇则被命名为祖全乡。

阮朝兴烈士的故事

◎ 周许荪

1918年1月,周宁县咸村(时属宁德县)下坎村的阮国潭家添了一男丁,乳名奶荣,大名阮为椿。不久后贫病交加的阮国潭撒手人寰,幼子为椿只好过继给伯父阮国蕉为嗣子。穷人的孩子早成人,打记事起为椿就在山上砍柴,14岁便到咸村梅山村当杀猪学徒。当年梅山村有办私塾,好学的为椿经常在晚上到私塾"蹭课",如此坚持学习了两年,认识了好多字,学了许多道理。

1935年春天,革命的火种传到咸村坪坑村,这里成立了周墩(今周宁)四区游击队,黄谢妹任队长,游击队经常在碧岩、茶广、坪坑、下坎一带开展革命活动。17岁的阮为椿受到革命思想影响,毅然更名为阮朝兴,参加了四区游击队,还动员堂弟阮齐荣等年轻人参加革命。朝兴

阮朝兴烈士（1918-1945）

乳名奶荣,又名为春,周宁咸村下坎人。1935年参加游击队,1938年北上抗日后入党,历任排长、连长、营长、团参谋长、副团长等职。参加过郭村保卫战、姜堰保卫战、黄桥决战等重大战斗。1945年8月21日,在江苏小白米、马沟之间与敌遭遇战中,英勇牺牲。全国人大常委会副委员长彭冲题写"阮朝兴烈士纪念碑",纪念碑现立于咸村下坎村阮氏宗祠前。

阮朝兴

胆大心细,又在劳动中练就了一身好体魄,为了抓土豪给革命队伍筹集军饷,他孤身一人潜回下坎村,神不知鬼不觉地抓到了土豪谢某,立了一功。

1936年1月,游击队编入中国工农红军闽东独立师第三纵队,阮朝兴担任班长,参加了周宁著名的葡萄洋、龙亭、七步洋头等战斗。同年冬,国民党省保安独立旅对闽东进行第二次"清剿",连队驻扎在咸村洋中村。阮朝兴和黄谢妹奉命侦察敌情,他们乔装打扮来到洋中门兜,两个站岗的国民党兵要他俩举手搜身,阮朝兴以迅雷不及掩耳之势将一条手巾塞进国民党兵嘴里,夺过步枪,一拳将他打翻在水田里,另一名国民党兵拔腿就跑,黄谢妹抄出手枪将他击毙。青天白日在大队人马眼皮下

桃源溪流域
——YAOYUANXI LIUYU

故乡的纪念碑

来这一出，敌人乱了阵脚，急忙向霍童镇团部请求援兵。

1938年2月，闽东红军独立师改编为新四军三支队六团，在叶飞、阮英平率领下奔赴抗日前线。北上之前，阮朝兴回到老家跪别了老母亲。六团来到皖南岩寺新四军军部不久，朝兴就加入了中国共产党。他英勇善战，先后参加过郭村保卫战、姜堰攻坚战、黄桥决战和讨伐汉奸李长江等许多重大战斗，屡立战功。1945年1月他升任团长，这年3月底的一天，他接到情报，征得彭冲政委同意后，亲自指挥县团两个连和三个区的游击队急行军30多里，从雅周赶到加力公路两侧潜伏，次日全歼敌副团长及其两个连，缴获粮食百余车，我军无一伤亡，取得彻底胜利。1945年8月，他亲自指挥部队攻打黄桥镇，经过两天两夜的激烈战斗，消灭日军一个大队和伪军一个团。攻克黄桥镇后，他又带领部队配合独立旅十二、十三团，摧毁了如黄公路两侧日军3个据点，歼灭伪军3个大队2000多人。8月15日，日本宣布投降，他到卫生队看望爱人和刚出生3个月的女儿，笑着对身边的张泽参谋说："张参谋，我是福建咸村人，家中还有个老母亲，我如果牺牲了，你帮我写封信告诉我的母亲……"8月23日，阮朝兴团长在泰州小白米、马沟之间指挥围剿负隅顽抗的日军。战斗中，不幸左胸中弹英勇牺牲，年仅27岁。

阮朝兴烈士用十年青春为中国人民的解放事业谱写了一曲壮丽的乐章。1990年6月，七届全国人大常委会副委员长彭冲题写了"阮朝兴革命烈士纪念碑"，纪念碑竖立在故乡下坎村。江苏省泰州市姜堰区小白米烈士陵园也为阮朝兴烈士竖立纪念碑。阮朝兴烈士永远活在人们心中！

周宁畲族人民的红色故乡

◎ 周许荪

一、军民同一家

（一）掩护红军

从周宁的园坪到上、下竹洲，星罗棋布着9个自然村，居住着畲族兄弟，他们在党坚持最艰苦、最困难的三年游击战争中，给予最大支持，为革命掏尽红心，赴汤蹈火，做出了卓越的贡献。

竹洲山位于周宁、福安交界处，山高林密，地形险要，具有难攻、能守、易退的地理特点，是一块利于开展游击战的战略要地。为开辟新苏区，建立红军依托地，1932年春，中共福安党组织即派陈佛兰同志到竹洲山的苎园坪进行革命活动，召开贫农骨干会议，成立分粮队。1933年初，闽东党组织就经常派詹如柏、阮英平等领导同志来这里活动，并组织贫农团，成立交通站，继而发展到上、下竹洲、三湾等村。同年夏，陈佛兰同志又在这里成立了一支60多人的东北区游击队，经常分赴各地抓土豪筹军饷。从此，打通了福安上西区至周宁东区的路线，这里就成为游击队来往的宿营地。从而把竹洲山北面周宁的前坪、那坑、龚家洋、陈家山、桃岭、王坑、横林、新村和南面福安的蟾溪、南山、首洋等地连成一片游击区，都建立了交通站，白云山南从此出现了一片新的根据地。

1934年11月初，周墩暴动后，凌福顺带领的闽东工农游击第十一支队来到竹洲山上活动，抓土豪、做财政、杀反动派。畲族人民与游击队相处得如同兄弟。因此，他们革命意志更加坚强，支持游击队也更加积极。1934年底，国民党以十万大军"围剿"闽东革命，叶飞同志率领闽东工农红军撤出苏区，退到山上来，开展艰苦的游击战争。为把竹洲山建成工农红军重要依托地，特委在竹洲山加强了政治、军事建设。1935年2月，特委决定以竹洲山为中心，划为周墩东区，派倪愚四同志为区委书记，到苎园坪加强领导，并以苎园坪为中心，成立了村革命委员会。郑步满任主席兼财政委员，雷成波、雷太遇、雷忠庆分别任粮食、肃反、调查、文化、保管、交通等委员，统一领导竹洲山上各村的革命斗争。同时，各村贫农团都得到了整顿和巩固，

中共闽东特委旧址

并相应发展与建立少先队、妇女会等群众团体。同年又发展了郑步满、雷成波、雷太遇、郑成助4人加入中国共产党，建立了村党支部，从政治上使竹洲山上的畲、汉族兄弟拧成一股绳，同心协力干革命。同年8月，特委决定在苎园坪成立宁寿县委，倪愚四任书记（1935年12月至1936年4月张云腾任一段，至1936年7月，改为安周县委），并在苎园坪的清水垄办起了红军后方医院；在暗垄山洞设立红军修械所；在下圆垱设立"土豪厂"。通过上述建设，竹洲山就成为一块可靠的红军大后方，觉醒起来的畲族兄弟，在党领导下与汉族兄弟紧密团结，全力以赴，支持红军游击渡过最艰难的岁月。

1935年3月，周宁伪保安队来包围苎园坪，这时特委领导阮英平同志带3位红军战士从别地回来，正在郑步满家写信，忽见一个便衣人在门口探了一下头，阮英平同志立即觉察到情况有异,带着3位红军战士向外冲,其中一位同志走迟了一步,敌人已包围进屋,难以脱身。就在这一刹那间,畲族老妇女蓝秀妃挺身而出,忙叫这位同志钻进一堆稻草灰中。她见那同志一只脚还露在外面,又扒了一篮稻草灰给盖了个严密。匪兵进来搜查了一阵,什么也没有发现,只好溜走了,这位红军战士得以安全脱险。

（二）送信放哨秘密购买军需给养

1936年5月10日,叶飞同志率领红军50多人从宁屏古周墩一区回到三湾来,他们放好了靠咸竹湾一面的岗哨,却没防被周宁陈凤的反动民团和伪独立旅包围,红军匆忙突围出来。叶飞同志突围出来后,转隐在羊林石洞里,畲族兄弟即送吃的、睡的、站岗、送信,苎园坪村所有成年、老年的男女都夜以继日地全部投入送信联络工作。红军游击队需用手电池、蜡烛、球鞋等用品,但这些东西只有20多里外的周宁城才有,实在不好买,畲族妇女蓝眉招、蓝石妃、蓝锡妃便想法子,趁挑柴炭到周宁城出卖归来时,冒着危险,零零星星地把这些东西买了来,放在篮子里,上面用带鱼、鱼干等披盖好,这样才瞒过敌人的岗哨,顺利带回来供游击队使用。当他们给红军游击队送信时,都把信缚一小石子,以防万一遇上敌人,即把信件远抛,免被敌人搜查去。妇女雷仙眉、雷嫩妃给后方医院送吃的用的东西,都是用布袋把东西装起来放在篮底下,上面盖上草木灰,腰带柴刀装成施肥或砍柴的模样挑上山去,回来时砍一把柴草挑回来,这就容易避过潜伏的伪军的耳目。畲族人民就是这样百般关怀红军游击队。红军游击队来到竹洲山就像回到自己家一样,过着温暖舒适的生活。

二、敌人的残酷烧杀

（一）火烧苎园坪

红军在竹洲山建立起后方基地,开展轰轰烈烈的革命斗争活动,国民党反动派、土豪劣绅怕得要死,立即纠编反动势力对苎园坪进行多次"围剿"、摧残。1936年11月6日,首洋反动派带200多名伪教导团,配合龙亭反动民团,分两路合围苎园坪。放哨的畲族妇女蓝眉招发现了敌人,立即大喊:"山猪来了!山猪来了!"当时村里有十几位游击队员立即转移上山,安全脱险。但是,村里的雷银弟等8位老人与妇女却被敌人抓了去,敌人逼他们招出红军医院后方修枪厂、"土豪厂"在什么地方。他们严守秘密,异口同声说:"不知道!"敌人暴跳如雷,把苎园坪仅有的4座房子烧了,又把11位群众带到陈凤去,全部施以酷刑,最终仍是得不到一句口供，只好释放他们回来。苎园坪被敌人严重摧残后，中共宁寿县委书记倪愚四同志发动龚家洋、那坑等村的汉族兄弟送来大米、家具，竹洲和屏风畲族兄弟替他们秋收，上山砍柴竹和茅草来盖草房，赶造了两昼夜，又在废墟上搭起了8座茅房。

1936年12月1日，陈凤、咸竹湾反动地主向国民党政府告发说："白云山下上四洲（上竹洲）、下四洲（下竹洲）、'过三关'（三湾）、石门头都布满'共匪'，活动猖狂。"因而，国民党即派八十师、新十师300余名匪兵，配合陈凤反动民团，由反动地主陈开健、陈梦恰和咸竹湾反动地主郑仁珠带领，于12月16日兵分两路，进攻竹洲山。敌人原以为是一马平川，就骑着马、扛着大炮来了，结果不但人不能骑马，反而要人来推马屁股前进。敌人恼怒之下，从苎园坪沿山烧至下竹洲。几天后，上竹洲、三湾、葛藤湾的村庄也被敌人烧毁，总计上下竹洲9个畲族兄弟居住的村庄被敌烧了6村，其中苎园坪村的茅屋全部烧尽，猪、牛、羊和一切财物全被抢光。可是畲族兄弟并不屈服，敌人撤走后，又在安周县委（宁寿县委于1936年7月改为安周县委）书记倪愚四同志的带领下，苎园坪村里大伙又行动起来，边放哨边砍竹木又搭起了茅屋，重建家园。

当时正是闽东敌人第二次向革命根据地开展大"围剿"，因主力红军在征闽北和闽中，不能及时给敌人以有力的打击，敌人又于1938年1月28日从陈凤、咸竹湾、首洋三路第三次合围苎园坪。村中群众全部避上山，革命委员会成员雷良俊同志在途中遇敌牺牲，全村第三次搭起的12座茅屋又全被烧毁了，至此竹洲山成了"废墟山"。

（二）不屈的人民

遭受敌人屡次"围剿"的畲族兄弟流离失所，无家可归，他们避在冰冷的山洞中和阴森的森林里，忍受着饥寒。但残暴的敌人依旧不放过，并进行逐个围山搜查，最后把他们50多人搜出来押往山溪边的"溪洞土主宫"中，实行编保甲，订连坐。其时共产党员郑步满、雷成波等同志仍然活跃在山上，他们冒着生命危险，秘密与屏凤山的畲族兄弟把修枪厂的机械和后方医院的伤病员送往黄县（即今闽东水电站一带），转移到宁屏古周墩一区去，他们全心保卫革命利益，把自己的生命财产置之度外的精神值得钦佩。

1937年2月13日，61岁的畲族钟日住老伯，从隐蔽的山洞里回到下竹洲，想找一找有无掉队的红军同志。中途被敌逮捕，押去咸竹湾。反动地主郑仁珠为首的反动民团把钟老伯施以酷刑，吊打交加，逼他说出红军、枪支、"土豪厂"所在等情况，他一直摇头说不知道。反革命分子用铁锥钻钟老伯，他如铁铸金刚一样，不吭一声。敌人用酷刑得不到口供，又逼他带路去石门头挖枪，在路上因逃脱不了，被敌人推进龙井下冰冷的溪水里。年迈的钟老伯虽然被折磨得奄奄一息，但仍咬紧牙关，忠贞护党，保守革命秘密。最终敌人束手无策，惨无人道下毒手将钟老伯杀害于咸竹湾，并砍下他的头颅，悬挂在树上。还有钟朝凤、雷志富、雷佛德、雷神静、蓝良红、蓝寿森等畲族兄弟，也都是为革命贡献出自己宝贵的生命。他们为革命抛头颅，洒热血，不屈不挠的英雄事迹，将永载党的史册，万古流芳。

桃源溪畔的红色交通员

◎ 罗辉禄　周许荪

战争岁月中，桃源溪畔活跃着一批红色交通员，他们出身贫苦，拥护革命，机智勇敢，英勇顽强，每次都能及时把情报信件、物资送到党组织和红军手中，为革命事业做出了巨大的贡献，他们之中有些人还献出了宝贵的生命。虽然很多人的事迹都在时间的消磨下湮没了，但历史不会忘记他们。

魏　志　政

魏志政，又名魏志进（化名魏志纲、魏志走、魏模岭、魏妙提、魏楹九），是咸村碧岩村人。魏志政在游击战争中是革命的老接头户、老交通员、老游击队员、老交通站站长、老军需委员、南区区委委员、南区办事处负责人，为革命事业作出了突出贡献。1942年6月，魏志政英勇牺牲，时年45岁。

1932年，魏志政在福安、宁德、福州、政和一带做茶叶、兼营、红曲、洋参、当归等生意，家庭生活小康。不久，他遇到阮英平，他们互相交为朋友，关系十分密切。阮英平告知自己革命身份，同时动员魏志政参加革命。1933年，魏志政由阮英平介绍参加革命，同年加入中国共产党，从此，魏志政走上革命道路。同年，阮英平在周墩特种区首个成立周墩碧岩南区第一交通站，任命魏志政为站长，下辖28个交通站，配备32名交通员。魏志政同时负责军需、枪支弹药、财政、交通、支部等工作。

叶飞、阮英平、陈挺等革命同志经常以商人和长工的身份长期居住在魏志政家。

魏志政经常来往于福州、古田、屏南、罗源、连江、福鼎、霞浦、政和等地，他以做生意为名，为红军购买枪支、弹药、药品等物资。

1936年1月，我闽东红军独立师三纵队在阮英平同志率领下，率队攻打屏南棠口的民团。棠口地处屏南东北部，离县城20里，是一个较大的村镇。这里不仅有教堂，还有一个闽东少有的由法国神父主办的教堂医院。据了解，这医院里存有很多药品。早些时候，阮英平同志曾派遣魏志政等同志作为交通员与教堂打过交道，所以他和教堂的管事混得很熟。为了解决部队药品来源，通过魏志政带信，请求教堂主事卖些药品给我红军部队，但是法国神父就是不肯卖药。他们自以为有民团和保安队驻守棠口，医院又有民团把守，对我红军不屑一顾。于是红军就计划惩戒一下这所医院，补充急需的医疗物品。红军刚发起进攻，棠口民团就跑得无影无踪。红军不费一枪一弹，顺利占领了医院。红军把医院的粮食、衣服、棉被发给当地农民，把红军急需的医疗、器材、药品、棉花、纱布等医疗物品带回周墩碧岩一带的老根据地后方医院，解决了红军医院药品短缺的问题。

熊德金

熊德金，1868年出生在梧柏洋的咸坑自然村，1933年参加革命，任交通员，1935年加入中国共产党，1938年12月在咸坑蒲葫头被杀牺牲，时年70岁。

熊德金是咸坑中心交通站站长，主要负责咸坑—梧柏洋—芹太丘、咸坑—茶园—碧岩—溪底—高际头—西坑这两条交通路线。

据村里长辈说，熊德金虽然年龄有点大，但身体很健壮，从小吃苦练就一身本领。有一次溪底村的反动保长密报伪周墩特种区长，说咸坑有"共匪"活动，伪特种区勾结国民党带一帮人马包围咸坑，烧毁房屋2座。熊德金被抓，惨遭伪军吊起严刑拷打，但他守口如瓶，说自己只是一个种地的乡下农民，什么都没参加，更没见过什么"共匪"。最终伪军拿他没办法，伪军走后，熊德金他又担起交通员的老本行，他机智勇敢，胆大有魄力，不怕天黑夜路，他都是孤身一人穿梭在大山森林之中为红军送信传情报，加上他又懂青草药，一有空就上山采药，及时送给红军治伤。而他自己，在半夜送信时由于天黑看不见，摔伤也是常有的事，饥肠辘辘更是经常的事，有时候实在饿了走不动，就在那里找些野果、树的嫩叶或者水充饥，休息片刻就走，就是这样日复一日为红军送情报，经常得到县委和区委的表扬。据前辈们讲，熊德金担任交通员期间还得到叶飞、阮英平、陈挺等首长的好评，说他是个钢铁男子汉，经得起组织和领导的考验。1938年12月，熊德金在一次执行任务中，不幸被伪军发觉，在咸坑蒲葫头被杀害，牺牲时70岁。

谢振智

提起闽东北的地下交通员，人们便首推周宁的谢振智。他长得矮壮结实，因常年在外跑交通，皮肤晒得黑亮，像上了一层釉。身上穿的是补丁重补丁的黑衣裤，往那一站，使人联想到一座被烈火燎过的松树墩。他左脚裤管老是比右边扎得高，露出小腿上一个杯口大、永远流着脓血的烂疮，说也怪，那疮口好像是娘胎里带来的一样，始终不见好过，但也不觉得在扩大。

谢振智的老家在周宁沈洋际溪村，人称"屙屎不长虫"的地方，真是穷到了家。他参加革命前，老伴因贫病交加去世，遗下三个孩子，他穷得无法养家，只好卖掉了两个。1933年，地下革命从毗连的福安县传到沈洋，他听了革命同志的宣传后，一拍大腿跳起来说："我谢振智只有往这条路走了。"于是投入革命怀抱，先参加游击队，后担任专职闽东北地下交通员。谢振智的足迹踏遍闽东北的山山水水，全心全意，风雨无阻地完成地下交通工作。

每次去送信，谢振智总是带着他的全部"行当"：一只破竹篓和一根下端开了花的木棍，竹篓里有一只碗，一双筷和两件破衣服。密信是用米汤写在粗纸（即手纸）上的。

他身上穿得破破烂烂，破绽上补丁连补丁，身上臭烘烘。有一次送信经过周敦，国民党保安团士兵正在搜查，不让行人过去，他急中生智，拎着讨饭的破竹篓，一手拄着讨饭棍硬往匪兵身边挤，保安兵看他又脏又臭，捂着鼻子骂他："快滚！"就这样混过匪兵搜查，把密信送到特委。

在三年游击战争期间，他作为特委和中心县委专职交通员，负责屏南、政和一线交通任务，他多次机智勇敢地通过敌人搜查，把信件安全送到目的地。

李 茄 弟

李茄弟是七步镇梧柏洋人，1917年3月出生，1934年参加地下革命，1935年加入中国共产党，历任苏维埃政府周敦县委和一区委交通员，梧柏洋村交通总站站长，主要负责梧柏洋—际溪—雷打石—岗头和梧柏洋—象运—半岭—柿洋—赤路2条交通路线。

新中国成立后李茄弟评为革命"五老"交通员。1976年至1980年春节期间，宁德地区副书记、副专员左丰美、黄垂明等领导在春节来临之际看望和慰问他，给他送去棉袄、被褥等，并交代大队干部照顾好老同志，让老同志安度晚年。1991年4月李茄弟在梧柏洋去世，享年73岁。

李茄弟曾说，担任地下交通员，人要灵活多变，更要保守秘密。首长交代的信件只能与首长对接的人讲，其他人一律不能说，送信当中遇到敌人，要想尽一切把信件存起或毁掉，来不及就要吃到肚子里，一定不让敌人获得。他送信当中有两次被国民党兵抓去挑担，但都没搜他的身上。一次是送信去雷打石村与雷成波接头，路过岭头兆溪洋时被国民党兵抓去挑担，挑到岭头去八蒲的路边时，趁国民党的兵放松警惕，立即跑掉脱险，把信件安全送到雷成波手中。另一次是从梧柏洋走出不远的"头亭下"被国民党兵一个班人马抓去挑担，挑到快要到新岭尾村时，趁匪兵不注意时往山坡滚到了山沟才脱险，当时匪兵用枪扫射几枪，差点被打中，这次是口头送信去茶厂的一个交通联络站的魏某。大约在1937年秋的一天夜晚，阮英平首长叫李茄弟送一封急信去际溪与一个姓叶的地下交通员接头。半夜快接近际溪村时，由于看不见路，不小心摔到小溪里，满身湿透，又冷又饿，好久才转过神来把信送到。李茄弟送信时，有时假装上山做事，有时假装赶路做工，有时装成走亲戚。半夜摸黑送信、报信是常有的事，还经常在夜里看不见路摔伤也是常事。那时缺医少药，都是用民间青草药治好的。李茄弟本村的罗金木是西北区（二区）的书记，懂得很多青草药，时有向罗金木取药治疗。

李茄弟主要是负责阮英平、陈挺首长的交通工作，有时也承担一区至西北（二区）六区的部分交通工作。记得1936年秋收的某一天夜晚，国民党可能有二三十人包围了李茄弟长坝垄的房屋，那天正好阮英平、陈挺等首长都在，还带有号兵，有20多人，国民党兵也不敢破门进入，李茄弟爬到楼上探听虚实。在这紧要关头，阮英平首长果断做出决定，叫号兵吹响"冲锋号"，国民党兵害怕而撤逃，大家方才脱险。

从1935年至1937年间，阮英平、陈挺等首长多次在李茄弟家长坝垄驻扎和开会，李茄弟都要跟红军一起站岗、放哨。1937年年终李茄弟长坝垄房屋被伪周墩保安队烧毁，无家可归。

1984年7月8日，中共周宁县委在县机关礼堂召开纪念闽东苏区创立五十周年大会。陈挺将军和左丰美等领导参加大会，会后县领导班子陪同参观县城，走到桥南"周墩苏维埃政府成立纪念碑"前时，陈挺将军一眼认出李茄弟妻子魏清淑（李茄弟那天因身体不适没来县城），就跟她拉家常，讲当年革命往事……可惜这些当时照片和文字，县里都没保存下来。

茶广——远去的硝烟

◎ 肖吉香

茶广村，是咸村镇的高山村，因当地人在它周围9000多亩的黄土地上广种茶叶而得名。

现在如果开车走周宁到咸村的老路，沿着931梨外线一直前行，出梧柏洋几公里，站在老路上，远远地就能望见对面山腰的树丛底下立着几栋黄墙黑瓦的老房子，那是茶广的老村。

一眼望去，老村的几栋房子像是被谁嵌在山上似的，房子与四周的古树梯田唇齿相依，整个村落显得幽静而又错落有致。古村的盘山公路未通之前，茶广人祖祖辈辈就是走着梯田当中的小路进出村庄，将自己的命运和全家人的幸福寄托在山里山外的路途中。

若是沿着曲折的公路步行进村，你会发现茶广村前的古树林里有名目繁多的古松、木荷、杜鹃，以及黄枝润楠、红柯、细柄阿丁枫、含笑等名贵树种，有的树的树龄比村庄的年龄还要大。村前树丛里的古松令人特别喜爱，它在林子里是那样苍翠高挑，那样娉婷有姿，像是从宋朝的古画里走出来一样。

茶广村的人主姓魏，宋隆兴元年（1163），魏嘉公迁往碧岩村开枝散叶，繁衍生息，之后又过500多年，魏嘉公的一个分支从碧岩村迁到茶广村。20世纪70年代，黄寿祺教授曾在此生活过。黄寿祺教授是易学大师，学识渊博，天性纯善，为人宽厚。他在茶广生活的时间里与当地的村民相处得十分融洽。他还给当地的人民普及科学知识，在给他们带去丰厚的学识的同时，也带给他们很多的乐趣。他极其喜欢茶广的村民，说茶广村的村民勤劳善良，热情好客，茶广是个民风淳朴的好地方。20世纪80年代他回到省城之后，因为感念茶广村民的好，还时常邀请村民到福州做客。

说起茶广历史，人们自然就会把目光聚焦到1938年，那是一段黑暗而特殊的岁月。当年叶飞、阮英平率领的闽东主力红军北上之后，特委留下一批干部回周宁发展地下组织。而位于碧岩和茶广之间的横坑里，则成了闽东特委机关的所在地。现今顺着茶广新村至碧岩的古茶马道前行几百米后折而向北，穿过密密的树林、竹林，跨过一块块农田与茶园，沿着弯弯绕绕的山脊前行约5里路，在芦苇丛的掩印

周政屏革委会旧址

下攀登一条小路上行，特委机关就设在当地人称石郎漈的西面。在那个特殊的年代里，战士们就地取材，以芦苇为屋顶，取松树做柱子，在树林的掩印下，搭起几个秘密寮。这个秘密寮里的人有雷成太，吴安秀、阿发、"福鼎"与罗富弟、张华山（当时的周墩县委书记、后在梧柏洋被捕牺牲）、郑一成等同志，他们以横坑里为秘密特委机关，四处活动，执行党的秘密任务。范式人、郭文焕、戴炳辉、左丰美、江涛、张云腾等先后都以此为中心坚持敌后斗争。战士们还在秘密寮旁的密林里挖了个山洞，开辟了两个操场，每天在此学文化，学政治，学军事技术。

特委机关的秘密没过多久就被敌人发觉了。1939年秋的一天夜里，周墩伪保安中队长陈英带着100多个敌匪，兵分两路包抄横坑里。这两路匪兵一路由茶广村的村民魏承习带路，机智勇敢的魏承习假装在前带路，实则是借着熟悉的地形带着匪兵在山里迂回辗转，走弯道，走远路，等到敌人发现他们被带偏离了方向，大呼上当，恼羞成怒，想要杀害魏承习时，魏承习已经趁着天黑，悄无声息地躲进山坡上的芦苇丛中隐藏起来。这一队匪兵因找不到他，时间被耽误了，不能与另一路匪兵及时会合。

另一路匪兵由邻村保长带路，在夜色的掩护下悄然摸上秘密寮附近。清晨，天还未全亮，就连林子里的鸟儿都还在恬然睡梦中，机关里的战士们都在沉睡，只有炊事员起来做早饭，正当他往厨房走去的时候，隐蔽在他身后的匪兵出其不意地拿着冰冷的枪顶在他的脑门上，吓唬他："不许动，再动就打死你。"

冷静的炊事员梗了梗脖子，正了正衣领，最后猛吸一口黎明前的清新空气，事态危急，此时的战士们还没醒来，通知大家逃跑是来不及了，他灵机一动，拼尽所有的力气，大喊一声："土匪来了。"

敌人闻听此言，迅速扣动罪恶的枪口，炊事员倒在了血泊中。听到枪声的红军战士们立即从床上跳起来，操起枪支应战，边战边撤出营地，随之四散消失在茫茫的浓雾中和密林深处。敌人慌忙四处追赶。当时的闽东特委书记、闽浙赣游击纵队司令员左丰美同志在撤退途中腿部中弹，危急中，他挣扎着爬到一个隐蔽地点。等天大亮之后，戴炳辉和茶广村的村民魏承木一起找到他，他已经昏迷了，戴炳辉与魏承木立即把他抬到茶广，对他紧急施救，晚上趁着黑夜又把他抬到桐子坑的七坡坪进行隐蔽治疗，左丰美自此在七坡坪休养至痊愈（戴炳辉后在七步梧柏洋的一处秘密寮中因伤势过重牺牲）。

茶广是个历经磨难的村庄，新中国成立之前屡屡遭受敌人抢掠破坏，凶恶的敌人几次欲将茶广全村置于死地。未免村庄遭受灭顶之灾，村民也是竭尽全力，想尽种种办法维护村庄，方才保住村庄。现今的茶广村，山野静谧，村民之间自然和谐，曾属于茶广的硝烟已经黯然远去。

今天当我在漫山遍野的茶香与花香中流连忘返意犹未尽的时候，回过头去看看村前笔直的苍松，继而想到那些为了崇高的共产主义信仰，为了保护这块土地的完整，为了党和人民的伟大事业而流血牺牲的先辈们，心中对他们充满了敬意和感恩之情！

碧血丹心话碧岩

◎ 周许荪

碧岩红色展示馆

　　碧岩是老革命根据地、老区基点村，位于周宁咸村镇所在地的北部，平均海拔560，村落面积 6.67 平方公里。全村现有 113 户、总人口 496 人。村子不大，但对革命的贡献却不小。

　　碧岩，是阮英平开创的一块红色根据地。在土地革命战争时期和抗日战争时期，长达 8 年成为闽东共产党领导全区人民开展革命斗争的中心。这里曾是闽东特委、宁屏古革命委员会，周政屏革命委员会和周墩革命委员会驻地。

　　在长期的革命斗争中，碧岩人民为革命做出了重大的贡献，付出了巨大的牺牲。据不完全统计，碧岩村土地革命前夕的全村人口 500 多人，到新中国成立之初的人口仅为 172 人，锐减三分之二，有四分之一的家庭绝户。

　　但是，英雄的碧岩人民始终斗争不息，红旗不倒，最终赢得了革命的胜利。

碧岩，是一面革命的旗帜，一部可歌的历史，一座红色的丰碑。

碧岩村地理位置地形险要，易守难攻，进可威逼周墩、福安、咸村、霍童、宁德，退可进山打游击，通往屏南、古田、松政。碧岩群众老实厚道，对共产党赤胆忠诚。由于碧岩附近良好的地理优势和深厚的群众基础，在土地革命战争时期和抗日战争时期，成为闽东共产党领导全区人民开展革命斗争的中心。

这里撷取几个片段，让我们重温当年的红色记忆……

碧岩中心交通站

1935年至1936年冬，全县的红色政权团体组织已发展到298个村（下辖528个自然村），每个团体组织都配备有体交通员计300多人，这一时期，全县共建立11个中心党支部，99个农村党支部，一般每个支部都设有一名支部交通员。

在这一时期，闽东工农红军独立师、周墩境内游击队也都配备有交通员。

在闽东党组织领导下，依靠广大革命群众，在周墩境内组成以特委、中心县委、县委、区委、团体、红军和游击队的交通站交通网。

碧岩中心交通站成立于1933年，至1938年2月中共安德县委组织领导建站，均由阮英平领导。由魏志政、黄加连负责，下辖碧岩新岭尾、半岭、咸坑等28个站，配置交通员38名。

碧岩中心交通站的主要交通路线共有三条：第一条是通往屏南县前坪，路线为碧岩—郭洋—王宿—李陈—前坪，由魏志禄负责县委交通；第二条是通往古田，路线为碧岩—前坪—古田，由魏志全担任县委交通；第三条是通往咸村，路线为碧岩—赤陵岗—石里窝—际岩里—咸村。

担任交通员、联络员的都是出身贫苦的农民，他们拥护革命，不怕苦不怕死，勇往直前，及时把情报信件、物资转递给党组织和红军，保证了革命事业的胜利发展，对周墩三年游击战争的胜利，立下了不朽的功勋。

战壕、秘密楼与操练场

碧岩后门山在游击战争和抗日战争时期都是我军十分重要的军事基地。后门山坐北朝南，山顶有一处天然屏障，面积1000余平方米，设有茅草楼数座，可容纳红军百余人。靠西北有两条长达500多米的战壕，是当年阮英平同志亲自设计修建的。后门山地处高处，森林茂密，周边设有多处哨所，易守难攻，国民党军曾多次进攻后门山，都无法得逞，后门山成了当年革命同志最安全的"鸟巢"。阮英平母亲当年也是住在后门山秘密楼的。

碧岩村发生过几次战斗。

后门山战斗：1937年2月，国民党反动派在车盘岭吃了败仗后，不甘心失败，又纠集力量偷袭碧岩红军驻地。陈挺、阮英平带领红军在碧岩后门山与敌人展开激战，杀得敌人狼狈溃逃。

彭家山—樟岔伏击战：1935年10月1日，在事前得到交通员魏奉利从贡川获得的敌300多人即将进犯碧岩的情报后，叶飞、阮英平、陈挺、郭华林、安明等首长率红军300多人，埋伏在敌必经的樟岔山头大岔。当敌进入埋伏圈时，红军发起攻击。战斗从上午8时开始，直至下午3时结束，碧岩村群众全力支援，红军大获全胜。战后打扫战场，村青年团员和儿童团员捡到子弹3000多发，军用物资一批，全部交给红军。

横坑事件：1937年9月10日，左丰美到达横坑特委机关，准备召开特委会议。13日凌晨，国民党省保安一个连和县保安中队100多人，突然包围了横坑秘密寮，我方仓促突围，牺牲2人，左丰美腿部中弹受伤。史称"横坑事件"。

碧岩的红军医院

岩石桶底（石井底）宁德西医红军医院："宁德西医红军医院"设在碧岩石桶底（石井底）和坑头，有两座秘密楼，可容纳伤病员100多人，作为红军医疗站和疗养所。医院聘请咸坑民间青草医熊德金为医生。当时，由于国民党反动派封锁甚严，医院药品十分紧张，医院常利用民间青草药进行医疗。

碧岩徐赖后方医院：1936年，在碧岩的徐赖搭了3座寮厂为医疗站，聘请咸坑村熊德金担任医生。此处山高地险，峻岭四通八达，极易转移，因而又是红军、游击队驻扎的宿营地。1936年8月，在葡萄洋战斗中，闽东独立师第一、二纵队战士负伤18人，革命群众把他们抬到这里医治；洋尾战斗中，游击队负伤6人，其中陈龙波脸部受轻伤，由他带领到这里就医8个月；碧岩分田大会时，遭受敌人来围攻，地下革命同志负伤五六人，也转移到这医院治疗；一次叶飞同志带队与敌在咸格后湾岔打了一场遭遇战，伤了两位同志，均送到本院医治。叶飞曾经也在这里治疗过。

红军后方医院在当时极其困难的条件下，采取了"从无到有，由小到大，因陋就简。分散机动，土草为主。西药为辅，中西药结合"的方针顽强生存，在长期医疗伤病员的临床实践中积聚不少丰富经验，总结了很多有疗效的病例，掌握了各种土青草药的特性、特征和用途，有力地支持了革命斗争，对革命事业做出了突出的贡献。

碧岩村的革命组织

宁屏古革命委员会：1935年10月宁（德）屏（南）古（田）周（墩）革命委员会在碧岩成立，主席石头弟，常委何道武、张家镇、张胡蒙、阿细。同时成立军事委员会，下设周墩独立营。1936年4月，在碧岩成立周政屏革命委员会，取代宁屏古周墩县革命委员会，主席石头弟，委员魏祖暖、何道武、颜孙赠、张永续、张朗蒙、阿细，把周宁、政和、屏南三县边区连成一片，建立一块巩固、统一领导的革命根据地和地下交通线。同年6月，由于革命形势变化，周政屏革命委员会进行改组，把周宁的天山一带地区划出，与政屏分开管辖，建立周墩县革命委员会，主席陈步田。宁寿古中心县委书记阮英平，以宁德的桃花溪、坑头和周墩碧岩、咸坑、芹太丘等地区为中心进行活动，领导宁屏古地区坚持开展游击战争，恢复了部分根据地。

周政屏革命委员会：1936年4月，在碧岩成立了周政屏革命委员会，取代宁屏古周墩县革命委员会，石头弟任主席，委员有周宁的魏祖暖、何道武，屏南的张家镇（后牺牲），宁德的张胡蒙，古田的××（名字不详），并成立了周墩独立营（营长范江富）和警卫连（连长魏金团）；各区成立了游击队、肃反队。

周政屏革命委员会把周宁、政和、屏南三县边区连成一片，建立一块巩固、统一领导的革命根据地和地下交通线。同年6月，由于革命形势变化，周政屏革命委员会进行改组，把在周宁天山一带的地区划出，与政屏分开管辖，建立周墩县革命委员会，主席陈步田。

闽东特委机关也两次入驻碧岩，碧岩在三年游击战争和抗日战争期间，两次成为闽东特委领导全区人民革命的中心。第一次是在1934年冬，当时特委机关在福安柏柱洋驻地被敌人破坏，阮英平、陈挺率领闽东红军独立师，几经周折，在周宁坑底同叶飞率领的独立师会合。中共闽东特委机关在叶飞、阮英平、范式人、陈挺等领导下，转移到碧岩村，在以碧岩为中心的环围村落，修建了红军修械所、后方医院、土豪厂等设施，并开挖了战壕，为军事斗争创造了有利条件，在此后的游击战争中发挥了重大作用。碧岩村成为闽东党和红军坚持三年游击战争的指挥中心和最可靠、最牢固的后方革命根据地。

第二次是在1938年2月，当时闽东主力红军北上抗日，闽东特委决定留下罗富弟（罗俊英）、张华山（又名柴头梨）等一批干部和少数武装30人左右，仍回周宁坚持后方工作。当时，国民党当局不断制造反共事件，革命形势日趋紧张，闽东特委认为周宁各级党组织比较健全，革命环境好，工作有基础，就决定将闽东特委机关重新迁移回周宁碧岩、茶广之间的横坑，继续领导闽东军民开展敌后抗日工作。自此，碧岩再次成了闽东党和武装领导指挥革命斗争的中心。

阮英平及其母亲在碧岩的活动

1933年冬，阮英平同志化装为卖鱼干小贩，沿路观察地形，第一次来到碧岩，住在魏志政家里。阮英平积极开展活动，发动群众，宣传革命，动员魏志政参加革命，介绍其加入共产党，并任命魏志政为周墩特种区碧岩村交通站负责人，与其直接单线联系，开辟宁德至福安的交通线。阮英平布置革命任务，随后还派张大周、凌福顺等革命同志到碧岩加强领导力量。

1934年春，阮英平第二次来到碧岩，并带领安德县委吴华禄、张大周等同志，从福安湄洋来到碧岩，发动群众开展地下革命活动，成立苏维埃政府，任命魏晋崇为村苏维埃主席，还成立儿童团、贫农团等组织，架造了4座机关秘密厂。

同年6月，阮英平、陈挺率领闽东红军从宁德桃花溪几经周折，安全回到了周宁碧岩的坑底与叶飞会合，并恢复了闽东特委。

1934年冬至1935年春，国民党十万大军"围剿"闽东苏区。阮英平率部队同叶飞、范式人领导的红军会合。这时的闽东特委委员只剩下叶飞和阮英平。为保存实力，适应新的斗争形势，中共闽东特委在叶飞、阮英平、范式人等领导下，转移到碧岩村，使碧岩村成为闽东特委坚持三年游击战争的指挥中心，还在以碧岩为中心的环围村落，建立红军修械所、后方医院、土豪厂等设施，为军事斗争创造了有利条件。

咸村—碧岩村（李洪元　摄）

碧岩在此后的游击战争中发挥了重大的中心作用，成为闽东党和红军开展三年游击战争最可靠、最牢固的后方根据地。

　　由于阮英平兄弟在福安参加革命工作，敌人对他家乡进行严重摧残，阮英平母亲（林盛姿）在家中无法居住。1934年冬，阮英平为了母亲的人身安全，委托亲友和革命同志把他母亲化装成新娘，用轿子抬出，穿小路，过关卡，辗转到周宁，改名林凤花。先后在大湾头、梧柏洋、桐子坑、咸坑、新岭尾等村居住过，最后转到碧岩的后方秘密楼，由魏奉利、魏陈林等同志负责照顾。1937年冬，又转到宁德桃花溪村的后山村。

　　"不忘初心，牢记使命。"岁月的推移并没有黯淡革命先辈的丰功伟绩和碧岩人民的光辉历史。碧岩人民的革命斗争史，虽然只是周宁革命史的一部分，但也足以让我们明白，我们今天的幸福是无数革命前辈抛头颅、洒热血，历尽千辛万苦，用鲜血和生命换来的。牢记往日革命斗争的艰辛曲折，才会更加珍惜今天来之不易的幸福生活。

桃源溪流域的硝烟

◎ 周许荪

桃源深处（李洪元 摄）

桃源溪流域虽然不长，但周边村庄的历史却不短。这里风景秀丽，人文荟萃，有许多优美的故事和美丽的传说，但给我留下深刻印象的，却是土地革命战争时期发生在这里的几次著名战斗。这里，我截取几个片段与大家分享。

枣岭阻击战

枣岭村，位于咸村镇西部，距离咸村镇13公里，海拔674米。相传南唐岳王李璟曾夜宿此村山岭，于第二天早晨上路，于是取村名"早岭"，后演化成"枣岭"，又名林洋境。枣岭村是山区，山高峰奇道险，风景奇美。曾属交通要道，与际会、李墩、礼门、油湾交界，上通屏南、政和、建瓯，下通宁德、福安等地，是一切步行和运输的必经之道，也是红军经常活动的地方。

枣岭水尾战斗遗址

1935年春，闽东红军独立师3纵队在闽东特委组织部长阮英平和纵队长沈冠国带领下，从周墩转移到王宿村一带驻扎，打算稍加休息后将队伍开往二三十里路外的天山碧岩，与叶飞会合。

将近中午，哨兵报告：有100多人的国民党部队向枣岭方向扑来。枣岭通往王宿村的山道，两侧高山耸立，树木茂密，且山路陡峭，是一个理想的伏击地。勘查好地形，他们经过一番深思熟虑，一个设伏歼敌的作战计划形成了，部队紧急集合后上山设伏，准备截击来犯之敌。战士们埋伏在大树后面，严阵以待。

不久，敌人就像一条长蛇似的钻进了伏击圈。阮英平一声令下，机枪哒哒哒向敌人猛烈扫射，接着手榴弹也连连在敌群中开花。敌人顿时像炸了窝的蚂蚁，四处逃窜，走在前头的几个当即被击毙。经过两个多小时战斗，最后敌人丢下20多具尸首，灰溜溜地撤走了，而我军无一伤亡。后来才知道这股敌人是武器精良的国民党黄苏保安独立旅的一部，他们探知王宿有红军部队，仗着武器精良，人数众多，就急忙赶来，想一举消灭红军。但他们做梦都没想到，这支武器装备劣势，连服装都参差不齐的红军队伍，战斗力竟然如此之强。自此之后，他们再也不敢轻易和红军交手了。

攻打下坑"十六坛"

处在周宁东南方的下坑村，北临杉洋有王贵生匪部；南靠咸村，有李其芳民团。以汤孙鸿为首的下坑、梧凤楼、梧桐坑、咸格、高路、汤夏山、西坑、六斗、溪园、长园、赤洋、长峰、老悌、深湾楼、大林、东坑等"十六坛大刀会""法兵"近千人，控制着周宁通往福安、宁德的要道之一的三角地盘。他们和王贵生匪部、李其芳民团、陈英伪保安队互相勾结，狼狈为奸，妄图切断周宁苏区与福安、宁德的联系，各把守关隘要道，拦追堵截红军游击队。

1936年春，地下党干部汤发茂、郑嫩弟路经下坑遭到杀害，反动气焰十分嚣张。在此情况下，红军游击队仍认真执行"政治瓦解与武装镇压相结合，以政治瓦解为主"的方针，对他们进行宣传教育，争取他们。汤夏山、咸格等村已成立了革命组织，而下坑汤孙鸿仍坚持反动。同年7月上旬，县委派碧岩村革命群众魏祖益以亲戚关系往下坑找"十六坛"坛长汤孙鸿，向他"借路"，让红军游击队从"十六坛"所控制地区过境。汤一听暴跳如雷，立即磨刀霍霍要杀魏祖益，魏逃回报告了县委。

在此情况下，县委决定攻打下坑。

7月18日，汤孙鸿带部分人到溪里毒鱼，县委书记张云腾乘机会率领游击队100多人，在碧岩群众的配合下，一举攻进下坑，抓捕了3个会徒，烧毁汤孙鸿的2座房屋，以示惩戒。但汤孙鸿并不悔悟，竟带百余会徒，进逼芹太坵、东坑等地，烧毁房屋4座。次日又带会徒到碧岩等村大肆抢掠，并捕去我地下革命同志、积极分子魏奉善等5人，押往霍童杀害。"十六坛"的罪行激怒了广大群众。为此，阮英平同志在碧岩村召开独立师纵队、县委张云腾、区委林吴木等领导人会议，决定并具体研究攻打下坑。同时，在县委的领导下，群众纷纷砍毛竹做竹叉，集中300多人，配合三纵队和游击队于7月23日向下坑挺进，兵分三路包围"十六坛"刀会。当汤孙鸿的"法兵"在村边厝坪上集中"念咒做法"时，红军一个排已在不远处的宫外埋伏好，架起一挺机关枪。我军的机关枪一梭子弹猛烈向对方射击，顿时就已倒下了所谓"刀枪不入"的"法兵"7人，其余的全部四散逃命。红军游击队趁势穷追猛打，迅速攻取了下坑。这一仗击毙匪首汤孙鸿和"法兵"64人。烧毁匪巢24座房子，迫使"十六坛"刀会全部缴械投降，捣毁了"十六坛"刀会反动势力的社会基础。随即，我党即派干部进入这个地区开展工作，组织发动群众，迅速成立了各种团体组织，并在五区区委的领导下，成立了村党支部和中心党支部，从而使周宁苏区得到了进一步的巩固和发展。

第十章

人文拾遗　乡愁记忆

印 象 咸 村

◎ 林 平

在周宁的9个乡镇中，最耐人寻味的当属咸村镇，最值得人们流连忘返的当然也首推咸村镇。是的，1000多年的风雨沧桑，古朴厚重的咸村，你踱进了，一生不忘；一方有众多姓氏聚集的土地，你认知了，最想回首。

隋唐以来，咸村就是闽东地域的一个重要的商贸集散中心。即使在物资极其贫乏的20世纪六七十年代，咸村仍以其活络的经济基础，较为丰盈的市面而赢誉周边，被称作周宁的"小上海"。这除了它的地理因素海拔低、气候温润、物产丰富以及那条日夜不息的桃源溪源源不断输送滋养外，还跟这里的人口稠密、市民的精明、睿智、和谐是分不开的。

桃源溪从上游的枣岭滑下进入咸村，冲积形成了一个狭长的小盆地，不但给这

咸村老街

桃源溪流域
YAOYUANXI LIUYU

雾漫咸村（陈继凤 摄）

里带来了充沛的水源，丰饶的物产，也给生于斯长于斯的老百姓带来了不同的文化和营生方式。也许是上天的恩泽，桃源溪到这里，溪面豁然开阔，水流舒缓，清澈干净，同时溪流一分为二，中间隔着一块平地，右边溪流的叫咸村，左边溪流的叫咸阳，连接咸村和咸阳的是一座青石板桥。咸村这边，人口稠密，民房密布，乡镇机关单位、学校也集中于斯处，自然形成了一个政治、文化和商业中心。而紧挨的咸阳村就略显单薄、寂静点儿，商业气息没那么浓郁，但也是咸村集镇的一个重要组成部分。而那条原始古老的咸村街，便成了周边乃至玛坑、杉洋百姓交往联谊的最重要纽带，同时是他们聚拢经商的最佳福地，货物流通的惬意场地。

　　说是古街，其实就是一条小巷，就像周宁城关的老街西门街一样，地面两侧是从桃源溪里挑来的鹅卵石铺成，中间用青石条铺就，一直延伸到南北两端。北端的叫街头坪，南端的叫街尾坪，两端相距不足1000米，街宽在3米左右，却汇聚了徐姓、蔡姓、孙姓、章姓、陈姓、林姓、张姓、王姓、李姓、彭姓等十多个姓氏家族，上万人丁。据当地人介绍，最先进驻咸村街的原住民应该是街头坪的徐姓族人和街尾坪的蔡氏族人，其余姓氏是看重了这个聚宝盆，后续而来的，他们分别来自霍童、福安、玛坑、杉洋以及周边几个山岭村庄。千百年来，他们同处一域，同喝一溪水，同耕一片地，彼此敬重，相互联姻，和睦相处，休戚与共，风雨同舟。

临街的房子均为土木结构，层数不多，只有二至三层。店面是房子盖好后改造的，一间连一间，有大有小，有高有低，有浅有深，光线都不怎么好，没有任何装饰，十足的原生态。商铺很多，有杂货店、糕饼店、香烛店、农具店、印染店、理发店、饮食店、医药店……经营规模都不大，但各具特色。人们所需的日常生活用品，农业生产工具以及服装鞋帽针线布匹灯具等等，在这里都能买到。

　　每天清早，各家店铺准时开门。最先招引客人的当然是老街的饮食店。印象最深的当是老街中段的那家包子店。店主是一个十分精明的中年妇女，个子不高，衣着洁净，精神很好，眼神明亮，气质优雅。她做的包子，个大馅美，皮质舒绵，咬一口，油滋满满，香气扑鼻，好吃极了！当然还有一家饮食店，离这家包子店三四十米，生意也兴旺，主厨是一个男的，他煮的炒面，量不如城关店铺的多，但口味独特，远近闻名。县直机关干部每当下乡到咸村，这家的炒面非吃一碗回城关不可。

　　上午8点，是老街最热闹最拥挤的时段。从咸村后面平坑村挑着柴火的山里人到了，从枣岭村拎着鸡蛋抱着家禽的农妇来了，从碧岩村扛着笋干香菇木耳的小伙子来了，平原地段附近的菜农也来凑热闹了……他们在老街上找到了适当的位置，放下肩上的担子和手上的货物，伫立一旁，等待买者。其间自然少不了讨价还价，交易完成后，这些来自不同地方的村民，把售后所得不多的钱钞揣在怀里，欣喜地迈进不同商号的店铺购回他们所需的物品。据上辈人回忆，在那物资十分紧缺的年代，人们手头基本没有现金，没有钞票，但在咸村老街商铺里却可以买到东西，买卖双方凭借的是相互的信任。很多乡里人进店购买物品，把选好的物品与店主点清后，就一股脑儿地装进自己随身携带的篮子或布兜里，店主只在专用的记账本上写上购物者所在的村庄、姓名和时间即可。到了秋收或年终时，这些赊账购物的村民便到店铺结清账单。此时，买者和卖者自然又少不了一番恭维。

　　经过白天喧嚣一天后的老街，到了傍晚时刻渐趋安静，进入了另一种状态——休闲。

　　咸村，地处周宁县东南隅，早年隶属于宁德县，其文化、风俗、民风、性情均有明显的宁德一带特点，所以造就了咸村人温婉随和的性格和慢条斯理的生活节奏。生活在桃源溪两岸的咸村人，除了日常的农耕和商业往来外，他们很会利用农闲时间或生意之余，在庭院里，在店铺外，摆上一茶几，泡上一壶绿茶，两人或三四个人，围茶而坐，品尝那淡淡的茶香，漫谈各种逸闻趣事。

　　所以，傍晚后的老街上的咸村人最善于把握上天赐予这块乐土的恩惠。他们除了喝茶聊天外，更多的是踱进酒肆或餐饮小店，捧上一瓮重酿酒或一木箱24瓶的闽东啤酒，点上一碗菜一碟咸花生，几个人光着背，推杯换盏，你来我往，直到月上柳梢头，人约黄昏后。

　　咸村老街的居民与生俱来对各种传统的节日特别敏感，也特别有兴趣。不管是大节日还是小节日，他们都很在乎。只要是节日，他们都会在自家门前挂起红灯笼，装饰门面，营造祥和喜庆的氛围。特别是中秋佳节，你站在南端往北眺望，两旁商铺的大小红灯笼闪闪烁烁，犹如天上的银河坠落桃源；街上更是人头攒动，比肩接踵，汇成一道五彩斑斓的人流。

　　也就在这人间的天河里，如花似玉的妙龄女子不经意间在灯笼下出现，三三两两，成群结队，步履轻盈，柔声细语；她们明眸皓齿，玉面红唇，衣衫明丽，气质优雅，尤其是那特有的咸村话语调，听之如曼妙之旋律，感之如深山之泉流，实乃人尘之享受。

　　这种高调值的语言现象仅流行于咸村霍童一带。探其历史渊源，大约有二，其一是一种语言代表着一定范围一定区域的人类活动的共融性。周宁建县前，咸村隶属于宁德县霍童，霍童又是宁德的一个大镇，咸村受其渗透和影响较大，形成了语言的共同性；其二是两地都处在一衣带水的霍童溪流域这个小盆地上，同喝一江水，共享一片蓝天，民俗民风相近，民间交往密切，自然就形成了语言的共享性。这种语言从女性口中流出，便特别柔情，特别舒展，也就特别好听。所以，周宁人常常调侃，最喜欢听咸村女人讲咸村话，即使是骂人听起来也是舒服的。

　　进入20世纪90年代，咸村同全国各地一样，无论是城镇建设，还是人们的生活条件，均发生了翻天覆地变化。但咸村老街的纯朴厚重没有改变，老街的亲情话语依然同桃源溪的流水一样，缓缓而流，回响在耳际！

故园老宅

◎ 孙 强

五百里鹫峰山脉的支脉绵延,在闽东山城周宁古镇咸村前驻留。深藏于重峦叠嶂中的盆地古村落——咸村洋中村,门前的桃源溪,水澄如练,如诗如画。云遮雾绕的山水间,茶园款款,梯田层层,一座座各具特色的古韵民居,包容着一种古老遗风,氤氲着一身祥和气息。

这里是我的故乡,我祖辈的家和我的出生地。

故乡地处闽东内陆山区通往宁德沿海的交通要道,自古就是闽东商埠、水陆枢纽。现今衢宁铁路周宁站点也正在此建设,给古村带来勃然生机。历史上来自中原的孙姓先祖遵择吉地而聚居,带来先进的文化和生产技术,迁播繁衍,留下众多历史名人的足迹。这里街道纵横交叉,幽深曲折,是全省第一批传统古村落和全国传统古村落。

看不完的古民居,听不完的传奇故事,品不完的特色美食。故乡的纯朴民风、古韵风情珍藏着我太多美好的童年回忆。在外跋涉多年,常常人未回而心已归,对故乡的思念是一种他人难懂的情绪。最让我难忘的是楼阁参差、屋脊相连的那片半月形古宅群和那座我出生的四合院式老宅。这些建筑,极富明清建筑风味,默默诉说着昔日古镇的风采。

厅堂里,飞檐、挂瓦、木雕,展示着前辈工匠精湛的技艺;寓意"步步为福"的百福字,大门门楣上的太极图,静默而古旧的太师椅;牌坊上的舜耕历山、挂角攻书;大梁上的二龙戏珠、双凤朝阳;横梁上感人的二十四孝图;屏门上的八仙过海、四郎探母;窗户上的喜鹊梅花、蝙蝠(福)松鹤(寿);案台上鲤鱼跳龙门、麒麟送子;天井石面上的福禄寿喜,无不惟妙惟肖,呼之欲

故园老宅

桃源溪流域
——YAOYUANXI LIUYU

洋中古民居（谢劲松 摄）

出。鎏金依然如初，闪耀着熠熠光芒。见证了时代沧桑变迁，蕴藏着丰富的文化积淀和历史痕迹。

　　洋中村有古民居近百座，各具特色，多为明清建筑，亦有许多民国时期的大院老宅，虽然大部分完好，却早已不复往日模样，仅有个别上了年纪的老人和外来租户留守。深入其中，人去屋空，有的堂屋顶雨漏，木构件腐烂，有的房间地面长草、青苔，有的已经倒塌。还有不少建筑精美构件、厅柱木刻、楹联等因"文革"期间"破四旧"遭铲凿而伤痕累累，文物贩子盗卖精美构件也屡有所闻。

　　过道中，捉迷藏的孩童楼上楼下相互追逐的脚步声，月光下小伙伴一阵阵跑来跑去的嬉闹声，恍如昨日，让人隐约能够回想起老厝往日的繁荣。

　　有时连自己也不知道，怀念的究竟是故乡，还是儿时与故乡幸福相伴的无法重来的时光。走进故乡，聆听历史的回音，感受着小村古今变迁的时光。品味着这份宁静，却也容易让人变得惆怅和产生莫名的失落感，浓浓的乡愁再也挥之不去。

　　在古民居清幽的境地里，人的心情简单而从容，云聚云散，人去人来，花开花落，在这个纷繁的世界，我们仍有必要保留这份略带惆怅的记忆。

老镇记忆

◎ 汤亦方

碧竹婆娑，青松苍劲，东风杀尽残冬。鳞甲翻飞，一驰十万玉螭。江山四季枯荣史，转圜中，一路奔腾，搏险追平，写下大风流。

知尔为水，籍从菩萨顶。过红尘，摒除风月闲愁。潇潇洒洒桃红地，任流连，不予回头。本无心，幸得桃源境，名唤桃源溪。

桃源溪最高源头是菩萨顶，当然，桃源溪不止一个源头。因咸村镇是周宁县海拔最低的乡镇，镇区拥有咸村镇最大的开阔地，所辖的村落大部分都在山上，自然万涓归流。金枣岭、月爿山、猴王山、石虎岩、牛顶等等山峰都是它的发源地。读着这些美丽的名字，必能激发你对这些山峰的想象与向往。确实，桃源溪的风光秀美自不必说。

咸村古名桃源，因桃源溪而得名。山川汇聚，人气凝集，成就了富饶的商贾重地——咸村街。古时的周宁就有着四大商贸老街，咸村街便是其中之一。

我的童年是在咸村度过的，记忆中的咸村一个是溪，也就是桃源溪；另一个便

老时光（李洪元 摄）

是街，咸村街。街道一侧房子显单薄，大部分是一排吊脚楼临溪而建，与水结缘。咸村街的人几乎都是从桃源溪挑水喝，溪水很干净，鱼也多。那时正上小学，桃源溪自然成了放学后的玩处，筑沙坝、摸鱼、砸鱼等。街头还有个水车的舂米坊，水车出水口尽是孩童们用剥完皮的麻树枝自作的小水车，大大小小各式各样甚是好看。

记忆中的桃源溪，最深刻的莫过于芭蕉树做成的筏。因桃源溪两岸种植着许多芭蕉树与芦竹，芭蕉树在采摘完芭蕉后，必须砍下，上游砍下的芭蕉树沿溪漂下，到了桥头弄附近就被溪石拦在大水潭中。水潭很大，占到宽大溪面的三分之二，且水不深，是一个天然的大泳池，夏季傍晚，街上好水的人几乎都在那儿。水潭中经常漂着几棵砍下的芭蕉树，游累的人可以攀扶着休息，而有的芭蕉树则被孩子们用竹竿穿到一起，成了芭蕉筏。

桃源溪、芭蕉筏我都向往，但很多时候只能在桥上或岸边羡慕地看着。因祖母总怕我玩水害病盯得紧，以至终生不会游泳。孩童都好水，常偷溜溪边，也上过一次芭蕉筏，留下了深刻的记忆。前年回咸村时重走了一遍桃源溪，回忆相伴，故赋诗一首以纪念：

三月暮春逢谷雨，山歌茶女竞相盈。
轻波雾锁云中燕，悠曲声迷柳上莺。
一叶凌空千渚碧，双篙击水百花惊。
凭栏远眺烟岚处，犹见儿时踏浪争。

另一个记忆便是咸村街，20世纪80年代初的咸村街主要弥漫着两种味道，一种是咸鱼味，另一种是猪粪味。究其因是交通问题，宁德七都的水产海鲜船运到街头亭，就得靠人力挑夫接力，从前集市海鲜较少，半晌即售罄。而咸货耐存放好下饭，深受乡村百姓喜爱，因此鱼货店特别多，咸鱼味就弥漫了。至于猪粪味，是当时条件和意识所至。临街柜台上摆放商品，柜台下便是养猪，家家户户皆如此。看似十分合理利用空间，但临街没下水道，猪粪便横流，粪便味横空充斥鼻腔。

夜晚，稀落的街灯昏暗，小水电发电量不足，开着电灯还得点煤油灯才可写作业。在作业完成后，经常会凑到热闹的店头听故事，大多讲的都是鬼故事。小时爱听，听完之后整个世界都如冥界，到家门口，见没人就不敢迈进门槛。这样带着惊悸入睡，夜里也多噩梦连连。睡着后偶尔听到对面人家女人的哭叫声，还有家什器物的崩裂声。这是咸村街上大名鼎鼎的酒鬼打婆娘。酒鬼外号"坛卮"，这两字都是酒具名，

老街记忆（李典义 摄）

足见其好酒的程度。

  随着女人的哭叫声和犬吠声平息，我又睡着了。勤劳的小镇人不会让夜归于沉静，在荒鸡丑时，隔壁两家的豆腐坊传来咿咿呀呀的推磨声，此时鸡鸣声密集，我总是把扰清梦的鸡鸣声归罪于推磨人，在适应了推磨声和鸡鸣后，又入睡了。然而每天总是睡眠不足，只因家家户户养猪，且天天都有杀猪，可以说小镇新的一天都是杀猪声唤醒的，而睡眠也在杀猪声中告终。

  杀猪声渐息，在床上可以清晰地听到竹杖敲击路面河卵石的铿锵声。如果是阳春三月的季节里，铿锵声更是密集，这是毛竹笋的季节，也是咸村街最繁华热闹的季节。咸村各个自然村的村民，把毛竹笋煮熟煮透，然后挑着一担担的熟笋，天没亮摸着山路出发了。人们总是想占个好位置，卖个好价钱。在"桥头弄"附近人特别多，因"桥头弄"有旅店，宁德来的客商多住于此。虽然"桥头弄"附近最热闹，无奈那地儿不大，以至于从街尾到街头两旁都摆满了笋担。早饭过后，笋贩们开始在街市上与乡民讨价还价，但问题主要在笋的重量上，由于煮笋在挑运的过程中有一定的水分流失，此时都会到街铺借大杆秤，店铺的老板也乐于出借，此举可以兜揽和稳定客源。但因大杆秤不多,客商经常会和乡民进行估量交易,咸村俗语"干喝"。淳朴的乡民对估量都有抱怨,其结果都是笋贩占了点小便宜。

小镇热闹起来了,有卖笋的吆喝声,还有其他商贩的吆喝声,时髦的年轻人穿着宽大可以扫地的喇叭裤,手提着音量开到最大的收录机,引人注目地穿街而过,引着一帮小孩尾随,街道变得更加热闹。卖掉笋的乡民开始采购,没卖掉的怕晚了买不到好东西,就先买好挂柱子上,等笋卖了再付钱。这时节,街上各种小吃似乎比春节时还多,煎年糕、七层糕、馅夹饼、芋泥包、锅边糊、煮鲜粉、炒唆螺等等,但最热闹的要数炒面店,特别是咸村有名的"神派炒面店"烟气弥漫,经常排着长队还一面难求,一直到晌午过后。这一季的毛竹笋大概持续半个月,是咸村乡村民众的一笔重要的收入。

孩子总是喜欢热闹,趁着热闹,要点零花钱在街上可以买各种小零食,哪怕是要不来零花钱,也可以在街上捡拾香烟盒,捡拾来的烟盒孩子间可以买卖交易,偶尔捡拾到"凤凰""大重九"更值钱。捡不到烟盒时,孩子们也会在糕饼店或者小吃摊边闻着香气,看着大人们买和吃,那时馋嘴咽下的口水感觉,是特别的香甜。

午后,乡民们差不多都把笋卖掉了,如果剩余一些就会送给亲戚朋友。街上不少卖完笋的乡民们,挑着两个笋筐叠在一起的单头担轻松路过,大部分筐里是一些猪肉、鱼等,也有的行色匆匆挑着一担化肥。

从衙前到桃源

◎ 汤生旺

岁月如流（李洪元 摄）

最初，拨开古镇商业渊源的迷雾，是源于一条古道，源于人们立农通商的理念。

苍茫大地上，一条古道融入逼仄的山坳中，用舒展的身躯紧贴着大地，用全部的经脉吸吮着天光地气，接纳从古道上风餐露宿的商旅官差与风尘仆仆的文人墨客。

古道与商业，在来路漫漫、去途悠悠中相遇，注定要成就古镇的双街同辉。古道因商业而霞光满天，商业因古道而万山无阻。

唐末宋初，北方战乱频发，民不聊生，朝不保夕。而江南农耕发达，战火未染，大批北方或江淮移民南迁，闽、粤、赣自然成为南迁移民的停留地。历史上，客家人行踪如飘萍一般，在世事变幻莫测的棋局里，渐次散落在八闽山水之间。在翻越千山万水、披荆斩棘的家族迁徙中，总会意外地找到一条条最便捷的跨越之路。久而久之，一波接一波的南迁移民依着古道，一路前行，一路驻足，落地繁衍。商业也在古道上次第开花,延绵不绝。随后,官商在这古道上接踵而至。

于是,古道成了官道商路。

古镇咸村是这条古道商业舞台上一个举足轻重的角色,古镇最初的雅称为"桃源",是因天山山脉涓涓细流而汇聚成一条桃源溪而得名。据文献记载,隋朝黄鞠与朱福同朝为官,皆不满暴政,先后入闽,在霍童和咸村定居。之后,陆续又有汤、彭、詹、谢等宗族迁入。古镇因地理位置得天独厚,自唐末以来,就形成了一条四通八达的路网,往北至宁德、温麻(今霞浦)进入江浙地区,往南由陆路进入屏南、政和、进入江西;往西经川中古道进入福安、赛岐、罗江、福州经水路往广州、东南亚而去。

山海交汇,商品集散于此地,使其自唐宋以来就经济发达、商业繁荣。据说古镇因一场酣畅迷醉的美梦而易名。唐末,颖王李璟为躲避宋朝的追捕,南逃入闽,沿古道进入咸村,正值深夜之际,只听得全村民众皆在甜梦之中,鼾声此起彼伏,颖王脱口而出:此为"鼾村"也。因方言"鼾"与"咸"谐音。李璟认为,此为富庶安定之地,否则人们不会如此安心入梦。既为富庶之地,定有商旅往来不绝,不可避难也,遂继续前行。

富庶之地得益于古镇商路的通畅,商业的发展最初追溯到了宋代,就形成了一条繁华的衙前商业街。所谓的衙前街,即官厅府衙所在的街市。古时,定期派官员到地方解决民事纠纷,官员的办公地名曰"府衙"。

在向导的指引下,我前去探访近千年的衙前街遗址。遗址位于咸村镇西面山脚下,即现咸村镇梧桐新村的后山。为了尽量保持原貌,1981年考古发现遗址后,除选择一些有代表性的文物做馆藏外,其余均保留原貌。

遗址在一片荒芜的残垣中,一条沟渠上横卧有灰褐色的长条石板,这是当年铺在街巷路面的石板。岁月流逝,来来往往的脚步声也早已远去,消失在苍茫的古道中,唯有这石板依旧独守着一份沧桑。环顾四周,一个带有浮雕的残存长石板进入我的视线,在石板不远处又看到了石磨,石磨周边散落着大量的瓷片、瓦砾、青砖等。长石板上雕刻着一只蝙蝠,似从黑夜中飞出的精灵,或许早就被主人赋予了更深远的意味,我不知道,该是"福泽绵长"呢还是"福运连连"。

在阳光映照下,草丛中反射着几丝耀眼的光,循着光而去,俯身拾起散落的瓷器残片,擦拭去垢土,瓷器立刻显现出青脂雪色。虽只是一片残瓷,也无法掩去那个时代特有的质感。有诗云:"夺宝光珠韵,艳如美人霁。"果然不假。双片相击,声如筝音流淌,如丝裂断锦之细。恍惚间,瓷片带着我走进了古时候一场跋山涉水的商业之旅。我想,这一定是江浙一带的商人,带着瓷器从温州的码头经水运到宁德,登古道进入了衙前街,然后摆在货柜上,一场买卖后,它已经在富贵人家的案台上了。时光轮回,而今透过它的纯净,一些古道上的历史,被渐渐唤醒。

尘归尘,土归土,我不敢带走属于那个时代的流光溢彩。我把瓷片放在了荒草丛里,让它见证属于那个时代的古镇商业风云。

然时运不济,财富的耀眼,商业的繁荣却屡遭盗匪的侵袭,使其商户不堪重负。再者,商业的频繁流动引来了瘟疫,更致命的是衙前街巷的西面的山体多次滑坡。据《周宁县志》记载:最后一次为明万历九年(1581)。厄运连连的衙前褪去了昔日商业的荣光,渐行渐远,最后在凄风苦雨中缓缓地凋谢。

随着入闽人口的增长,带来了古镇商业的梅开二度。令人欣喜的是,明代宁德县原设在麻岭的巡检司,到宣德年间移驻涵源(今咸村),到天启元年(1621),宁德县又在咸村街头亭设盐仓(储存食盐的仓库)。天时、地利、人和,一条美轮美奂的商业街应运而生,那就是桃源街。

桃源街在衙前街的北端,是咸村镇中心地带。一条青石板路,两边的店铺鳞次栉比。店铺布局多为前店后厅堂的设计,朝街面摆一柜台,坐在柜台前,街巷的商情尽收眼底,了然于胸。后为厅堂,既可居住,亦可会客商谈。直到20世纪80年代,桃源街的规制布局依然仿制明清时期的风格。从店前穿过一条狭窄的通道,走进了厅堂。厅堂设计有一方天井,也为采光通风与四季风景变换的融入。雨水从四方而来,像珠宝一样,滚落到庭院之中、中堂之前,也许,这便是人们所津津乐道的四水归堂、肥水不流外人田的财富的理念吧。

货从山海来,商与百姓家。方寸柜台,尽显春秋,吐纳天地,运筹帷幄。敦实的桃源街,商达四方之遥,业繁江海之盛。山货海产,集于此街,像一场山海的交响曲,在这古镇的古老街巷里尽显风流。

那时候,从桃源街走出的许许多多令人钦佩的商家,如孙氏的木材贸易,十三四岁时就走马江浙,将生意做到宁波府、苏杭一带。有谢氏布坊,从走街串巷的肩挑小担起家,后在桃源街创立了"齐芳布店",联合江浙布商,成为远销闽北及江西的集散地。许就是桃源的山水哺育了他们的坚毅果敢、敦厚诚信的为人、为商之道。

财富的聚集,必然呼唤着象征权力、地位、荣耀的宅院,或是一掷千金买下山林田产,以彰显门庭,张扬财富。于是人们纷纷大兴土木,广建宅院。所以,至今咸村才保有诸多完好的明清时期古宅,工艺精湛,风格别具,如川中汤氏古民居、洋中孙氏古民居。除此之外,家业的兴盛,感恩祖德流芳,于是各家族的宗祠拔地而起，规模宏大。富丽堂皇，重门翼庑，并建有培养后代族人的学堂或书院。

　　从唐宋到明清，从明清到当下，从衙前街的积蓄力量，到桃源街的纵横四海，一切源于衙前街曾经的繁荣，也得益于而今桃源街的兴盛。如今商业街的重心，正在往工业园区、动车站附近转移，新业态商业已经产生，老街完成了历史使命，像一位老成持重的老者，淡定从容地随着时间老去。

　　回眸那条曾经让桃源人梦牵魂绕的街巷，是过往，也是未来；是传承，也是寄托，更是人们面对这片土地的执着与深情的眷恋。

神奇珠算手

◎ 郑祥法

20世纪60年代，中专毕业的陈宗仁分配到周宁县偏远的乡镇——咸村农行营业所担任会计一职，一干就是15年，练就了打一手好算盘，打起算盘来甚至比用计算机算起来还要快，在同行业里小有名气。改革开放后，他被县行提名第一次前往省城参加全省农行系统珠算比赛，从众多选手中脱颖而出，荣获一等奖。而后，凭借这个"珠算能手"的荣誉，被省行推荐到福建农学院进修深造两年。

两年后，陈宗仁学成归来，被安排到农行周宁县支行上班。不久后，行里派他代表福建队去参加全国珠算能手比赛，在强手如林中，也许是没能发挥好，他落选了，排列第13名。回行后，他吸取经验教训，努力提升自己的业务能力，在学习中提高理论水平，在实践中积累实际经验。1987年秋，陈宗仁凭借认真的工作态度、出色的业务水平和工作能力，被提拔为农行周宁县支行行长；后于1989年调任福鼎县农行行长；在福鼎任职两年后，升任农行宁德地区中心支行副行长，接任离任的南下干部行长，分管财会和珠算比赛团队。2001年12月，中国加入世贸WTO组织，陈宗仁调往省城福州新成立的与农行配对的长城金融资产管理公司，担任财务总监一职。

在周宁农行任职期间，可以说是陈宗仁职业生生涯最大的转折点。当时，一个七八十人的小单位，由于林林总总的原因，经济案件频发，8个基层营业单位，有3处的负责人因涉嫌经济犯罪被执法机关收容审查。期间，又因多项员工福利不能兑现，导致大家情绪低落，工作积极性不高。而支行仅有的两名行长，又前后打报告要求调回原籍工作。在这种情况下，单位成了无人主事的烂摊子。

宁德地区中心支行领导了解情况后，不能让行里一直无主，更不能继续任由员工工作懈怠。于是开始紧锣密鼓搜寻合适的领导人选。几度推选几度否决，最后，在大家的积极推荐提议下，工作突出的陈宗仁成为行长候选人。后经中心支行领导集体研究后一致通过，这位向来在幕后起数字"参谋"作用的省级珠算能手，被推选到幕前"发号施令"。上任后，为了不辜负上级领导和同仁的期望，陈宗仁兢兢业业，一丝不苟，全心扑在工作上，同时把珠算理论付诸实践，经过两年多时间的

珠算神手

治理与整顿,把周宁农行的许多"死账"算活了,并在全区评比会上名列前茅,受到县政府和上级领导的肯定和赞赏。

1989年,一纸调令,陈宗仁被调到福鼎县农行任行长。当时,全国各地银根抽紧,而福鼎却是超负债经营行之一,非正常贷款中的"呆账""呆滞贷款"比例居全地区之首,加上资金周转慢,影响拆借资金按时归还。福鼎地处沿海地区,当时正借改革开放之机发展省际边境贸易,资金需求量大,信贷头寸缺口额达数千万元。如何解决这个难题,初来乍到的陈宗仁着实花了不少心力,他每天东奔西跑,不断地跑基层,跑企业,跑海岛,到处去实地考察。

跑的地方多了,陈宗仁心里有了如意算盘。随后,为了这把"神化"的算盘发挥更大的作用,他以各营业单位为算盘之"档",以各业务骨干为算盘之"珠",以筹措资金(包括搞活非正常贷款)为"梁上珠",一分钱当五分用;以各信贷户为"梁下珠",一分钱算一分,严格把关,不让"非正常贷款"再度出现。经过这把"神化"的算盘测算,剥离了不良贷款,转危为安。陈宗仁在福鼎县农行任职3年中,共盘活资金数千万元,一改"贷差"行为"存差行"。

福鼎农行虽走出经营困境,但宁德地区农行的经营困境并没有完全排除。1992年5月,省农行党组再次作出人事变动,陈宗仁被上级领导慧眼识中,为了迎接宁德地区脱贫致富综合试验区春天的到来,他这把善于精打细算的"算盘"再次被上级扩档使用,发挥了他所有的才智和能力,更得到上一级领导的赏识和认可。

改革开放以来,国家挖掘了一大批人才,陈宗仁也是这千万人中典型励志的一员。是金子总会发光,在他珠算能力的感召下,玛坑营业所的主办会计陈雄拜他为师学珠算。虽然陈雄只有初中学历,决心却不小。在陈宗仁的辅导下,他不仅是农行周宁县支行的珠算百张传票、能手级别冠军,而且代表宁德地区农行出征全省农行比赛,荣获第3名,后被地区农行越级调往农行宁德地区中心支行会计科,不久又被选送福建农学院农村金融专业进修。回行几年后,在老科长的精心培养下脱颖而出。老科长退休后,陈雄接任农行宁德地区中心支行会计科长,是机关众多科级干部中最年轻的一位。

以前,在农行代理人行管理全县农村信用社时,农行与信用社也是兄弟般的存在,办公场地合署办公。那时候的陈宗仁,也是全心带领全县农村信用社会计队伍建设,不仅在业务上精心辅导,珠算知识也是倾其所有传授,信用社也由此出了几个珠算能手。其中七步信用社会计员谢和钦在珠算比赛中获得全县农村信用社冠军后,还多次出征全区农村信用社珠算技术比赛,取得好成绩。

陈宗仁祖籍东海之边的莆田地区,中专毕业后由省人事局与学校包分配到闽东山区周宁县农行咸村营业所。回望他的成长历程,一步一个脚印,勇于开拓创新,在每一个岗位上,不仅履行了自己职责的能力与水平,还做到了与时俱进,增强大局观,为银行的平稳发展贡献了自己的力量。

烟 火 扁 肉

◎ 孙 强

"扁肉"可不是扁扁的肉，只是肉馅的加工相似于福州的"肉燕"，一般面皮是敲打而成。扁肉是起源于中国的一道传统美食，至今仍是民间最有烟火气的特色小吃。

我去过许多地方，尝过各种各样的小吃，但是，我最爱的依然是家乡的风味小吃：拌面、芋饺、米粉……想想都令人垂涎三尺，其中最让我心心念念的特色小吃，还是最有人气、鲜美柔滑、皮薄馅多、油而不腻的扁肉。

一

扁肉的俗称有很多，通常与北方人所称的"馄饨"大同小异。根据地域的不同，做法的一些改良，名目繁多，但万变不离其宗，都是面和馅之间的故事，猪、牛、羊肉都可以做馅，在南方部分地区，将馄饨称之为"扁食"，而北方的饺子在古代也称之为"扁食"。在其漫长的发展过程中，古时还有"牢丸""扁食""饺饵""粉角"等名称。有人说，"馄饨"一词起源于汉朝匈奴的故事。相传在汉朝的时候，北方的匈奴经常骚扰边疆，民不聊生。百姓对匈奴恨之入骨，于是就用肉馅包成角儿，取名为"浑"与"屯"之音，唤它作"馄饨"，就是希望能够吃掉匈奴人且希望平息战乱，能够过上太平日子。西汉杨雄所作《方言》中提到"饼谓之饨"，馄饨是饼的一种，差别为其中夹内馅，经蒸煮后食用；若以汤水煮熟，则称"汤饼"。古代中国人认为这是一种密封的包子，没有七窍，所以称为"浑沌"，依据中国造字的规则后来才称为"馄饨"。在这时候，馄饨与水饺并无区别。千百年来水饺并无明显改变，但馄饨却在南方发扬光大，有了独立的风格。此后，三国时期称作"月牙馄饨"，南北朝时期称"馄饨"。唐代称饺子为"偃月形馄饨"，正式区分了馄饨与水饺的称呼。宋代称为"角子"，元代称为"扁食"，清朝则又多称为"饺子"。

扁食的面皮、馅料、汤底的制作等在不同地方更是差异极大。不说其他地方，福建不同地区的扁食，不光名字不同，做法也略有区别。扁食通常是圆形的，馄饨外形一般是长方形或三角形；扁食的馅料比较多，食材丰富、可荤可素、可甜可咸。

扁食煮完后的汤汁是淡的，需要自己调料。馄饨在煮时可以加入一些调味品或喜欢吃的菜，不用调蘸料。区别主要在于馅的材料不同、外观不同、吃法不同。在甘肃天水一带，扁食和饺子是有所区别的，饺子的皮是圆形的，而扁食皮是梯形的。扁肉在福建、台湾等地被称为扁食，因为在八闽大地小吃众多，扁食和饺子的区别还是比较大的；华东的江浙上海一带亦多为扁肉扁食；四川称"抄手"，川人嗜辣，有道名菜叫作"红油抄手"，重点在它那一盆红彤彤的红油，将馄饨煮熟了放进去，就是红油抄手。

第一次去四川的北方人或南方人听到这名字，很难想象这是食物，也许会以为是股票基金中的"操手"——操盘手呢。那抄手是怎么个来历呢？说法有二：一是指因为它皮薄易熟，抄手之间，就已煮熟上桌。有这样一个故事，有人在成都街上闲逛至一小吃店，问老板为什么"馄饨"到这里变成了"抄手"。老板也不说话，只将手中馄饨往汤锅里一扔，而后双手在胸前一抄，身体往门框上一靠，然后双目炯炯地瞪着汤里的"抄手"几分钟，那玩意好了，盛在碗里，端给食客，口中大叫"抄手二两"；另一说法是说它的样子像一个人抄起两只手：制作馄饨的最后程序是将

咸村扁肉

面皮两头抄到中间黏紧，这个样子颇似人们在冬季为避寒将两手抄在怀中的形象，所以叫"抄手"；广东因口音不同而沿"馄饨"之音称"云吞"，英语称作"wonton"，即源自广东话；湖北俗称"馄饨"，有人也称为水饺，武汉则称"包面"，江西称"清汤"，江苏称"淮饺"，新疆称"曲曲"；而在山东、山西、河南、河北等地，统一叫法是饺子；台湾多用闽南语称作"扁食"。1949年前后，来自中国大陆各地的士兵把家乡的叫法带到台湾，因此在台湾，馄饨、云吞、扁食或是抄手的说法都很常见；日本，沿用广东话发音，称"タ"（wantan），写作"云吞"，传自华北的叫法"馄饨"就很少见……相似的"扁肉"，不同地区的称法有所区别，但没必要纠结它叫什么，北方人看到饺子、馄饨懂，南方人看到扁食、扁肉也懂，各自明白就好，不分高下，只不过多了一份感情。这烟火扁肉，勾连起同一个"中国胃"。

扁肉琳琅满目，这么多名称和做法，在传播路径中，福建是不可或缺的。八闽单福建的沙县、莆田、漳州、厦门的扁食就有很大的不同。最受欢迎的一款是皮薄，全肉馅没有菜，出锅时会漂在碗上，咬下去有一股Q弹的口感。扁食通常在"沙县小吃"中很常见。赫赫有名的"沙县小吃"中的沙县扁肉因其馅料、汤料、吃法、调味上的差异，分为煮扁肉、炸扁肉、炮扁肉、鲜扁肉、虾肉扁肉、扁肉面等20多个品种。据说，南北宋之际的著名政治家、军事家、民族英雄李纲（1083—1140）一度被贬到沙县负责税务，他很喜欢沙县的扁肉，曾用他的生花妙笔写诗称赞过沙县的扁肉："浑沌乾坤一包中，常存正气唱大风。七峰叠翠足娱晚，十里平流任西东。"至今仍传为佳话。沙县扁肉有的是用福州为代表的福建传统著名特产"燕皮"包制而成的，故有"扁肉燕"之称。福州肉燕也叫太平燕，每到重要的节日，或者红白宴席，都有吃肉燕的习俗，有着"无燕不成宴，无燕不成年"的说法。燕皮是将猪瘦肉用木棒捶成肉茸，放入上等甘薯粉制成，薄如纸张，色泽洁白。因柔软滑润，细腻爽口，富有燕窝风味而得名。

二

南北派的馄饨我吃过不少，"扁食"是家乡的最传统的叫法。记忆中，即使福建省内其他地方的"扁肉"也与家乡闽东一带的"扁肉""扁食"在名称、口味上有差异。不知是因了"谁不说俺家乡好"之故还是什么，我总觉得还是山城周宁的扁肉最好吃。

闽东周宁老家的"扁肉"最大特点是Q弹、脆嫩。我曾经多次见过一碗扁肉的诞生。老城关十字路口百货店对面有两家老店，店面不大，里面摆5张桌，也就供10位食客用餐，每天中午12点左右，常常能看到排队等待的客人，每到饭点，人声鼎沸，生意极好。来到小吃店，点上一碗扁肉，老板便拿出个小盆子，里面装着用猪肉剁成的肉泥，又拿出一小袋擀好了的扁肉皮，然后用娴熟的手法抄起一张扁肉皮，另一边手用筷子挑一些肉泥，最后再将扁内皮在筷子上一抹，再那么一捏，一个扁肉便做出来了，再如法炮制，做出一大把扁肉。这些生扁肉皮是白花花的，透出内馅中的淡红色，好似一只只白白胖胖的小天鹅，舒展开洁白的连衣裙，准备在水中游弋。

一碗好吃的扁食是很有讲究的，好的面皮必须用精制面粉手工制，不仅要厚度纤薄，煮后才能几近透明。还要薄厚均匀并有较强韧性，才不会有煮后皮破的情况。扁食的馅料必须要用鲜猪腿肉手工捣烂，辅料可根据不同情况自行变化。山城农耕为主，家乡"扁肉"的馅肉往往选择家中自养的生猪前后腿瘦肉，肉质新鲜红润、紧实，有弹性，最好是从刚宰杀的生猪中趁热取出，并去掉皮骨、筋头和肥膘，用棒敲打成肉泥。最特别的是在皮里加碱不易酸败变味，嚼劲十足，馅里加少许刚出锅的油渣，这样一来，变得更有弹性，脆嫩有味。一般来说，扁食都是用汤煮熟。汤头就很关键，猪大骨熬制汤底，也可以适量加入提鲜辅料来增强汤的鲜度，汤熬至奶白色后就可用来做扁食的底汤。汤中除了扁食外的其他配料也是缤纷多彩：扁食煮熟后入碗前，还可以根据个人喜好加入葱花和胡椒粉乃至芝麻香油。芫荽、芹菜、冬菜等等皆可加入扁食汤，扁肉沉浮于高汤上，再撒上翠绿的葱花，清香扑鼻，一碗热腾腾的扁食端上桌，皮薄馅鲜，嫩滑爽口，味道鲜香，甚是诱人，让人忍不住想多吃几碗。

记得自己动手学厨时，第一样学的便是包扁肉。由于在多次享用中看出了一些门道，最初几次偷偷学着扁肉店的老板抄起扁肉皮挑一些肉泥如法拿捏，结果却总是"皮开肉绽"，惨不忍睹。一问扁肉店的老板，则笑着提示诀窍：这里要注意的是包的时候，手上要有一些水，不然面皮会像泡泡糖牢牢地把你粘住，撕下来，面皮也会破掉，而且包的时候要小心，面皮十分脆弱，一不小心就会弄破扁肉皮。由此而后所包的扁肉竟也像模像样。

接下来，就是扁肉店的老板把它们轻轻地扔进锅里，滚上几分钟，扁肉在煮熟的过程中不能闲着，得把葱、盐、味精放入一个汤碗中，等着这碗好吃的扁肉出锅了。拿起一个碗，往碗里加入一小勺盐，一小勺味精，一两滴酱油，再加一点点葱花，等扁肉快煮好时，捞一大勺清汤倒入碗中，再捞出扁肉，放入碗内，最后又撒上一些葱花，一碗热气腾腾的扁肉便新鲜出炉啦！喜欢吃酸和辣味的朋友还可以滴上几滴蒜头醋，或者在馅上抹上少许辣椒酱，太好吃了！

三

  扁肉不光是一种街头小吃，更是一种家的记忆与故乡的符号。如果出外的你回到山城或来山城旅游的话，亲人和朋友们一定会亲自下厨或到专门的小吃店为你煮一碗鲜美的扁肉来表示盛意。儿时记得，和大多数美食一样，山城里许多真正好吃的扁食店都是蜗居在深巷中，虽环境简陋却有真正的美味，所谓酒香不怕巷子深。许多出外上大学、工作的游子归乡，偶返山城故里，众里寻他千百度，蓦然回首，它在市井烟火处。清晨，捞起一口顺滑剔透的扁肉，完美的一天，从这里开始！深夜，滋溜一口，是汤的鲜美混着一股儿的酸味，一种熟悉的味道便游走在舌尖，一碗热气腾腾的扁肉便成为夜宵美好的记忆。那寒冷的冬季，一碗热腾腾的扁肉，温暖了吃客的胃，更暖了情侣的心……没尝过周宁的扁肉，你肯定想象不到，这世界上有一种小吃能够如此地爽滑鲜美，能那么巧妙地包容你的味蕾，"咕噜咕噜"连着汤汁入口，喝个精光，抹了抹嘴巴，还有些意犹未尽，那叫一个满足！

  多年来，一直这般情景，至今一一忆起，心中一暖。当今旧城改造，似觉早已不见旧时情景，街面的扁食店很多，只是惆怅满街随处可见的妙香扁食、扁食妹等并不能代表昔时最有烟火气的真正的山城扁食。

  对在外多年的福建人而言，家乡的扁肉，就是尘世中的一抹烟火色，温暖了人间。中国地大物博，每个人都有自己心中的美食，而扁肉是我记忆中最美的乡愁。

  记着，下次你回山城省亲或旅游时，别忘记煮一碗鲜美爽滑的扁肉来尝尝哦。

梅 骨 风 情

◎ 郑 梅

梅山秋色

"翠黛娥眉应验夫人两朝诰轴；青云仕路还期子侄百代书香"这副已毁于"文革"期间林聪手书的对联，是林聪与夫人汤满娘举案齐眉的鹣鲽情深，是同样出生于农村的刑部尚书对梅山子弟的殷切期望。

原以为才子佳人的故事只发生在小说中，在电影里。殊不知就在梅山——周宁的一个偏远小山村，曾真实地演绎着一段这样的故事：没有倾世容颜，没有胜雪肌肤，聪慧而能言善辩的汤满娘用自己的才情和机智征服了才高八斗、满腹经纶的少年林聪，两人一见钟情，定下终身，几年后，林聪考中进士，两人喜结连理。在他们的影响下，梅山村创办了梅峰书馆，开始了它培桃育李传道授业的神圣使命。此后，逐渐声名鹊起，正如书馆门楣上悬挂的匾额"奎壁联辉"一样，梅峰书馆的创办，带动了梅山村以及咸村、川中、霍童等周边村庄的求学风气，远至七都、蕉城亦有学子慕名而来上馆求学。数百年的文化积淀，真可谓"桃李满天下"了。

梅峰书馆，或许没有惊艳了那么多莘莘学子的求学时光，但一定能温暖那几代人的艰苦岁月。他们以"耕读传家"，并将这一理念铭刻进骨髓里。他们凭耕，事稼穑，丰五谷，养家糊口；他们借读，知诗书，达礼义，修身养性。即使在那食不果腹、衣不蔽体的年代，仍执着地将读书进行到底。直到今天，当我们走进梅峰书馆，轻声诵读门口那翰林院编修国史馆总纂魏敬中亲笔手书的赠联"天下无不是底父母；世间最难得者弟兄"时，仿佛看到了顶着严寒酷暑终年辛苦劳作的农民们，满怀希冀地将子女送进梅峰书馆；仿佛看到了书馆中那一张张稚嫩而倔强的小脸正专注地听先生讲那传世经典孔孟之道；耳边隐隐传来孩子们那琅琅的读书声，那声音悠远而绵延。门厅上方"隔帐延禧"的匾额，让我们真切感受到送匾额给师母贺寿的光绪四年（1878）副举人魏开铨对师母以及书院诚挚祝愿的赤子之情。先生60大寿时，学生送的"养教有方"匾和"广种桂兰荣玉砌，长培桃李沐春风；桂蕊兰芽恒沾世泽，杏林槐市咸被恩光"祝寿联，我们仿佛看到学生欢聚一堂为先生庆贺的情景，学生言谈举止间流露出的满满感激与尊敬让时隔400多年的我们仍能轻易触摸。这份深情如诗，温婉中尽藏灵气；这番祝福似画，空白处更传敬重。梅峰书馆这根植于骨髓的文化底蕴，让置身其间的每个人都会有成长的喜悦，求知的冲动，觉悟的欣慰。

或许是遗传吧，梅山人血液中流淌着的都是文化气息，沐浴天地间流动的勃勃生机，只是在这闲庭信步的穿行中，都能闻到那幽深巷子里渗透出来的墨香，心情便如茶烟深处的月色那般诗意，那般惬意！从唐宣宗年间的进士汤耳汤县令的大公子花落梅山后，虽然没能恢复汤耳时期的辉煌，但他们却将汤知县骨子里的"耕读传家"之理念给传承下来。他们尊崇圣贤之道，不忘儒学，设立私塾。时过600多年，梅山又因汤满娘与林聪的一段姻缘，再次将这份铭刻于骨髓的理念点燃。耕读，耕读，且耕且读，在耕作之余，读几句《三字经》《百家姓》《千家诗》《千字文》。就这样，他们在平平常常的生活中，潜移默化地接受礼教的熏陶和圣哲先贤的教化。孟母三迁，无非也是为了给孩子一个良好的学习环境，睿智的梅山先祖们早早便奢侈地给穷苦的山村孩子搭建了一条通往知识殿堂的天梯——创建梅峰书馆。虽然，他们中并没有出现足以写进历史的知名人物，其绝大多数都未能通过读书来光耀门楣，但他们却已经习惯了。对，就是习惯，他们将读书作为一种习惯延续下来，不可或缺，就像洗脸、刷牙一样，无须提醒，他们自觉地履行着这个在当时相当奢侈的义务。为梅山这个仅152户人家的小村庄里走出的2位知县、近10个秀才、多位国家干部打下坚实的基础。

探古而去，肺腑因你而香透；访今归来，心胸因你而疏阔。梅山，她既可以满足你纵情山村野外饱览林间秀色的酣畅淋漓，也可以让你因走进古代书馆浸润醇厚书香而缱绻依依。走进梅山，一幅墨香晕染的山村画轴徐徐展开，一段才子佳人的爱情故事慢慢鲜活，一个铭刻于骨髓的耕读理念渐渐浮现……

　　梅山的风情，出人意料。

咸村古建筑

◎ 陈圣寿

从雀替说起——以小见大话川中

你知道什么叫"雀替"吗？

大部分人肯定摇摇头作答。

这没什么，顶多就是跟几天前的我一样，身处咸村川中村一座老宅的天井旁，仰头看着立柱与横梁连接处精美的构件不知其所以然，直到博学而热心的周许荪老师主动告知这叫"雀替"。我一时窃喜，又想检验一下同行者们的认知水平，心生一计，以"雀替"为谜面猜一物，顿时引来七嘴八舌乱猜一通，当我说出谜底也是雀替时，大家虽然笑骂我违背出谜常规，但都因此认识了雀替的真面目，从而引发对各类构件的浓厚兴趣，甚至于因此助产几个古建筑半专家，我就心安理得了！

安装雀替虽然不是什么特权，但至少是比较阔气的大房子的标配。看川中几十栋保存完好的老宅普遍装配了雀替以及与之匹配的斗拱、匾托、雕窗等，可想而知三溪交汇与宽广的田野，给川中带来的财富集聚效应至今体现在与岁月同辉的古宅及其精雕细琢的各类构件上。而看来此处历久弥新显得亮丽而细腻的黄墙之建造工艺又明显比别处高出许多，无疑更加佐证了她曾经的富庶繁华。

可惜，有关资料几乎不存，而我们不能伪装成考古专家，不然从下面几块门匾的名字及其中隐含的奥秘，当能推演出一部又一部的家族兴衰迭代史吧？"光天化日"颂扬太平盛世的同时当然标榜自家共享了朝堂的恩光；"七叶衍祥"宣示本族七分支枝繁叶茂一派祥和繁荣景象；"彤云北至"与"熏风南来"两者都说明了家世渊源，更宣示家风淳厚。

川中人最自豪的还是自己的祖先——汤耳。汤耳，字闻之，生于唐宪宗元和元年（806），宣宗年间中进士，任长溪县（今霞浦县）知县。汤耳原居宁德黄檀，后与其弟携家眷迁至里渺（即川中村），筑屋凤山南麓，修道路，建木桥，造磴步，以便行人。汤耳致仕后回川中定居，开发良田。唐咸通二年（861）捐舍基地与普济和尚建凤山寺。此后，遣长子汤让迁梅山，次子汤谦迁孝悌，三子汤讲居川中，汤

古韵遗风（陈赞铃 摄）

姓子孙世代繁衍，使川中、梅山、孝悌及其附近村庄得到开发。

遥想1200多年前的汤氏祖先是何等的意气风发！一生居知县之位，晚年捐建凤山寺，修路铺桥开山造田，又发枝散叶到邻村繁衍，诚可谓用心良苦高瞻远瞩，所以奠定后人世代兴旺，至明清时期奋发有为的后裔们竞相建豪宅，多少雕梁画栋印刻着祖传荣光，多少个雀替也在传递这份自豪！

这就是"58同城"——洋中的孙家大院

咸村古镇所在地的村庄叫洋中，乍一看这名字还以为是个洋气的新村，或承载"洋为中用"功能的特殊地点。实际上，在闽东许多地方，名字中带个"洋"字的，一般是指其所占地域较广较平坦。而洋中，无论横看竖看都无愧于这个大名。横看洋中，背枕巍峨的风水山，前临桃源溪，面向笔架山，四周风景秀美。村庄土地肥沃，耕地面积达3000多亩，地处周宁通往宁德的交通要道，自古农业和商业都很发达。补充说一句：正由于洋中得山水滋养，气候温润，土肥物丰，使之成为远近闻名的美女盛产地。

相比之下，洋中更值得竖看，可以从3000多年前看到现在而叠彩纷呈。1987年进行的考古发掘，找到洋中附近的"面包墩"遗址中大量青铜器时代的印纹硬陶残片以及一些石器，证明至少3000多年前就有先民聚居。一口废弃的宋代古井和马

桃源溪流域
——
YAOYUANXI LIUYU

大夫第（李典义 摄）

槽、引水陶管等文物，则揭示了宋代洋中已达初级繁华。

其实没必要去罗列那么多文物，洋中活生生的历史就在风韵犹存的100多栋古厝中留存。也没精力一一浏览100多栋古厝，仅就洋中长安路58号及其相邻的五栋里厝已基本可以代表所有的古厝出镜了。这是享誉闽东的乱世廉臣孙翼如的故居，由52、54、55、58、59号组成，如今外加其他次座共9栋老屋合称"孙家大院"，由当地有关部门正大力修缮，准备开发成古民居文旅休闲场所。

按资历来说，54号是其中核心，但论规模、论保存的完整性，则当以58号为翘楚。这些清朝的民居整体均呈长方形中轴对称，中轴线上从前到后分别是迎门、门厅、照门、前天井、花厅、后厅、后天井、僻榭天井，天井旁边有水井。左右两侧分别是厢房、楼梯、花厅房间、后厅房间、饭厅、僻榭，天井两边有廊沿，楼梯之间、房间的侧面是走马弄，专供女眷行走，前天井两侧是厢房，后天井两侧是饭厅……

如此格局，二三楼亦相似，真个是重门琐窗，不尽奢华，使人如入迷宫之中，应该也算建造者的初衷之一吧！

难能可贵的是，出生于这等世家豪门的孙翼如，却自小不带一丝纨绔习气。在朝，则勤政爱民；居家，则事亲至孝；与邻里亲友处，无不令人如沐春风。成了朝野同颂的廉臣典范，以致他在清光绪二十四年（1898）逝世时，皇上准制"白龙伞"，民间自发敬赠"万民伞"，备极殊荣！至今依然是当地开展廉政教育的样板。

当然，从这"58同城"中走出了各界精英，无论政界、商界、科教文领域，都活跃着洋中优秀的人物。据《闽东孙氏志》记载，清代以前洋中名人达140多人。近现代以来同样人才辈出、人文鼎盛，这不能不说是"58同城"家风传承与家业深厚相辅相成而结出的蔚然正果！

咸村人文鼎盛，古建筑众多，以我在史学和建筑学方面的"菜鸟"身份，虽然乘兴而来兴致勃勃，却只能初探一二抱憾而归，诚指望以此拙文做抛砖之用，引饱学之士、专攻之师赐玉也！

古树密码话沧桑

◎ 汤生旺

古榕苍翠

　　读懂了古镇上人与树的感情，也就读懂了这个古镇。咸村古镇，坐落于天山顶与楼坪群山之间的狭长河谷地带，犹如一只舟船行走在岛礁丛中。四面群山环绕，丘陵众多，水源充足，大小河流犹如经脉一样，世代滋养这个宁静深邃的古镇。

　　四周山丘植被茂密，加上雨量充沛四季分明，古镇上的榕树或樟树长势良好。行走在村头巷尾，桥亭宫宇，常常榕樟成株，伴随左右。

　　随着时光流逝，岁月荏苒，这些老树已然成了居民心中的精神图腾。

　　川中村的两株古榕树，距今走过了1000多个年轮，立于鸾溪河畔，两树之间相距150米左右，既彼此独立又互相呼应。

　　从前，官道由村头蹬步经过，两株大榕树犹如两位大将军，守护者从这古官道上走过的官商士农。后因修建石拱三联桥，遂将其中位于鸾溪下游的那株锯去一枝干，但整树依然被保留原地，体现了人们对古树的崇拜，对自然的敬畏。

为何汤氏祖上如此热衷于在河边植种榕树？大概与河的名称有关，这条河名曰鸾溪。

鸾者，凤凰属也——《广雅》。

鸾，赤神灵之精也——《说文》。

汤姓出自子姓，始祖契，是帝喾高辛氏之子，即黄帝曾孙。《诗经·玄鸟》："天命玄鸟，降而生商，宅殷土芒芒。"意思是：上天命神燕，下凡生商王。

《史记·诗传·褚少孙》中记载："汤之先为契，无父而生契，母与娣妹浴于元邱水，有燕衔卵；堕之，契母得故舍之，误吞之，则生契。"

玄鸟，即为鸾，古时也有人称之为燕，汤氏祖先将这条溪水命名为鸾溪。

榕者，取其谐音为龙，龙凤呈祥是汤氏后人对祖上无比智慧的追思，也是对天人合一、崇尚自然的追求与向往，其用心良苦意味深长，是为祖德深泽后裔，渴望先人在天之灵福荫子孙。

除了这两株巨榕以外，川中村里外还遍布其他各色古树，是川中历史深厚底蕴的活见证。譬如同样沧桑而绰约的一棵古樟树，植于鸾溪桥头，是为外界进入川中村必经之路，也是官道的必过之路，此处植樟，是祖先用树奉告子孙后代，"耕读传家"。樟者，文章铺路、文章立身，文以教化是后代当世之根本。

而另一株卓尔不凡的枫树，屹立于川中岭头亭下50米处，这株枫树见证了一代高僧传经布道的艰辛与坚定信念。

从福安到宁德的古官道上，流传着这样一个故事。相传，唐懿宗咸通二年（861）蒲斋禅师从泉州开元寿，奉呈师父广布佛法之命。向东南方向出发时，师父给蒲斋禅师一担谷物，一只公鸡，并告知：往东北方向一直走，哪天公鸡落地啼鸣，就在此处建寺传法。

一路奔波到川中岭上，蒲斋禅师觉得口干舌燥之时，恰在一株枫树下寻到一口清泉。正当他喝完转身一望，川中后门山山形走势犹如一只冲天飞翔的凤凰，一块大岩石正巧在凤冠处。这块大岩石，巧夺天工，可谓神来之笔，惟妙惟肖。

蒲斋禅师为之惊叹，拾阶而下来到了青松翠柏的山谷之中。此时，挑中的公鸡长鸣，蒲斋禅师立刻明白，此乃上天赐予佛宗圣地也。于是便在此处建造佛殿。

枫树旁证了世事的兴衰轮回。每到秋天，枫树如火一样，在山岭上燃烧，是村中最美的风景。

2014年，一场大暴雨来袭，枫树根部被雷电击中，枯老死去，曾经是川中官道上的一棵标志性的人文之树，如今也随沧海桑田的变化，隐没在时间的尘埃中。承载了川中几十代人的精神信仰和图腾的寄托，伴随着那位老禅师，消失在那条官道上空。唯有一口清泉依然是涓涓细流，向来往的行人诉说曾经的历史云烟。

也许是对枫树的思念的缘故，也许是对枫树不离不弃的情感。枫树逝去，但枫树下一口清泉，无论旱涝都清澈甘甜。每到清明茶开采之际，茶农依然前往枫树的树桩处祈求风调雨顺。

质朴的人们用行动表达心中的信仰，没有华丽的语言，只有虔诚的心灵。读懂人们对古树的情感，也就体悟了天人合一、崇尚自然的情怀。不仅对一株老树，甚至是对一块巨石，都投去了宗教徒般的虔诚，才懂得风调雨顺，四季平安，从来都不是理所当然的事。那是对上苍善待万物的崇敬之情，是"举头三尺有神灵"这一信仰的回报，是上苍无私的恩赐。有了善待万物的人们，树在人们的心中因为信仰而永恒地鲜活着，在历史画卷中依旧亮丽。斜阳西去，苍茫的树影依旧挺立。

世事沧桑，浮云苍狗，在不断的轮回中，往事依稀可辨。淳朴的人们总能赢得上苍的眷顾。时间如飞花尽逝，但一木一世界，一花一菩提的永恒密码给予了人们最好的精神慰藉。

醉春秋

◎ 汤生旺

我的故乡是川中，古老的村庄隐在群峰里，浸在醇厚的酒香中。因重酿红酒，使这个古老的村落散发谜一样的醉人气息。

《考工记》中有言：天有时，地有气，材有美，工有巧。合此四者，然后可以为酿。天时、地气、材美、工巧四者，因天地造化而生动，《考工记》中传神的考究，也是"天人合一"的精神阐释和体现。

重酿琼浆，是村上的特产，是挥之不去的乡愁，是漂泊四方的游子为之悸动的思乡密码，是在异乡寻到故乡气息的神秘符号。若是思乡心切，喝一杯重酿吧！重酿琼浆是一种语言，更是故乡的呼唤，无论马蹄远至何处，那种浓郁的味道无法被替代，那种琥珀般的颜色会唤醒迷离的乡愁。

它像一位老者，像一口深井，诉说着家乡荣耀的过往，更像亲人深情的呼唤，呼唤游子的归来！归来时的感动语言，无须用更多的语言去表达那一分思念，那一份牵挂。全写在干烈浓香的重酿浓浆里。一杯清酒，家就在眼前了；一杯清酒，身后的艰辛苦楚全化成了眼角闪亮的泪花，是泪水，亦是让烈酒逼出来的汗水。

在鸾溪河畔，肥沃良田是糯稻生长的良好条件。我曾走访村上的种糯稻的好手，他们笑着说，他们一辈子的骄傲是能种出好糯稻，会让乡邻们竖起大拇指。在村里，种田能手本就拥有一种特别的地位，而种出高品质糯稻的好手尤其受人尊敬。

酿酒技艺

糯稻与其他稻米最主要的区别是它所含成分中以支链淀粉为主，达95%—100%，因而具有高黏性，是粽子、各式甜品和酿甜米酒的主要原料，富含蛋白质、脂肪，营养价值较高。

糯稻同时也是嗜肥的一种半年生草本植物，所以在选择稻田方面就尤其重要了。

贫瘠的水田产不出颗粒饱满的糯米,就酿不出浓香的酒。而选择土肥水足的稻田,保证糯稻容易吸取更多养料,所产好米将化身令人陶醉的佳酿。

川中村可谓天赋异禀,地属中亚热带海洋性季风气候,常年平均温度18.9℃,全年日照时数1757.9小时,雨量充沛。水田面积1.6万亩,大片良田分布鸾溪河畔,地形平坦,地势由西北向东南。耕地被人们勤劳开垦,又被精心养护成了平畴沃野。

村里的重酿酒用山泉水最佳,并要取自北麓山下的一口清泉。这大概是因为北麓山峰富有矿物质,众多微生物的存在,能让重酿酒拥有愈发醇厚的口感。

追求极致的造酒人,往往会在清晨时刻到达北麓的山下,寻到一汪清泉。取水也不是随意为之。决定取水造酒之时,必选好吉日良辰。到了清泉前,焚上三炷烟。这是对大自然的馈赠的珍视,也是对大自然的敬意,更暗藏玄机的是:让香烟的味道驱走山泉周边的小虫子,确保取到干净的泉水。

冬至来了,丰收后的人们,用颗粒饱满的糯米重酿酒来敬天地敬祖先,以报答大地恩赐,感恩上苍赐予风调雨顺,并告知祖先,一年光景将过,儿孙又能在祖先的庇护下继续耕读这片深情的土地。以酒叩拜,与灵魂对话。

造酒,是一场宗教式的盛宴,必选黄道吉日。众多造酒老手,深谙家传秘方,也是造酒者对这一方水土的尊崇。酒乃天地精露,五谷精华,更是人们对这一方山水的不舍眷恋。

选好吉日良辰,将糯米用水浸泡一天左右,晶莹如玉的糯米吸过水而更加饱满。再用蒸笼将糯米蒸熟,这是一场金、木、水、火、土的交响曲,一炷香的时间,完成了破茧成蝶的蜕变,丝丝缕缕的糯香沁人心脾。

蒸熟的糯米从蒸笼倒出,放置在簸箕上自然降温,接近常温后,将糯米放入干净无菌的酒坛中,糯米一层酒曲一层两者比例大约是10:1,最后开始注入山泉水,糯米与清泉比例1:1。

在糯米、清泉、酒曲完美融合的一周内,每天定时翻动,让酒曲糯米更均匀地交融,让酵母菌的蛋白酶分解糯米中的有机物。一周之后,待糯米、酒曲两者混合成黏稠状,方可把酒坛口密封,静静地等待糯米全部发酵完。造酒是一场完美的艺术,是冬至后一件大事,因期待着未来的日子而醇香。

然而,重酿琼浆并未完成,要想有诱人的琼浆,还要有一步。那就是需要把第一次酿出来的"头道红",作为第二次重酿时的水,接着就等待滋味绵长又香甜醇厚的琼浆出坛了。

从酒坛中取出的第一碗,会呈到祖先牌位前供祖先品尝,告慰先人的在天之灵,也预示未来依然能有浓香的琼浆。

但凡迁居之庆，婚嫁之喜，满月之喜，必谨择黄道吉日。

迁居之庆，就是銮驾之庆。在仪式上，供奉众神与列祖列宗的用酒，从酿造开始到第一碗酒出坛，不得品尝，在酿造过程不得碰污秽之物，似乎能预感这酒中的精华之气。要接祥纳端，心诚则运开。唯酒香迷漫在銮驾庄严的仪式上，完成了天、地、人的融合，为未来的居所缔造祥和福祉。

这一点任何一个造酒师都不敢怠慢，也深知仪式的用酒非同小可。

经过了仪式的酒，身价百倍，邻居争纷讨要，存着用来辟邪，也许是这样美好的祝愿使然。讨要的人越多东家主人越是高兴。醇酒足以让东家主人获得尊重，也获得内心从未有过的成就感。

人生得意莫过如此。

月子里的用酒更为讲究。同样要选个吉日从岩泉中取水，取水后，先要用锅热开，将沸腾后的水自然凉成白开，方可入坛酿酒。穷其缘由，泉水高温消毒后，灭菌卫生干净，更重要的是：待高温烧开过的水，酿出的酒性凉，让月子里的妇女不至于内热，奶水也性温，对哺育后代有益，这是睿智的人们代代相传优生优育的方法。从细节处开始对新生命的呵护，就像古镇人们对这一山水的养护一样。懂得呵护，善待山水的人们，同样也得到了凤洋山水的回馈。五谷的精华，养育了世世代代的子民。

温一壶老酒，围一桌亲友，唠一堆家常，日复一日的辛劳在谈笑中消散，年复一年的祈盼在酒香中温热，每一个平常的日子都有如粒粒糯稻米，在一次次重酿中化作了玉液琼浆。

"王母多福"之匾的故事

◎ 汤林增

玛坑村汤氏民居厅堂正中上现今悬挂一块巨匾,匾上写着"王母多福"4个黑底金字,端庄古雅,笔势雄浑刚劲,独具一格,殊享时誉。这块匾长一米有6,宽70多,此匾是民国时期福安穆阳陈文瀚先生所书写。那么,由陈文瀚先生落款的"王母多福"4个大字巨匾,为何会悬挂在玛坑村汤氏民居厅堂正中呢?

陈文瀚,字西园,福安穆阳镇隆坪村人,清光绪十二年(1886)生。

陈文瀚早年丧父,陈氏家中失去主心骨,无法生计,童年时的陈文瀚一直在母舅家度过。幼小的他在母舅众亲的关照下,进了玛坑村蝉定庵书塾读书。因陈文瀚生性机灵好动,课时也不注意学习,书塾先生经常点名陈文瀚课时答题,每次他都是临场应付,对答如流,学习成绩尚佳,在当时的玛坑村书塾读书学友间,自幼天资聪颖,令人叹服。之后,陈文瀚通过发奋努力学功有成,应福建文官考试,以榜首入选。

为了继续升学,清宣统三年(1911)入福建省高等学堂学习。母亲与舅家亲人为陈文瀚升读经济来源犯愁。当时,为了解脱经济困境,母亲和陈文瀚一同徒步前往咸村咸门头,寻娘家亲戚助学帮助无果。在返回咸村街中时母子俩巧见汤奶德公。

"王母多福"

汤奶德公，玛坑村人，生意人，为人品德善佳，在咸村街开张酒行，生意兴隆。汤奶德公看初来异地的母子俩，探问究竟何为到此，母亲直白道出为孩儿升学的经济问题发愁。看着年轻有为的陈文瀚，汤奶德公不忍心他们俩当天来回奔波，便留宿过夜，同时，还热心出资捐助陈文瀚升学费用。

据相关资料记载：陈文瀚学业有成，应福建文官考试，榜首入选，功就成名，名声显赫。之后，文瀚出任福清县县长，民国四年（1915），在福州任署长，随后历任福建省监察厅卫生科科长、省长公署秘书、秘书长、省建设厅秘书长、江西省政府秘书、闽浙监察使署秘书、福建省抗日后援会秘书、省参议会秘书等职。当时不管公务多么繁忙，母舅家人有事到福州，他都问寒问暖，还多次帮忙料理母舅家及村里烦事大事。后陈文瀚欣闻舅家汤公奶德生母逢寿萱堂八十，敬赠献上牌匾一块，写有"汤母缪太夫人八秩荣寿'王母多福'中华民国十一年壬戌·益陬甥孙陈文瀚顿首拜祝"，感恩谢德。

陈文瀚从政期间，政绩亦佳。任福建省建设厅秘书长时，辅佐厅长许显时，为兴修福厦公路、拓建省城道路、改建闽江万寿桥等做出贡献。

民国三十年（1941），他辞职返故里，参与修纂《福安县志》，倡议开辟穆阳镇郊公园，穆阳溪沿岸的绿化建设……陈文瀚平易近人，且孝敬慈母，教子有方，家风极盛，文人辈出，9位子女相续有6位获得高级职称。

民国二十四年（1935）七月，陈文瀚在故里病逝，终年60岁。

川中古民居匾额中的善文化

◎ 汤川玮

川中古民居群坐落在宁德市周宁县川中村凤山南麓,是严格按照古代"天人合一"的理念和先民们美好的愿望精心选址、精心设计、精心布局、精心建造的,是闽东北浙西南诸县中规模宏大、特色明显的古民居群。关于川中古民居建筑风格、艺术装饰以及排水采光等独具的亮点,近几年相关媒体已做多篇报道。这里仅对古民居匾额中的善文化做一些粗略的阐述。子曰:"君子居其室,出其言善,则千里之外应之。"(《周易·系辞传》)孟子有言:"君子莫大乎与人为善。"(《孟子·公孙丑上》)曾子曰:"人为善,福虽未至,祸已远离。"(《春秋·曾子》)深受儒道释思想影响的川中先贤智者,深知善良之道在传家、立业、修心等方面影响深远,便在古民居的最显眼位置(天井最亮处、大门正上方)题以最耀眼大字以示族人,规范族人行为。时隔200多年,每座古民居的匾额或存、或残、或毁都能依稀看到先贤们对家族世世代代生生不息的美好祝愿。

一、"善积庆余"匾额

《易》曰:"积善之家必有余庆,积不善之家必有余殃。"(《周易·坤》)一个家族的兴旺发达离不开善的积累,一个家族的败落萧条也离不开恶(不善)的堆积。川中先贤担忧族人因行不善之举而至家道败落,同时考虑到一般族人的理解程度,便将高深的《周易》典籍提炼成通俗易懂的四个大字——"善积庆余",制成匾额悬挂于汤氏宗祠南大门的正上方,黑底金字,显得格外耀眼,让出入宗祠的子子孙孙都能知晓"善积庆余"的深远意义。

"善积庆余"匾额位于川中村汤氏宗祠,现存

二、"善能获福"匾额

"行善福至，为恶祸来。"（《论衡·福虚》）"梁伯父子，配在边疆。行善获福，行恶得殃。"（《敦煌变文集·韩朋赋》）川中先贤深知善恶、祸福之间的辩证关系，以及行善获福、行善福至的谨训，顺应族人日常祈福的美好期盼，从行善与获福的辩证关系中提炼出"善能获福"四个大字，鼓励族人以行善的方式达到获福的目的。这四大字一般镶嵌在古民居最显眼的位置——天井南墙。在厅堂里日常活动的族人，时不时都能看到，时不时也受到潜移默化的激励与鞭策。

"善能获福"匾额一位于川中村中街古宅，现存

"善能获福"匾额二位于川中村安门庄，现存

三、"为善最乐"匾额

"日者问东平王，处家何等最乐？王言为善最乐。"（《后汉书·东平宪王苍传》）"为善最乐，读书更佳。"（清·金缨《格言联璧》）千百年来，川中族人在乡间朴素的快乐举不胜举：一部闽剧里的丑角可以使族人乐得合不拢嘴，以致哪个村有社戏，族人都愿意徒步几十里去看；拾一担干柴沉

"为善最乐"匾额位于川中村安门庄，现已无存

第十章 人文拾遗 乡愁记忆

341

甸甸地从川中古街挑过，邻居们羡慕的眼神就足够让你神气好几天。就连插秧时一只泥鳅从脚底板下钻过，也会让族人痒得如神仙般快活，更别说川中山间有趣的盘唐诗对唱了，当你能记住一两首让对手哑口无言时，是何等的快乐。确实，在众多的乐趣面前，族人可能一时难以理解"为善最乐"真正的内涵，但在先贤的引导下把行动的善和心里的乐紧密地联系在一起，让朴素的快乐升华为行善之后，将获得更高层次的快乐。

四、"善则荆居"匾额

"子谓卫公子荆，善居室。"（《论语·子路》）卫公子荆知足常乐，以平常心持家。"善则荆居"匾额提醒族人要像卫公子荆那样善于持家，同时还告诉族人持家更深层次的内涵，那就是以心存善念为前提，离开了善的这个前提，任何持家的理念和方法都是靠不住的。川中先贤担忧后人"重持家方法，轻持家初心（善念）"，导致家道不兴，而将"善则荆居"四字刻在天井南墙的最高处，让族人居家时刻不忘以善念为本。

"善则荆居"匾额位于川中村石门巷，现已无存

五、"修身养德"匾额

古谚有云："积善成德。"川中村的善文化，有时不直接体现在"善"字上，而是体现在"积善成德"之后的"德"字上。"修身养德"匾额中"修身"也是处处以行善为准绳。善则从之，不善则改之。日行一善，日积月累。修善自身，累善成德。《易》曰："善不积不以成名,恶不积不以灭身。"（《周易·系辞传》）可见积善并非一朝一夕而就，相反则是个漫长的过程，在这漫长的

"修身养德"匾额位于川中村安门庄，现存

过程中，如果没有鞭策、没有激励、没有提醒，大多数人就会因坚持不下而放弃。川中先贤知晓普通人修身的任重道远，就将修身与养德联系在一起，把修身的艰难赋予崇高的道德认可，让族人在修身的崇高中更加自觉，更加自律。

六、"有容德大"匾额

川中古民居基本都是大厝，少则居住几十人，多则居住上百人，厝里的各种人际关系也比较复杂，表面上看虽是其乐融融，相处和睦，内部却暗藏着五花八门的声音，特别是妯娌、婆媳之间关系。如果没有一种互相包容的胸襟，那么每天的矛盾肯定是此起彼伏。这里"有容德大"匾额是从包容的角度阐述善文化的深刻内涵，引导心地善良的族人恪守善道，以海纳百川的精神去包容日常间的难容之事。"必有忍，其乃有济；有容，

"有容德大"匾额位于川中村六房巷，现存

德乃大。"（《尚书·周书·君陈》）川中先贤知晓容忍别人是很难的，要使性格各异的一般族人在原有的容忍度上有所提升，就将包容的忍与高尚的德联系起来，以德大去容人，劝导族人以博大的胸襟去包容世间的是非恩怨。

七、"光天化日"匾额

"光天化日"匾额既没有出现"善"字，也没有提及"德"字，与川中的善文化看似毫无相关，实则不然。因为"光天化日"之下稍稍有不善之举肯定会被人看得一清二楚。古代虽没有摄像头和监控，但"人在做，天在看"的传统思想足以震慑那些有非分之想、不善之举的人。所以"光天化日"匾额恰恰与川中的善文化紧密相连。川中先贤把"光天化日"匾额高悬于大门之上，这样从大门底下进进

"光天化日"匾额位于川中村下街，现存

出出的族人，每天都要目睹几回，仿佛就被告诫几回，这样岂敢有不善之举？此外古代川中乡间也流传着做不善之事（亏心事）遭天打雷劈的说法。所以做了不善之事的人也会感到惶恐不安，为图个心安理得，人们基本上还是恪守善道规范自己行为。此匾额以告诫的方式来约束族人行善的行为，虽严厉无情，但可达到拒不善于门外的目的。

"善，吉也。"（许慎《说文解字》）万事大吉归结了川中族人所有的美好愿望和期盼。儒、道、释中善文化的精髓和诠释经过川中先贤智者的千锤百炼，与本村的风土人情相结合，镌刻在古民居的天井墙和门楣上，接地气地融进族人的日常生活中，让族人子子孙孙在衣食住行中处处心存善念，时时与人为善。

茶广寻访大师记

◎ 汤川玮

茶广新村（李洪元 摄）

我小时候就听说过有一位大知识分子下放到吾乡邻村——茶广村，他的传奇人生在乡间广为流传，让我朦朦胧胧地意识到知识的威力。上大学时有幸认识恩师张善文教授，才知道那位大知识分子就是恩师的恩师，一代易学宗师黄寿祺教授。出于对恩师及师祖的敬仰，每逢回乡总想去邻村茶广寻访师祖当年的踪迹，因通往茶广村的简易公路还没修成，所以去茶广寻访的计划一直被耽搁。直到2011年社会主义新农村建设进一步推进，茶广村的简易公路也早已通车，才落定了茶广寻访之旅。

那年节前回乡的一大早，我向以开拖拉机为生的老邻居询问了去茶广村的攻略，匆匆忙忙地吃了点面条，就开着伊兰特出发了。一驶出村口，一阵阵新鲜的泥土气伴随着绿茶的清香扑鼻而来，一堆堆向后移动的稻草垛似乎在跟我挥手欢送，一幅幅冬日的田间美景在我眼前频繁地变换。过了十几分钟，路变窄了，坡变陡了，才发现自己的汽车正驶入刚开通的简易公路，于是我下意识地踩下离合器挂上二挡，开始沿着崎岖小路向大山深处的茶广村缓慢前行。我一路上小心翼翼地把着方向盘在群山之间蜿蜒盘旋，随着海拔的渐渐升高，山路也变得更加的险峻。尽管山路的险峻让我有点胆怯，但对师祖的敬仰坚定了我继续前行的决心。

一到村口，就看到淳朴的村民们正在忙碌着节前的布置，我停好车推开车门，村民们立即停下手中的活儿，将目光投向陌生的我。我友好地走向离我最近的那位村民，用本地话（咸村话）说明我的来意。他听后立刻打电话去召集村里的长者，与我促膝长谈。时隔40多年了，这些在"文革"期间与师祖朝夕相处的老人们，说起往日的点点滴滴，如同数家珍。娓娓道来的家乡话，在你一言、我一语中不断交替。最让他们记忆犹新的是，师祖当年是自己挑行李徒步走来茶广村的，就像今天安徽黄山景区的挑山工似的，需一步一个阶梯挑着几十斤的行李走十几里的台阶。师祖本来身体就很虚弱，根本无法完成这项对于青年壮汉都很吃力的活儿。他挑累了，一路上叫了几个路过的年轻人帮忙挑，结果都没人搭理（由于刚来大家不认识他），最后剩下几里路时，有一位好心的年轻人主动提出帮他挑。挑到茶广后，师祖立即拿出5角钱感谢这位年轻人。事后那几个没帮忙挑的年轻人得知这位年轻人赚了5角钱后，心里就很遗憾地嘀咕："挑这几里，就能赚5角钱，早知道我也会去挑。"另据老人们口述，师祖当年与村民们相处非常和谐，每当村民们家里有添置扁担、箩筐等家具或农具，都会叫师祖帮他们写名字，师祖都欣然答应，甚至村民半夜有事也常常去敲师祖的卧室窗户。"半夜敲窗问计时，从知村里又添丁。"（黄素祺：《山居茶广与包笠山第十三书》）

据时任周宁二中（校址咸村）副校长的汤赠延回忆：他与师祖交情颇深，不忍师祖在高海拔的山村受苦，"山岚湿气久浸，右手肩肘腕三处关节炎弥甚"（黄素祺：《山居茶广与包笠山第一书》），就向咸村公社革委会领导申请调师祖到周宁二中当语文老师，当场就遭到拒绝。汤赠延副校长还不甘心，又多次委托他人到革委会转达请师祖来周宁二中教书的意愿，最后还被革委会严肃批评。无奈，师祖三年（1970—1972）时间只好住在茶广村与当地村民同甘共苦，相依为命。

师祖在茶广村的三年，为茶广村及邻村各项事业的起步和发展做出了重大的贡献。

一、推广矮化水稻新品种。周宁山区，山地多水田少，传统的水稻品种产量低，大部分人都吃地瓜米，有限的白米只能留给小孩吃。那时县里推广矮化水稻新品种，可是村里农业技术人员严重缺乏，新品种水稻遇上虫害，村民不知怎么处理，导致那年产量减少。第二年师祖就亲自钻研农业生产知识，教村民按农药说明书正确使用农药，果然第二年喜得丰收。

二、改造低产茶园。茶广村因清代乾隆年间广泛种植茶叶面得名，传统的茶叶产量低，村民收入低。师祖又钻研茶叶栽培知识，指导村民种植茶叶新品种，使茶叶产量大大提高。

三、传播文化知识。茶广村地处偏远山区，又远离集镇驻地咸村，仅靠一条乡间小路与咸村樟源相通。中华人民共和国成立以来考上高中的学生寥寥无几，全村青壮年几乎都是文盲，连普通话都不会讲。师祖用一个月之时间就基本学会的茶广话（本地话）与当地村民交流，每到晚上师祖就提着煤油灯挨家挨户地请村民们来上夜校。这与他在省城人们开着汽车来请他去讲学形成截然的反差，但他从来没有介意过。此外，他自己还亲自出黑板报给村民普及农学知识，动员学龄儿童上学。

四、保护生态林。茶广村口原有十几亩生态林，因在"大炼钢"时遭到严重破坏，到"文革"时一直没有修复还林，造成夏天特别热，冬天特别冷。在师祖的建议下，村民们开始种树，50多年过去了，郁郁葱葱的森林像一道天然的屏障挡住了风口，村里的气候得到很大的改善。

五、重大建筑选址。对于一代易学宗师的师祖，村民们非常信任，村里大大小小的事情都要以师祖的建议做参考。魏氏宗祠和茶广村小学是关系到茶广村生生不息的重大建筑，在其选址上，村民们一直犹豫不决，拿不定主意。师祖就根据"天人合一"的原则，把这两个重要的建筑地址选好。至今茶广小学和魏氏宗祠依然屹立在群山之中，成为茶广村一道靓丽的风景。

六、推介樟源村。樟源村是咸村公社（今咸村镇）的一个行政村，因樟源村那时已通公路（梨外公路），成为师祖回茶广村的中转站，每次他去县里开会回村都是从樟源村下车，然后步行山路去茶广，他曾写信多次提及樟源，"樟源乃魏敬中先生之故里，敬中号和斋，福州井门楼魏家之祖先也"《山居茶广与介眉书之二》）。这正是他为提高樟源村的知名度发出的最早的声音，也为后来樟源村充分挖掘魏敬中文化，促进魏敬中国学教育基地的建成助上一臂之力。

师祖在茶广三年期间身体力行、平易近人，始终用茶广话与村民交流，与全村男女老少都能沟通，为茶广村的各项事业发展都做出重大的贡献，村民们都敬称师祖"教授"，从没人直呼师祖的名字。在生活上和生产上，村民对师祖也是无微不至地照顾，师祖生病时，村里人还徒步到邻村请医生。经过三年的照料师祖身体也比刚来茶广时好多了,"村人喜我生增健,相劝推迟请退休"(黄素祺:《山居茶广与包笠山十三书》)。三年来师祖与茶广的村民们结下了深厚的情谊,回城后,他还一直惦记着村民们的生活状况,并多次邀请村民们到福州家中做客。当年的房东魏宗勋老人,至今还与师祖的儿子黄高宪教授保持着联系。

恶劣的气候条件和艰辛的下放生活,没有压垮饱经风霜的师祖,他在劳动之余经常写些田园诗自娱,并寄给同时期下放全国各地的好友互相安慰,其中与章太炎弟子包树棠教授的书信来往最多。

以上资料根据茶广村老人魏宗勋(当年师祖的房东)、魏宗瑞、魏吴双、魏孝荣、魏祖庚、魏谢林、魏宗住,魏佛进以及师祖生前好友汤赠延(时任周宁二中副校长)的口述整理,如有与历史事实不符之处,敬请谅解。

第十一章

奋斗风华　建设成就

盘点今日咸村

◎ 东 城

进入 21 世纪以来,咸村镇的建设发展明显开始提速,在交通、工业、农业、生态环境、文旅、教卫等方面都获得长足进步,可圈可点的成就甚多。鉴于火车站和站前工贸科技园项目另有专文介绍,本文不再重复,而着眼于简略记述其他各方面主要成果。

交 通 宏 图

咸村镇在过去很长的一段时间,受制于落后的道路交通条件而难以快速发展。以前,咸村往宁德走的是 931 县道。该路宽仅 6.5 米,且年久失修,通行十分不便,镇里的农特产品难以运输出去,外地的客商也不愿进来。到宁德市区 50 分钟,到周宁县城 40 分钟。如今,在咸村,畅通便利的交通,是游客最为直接的感受。

今日咸村(李洪元 摄)

2015年，纵三线开始建设。纵三线为我省"八纵十一横十五联"中重点国省干线之一，咸村段建设按二级公路标准建设，设计速度40公里/小时，路基宽8.5米，全幅式水泥砼路面，极大缩短了咸村镇往周宁县城和宁德市区的时间。为了保障纵三线二、三期工程，该镇完成征地近1300亩、搬迁坟墓238座、征迁特构物1座50平方米，房屋征迁4座、建筑面积1415平方米，并投资3800多万元，建设纵三线连接线10条20.236公里。

衢宁铁路（周宁段）更是咸村交通事业上质的飞跃，为此咸村镇完成衢宁铁路（周宁段）境内征地1305.14亩，迁移坟墓523座，拆迁房屋86幢，拆除面积3万平方米，征迁特构物4座、建筑面积1050平方米。

在内部路网建设方面，改造提升咸川大道徐坑至林业站、洋中大道、河滨四路、昌源大道、下坂村头至云门村口道路、洋中至阮朝兴公园巷道、川中村北大路等多条道路。

工业腾飞

除了庞大的站前工贸科技园的规划建设，咸村同时加快了川中工业区开发，以对接千亿产业集群上下游配套项目。目前，已签约总投资1亿元人民币的旺宏（福建）有限公司，主要配套生产工业品木包装箱；积极对接总投资2亿元人民币的深圳新岚再生资源有限公司，建设废钢加工配送中心项目。咸村镇正在全力打造以工贸科技园及其工业项目为重心的"道口经济文化中心"。

农业进展

咸村镇茶叶种植面积达2.16万亩（占全县茶叶种植面积的20%以上），现代茶园改良面积达3000亩。全镇现有茶厂13家，茶叶深加工企业2家，茶叶专业合作社6家。咸村镇结合通车契机，着力抓好茶叶品种结构优化和产业调整，支持茶叶企业打品牌、上规模、上档次，提高附加值。同时，积极发挥龙脑樟、百香果、蝴蝶兰、三红蜜柚、千亩油茶、红心猕猴桃、川洋橘柚等生产基地示范带动作用，继续发挥国家级种养专业示范社1家，省级示范社2家的龙头作用，引导传统农业向现代农业转型，提升农产品综合效益，促进农民增收。重点围绕茶业、水果、蜂蜜、林业四大传统特色农业，推广"合作社+基地+农户"经营模式，着力打造千亩果园示范区、千亩油茶种植基地、云门休闲旅游农业等基地

农业产业之兴，仅是咸村镇因路而兴的一个生动缩影。随着衢宁铁路、纵三线

的建设，咸村镇犹如打通"任督二脉"经济发展驶入快车道。

环境治理

治理"脏、乱、差"方面，咸村镇历来十分重视，狠抓实干，卓有成效。首先开展人居环境分类评价，以农村"厕所革命"、生活垃圾治理、生活污水治理、农房整治和村容村貌提升等工作水平为主要评价内容，设立3个层级评价指标："基础版"23个村，即以治理"脏、乱、差"为重点，要求行政村必须达到的基本要素和日常居住基本保障；"标准版"9个村，即建设形成净化、绿化、美化、亮化有机结合的美丽乡村；"提升版"5个村，即通过"旅游+环境整治"，营造形成"一村一品、一村一景"。

其次是定期大整治，杜绝违规占用公共空间经营，开展镇容镇貌大整治活动，对新府路、桥南街沿街商户乱搭乱挂的破旧雨棚进行拆除；纠正停车不规范问题，安装"三位一体"远程执法，主干道两侧划定停车区域，对于违停机动车辆实行电子抓拍，违停非机动车则进行拖移处理，依法依规惩处；严控噪声扰民、污染环境，取缔3家石板材加工厂，净化了空气，消除了粉尘污染；保障农村饮水安全，新建改建农村供水管网项目建设，主动对接县水务公司，同时做好群众工作，确保新建改建农村供水管网项目顺利实施。

在试点垃圾分类举措方面，咸村也不遑多让。按照"村收集—镇转运—县处理"模式对镇区农村生活垃圾进行统一处理，规范垃圾管理，开展垃圾干湿分类宣传。制定《村规民约》，集镇居民签订"门前三包"责任书，有效发动村民参与生活垃圾治理。以樟源村垃圾分类示范点为例，目前樟源村已经完成全村域捆绑打包村庄保洁、垃圾转运、农村公厕管护一体市场化运营。投入资金80万元，建成社区、川中、洋中、南门楼四个垃圾干湿分类处理点。

在以上整治基础上，深化推进"五个美丽"创建。积极开展"美丽乡村庭院"建设，对11村50个点进行庭院改造提升；按照"一村一景"原则，结合各村文化特色和自然禀赋，在咸村镇24个村（社区）创建"美丽乡村微景观"；在茶广村、芹村村、洋中村兴建旅游广场和中山公园，建设"美丽乡村小公园（小广场）"；实施"反租倒包"新方法，"一村一策"精准推进耕地抛荒整治工作，推动完善"五个一批"工作机制，建设"美丽田园"；以打造云门村畲族特殊村寨、碧岩村红色旅游点为先导，多村开展农旅融合，建设"美丽乡村休闲旅游点"。深化推进乡村"五个美丽"创建，提升人居环境，打造"生态美、环境优、治理强"美丽多彩咸村。

文旅发力

咸村镇历史文化悠久，是目前周宁县唯一的省级历史文化名镇，现有保存较完好的明清时期洋中、川中古民居群，还有"黄七公"巡游、高跷、铁枝、舞狮、线狮、舞龙、肩上戏（驮古事）等传统民俗，发展文旅具备十分良好的基础。咸村镇还是周宁县典型的革命老区乡镇，是原闽浙赣红色中心，有老区村20个、老区基点村6个（占全县的三分之二）。陶铸、叶飞、阮英平、曾志、范式人等老一辈革命家曾在这里领导过轰轰烈烈的革命斗争，留下了咸村蔡氏宗祠闽东独立师师部旧址、横坑中共闽东特委机关旧址等多处革命遗址。同时，文蕴深厚的咸村地灵人杰，名人辈出，有诸如《福建通志》总纂魏敬中、闽东历史清廉人物孙翼如、革命烈士阮朝兴等。

党的十八大以来，咸村镇围绕县委、县政府提出的全域旅游发展理念，充分发挥历史文化底蕴深厚的优势，致力打造中国历史文化名镇和中国传统村落两张名片，积极融入县域旅游大盘。

文旅发展比较典型的案例是云门。云门村位于周宁与蕉城两地交界处，以建于唐咸通二年（861）的"云门寺"而得名。坐落在里兰山右侧的这个村落已有400多

站前广场（郑树龙 摄）

年的历史，不仅生态环境宜人，而且畲族风情浓郁，畲歌、畲语、畲族服饰、风俗习惯等传承良好，文化积淀深厚。在省、市、县等挂钩单位的支持下，云门村累计争取资金1300余万元，致力打造"桃源秘境·畲村云门"特色品牌，各项目建设欣欣向荣，农民人均收入从2011年的3000多元提高到2018年的1.2万元。全村贫困户11户42人，已于2017年底全部脱贫。如今，云门村已成为国家3A级旅游景区，从全国各地前来领略畲寨美景的游客络绎不绝。

文旅融合，要"外貌"，更要"内涵"，只有真正激发起群众对文化的认同和对旅游的认识，才能为文旅事业注入源源不绝的动力。最典型的如咸村镇下坂村，时常响起锣鼓声和戏曲声，民俗氛围浓厚。5年前，村民谢承林等人组建了下坂村民俗技艺队，开始操练起舞狮、线狮、桌坪戏、驮古事等，还参与"二月四"、文化节等各类演出，让民俗技艺再续荣光。

镇区建设

住有所居，居有所安，是一个集镇最基本的功能。目前，咸村集镇共有两个安置区，安置876户3762人，总投资近1.4亿元。其中，徐坑造福工程异地搬迁为省、市、县（区）批准的周宁县首例造福工程异地搬迁项目；坪坑造福新村和梧桐造福新村安置点分别被列入2012年和2014年省级重点造福工程集中安置点；半岭新村和高路新村分别被列入2013年和2014年市级重点造福工程安置示范点。

中央周宁县委十三次党代会将咸村镇确定为"县域次中心"。以此为契机，咸村镇按照"县域次中心"的发展定位，紧紧围绕《咸村镇集镇总体规划》和《衢宁铁路周宁站前片区控制性详细规划》，按照"中心提升、南拓北展"建设思路，逐步拉开集镇框架。不断完善集镇基础设施建设，优化路网结构，实施绿化、美化工程，全力提升集镇形象和品位。

总投资2.8亿的咸村镇基础设施路网配套及沿街立面、文化广场改造工程路网正在建设中；投资超过1000万元建设川中桥、下坂桥、永济桥等桥体；投资460万元建设集镇自来水管道设施；投资730万元改造铺设集镇污水处理系统；投资510万元建设集镇府前路、河滨路、咸村街、洋中路等集镇主干道路面"白改黑"项目、集镇路灯亮化工程、人行道铺砖、新增集镇公共停车位；投资300万元建设10个村"五保幸福院"……一项项有力措施的出台，将咸村集镇装点得分外美丽。积极推进人与自然，人与社会和谐发展，先后投资4500多万元将过去的垃圾河建设成"水清、岸绿、河畅、景美、安全、生态"的美丽桃源溪，并在溪中增殖放流3万多尾锦鲤，打造沿溪生态旅游轴；完成21个村950户改厕，20个村21公里的污水管网建设；积极推进省级森林城市创建工作，投资140万元建设洋中森林公园。

在集镇建设过程中，咸村还注重补齐民生短板，如投资470万元建设咸村中心小学教学综合楼；投资520万元建设周宁二中校园环境提升及健康小屋项目；投资2400万元建设的咸村卫生院住院大楼，已启动建设；投资2000万元的咸村镇中心第二幼儿园项目，正在征地中。

新农村建设

积极开展联村党建，按照"亮点纷呈、连点带线、连线成片、辐射周边"的思路，以"共筑堡垒、共建队伍、共营产业、共抓治理"为抓手，打造碧岩—樟源—川中—云门—芹村乡村振兴示范线。巩固提升乾头洋、咸洋片区党总支，抓好中心村、连片村工作，建立组织联动机制，构建组织连带平台。做好洋中村与屏南漈头村、云门村与寿宁坝头村、高际头村与玛坑孝悌村跨县、跨乡结对共建工作，推动优势互补、资源共享。

坪坑村是革命老区基点村，过去地处偏僻，自然环境恶劣，基础设施薄弱，自然灾害频繁，群众生产生活极其艰难。2009年11月，在上级党委、政府及有关部门的大力支持下，坪坑村实施造福工程整村搬迁，在咸村集镇乾头洋征地30亩，建设坪坑新村。为尽早将农村居民转为城镇居民，咸村镇一方面提高新村基础设施建设标准，与集镇建设相衔接，另一方面将自来水、路灯、环境卫生等公共事务纳入乡镇统一管理，统筹规划。

可以说，一张乡村"全景图"正在咸村缓缓铺陈开来。近年来，咸村镇推进全域旅游，积极创建以茶文化、民俗宗教、传统村落、水果采摘、自然景观等为主的自驾旅游区，打造洋中、川中、云门、梅山旅游线路；不断完善洋中、川中传统村落，云门AAA级景区、芹村、梅山美丽乡村建设；扶持群众建设民宿、农家乐、自助采摘园、传统手工艺等旅游产业，促进农民增收。

咸村今日拉开格局，驶入发展快车道，既得益于以周宁火车站落户咸村的契机，也获益于桃源溪流域资源丰富的厚积薄发；既是时代凯歌的强音奏响而来，也是历史文化的画卷挥洒而就。咸村的未来，恰如"绿巨人"以强大的肺活量喷吐朝气、蓬勃向前。

玛坑新华章

◎ 峭　哥

在周宁县9个乡镇中，玛坑各方面的条件都十分普通，其地形由山地、丘陵和河谷盆地组成。地势北高南低，北部以山地为主，南部多丘陵和河谷盆地。南北地表高差较大，海拔在100米至1191.7米之间。最高点黄仙峰海拔1191.7米，坡度为17—60度。跟周宁大多数乡域一样，玛坑乡属亚热带季风气候，年均气温16.5℃，年均日照1600小时，年均降雨量1920毫米，无霜期256天，气候温和，雨量充沛。

要说有什么不同，无非两点：其一，兼容了高海拔和低海拔地势；其二，与咸村水乳交融的关系。并由此两个看似没多少"油水"的特点，经过历史奇妙的"魔术杖"点拨从而生发了非同一般的信仰文化，而经当今时代政府看得见的"手"和市场经济看不见的"手"共同推动，编织了玛坑日益美丽的新华章。

畅 享 交 通

与其他乡镇相比，玛坑原有的交通条件无疑更艰苦，既面临偏远地区距离及地形上的不利因素，又因为北高南低而且高差不小的劣势带来更多的挑战，所以在很长时间内，玛坑的道路状况严重阻碍了经济发展和民生改善。

进入21世纪以来，为了打破交通发展瓶颈，玛坑乡党委、政府坚定信心，铆足干劲，大力实施一批"交通活乡"项目，先后投入1.5亿元，打造出"四横四纵"交通网，形成六大出乡路口，逐步构建出通往福安、蕉城、周宁"大路网"格局。

先后完成了玛坑纵三连接线10公里建设，杉洋至赤洋7.6公里三级道路建成并投入使用；紫竹至方广寺道路完成拓宽及稳定层铺设；杉洋至宝岭村2.3公里道路完成拓宽硬化；14个行政村实现通村道路"单改双"；全长7公里多的川赤路建设项目正有序推进……"十三五"期间，玛坑乡实施路网建设40多公里。如今，纵三线与玛坑互联互通，一条条农村公路串珠成链，贯通山里山外。

纵三线建成通车、乡内路网的完善，让玛坑的整体形象得到有效提升，对打造全域旅游，带动万亩茶叶观光园、首章美丽乡村、半岭特色村寨、方广寺以及紫竹造福新村串点成线，融合发展，争创AAA旅游景点奠定了基础。随着沈海高速复

桃源溪流域
YAOYUANXI LIUYU

川中铁路（李洪元 摄）

线宁德段的建设，该镇区位优势将进一步凸显。

近年来，交通路网的完善加密，给玛坑乡带来了新的发展机遇。因村施策，一个个独具特色的乡村，依托产业，焕发新面貌，点缀其间。串点成线，又让分散的景点巧妙地融入了全域旅游发展的大格局中，灿若星辰。

拓力工业

玛坑机制砂项目总投资1.85亿元，矿区面积为465亩，规划建设生产加工区、堆料区、办公生活区、矿区道路、污水处理区、弃渣区等配套设施。该项目将运用具有国内外先进技术水平的制砂设备、破碎设备和筛分输送设备，将矿山开采石料进行无粉尘、无噪音封闭式生产加工成粒质均匀、耐压强度高的砂石产品。项目建成后有利于缓解福建省建设工程用砂供需矛盾，提升经济总量，促进经济的可持续发展。

机制砂项目由市国企和地方联合建设，有利于精准服务重点项目，从源头上遏制砂石盗采现象。施工过程力求地灾防范、水土流失治理、环保措施落实，加快建成。同时，业主单位做到提早对接衢宁铁路沿线及福安赛岐码头，从公铁联运、水运等不同渠道测算运距和盈利点，实现良性发展。

机制砂是指通过制砂机和其他附属设备加工而成的沙子，成品更加规则，可以根据不同工艺要求加工成不同规则和大小的沙子，更能满足日常需求。机制砂要有专业的设备才能制出合格适用的沙石，在建筑行业市场广阔、效益良好。

创富茶乡

玛坑素以茶乡驰名，被称誉为宁德市十大茶乡之一。玛坑以种植茶叶面积达2万亩冠压各乡镇，茶农、茶企的数量也名列前茅。近十几年来，这个趋势有增无减，使茶产业在玛坑乡经济发展中的地位愈发重要。

近年来，玛坑乡通过调结构、打品牌、增品质，加快现代标准生态茶园和茶旅基地建设步伐，推进茶叶生产技术水平提升，扶持有机茶园发展、绿色技术模式推广以及清洁化厂房等项目建设，带动乡域茶叶产业增效、茶农增收。目前，玛坑乡年产干茶10.5万担，有福云6号、梅占、金牡丹、福鼎大白等茶树品种，该乡90%以上农户依靠茶叶生产、加工和销售致富。

为了进一步挖掘茶产业发展潜力，让农户获得更多盈利，玛坑乡不再单纯满足于茶叶销售，而是将得天独厚的生态、旅游资源和丰富的茶叶资源进行综合开发利用，茶园改造、茶旅一体化、品种改良成为乡镇的发展新战略。

近几年，该乡一边引导茶农提升改造茶园，建成现代茶园2000亩，有偿补贴茶叶品种改良；一边依托千亩生态茶园，建摄影长廊，以茶为针、旅游为线，通过穿针引线，把茶叶种植、生产、销售与旅游产业发展结合起来，引导茶企发展茶叶观光园，打造生态有机茶品牌，研发以茶为主的旅游商品，打造"茶乡之旅"生态观光旅游品牌。

逐梦文旅

玛坑在文旅方面的潜力巨大，不仅有以上所述茶旅的特别优势，而且拥有林公信仰文化、方广寺祈梦文化、紫竹自然与人文景观，以及特有的红色文化和遍及全乡的民俗文化。

杉洋林公忠平王祖殿及省级非遗项目闽东林公祈福习俗，与升阳—灵凤山千亩茶园风光、半岭少数民族特色村寨、全国文明村首章村、千年古刹方广寺及祈梦文化、国家传统村落紫竹村等，串点成线，制定了多条自驾游线路。目前，孝悌村、茶产业园、首章村、方广寺、紫竹村、杉洋村环形旅游圈已基本形成。

玛坑千亩生态茶园摄影长廊则是茶旅融合的生动体现。该乡以茶为"针"、旅游为"线"，通过"穿针引线"，把茶叶种植、生产、销售与旅游产业发展结合起来，引导茶企发展茶叶观光园，打造生态有机茶品牌，研发以茶为主的旅游商品，打造"茶乡之旅"生态观光旅游品牌。

除了茶旅融合发展，玛坑乡还结合千年古刹方广寺、国家级文物保护单位杉洋村林公宫祖殿，大力打造宗教文化、祈梦文化两张名片。每年农历正月期间，林公宫都爆满，来自五湖四海的人们汇聚于林公宫祈福。最多的时候一天可达一万多人次。据统计，仅春节后的 10 天内，该祖殿的游客人流量达到 10 万人次，带动当地群众从服务行业增收。

与此同时，玛坑持续深入挖掘红色文化、戏剧文化、剪纸、木偶等文化底蕴，围绕"吃、住、行、游、购、娱"，配套完善乡村民宿、农家乐等，拉动乡村生态环保、公共服务等全方位提升，增强乡村吸引力与竞争力。

当然，玛坑打好上述四张牌的同时，也在其他经济及民生各领域全面发力，诸如脱贫攻坚、乡村振兴、生态环境、治水工程、教卫事业等方面取得了长足的进步。尤其以人居环境整治为抓手，统筹推进改水改厕、污水管网改造、村域河道整治等工作，不断满足人民群众对美好生活的需要。投入 130.6 万元完成旱厕改造 653 户，全面完成 15 个村的改水改厕任务；投入 804.5 万元完成 15 个村污水管网铺设 17.8 公里；"河湖长制"全面落实，新建川中溪安全生态水系 17.38 公里；全面消除垃圾焖烧炉，实现村内环境卫生及河道清洁由第三方公司承包制……一系列"硬核"举措让乡村旧貌换新颜，"一村一景、秀美如画"的美好愿景在玛坑正慢慢变成美丽实景。

如今，无论谁来到玛坑，都会惊艳于她的华丽蜕变，会不由自主地承认：玛坑是古老的瑰宝，蕴含岁月沉淀过的精华，持续散发着不可抵挡的魅力；更是一颗冉冉升起的新星，迸发时代赋予的光芒，绽放出与未来共舞的无限活力。

首 章 蝶 变

◎ 东 城

首章村（叶先设 摄）

"首章"这个名字显得蛮有分量的，而曾用名"秀章"也显得清丽可爱，事实上却与她从前的形象大相径庭。

略为了解首章历史者都知道，改革开放初期以及更早，首章村一度"臭"名远扬，外地人提起首章，竟脱口而出"首章首章，又臭又脏"。当年首章村除了种地，家家以养母猪、卖猪仔为副业，在方圆百里之内算是榜上有名。可惜，受制于恶劣的自然条件、脆弱的经济水平和落后的生产观念，首章的养殖业既缺乏规模效益，也缺乏环保意识，更缺少科学技术的指导与管理，呈现出乱糟糟、脏兮兮、臭烘烘的不良局面。人与猪同在一个屋檐下，每到吃饭时候，饭菜味混杂着猪臭味。而户外更糟糕，但见猪屎到处有，污水遍地流。空气中永远弥漫着屎尿味、猪骚味和其他各种难闻的气味。真的是肮脏透顶、臭不可闻！

脏、臭却并没有换来财富，首章人依然生活在贫困里。邻村人戏谑首章："蹭蹭去首章，糟菜加糟姜。下雨喝田水，裤脚扎半边。"和那时候闽东多数山村一样，首章人不仅粮食只够吃半年，经常靠番薯、乌蛋（土豆的方言）、苦菜勉强果腹，而男人娶不上老婆更是许多家庭的常态。

就是这么一个贫困而且脏乱差的山村，如今却成了乡村振兴的标兵，环境文明的楷模，甚至荣膺"福建省美丽乡村建设示范村""全国文明村镇"等高大上称号。展现在人们面前的是成排的新屋，平阔的村道，崭新的文化宫、幸福院、福利楼，生产繁忙的制茶厂，优美的风景林、景观带，空气中飘扬着沁人心脾的缕缕茶香，微波荡漾的鱼塘倒映着美丽新农村的动人图景。

人们不禁要问，首章人凭借着什么样的信念，甩掉了极度贫困的帽子？掌握了什么密码，豁然打开了致富的大门？经历了什么样的风雨，终于迈上彩虹般的坦途？

回答这些问题会引起数量庞大的回忆，也会引发饶有趣味的思考，毕竟首章的逆袭成功充满了坎坷与挑战，也不缺传奇，值得追溯一番。本文试图从以下三个路径再现首章的奋斗历程及其感人故事。

首章"小红旗渠"

在桃源溪流域的诸多村庄榜单上，首章村的名字好听，其实却曾经长期名不符实，造成这种尴尬境地的主要原因是因为首章的自然条件贫瘠，尤其严重缺水。除了几口供应量有限的水井用以提供村民有限的饮用水之外，村子周边没有任何溪水潺潺流过，导致首章的生活、生产用水远远低于基本需求，重度阻碍了首章的经济发展与民生保障。

开辟合适而充沛的水源，成了首章每一个村民和每一任干部的梦想。实现这个梦想，毫无疑问需要集体化的力量、团结奋斗的精神以及政府部门必要的支持。这样的契机出现在1967年，乍看起来有点不可思议，因为彼时正处于"文革"初期的革命热情烧毁了许多生产干劲的特殊阶段。但在实际上，地处偏僻的山区，"文革"带来的负面影响并不大，反而同时代中国的两个奇迹样板——林县红旗渠和"农业学大寨"激发了首章人民的历史责任感和奋战激情，从而促成了首章人在当时那极其艰苦的条件下完成了可歌可泣的大业。

首章人不仅没有怨天尤人，反而当所有主客观因素聚合一起形成必须而且可以开凿水渠的局面时，他们没有犹豫，而是义无反顾地投入到这场改变村庄命运的鏖战中来。为彻底解决供水问题，1967年首章村民开始开山引水，修建水渠。水渠从方广到后山，要开凿两个涵洞，在当年那个缺少爆破手段和挖掘机械的情况下，这是十分艰难而浩大的工程。全体村民除了老弱病残和必要的后勤人员，全员参与其中。人们只能依靠最原始的铁制及竹木工具，凭借信念、老茧和汗水，用愚公移山的态度、蚂蚁啃骨头一样的精神，一次次挥汗如雨，一点点咬牙挖掘，一寸寸向前推进，1000多个日日夜夜的坚持会战，终于在1970年修成了一条3600米长的水渠，而其中涵洞总长达430米。当时全村人口不过四五百人，平均每人每年要做义务工达120天，有的村民一直睡在工地上长达3年之久。

这条后来被形象地称为"小红旗渠"的后山渠的成功修建，彻底解决了村里长期缺水的困难，带给首章不竭的水源和无尽的动力，有力地促进了首章的全方位发展。

成功转型之路

首章人渴望有个带头人，带领乡亲们走出穷困的泥潭。但20世纪90年代初的农村，涌动着外出闯荡的洪流，越来越多的青壮年选择出门，到外地经商、打工，挣钱养家，或仅仅为了换个活法。如此一来，留在村里的能人很少，有能力有情怀当村干部的就更少了。

于是有人鼓励陈桂清去竞选。在这之前，陈桂清曾经先后担任过耕山队长和妇代会主任，算是得到过历练。要全面主持工作，她感觉完全没有把握，但她骨子里的倔强由此被唤醒。那是1991年，因为已过了换届选举时间，她以村主任助理的名义，实则代理主任走马上任，想不到马上遭遇阻力：居然有人在她家的门上贴着白纸，上书"武则天"字样。陈桂清打起了退堂鼓，这时一位首章籍的退休乡干部站出来为她助威，这位叫郑乃成的老干部对她寄予厚望，认为首章的发展正需要"武则天"的魄力，同时利用自己的威望和经验反复劝服村民们支持桂清。

是金子总会发光的。陈桂清铆足了干劲，组织妇女们加工鞋垫、棕绳，千方百计卖到城里去，又利用自己会当大厨和兽医的独特能力，经常免费为乡里乡亲做事，分毫不取而乐在其中。对村集体大小事务更是日夜操劳并卓有成效，渐渐积攒了好口碑和好人缘，以致村里群众和乡里领导都认定下一届村支书非她莫属。

转眼到了1993年，两年时间里陈桂清得到了锤炼，也证明了自己使命担当的情怀。通过乡村两级的考验和选举，陈桂清顺利当选村支书。

当了村支书，陈桂清很清楚自己肩上扛着党和政府的期待，身上压着乡亲们热切的期许。该从哪里下手，才能让首章摆脱贫困，又能从此与脏绝缘、与臭挥别？根据自己多年的经验和思考，她决定改变首章的副业，把养母猪改成种茶。为此，她夜以继日地四处参观学习，向专家请教，苦口婆心说服村民们改行，引进优良茶品种"福云6号"，以改良茶树品质，提高茶叶产量。

功夫不负苦心人。在当选为村支书的3年时间里，陈桂清舍小家为大家，为首章倾尽了所有的心血。终于在任期届满的1996年，人们欣喜地看到：首章变了，变得整洁清新。空气中曾经弥漫的骚臭早已烟消云散，淡淡的茶香飘扬在四周。触目所及，是干净的房屋和街巷，是漫坡绿意盎然的茶园，是村民们日益欢快的笑脸，是首章开始生机焕发的图景。陈桂清用辛劳和业绩证明了妇女也能当干部，当好干部！

随着换届选举即将到来，陈桂清内心却陷入纠结，一方面希望继续推动首章彻底脱贫，变得更好更美；另一方面却不免对家人心怀愧疚，想回归家庭。但这回她的退堂鼓没机会敲起来，因为村民的热情拥护和领导的持续鼓励，在随后的"两推一选"中完美地体现出来。一共5位候选人参选，唯有陈桂清以全票当选！而且从此以后，每次换届都是她毫无悬念地当选，然后又义无反顾地奉献，不断重复着感人至深的版本直到今天。

陈桂清在首章多年艰苦卓绝的奋斗经历，赢得了社会各界的赞赏，尤其受到县扶贫开发协会的高度重视。协会主管领导李林清同志选定首章村作为推进扶贫开发和社会主义新农村建设试点村，并亲自进村挂点。扶贫协会助力茶产业的举措与陈桂清的发展思路不谋而合，经过两个5年的脱贫致富规划与拼搏，初步形成从种植、采摘、加工到销售的完整产业链。2013年，为了进一步壮大村集体经济，陈桂清再一次使用有效的"笨"办法：说服家人和其他几个股东，把原来属于个人的茶厂低价转换成村企，并利用政府部门的产业政策资助与贷款，进行厂房扩建与设备升级，使首章村拥有了半自动化的制茶厂。2014年又多方筹集资金200多万元，扩大金牡丹种植基地300多亩，新建茶叶加工厂一个，并注册茶叶商标"丹山梦缘"。同年6月，在周宁首届"官司云雾茶"杯斗茶技能大赛中，首章茶叶专业合作社选送的"丹山绿茶"力挫群雄，从20多家参赛企业中脱颖而出，获得"绿茶王"称号。

这是极其重要的一步。改革开放以后，乡、村两级集体经济的衰微多年来成为一种趋势，造成村民各自为政、低端竞争的散乱现象，并由此促成贫富差距加大，部分群众再度陷入贫穷的命运。首章村的茶厂，吸收50多户村民入股，其中贫困户的原始股本金5000元由扶贫协会资助。茶厂每年都有盈利，为村民带来分红、工资等不菲收入，同时给村财每年增加至少10万元以上盈余，形成了产业振兴、共同致富的可喜局面。

首章村于2017年全体脱贫后，村财年收入达三四十万元，人均年收入近2万元，村固定资产达500万元以上。村委楼的办公室墙上，挂满了40多块陈桂清个人和首章村集体获得的各种奖牌、奖状。"优秀共产党员""全国三八红旗手""中国乡村旅游致富带头人"等荣誉，是党和政府给予陈桂清的高度评价；"全国妇联基层组织模范村""福建省脱贫致富示范村""福建省美丽乡村建设示范村"等美名是对首章实至名归的肯定。面对纷至沓来的名誉称号，陈桂清依然保持淳朴本色，每天事无巨细地为首章操劳，依然与村民们打成一片，带头参加茶事或农活或谁家的红白喜事。陈桂清人如其名，品性如桂皎洁清廉，如茶清纯苦香。她以善良基因、高尚情怀托举着党性信仰，苦心孤诣地谱写了首章乡村振兴动人而华美的乐章！

茶旅共筑致富梦

获得完全脱贫和初步振兴的首章没有停下继续前进的步伐，在茶产业方面，追加投资，不断扩大规模提升效率塑造品牌。村合作社近年积极争取标准化茶叶加工厂建设项目，建设现代化标准精制茶叶加工厂，引进先进生产工艺，稳定茶叶品质，提升茶叶经济效益。在改进工艺的同时，合作社注册茶叶商标"首章"，着力改造低产茶园，种植金牡丹、福鼎大白、白芽奇兰等新品种，促进茶叶提质增效。

目前，合作社茶厂已顺利通过SC（食品生产许可）认证。下阶段，新茶厂还将积极引进台湾建筑师团队设计产品包装，推行智慧生态茶园建设与"一品一码"可追溯管理，打通电商直播带货渠道，努力提高集体茶园基地的科技力量和管理水平。

今年年初，集智慧乡村、直播间、茶叶及农副产品展示厅、功能化爱心超市、茶叶包装间、茶室为一体的茶产业交易中心建成投用，村集体茶叶基地推行有机管理并已申报有机认证、智慧茶园系统成功运用，基地茶叶产品实行"一品一码"可追溯管理，茶叶种植规模新增100多亩，并成功邀请到了国家首批高级制茶师、高级评茶师王丕岐指导茶叶加工制作。

在茶产业日趋成熟的过程中，首章人同时充分利用了其与旅游业的相辅相成效应。

譬如，首章杖头木偶戏是周宁县重要的非物质文化遗产，极具传承价值。近年来，首章村委会同周宁县相关部门对首章杖头木偶戏进行了挖掘与整理，并给予经费支持，使得首章村杖头木偶剧团重新组团，继续为群众展现周宁非遗的魅力。

而随着乡村游、自驾游热度持续攀升，首章茶叶专业合作社围绕"生态康养""四季宜游"旅游品牌，深挖茶文化内涵，将首章村、古刹方广寺、紫竹村以及畲村灵凤山村连成"一条文旅带"，发展乡村自驾游。借着佛教文化、革命旧址和自然的优势而成为远近闻名的避暑胜地，每年可吸引十余万游客前来参观。

依托邻近方广寺和千亩现代观光茶园的有利条件，合作社还充分发掘祈福、祈梦等民俗文化，投入 85 万元将闲置校舍改造成集住宿、办公室、农家乐、农产品展销区、茶叶展示厅等功能区的乡村旅游接待站，逐步优化食宿服务，完善旅游要素，使之成为康养度假旅游、企业团建活动的理想之地。同时，凭借境内方广寺大量的游客资源以及"禅茶文化"底蕴，注册"丹山梦缘"商标，大力推广禅茶产品，取得了很好的推广和营销效果。

如今，首章村已基本形成"种、养、创、游"（即高优茶业开发、特色种养、创办农家乐和民宿、自驾游）为一体的观光休闲生态旅游富民产业，不断发展壮大村级集体经济，促进农民增收。2020 年，依托茶业、农业和旅游业，全村在家人口总收入超过 600 万元，农民人均可支配收入达到 1.9 万元。

从最励志的开凿"小红旗渠"时期算起，首章经过了半个多世纪的发展，早已旧貌换新颜。如今承恩于小"红旗渠"灌溉，受益于主产业转型成功的首章，路宽村美、山清水秀，巷子里荡漾着快乐的笑声，空气中飘扬着浓郁的茶香，各种有形的奖牌和无形的荣誉纷至沓来，一个充满活力的乡村振兴示范村正在时代舞台上大放异彩。而茶旅互动、多元并举的新首章正昂扬迈出探索的步伐，将开创更加瑰丽的未来。

建设新地标

——周宁火车站和站前工贸科技园

◎ 峭 哥

长期以来，咸村镇以其毗邻宁德蕉城区却又远离周宁县城的独特地理位置和其他资源禀赋，自然而然被赋予周宁县域次中心的地位，而在第十三次县党代会上被明确写入了文件。此外，咸村作为周宁县唯一的省级历史文化名镇和原闽东特委机关所在地，也肩负着历史人文及红色文化建设的重任。在70多年的历程中，咸村镇从一个交通闭塞、经济落后、基础设施薄弱的小乡镇，发展成为交通便捷、文旅繁荣、社会稳定、前景向好的名副其实的县域次中心。

历数众多的建设成就，最重要最耀眼的莫过于近年建成且处于发展中的周宁火车站和站前科技工贸园项目。

周宁火车站

周宁火车站是中国铁路南昌局集团有限公司福州车务段管辖的铁路车站，是衢宁铁路的一个中间站。

衢宁铁路是中央和浙闽两省省委、省政府关心支持浙西南和闽东北地区加快发展的重点项目，是构成长三角和海西区之间的重要运输通道，是连接东南沿海到中西部内陆的运输大通道，对于促进区域经济协调发展，推动欠发达地区融入经济一体化具有重大意义。

衢宁铁路线路起始于沪昆铁路衢州站，途经龙游和丽水遂昌、松阳、龙泉、庆元，进入福建省经松溪、政和、建瓯东、屏南、周宁、支提山，终点宁德站。线路全长379.2公里，铁路等级为国铁Ⅰ级，速度目标值为160公里/小时，项目投资概算总额274.1亿元。

周宁站站房总建筑面积2997平方米，设定最高聚集人数500人，站场规模为2台7线。以下是周宁火车站从立项批复到竣工通车的时间卡点流水账：

2013年11月20日，中华人民共和国国家发展和改革委员会批复新建衢宁铁路

周宁火车站（席国胜 摄）

项目建议书，途经宁德市周宁县设站。2014年12月31日，衢宁铁路福建段开工建设，规划在周宁县咸村镇设站。2015年9月29日，衢宁铁路全线开工，设置周宁站；11月3日，周宁站开工建设。2019年6月，周宁站成为衢宁铁路福建段首座封顶的站房。2020年3月，周宁站外观总体建成；5月8日，周宁站站前广场工程进入配套设施建设阶段；8月29日，衢宁铁路试运行，周宁站进入试运行阶段；9月27日，衢宁铁路开通，周宁站投入使用。

周宁站在建筑造型方面十分用心，吸取了周宁县当地建筑精华，灰墙和红色木构色彩对比给人深刻的印象，体量上富有变化，立面窗花细节也采用当地特色的窗花，体现当地的地域风情。

周宁站主要"一站、五桥、五隧道"，总投资8000万元。站房采用线下式布置，站房主体一层、局部两层。站台长站台雨棚均为现浇钢筋混凝土结构雨棚，站台雨棚含地道及出入口装饰，站台面铺装，建瓯东旅客进出站通廊及附属配套工程；货场设于周宁站对面。周宁站站前广场包括内外环道路、两栋大楼、绿化、硬质铺装、污水设施、供电、供水、通信工程等相关附属设施，广场内设置社会停车位、公交车辆停车位、大巴停车位。

周宁站车站正线为平坡直线，设到发线4条（含正3线），有效长880米，预留到发线1条，采用两台夹五线布置形式，到发线3道，宁德端设置隔开设备1条，货场设站台货物和散堆装货物装卸线各1条，货物站台设货场牵出线1条，纵三线穿站而过；站前广场内设置公交车辆停车位、共有1条公交线路。

周宁站建成通车，使咸村镇交通瓶颈逐步被破解，交通区位优势愈发凸显。周宁站建成后进一步完善周宁交通网结构，促进经济发展，为全方位推动高质量发展超越，全面贯彻落实"一二三"发展战略，建设生态美丽幸福新周宁，助推咸村镇打造周宁县域次中心建设提供坚实稳固的交通保障。

值得一提的是，衢宁铁路上驰骋的是复兴号"绿巨人"火车，指的是时速160公里动力集中电动车组，是中国自主研发的最新型的铁路列车。与传统机车牵引客车相比，该车型司机操作更加方便快捷，旅客乘坐更加安全舒适，运输组织更加高效，可充分利用既有检修资源，减少基础投入和设备维护成本。

为了向传统绿皮火车致敬，该动车组的外观继承了传统绿皮车的元素，以国槐绿为底色，以黄色为色带。但从总体性能配置上来看，绝对超出你对普速列车的印象。传统的绿皮车座位是直背的，椅背不能调节。"绿巨人"的内部服务设施设备与既有动车组基本一致。座椅椅背不仅可以调节，座椅的间距也比以前大了不少。"绿巨人"不仅座椅椅背可以调节，还在每一个座位下方以及小桌板下方配备电源和USB插口。此外，"绿巨人"复兴号车厢内还设有多个残障人士专用座席并设有无障碍卫生间。

"绿巨人"是参照动力分散动车组进行优化设计，采用流线型外形，适用于所有普速电气化铁路，其动力集中在列车头部或列车首尾端。

站前工贸科技园

周宁县站前工贸科技园项目作为省重点项目和市"双百"项目，园区规划区域面积4458亩，依托衢宁铁路周宁段和纵三线通车的物流优势，形成"一心中据、三轴串联、两翼并行"的总体空间架构，是我县立足周宁资源禀赋和功能定位，重点打造的小微园，也是我县实现跨越赶超、打造周宁第二个百亿产业集群梦想和财税收入翻番的重大产业支撑项目，其中包括新能源动力电池液冷板、磁悬浮微风发电等重点项目。

规划范围东至川中村，往西以纵三线为界井延伸至洋中村西南山麓，南至桃源溪何菇桥水电站，北至衢宁铁路周宁站；园区以衡宁铁路周宁站、纵三线为依托，科学规划用地布局，实现功能上完善、和谐、统一，以对接宁德上汽、新能源科技等产业为主导，打造集工业仓储、综合配套于一体的现代化生态工贸科技园区。

以下是一期项目概况：

周宁县站前工贸科技园一期建设工程项目，大致位于福建省宁德市周宁县咸村镇区周边，截至2023年2月下旬，该项目处于主体施工阶段，预计2024年12月完工。

项目描述：一项工业发展，占地面积为119824平方米，总建筑面积为205700平方米，项目总投资额为11亿元，总造价为6亿元。包括厂房、办公楼及配套设施。

工程建设规模：本项目以宁德上汽、时代新能源科技产业等产业集群下游产业链条承载区为主导，打造以汽车零部件、汽车装饰、新材料为研发主线。建设研发中心配套设施。本次项目建设主要内容为园区配套双创研发中心主体建安工程、供配电、照明、给排水、绿化等设施、园区周边市政道路提升工程、配套综合运输服务站等。其中：

1. 园区配套双创研发中心。项目用地面积5899.37平方米，总建筑面积16373.79平方米，其中地上建筑面积11794.4平方米，地下建筑面积4579.39平方米，建筑占地面积1765.66平方米，绿地率10%，机动车位591个，非机动车位114个。主要建设内容：园区配套双创研发综合楼主体建安工程、供配电、照明、给排水、绿化等设施。

2. 园区周边市政道路提升工程。建设两条市政规划路，其中规划路一为城市次干道，设计速度30公里/小时、道路红线宽度18米，全线长600米，规划路二为城市支路，设计速度20公里/小时、道路红线宽度12米，全线长500米；周边接线道路提升长2500米，宽度10—16米。

3. 配套综合运输服务站。占地面积约4.5亩，总建筑面积950平方米，建设客运站站房、售票厅、候车厅、停车场、汽车安全检验台等基础设施，同时设置物流快递、农资配送等。

周宁县本次视频连线的开工项目是周宁站前工贸园区双创研发及配套设施建设项目，坐落于咸村镇，总投资3.14亿元，主要建设双创研发中心、综合运输服务站及相关配套设施提升等工程。该项目是周宁主动融入"一核两廊五轴"、实施"西拓南承、呼应湾区"战略的重点项目，也是积极响应民营经济强省建设、打造更优"周宁服务"的具体行动，建成后将为工贸园区入驻企业提供完善的水、电、气以及商务酒店、职工宿舍、物流仓储等"一站式"服务，打造项目孵化摇篮、人才创新高地，吸引更多锂电新能源、汽车配套项目承接落地，争创"产业高度聚集、配套功能完善、生态环境优美"的现代化小微园。

作为周宁县南大门，咸村镇东依蕉城区，纵三线穿境而过，衢宁铁路设站当地，既有临近新能源、上汽的地理优势，又有公铁联运的交通便利，发展位置愈发凸显。

人群的聚集、快速的发展承载着咸村镇实现乡村振兴的新希望，也对集镇经济结构转型提出了更高要求。

站在站前工贸园，咸村人不由自主地满怀豪情，对咸村未来充满憧憬：当前，宁德正加快建设全球新能源新材料产业核心区，咸村镇作为周宁融入宁德"一核两廊五轴"发展格局的"桥头堡"，将立足自身、抢抓机遇，不断增强镇域经济发展内生动力，实现咸村全面繁荣。

紫竹生态养猪业

◎ 东 城

量子猪（叶先设 摄）

紫竹是一个极具辨识度的山村，从前因为地理偏僻、土地瘠薄而导致贫穷程度很高，却不妨碍紫竹人在许多领域获得成就与荣誉。在周宁乃至闽东，"紫竹墨斗"的名头十分响亮；"紫竹秀才村"的美誉更是名闻遐迩；紫竹的天然物产与风景名胜一直引人入胜。

而今，紫竹却以一种最奇特的方式炸出了圈。最传统的养猪业与最前沿的量子科技成了最特殊的量子纠缠现象，而做到这一不凡业绩的团队是紫竹乡贤陈木成所领导的福建生隆科技养殖有限公司。

"像猪一样脏"，这句口头禅一般的讽刺曾经长时间流行，其意不只是嫌弃猪猡们不讲卫生，也是说明跟猪有关的环境都只能归于脏乱差臭之伍。这种认知如此根深蒂固源远流长，以致早就成了共识，以致当一个干净、无臭，甚至比较优雅的养猪场突现眼前时，人们始则惊愕，继则赞叹，随之好奇：这是如何做到的？

在玛坑乡紫竹村，有一个正是这样的养猪场。在这里，没有臭不可闻的气味，看不到污水四流的场景。这是一个别样的养猪场，猪舍整齐统一，干净、整洁、卫生，使劲嗅也闻不到异味。猪舍外围种植的是一片盛开的鲜花，四周树木成荫，空气中弥漫着花草的芳香。猪舍内看不到工人忙碌的身影，也听不到猪的哼哼叫声。而每个猪栏里都铺着一层厚厚的垫料，"猪八戒"们悠闲自在地生活着，它们或排成一队争着抢食，或悠闲地踱来踱去，或安静地躺着酣睡，或不停地摇着尾巴，总之是一种十分惬意的状态。

这是因为陈木成所带领的团队在石墨烯研发领域取得了成果，并将这些成果转化应用，形成了他养猪的"独门秘籍"。

2016年，陈木成在厦门创办恒力（厦门）石墨烯科技产业集团，并倾巨资投建厦门市恒力石墨烯研究所，进行石墨烯产业化应用的深化研究，打造全球石墨烯应用科研高地。

在石墨烯技术运用过程中，陈木成团队发现石墨烯技术能够改变水的状态，不仅让水富含活性氢，还使其具备了超强的渗透力、穿透力和排污力，喝此水能够排除生物体内的污垢和毒素。而且经过专家鉴定，这种水十分安全健康。陈木成突发奇想，如果将水用于养殖行业，是否能够创造奇迹？

2018年2月，陈木成将制水设备带回家乡周宁县紫竹村，收购了当地一家濒临倒闭的养猪场，开始做起了试验。养殖3天后，猪场的臭味竟然开始慢慢淡化，生猪也比原来更有生气和活力。陈木成喜出望外，便开始投入更多精力钻研养殖。

除了特制的"活性水"喂养，陈木成严格把控生猪养殖的每一道关键环节。作为饲料的玉米及辅料植物的种植，都用"活性水"浇灌，玉米不仅高产而且高质，其蛋白质含量就高出普通玉米的两倍以上。生猪喂养过程全部采用特制的"量子水"，结合现代微生物发酵垫料养殖模式，再佐以其他高科技手段，严格把控生猪"进口"食物的关键环节，从而达到提高猪肉品质的目的。在此基础上，利用自有生物技术，将猪的"出口"排泄物迅速降解，进行生物转化和臭味消除，从而达到猪舍废污零排放、无臭味的目的，实现环境无污染。

在猪舍垫料部分，陈木成带头研发的微生物发酵床，是目前基地里科技含量最高的技术，与传统养猪相比有很大的差异。何谓发酵床？就是根据微生态学和生物发酵理论利用益生菌种，通过筛选、培育、检验、提纯等工艺流程，形成具备强大活力的功能微生物菌群，再按一定比例与锯末、木屑、谷壳、米糠、活性剂等均匀混合，经堆积发酵，形成有机复合垫料铺放在猪舍内，构成生物发酵床。在整个饲养过程中，猪的粪尿随排泄随发酵，排泄物中的有机物质在发酵床内经过酵素微生物发酵，得到充分分解和转化，让猪的排泄物在发酵床内得到充分分解和转化，从根本上解决了排泄物排放和臭味的问题。

在猪肉品质上,试验养殖的生猪经过检测,其瘦肉的蛋白质和氨基酸以及钙、磷、铁、硒等微量元素含量均远超普通猪肉,且核苷酸、肌苷、游离氨基酸等氮浸出物含量也都优于普通猪肉,胆固醇却比普通猪肉低很多。烹制出的猪肉不仅营养丰富,而且肉汤鲜美。

依靠材料科学、微生物应用科技、微电子和量子科技于一体的科学养殖,让陈木成养的猪长得特别壮,养到四五百斤才出栏,现在重的有1000多斤,且行动自如、灵活。让人最期许的是,能够进一步推广该养殖技术,破解生猪养殖环保难题,缓解市场优质猪肉供给不足现状,让老百姓吃上"放心肉"。

山脚下新建中的生态示范基地前的一片田地中,种植着长势茁壮的农作物。这是选用高粱玉米、甜高粱等杂交选育的高蛋白质、高糖分品种,成熟后进行"青储"酸化,然后和"黄储"饲料混合膨化,再接入有益菌种发酵,以此提高饲料的营养成分和营养的吸收率。

供水系统则是该养殖技术的核心。生猪喂养过程,全部采用自主研发的设备生成的小分子团活性氢"量子水",能使胃、肠道有益菌群增加,促进吸收、消化、排毒,保持良性体内循环环境,从而使猪更加健康,减少猪粪便的污染排放元素。

从饲料栽培就开始把控,再从猪的饮用水环节给予喂养高科技富氢水,这里养殖的生猪没有抗生素、激素等方面的安全隐患,蛋白质和氨基酸等含量是普通猪肉的一倍,但脂肪只有普通猪的60%;且生长周期要比普通生猪长四五个月,便能保证猪肉的口感和品质。

富有公益心的陈木成,为了推广养殖技术,在紫竹成立了合作社,吸纳12户村民加入养殖,每头猪的利润可达1000元以上;并向农民流转到200多亩土地种植高粱玉米,增加农民收入。

该套养殖技术应用门槛低,相较普通养殖,一斤成本都在6元左右,却能极大地减少生猪的患病率和死亡率,且猪肉品质高和环保,对生态也是一种保护,守护家乡的绿水青山。

目前,该技术已申请了十多项技术专利,正建立集科研和养殖于一体的示范基地,还将建立技术推广平台、产品供应平台、食品溯源体系,打造绿色、健康、安全的全新生态产业链,让民众吃上安全放心、营养丰富、品质俱佳的猪肉。

陈木成及其团队生隆科技公司的养猪高招引起了各级领导的重视。同为周宁籍的福建省政协副主席阮诗玮十分关注农业科技的创新,当他得知有关实况后,随即协调有关全国人大代表和全国政协委员。随后民盟盟员、全国人大代表陆銮眉向当年3月初召开的全国两会提交提案，建议"推广高质量低碳绿色生猪养殖技术，助力乡村振兴"。这一提案的提出引发了广泛关注和热议，也引起了国家层面的重视，这一技术加以推广对推动我国农业畜牧业实现高质量低碳绿色发展将发挥重要作用。

阮诗玮副主席还通过深入现场，走进猪舍，察看实际，听取技术研发成果介绍等，认真细致，全面了解，对生隆科技的养殖技术给予高度评价，认为这是我国农业科技的重要创新，将解决畜牧（生猪）养殖粪处理的难题，要求生隆科技巩固科技成果，努力发展健康安全的生猪养殖事业，带动农村经济振兴发展。

国家有关部门、福建省、宁德市和周宁县的各级领导都十分关心关注生隆科技的养殖技术创新，全国农村创新创业联盟主席刘坚（国务院原扶贫领导小组副组长、国务院扶贫办主任、曾任农业部副部长）亲自过问并指派中国畜牧业协会秘书长（原国家畜牧总站党委书记）何新天、中国农村科技创新创业联盟秘书长李同斌亲临考察调研；福建省十三届人大常委会副主任雷春美等省领导相继深入生隆科技考察指导；原宁德市委书记（现任贵州省副省长）郭锡文、市委书记梁伟新等市领导亲临关心指导。周宁县领导更是给予无微不至的关怀关心和支持呵护，宁德市副市长包江苏（原周宁县委书记）、周宁县委书记袁华军、县长陈文卿等多次深入紫竹指导乡村振兴，帮助生隆科技创新发展，支持和鼓励生隆科技做大做强，普及推广全国，为国家的农业转型升级和高质量的发展贡献力量。

陈木成团队不断对已有的专利技术进行改进，在此基础上又提升了一步，不仅从根本上彻底解决排放和臭味问题，同时还实现了猪肉的高品质化。经过他试验养殖出来的生猪，其瘦肉的蛋白质和氨基酸以及钙、磷、铁、硒等微量元素含量均远超普通猪肉，且核苷酸、肌苷、游离氨基酸等氮浸出物含量也都优于普通猪肉，胆固醇却比普通猪肉低很多。加上都是选用无污染的天然青绿饲料喂养，没有添加任何工业饲料和添加剂，猪的生长周期要比正常6个月就能出栏的猪多4到5个月的时间，从而保证了猪肉的品质和口感。也因此，煮出来的猪肉不仅营养丰富，而且肉汤鲜美，过齿留香，吃过的人都赞不绝口，获得了很高的评价。

事实上，紫竹量子生态养猪场不仅成为行业标杆，而且也成了周宁农旅的一道靓丽风景线，在引导生态养猪、供应有机猪肉的同时，吸引着越来越多的人前往参观、学习。

徐坑村搬迁记

◎ 陈贵忠

　　山村搬迁是近几十年来比较常见的词。周宁芹山水库1999年底建成时陆续搬迁了6个村庄，移民2764人；脱贫攻坚期间，周宁县的造福工程搬迁181个自然村，移民7561户、33684人，全县先后营建28个30户以上集中安置点。然而，对于咸村镇而言，整村搬迁并不是新鲜事。早在1957年全国"一五"计划超额提前完成，在这大好形势下，福建省政府关注到一个存在山体滑坡隐患的小自然村——咸村徐坑村，专题发文并专项拨款支持整村搬迁，村民至今已经在咸村集镇的店后村幸福生活了60多年。现在省纵三线公路从旧村村口经过，村址已建成静美的生态公园，村民为纪念整村搬迁60周年建了初心亭。

　　周宁县域最南端的高山上有樟岗、詹家洋、富濑3个隶属于咸村镇的行政村，对咸村集镇的居民而言，"山头面"（咸村方言，指高海拔的山区）太高太远，从洋下（咸村方言，指低海拔的镇区）步行到800多米高的山头面需要半天时间，很多洋下人对那些村庄只闻其名未见其村。同样，一些"山头面"的女性一辈子没到过洋下也不足为奇。

　　时光回溯千年，唐朝五代（907—959）年间，福安南源村詹三七公被南溪一马平川的肥沃土地深深吸引，举家迁入南溪。400多年后，南溪人多地少的矛盾日益突出。明洪武二十三年（1390），南溪詹惠八公跋涉数百里来到人烟稀少的咸村山头面，看中一处水源充沛的山垄，决意就地拓居，一个叫詹家垄（即詹家洋）的村庄从此诞生。詹氏奋力开垦荒地，融入咸村当地文化，打通前往宁德古瀛洲的通道，加强与霍童溪的水路交通，不断拓展生存空间，后裔分迁到周边的南山、岭头、秋竹园及蕉城等地。

　　20世纪30年代，革命的星星之火传遍闽东大地，咸村"山头面"的碧岩、樟岗、詹家洋等村成为革命根据地。詹家洋村外的龟灵寺是红军闽浙赣第五支队的办公地，周边村民积极投身革命斗争，为闽东革命事业做出巨大贡献，仅詹家洋就有4位烈士。詹吉敦烈士于1936年参加革命，从普通游击战士成长为周墩南区苏维埃政府文书，1940年6月被捕后被杀害在宁德霍童镇。周宁和平解放后，人民当家做主，村集体有了自己的土地，乡亲们的生活如芝麻开花，先后建起30多幢土木结构的明厅厝。

进入21世纪，洋下的经济突飞猛进，居民的生活基本步入小康。与此相比，"山头面"交通不便、耕地少、生产力低下的问题日益突显。虽然政府投入资金把公路修到村口，把电线、广播电视、电话线牵到各家各户，但村民仅靠种地的微薄收入远远不能满足日益增长的物质需求，只有整村搬迁另谋出路才能从根本上解决问题。共产党人自始至终为人民谋幸福，党的一切工作就是为了实现好、维护好、发展好最广大人民的根本利益。人民政府想群众之所想，在咸村镇区为詹家洋村征地30亩，规划宅基地143块，配套建设村委楼、街道、篮球场等基础设施，一个全新的詹家洋村很快落成。800多年前，詹氏长途迁徙为的是温饱，这次搬迁是为了奔小康。村民不但解决了学龄孩子入学和老人生病就医的难题，就业门路也大大拓宽。想到外地打拼的，可以到亲戚朋友在上海、广州等地的公司工作；想就近就业，宁德新能源公司用工需求很大，咸村本地的小企业也有工作机会。已经60多岁的詹大叔在旧村养了十几箱蜜蜂，事先预定蜂蜜的客户催得紧，他赶早回村收了蜂蜜，立马赶回咸村陪护留守老人，一个月收入超过5000元。詹大叔说，现在家家户户都很忙，忙着奔小康。更可喜的是，咸村站前工业园区已经开工建设，已经有知名企业入驻园区。到时候，搬迁下来的农民工都可以在家门口就业。

如今，詹家洋主村及南山、秋竹园、岭头自然村除了忙碌的蜜蜂外，更多的是上山看风景的驴友。詹家洋家家户户房屋的大门都贴着崭新的对联，巷道整洁干净，村前小溪一如既往涓涓流淌。秋竹园风景优美，山下是缥缈的洪口水库。坐在龙脊般的岩体上，轻风拂面，小鸟啁啾，绿意盈眼，星岛泊湖，渔排点点，无限惬意。周边森林葳蕤，树林里有百年树龄的甜槠、米槠、闽楠、栲、马尾松，最大的甜槠胸围达350厘米。人搬走了，难忘故地山川的养育之恩，村舍保持原样，想老家时回来看看，顺便挖些竹笋、采点山珍。咸村镇像詹家洋这样华丽转身的村庄不是个例，樟岗、梧桐、富濑、坪坑、半岭、高路等村都完成了整村搬迁，政府投资近1.4亿元，采取"统一规划、统一征地、分期实施"的做法，高起点规划、高标准建设两个安置区，安置876户3762人，脱贫成果突显。现在咸村镇区人口达2.9万，各项事业蓬勃发展，已然成为周宁"县域次中心"。

咸村自古人杰地灵、文化底蕴深厚，周边有川中古民居、洋中古民居、洋中文昌阁、洋中森林公园、虎头山风景区等景点。黄七公文化在乡间延续至今不曾中断，每年农历十月十三日冬至前后，咸村八境各村开始轮流上演古装神戏，祈求来年风调雨顺、五谷丰登。春节前后，咸村桃源溪畔各式群众文化活动层出不穷。人口的增加让集镇更加热闹，咸村街尾宫灯火通明，各式小吃摊摆满广场，摊点前热闹红火，得侧身才能随着人流挤到宫内。宽敞的两进式神宫挤满观众，没有嘈杂声，没有多余灯光，安徽黄梅戏剧团演员的唱念做打吸引了所有观众，连小朋友也目不转睛注视着舞台。看着济济一堂沉浸在剧情里如痴如醉的群众，突然想起徐坑村口的初心亭。这个名字真好，初心是什么？初心是为人民谋幸福。困难时期政府担心村民安危，施行整村搬迁是初心；奔小康时期，对生存条件差的村庄实行富民搬迁是初心；进入新时代，创造条件发展经济、美化环境、丰富群众文化生活，不断满足人民日益增长的对美好生活的追求是初心。

第十二章
名家视角

《沙家浜》与闽东子弟兵的故事

◎ 唐 颐

凡是经历"文革"的人，对几个现代京剧样板戏必定耳熟能详。2019年清明时节，我们曾在一个村落插队的知青，组织了一场"上山下乡"50周年聚会。那天的晚会热闹且随意，人人必须有一个节目。当年扮演《沙家浜》中"阿庆嫂""胡司令""刁参谋长"的"铁三角"，即上场演唱了"智斗"折子戏。我听着有板有眼的熟悉唱词，联想到闽东走出的一支新四军队伍，与《沙家浜》渊源甚深，便讲述了《沙家浜》与叶诚忠及闽东子弟兵的传奇故事。故事引起了老知青的共鸣。原来，戏里的英雄人物，依然可以在生活中找到原型人物，而且与我们闽东家乡息息相关。这些戏剧是我们这一两代人，甚至三代人的集体记忆。

21世纪初，我慕名走了一趟常熟市沙家浜景区。景区湖泊河网芦苇密布，大门口有一个十分气派的广场，正中立有一块新四军指战员群像雕塑，是36名伤病员坚持芦荡斗争的情景，周围矗立18根花岗岩石柱，威风凛凛，象征着《沙家浜》唱词中的"十八棵青松"。景区名为七届全国人大常委会副委员长叶飞题写。纪念馆里展览着当年36名伤病员的真实情况，闽东子弟兵叶诚忠、黄烽（福安人，1964年晋升少将）、叶克守（福鼎人，1955年晋升大校）等相片与名单摆在显著的位置上。

许多人认为，《沙家浜》剧中的叶思中排长就是以叶诚忠为原型的。其实，叶诚忠真实的战斗生活经历同样富有戏剧性。根据他的战友回忆，叶诚忠在张家浜（剧中为沙家浜）养伤初愈，一天，看到装扮成村妇的我后方医院蒋淑芳护士在湖边洗被单和衣服，天寒地冻，十分辛苦，就过去帮忙。不料，日本鬼子突然进村。跑是来不及了，他急中生智，潜入水中，躲在岸边洗衣条石下面。蒋淑芳拉开被单盖住了洗衣条石，不慌不忙洗着被单，在敌人眼皮下闯过了险关。在《沙家浜》剧情中，这件事被移植到阿庆嫂营救"忠义救国军"的胡司令"水缸里面把身藏"的情节，成为经久传唱的"智斗"场面。

江苏省宝应县的《革命烈士传》是这样记载叶诚忠的：

叶诚忠，福建闽东人，早年参加红军，并加入中国共产党。1939年春，新四军东进时任排长，同年9月部队西撤时负伤与其他伤病员（共36名）留在常熟阳澄湖

追寻闽东子弟兵

畔养伤,成为坚持对敌斗争的"芦荡火种"。在苏南抗日战场上,他英勇杀敌,屡立战功,历任副连长、副营长。1944年7月5日,在解放江苏宝应县小官庄乡大官庄的战斗中英勇牺牲。为纪念他,当时的中共宝应县委把大官庄一带命名为"诚忠乡",他的遗体被安葬在大官庄夏家沟。

宝应县(现为宝应市)人民十分敬重叶诚忠,但他们只知道烈士来自闽东,对烈士的确切籍贯与之前履历未能知晓。1986年,小官庄中心小学少先队员发起了"寻找叶诚忠烈士的足迹"系列活动,写信给宁德地区民政局与党史研究室等部门,要求帮助寻找烈士的故乡。但当地相关单位查遍了闽东所有英烈的档案资料,就是查不出叶诚忠这个名字。一晃7年过去了,功夫不负有心人,1993年春节慰问老同志时,周宁县咸村镇北上抗日失散回乡的新四军老战士阮为雄破了这个谜底,证实了叶诚忠就是周宁县玛坑乡东坑村人,原名叶吴赐。

叶吴赐,生于1919年,从小父母双亡,由祖母抚养,祖孙两人曾四处要饭。祖母去世后,他于1935年参加了闽东红军游击队,1936年2月加入中国共产党。1938年2月,叶飞领导的闽东红军独立师在屏南县改编为新四军第3支队第6团,1300多名闽东健儿北上皖南抗日。叶吴赐被编入2营6连。此时,他改名为"叶诚忠"。

为什么要改名呢?原来,1937年底,闽东各路游击队员集中在宁德桃花溪一带,接受国民党福建省政府的点编。当时,为了扩充红军实力,好向国民党政府多争取一些经费、服装,所以采取了多报人数的做法,部分战士在一个连队点编完后,又到另一个连队用假名再点编。于是,叶吴赐在一营参加了点编,再起了个"叶诚忠"

名字到2营6连点编。他的同乡阮为雄也点编在这个连队，清晰地记得往事。由于"诚忠"这个名字寄寓了一个革命战士对党的忠诚，叶吴赐很是喜欢，一直沿用下来，直至牺牲，而他的原名在以后战斗岁月中反而被人淡忘了。今天，翻开《周宁县革命烈士英名录》，记载的是：叶吴赐，生于1919年，玛坑乡东坑村（里东坑）人，1935年参加革命，1936年加入中国共产党，1938年北上抗日后失踪，1958年追认为烈士。

《周宁县革命烈士英名录》与《宝应县革命烈士传》前后补充，相互印证，让叶诚忠的形象完整丰满，栩栩如生。根据他的战友回忆，叶诚忠善持双枪，勇敢机智，屡立战功，被誉为"双枪将"。他所在的52团因参加奇袭梅李镇、激战张家浜、血战洋沟等战斗，威震江南，号称"江阴老虎团"。叶诚忠牺牲时年仅26岁，弥留之际，他掏出一本笔记本和一支钢笔，交给身边的战友，嘱咐道："我是个孤儿，党就是我的母亲，新四军就是我的家，请代我把这些交给党组织。"

东坑村的父老乡亲以叶诚忠为骄傲。2009年，东坑村以党支部与村委会名义为这位孤儿出生又无子嗣的烈士竖立纪念碑，碑文为："叶诚忠烈士故居遗址。"并修建了叶诚忠烈士衣冠冢，每年焚香祭奠。

《沙家浜》主角郭建光的原型之一也来自闽东子弟兵，他即是黄烽将军。如今走进福安市的苏堤村，以《沙家浜》故事创作的壁画，成为这个传统村落的亮点。

黄烽堪称我党我军的一名儒将。他出生于福安苏堤村一个书香望族家庭，父亲是清末秀才，曾祖父当过知府，他从小受到良好教育，考入上海沪江大学。抗日战争爆发，他义无反顾，投笔从戎，参加了新四军。

1939年，黄烽跟随叶飞率领的第6团（番号改为"江南抗日义勇军2路"，简称"江抗"）在江苏一带作战，夜袭浒墅关车站日军据点和火烧上海虹桥机场，威震江南。9月下旬，部队奉命西撤，留下36名伤病员，当时黄烽任第6团政治处总支书记，因患疟疾住院，也留了下来。于是，黄烽作为领导之一，率领着36名伤病员，在阳澄湖上演绎了传奇的《沙家浜》故事。

中华人民共和国成立后，黄烽曾任空军第11师政委，并参加了抗美援朝作战。1982年离休，仍发挥余热，他用6年时间，编撰了我国第一本《汉英常用军语词汇》，1989年由福建人民出版社出版。2001年将军去世留下的遗嘱是：丧事从简，不进行遗体告别，不写生平，不留骨灰。

叶克守司令员也是阳澄湖上36个伤病员之一。他出生于福鼎翁溪村，1935年参加红军，1938年在叶飞率领下北上抗日，也是参加火烧上海虹桥机场的勇士之一。

在常熟阻击日伪军战斗中被子弹击中腰部落入长江，泡在水里十多个小时，后被战友抢救，养伤在沙家浜。叶克守伤好后参加了苏中七战七捷战役和淮海、渡江、解放上海等战役。中华人民共和国成立后曾任福安军分区司令员、福建省军区副司令员等职。1990年去世。

36名伤病员中的闽东子弟兵还有吴立夏（霞浦人）、谢锡生（蕉城人）、何刚（蕉城人）、张世万（蕉城人）、黄德清（蕉城人）等。

由闽东抗日子弟兵为原型的《沙家浜》，演绎了一个为国家自由独立而奋斗不屈的英雄团体，歌声嘹亮，代代相传，这正是闽东人民永远的骄傲。

玛坑三色

◎ 张久升

名字里带"坑"的村庄我见过一些,可是一个乡用"坑"命名,会是怎样的古朴、避远、世外?车子出我所在的蕉城区霍童镇外表村,一小桥相隔,就到周宁境内,乡村道路狭小起来,且不平坦。颠簸中,都无力看窗外景色。两个多小时,到达玛坑。据说这里原是马氏之人在此开基,遂名"马溪",后马氏绝嗣,汤氏迁入,改为"玛坑"。乡野之名,大概就是如此随意。那么,且随意地走走。春末夏初,在这小小的"坑"里,看到了三种色彩。

绿

绿是春天铺陈的颜色。

也许是连日的淫雨所致,玛坑的绿是有些清寂的。只像是倒了颜料桶,不声不响地洇开着。

一树一树的桐花,热热烈烈地开着,白在枝头,也落瓣满地,像春天的心事重重。

雨,有一搭没一搭地落着,有些寂寥。一只小松鼠不甘寂寞,趁着我们到来时,拖着毛茸茸的长尾巴在乡政府旁的树林里跳跃着。乡干部说,这是它惯常的"迎客礼"。

一棵巨大的榕树在玛坑溪畔站了几百年,像一个巨大的"C"字把桥身揽进怀抱。背着茶篓的老妪从这里走过,孩童嬉笑而过,老树越发慈眉善目,遒劲的枝上,又吐出新绿。

一截土墙,斜仄小巷,落花微雨,回眸一望都恰是水墨故园。

水是碧玉簪,山是绿萝髻。

从玛坑的"坑"底上来,玛坑是一个刚梳洗罢的少妇,一万八千亩茶园啊,是她精心梳理的长发。秀手过处,梳痕朗朗,或长发飘飘绕山腰,或绾或髻尽妖娆。如果此时恰好有采茶人经过,那定是这绿的五线谱上翩翩的音符……

红

叫杉洋的地名很多,闽东古田杉洋镇,是先贤过化之乡,闻名遐迩;玛坑的杉

玛坑村全景（叶先设 摄）

洋村，不大，但如果说起林公宫，方圆无所不知。我们也是慕林公之威名而去的。

林公，一位800多年前的先人，少失母丧父，只身流浪到杉洋，詹姓村民收养了他。彼时杉洋丛林深沃，虎狼为患。那时林公还只是一个名叫林祖亘的英姿少年，耕田放牧。一日天降神勇，只身入虎穴连毙三虎，为民除害，百姓欢呼。后林祖亘又指草为药普救众生，再后来，与"白马精"斗法，发神力为郑成功收复台湾铺平海路。真耶非耶，都附着在林公身上，传乎越神，信众越多。每年正月，为求林公的香火朝圣者从四邻八乡、外县外省纷至沓来。

宗教是为需信仰者而存在的。

800年前的善人能人林祖亘生平已无关紧要，但他的气场还在。殿堂内红烛飘焰，祈福、问卦。此时，林公的塑像依旧端坐其上，目光如炬，未曾一言，然信者皆明其意而去。

村庄内，微风细雨中，一大群着红装的队伍像是盛事归来，一路吹吹打打，给寂静的乡野平添了几份生趣。红色的火焰，燃烧在乡村深处。

红，是喜事的象征；红，是信仰的着色。村民以这样的红色表达着先祖骸骨得到安葬之所的喜乐。

当我们以外来者的身份在村中的詹氏祠堂流连时，那支红色的队伍由远及近，走进了这家祠堂。祠堂内顿然红烛摇曳，香火缭绕，人气满堂。队伍中掌事者行三拜九叩之礼，慢慢地将祖宗的龙位牌放置到列祖列宗的坐龛之中。鼓乐齐鸣，鞭炮声作，大家为先祖的魂灵都到安息而宽慰，也为他们可以在节日或者每一个普通的日子里拜谒宗庙大堂而获得归依。

人们因无信仰而流离，因共同的信仰而相聚。

当年轻的后生们都为了所谓的理想和前程而离开家乡，离开土地，有这样的一片红，在招摇着他们，那是村庄的旗帜，是他们可以得到温暖的所在。

灰

到方广寺时，恰傍晚时分，雨住。一片廖远的灰，天际间，苍茫而来。

青灰色的方广禅寺的山门耸立在山间大道上，古灰色的七宝如来宝塔阵列道旁，一种巨大的静从灰里透出来，古刹的庄严是一种灰，南海观音自在的微笑是一种灰，试着把广场的新灰色的围栏拍遍，一声一声，似梵音。

灰是一种调和色，从黑到白，从凡尘到禅林，从入世到出世，从此岸到彼岸，是一种过渡，一座桥梁，若即若离，从智到慧的过程。

灰是安静的。一种繁华落尽后的苍凉，一种苍凉后的恬淡，一种恬淡后的无所语。恰如，此刻在方广寺前，像时光封缄了你的唇，曾有的疑惑、困顿、不甘、厌倦，最后都化作一抹不发一语的微笑。

1295 年在此开辟首场，287 年肉身不腐，方广禅寺里关于平麓开山祖师的故事很多，每一个故事，都是由人而神的注脚，非历经尘难，无以成大业。灰色的路上，他走了多久，安得如今信众八方，参禅悟道祈梦者不绝于途？

祈梦、祈梦，梦里荣华富贵，梦里两情相悦长相守，梦是安享太平，梦是长寿延年……

晚祷的木鱼声声里，年轻的男子身披袈裟，默默诵读，任我们的目光，镜头一遍遍地追逐。施主，放下，放下他年贪嗔痴，世间有梦终还无。

梦想，只在行进的路上。

两条溪流一个魂

◎ 郑家志

后垄大峡谷（肖金堂　摄）

  常常有人问我：周宁的核心文化是什么呢？这问题确实不好回答。为此，我也曾问过一些文化界的同人：您对周宁的第一印象是什么？他们不假思索地告诉我：云端周宁青山绿水、云雾缭绕，如仙境一般，周宁鲤鱼溪人鱼同乐，闻名遐迩……这是对周宁的认知。周宁生态环境优美，"周宁有鲤"，鲤鱼溪是"人与自然和谐相处的典范"。

  这不就是和合文化吗？

  所谓和合文化，在中国传统文化中主要表现为两种关系：一是"天人合一"的人与自然的和谐关系；二是"仁和持中"的人与人、人与社会的关系。老子认为"人法地，地法天，天法道，道法自然"。季羡林先生对其解释为："天，就是大自然；人，就是人类；天人合一就是互相理解，结成友谊。"崇尚和合有礼的周宁，无论从自然生态的视角，还是从历史人文的视角，都值得我们去体味一番。

  20世纪90年代以来，周宁立足于自然生态禀赋，不断追求生态旅游经济发展。2005年，县委、县政府正式提出"生态立县"的战略目标，深受大家的认可。生态和谐已经成为人们对周宁的美好印记,是周宁地域文化的灵魂。

周宁是一颗高山上的明珠。县城海拔888米,是华东六省一市县城所在地海拔之最,素有"天然空调城"之美誉。周宁境内雨量丰富,川原相间,水系发达。从谷歌地图上看,周宁的两大流域,一个是霍童溪流域,另一个是穆阳溪流域,她们就像一棵茁壮成长的树,又像流淌在周宁大地母体身上的一组组蓝色的血管,安静和美。

先说霍童溪流域。霍童溪是全省唯一不受污染的母亲河,流域内生态保护好。曾经因为《宁德市霍童溪流域保护条例》立法工作缘故,我在不同时间从不同角度亲近过她、欣赏过她,最后我用了"致敬霍童溪"5个字来概括自己心中的万分感慨。

值得体味的是后垄溪。它是霍童溪一大支流,是世界地质公园宁德园的重要组成部分,具有丰富的自然景观资源。溪两岸山峰峻峭,险象环生,景色迷人,如百丈瀑布、将军岩、金笔峰等。这里密布着广袤的原始次森林,中部尚保留部分原始森林,有古老珍稀的古银杏王、红豆杉林等。这里是全球唯一的鸳鸯猕猴自然保护区,数百只猕猴长年栖息于此。这里终年漫山滴翠,春天山花烂漫,万紫千红,是一个生机勃勃的动植物乐园。陈峭村就在保护区边上,其周边山形地貌鬼斧神工,山涧流水潺潺,山中云雾缭绕变幻莫测,恰是人间仙境。福州大学地理学院教授黄国盛一直钟情于后垄大峡谷,历经多次考察,得出结论:后垄大峡谷是福建第一大峡谷、"闽东的西双版纳"。

如果说后垄溪两岸是生态保护的典范,那么,桃源溪流域就是体验文化的秘境

桃源溪流域(李洪元 摄)

桃源溪流域
——YAOYUANXI LIUYU

鲤鱼溪（张源 摄）

了。早在新石器时代，就有先民在桃源溪流域生息繁衍，留下了许多遗址遗迹。史前发生了什么，之后又何去何从呢？有待进一步研究发现。

　　桃源溪畔的畲村云门号称"桃源秘境"。20世纪90年代，我在咸村工作，曾带学生们去探秘。当年进村通道只有一条羊肠小道，云门仿佛与世隔绝，称秘境一点也不为过。何况村边高山上的鹰嘴岩，老村遗址里的朝圣石柱，村口的议事磐石……诸多未解开的谜，无不蒙着一层神秘的面纱。如今，顺着桃源溪边宽敞的公路，倘若开车不过一溜烟工夫便可进入"秘境云门"。偌大的村口广场上矗立一座巍峨的牌楼，据说是前几年由周宁文化馆馆长周许端设计，村民用畲乡建筑工艺而建，上书"云门畲村"，很有文化意味。牌楼左边有块巨石，长约15米、高3米，石面镌刻着宁德市档案馆郑伟先生的书法作品《云门赋》。迈过牌楼，云门村一览无余。我不禁脱口而出《桃花源记》里的精彩片段："夹岸数百步，中无杂树，芳草鲜美，落英缤纷……林尽水源，便得一山……复行数十步，豁然开朗。土地平旷，屋舍俨然，有良田美池桑竹之属。"一派祥和安宁、悠然自得的景象就在眼前，想必陶渊明先生当年也曾到过此境，妙笔生花记下这里美丽的景色。

　　带着探秘的好奇，我们走进云门村，热情的畲民们前拥后簇陪伴左右，大家边走边聊。他们告诉我们，云门村是周宁唯一的畲族行政村，建村历史久远，系以位于老村旧址左山边，建于唐咸通二（872）年的云门寺而得名，也是革命老区基点村。参观畲族文化展示馆后，我们深深感到，在这"桃源秘境"畲族古村，畲族的文化传承相当完整而且原生态。但我们觉得，云门村今天蒸蒸日上、繁荣兴盛的范儿与荒废颓败、萧条静默的云门寺多少有点格格不入。好在村民已有开发方案，计划将年代久远的云门古寺遗址进行修缮，规划布置成佛教文化馆，同时保留其朝圣、探秘的功能。如此一来，云门村与云门寺就可以美美与共、和谐并存、融合发展了。善哉！

畲族文化自古以来就十分讲究和合共荣。我们所走过的畲村畲寨比比皆是：东冈自然村的在建工程"鸾凤和鸣"文化中心即以"和"为核心理念，灵凤山半岭村造福工程搬迁点则以天圆地方构想作总体规划布局设计……无不体现"天人合一"理想追求。这些年，云门村在过去村民共同参与讨论村中事务的习俗基础上，创设的"凤亭议事"样板，就是新时代和谐乡村管理关系的制度创新。这种习俗和制度，不单单在畲村，在狮城、后洋、黄埔、纯池等许多村庄的祠堂、众厅或村尾廊桥中都能找到。

再说穆阳溪流域。穆阳溪发源于鹫峰山脉北端东南侧镇前乡半源（《周宁县志》称黄华坑），干流流经周宁县境内称桪洋溪，左支汇聚了泗桥溪、前溪、禾溪、纯池溪、

云　门（郑树龙　摄）

龙亭溪等，右支汇聚了鲤鱼溪、东洋溪、六浦溪、七步溪、九龙漈等支流，磅礴奔向"世界地质公园"冰臼博物馆——官山·白云山大峡谷，在白马港入海。

一条河流能够像戏曲一般演绎得如此艺术，在八闽大地上恐怕也只有穆阳溪了。且看穆阳溪上游的鲤鱼溪、禾溪等以清新委婉、温文尔雅，以"和合有鲤"文化著称；中游的九龙漈瀑布群、官山·白云山冰臼奇观等，尽现千姿百态、跌宕起伏、变幻莫测的自然风貌；下游的富春溪、穆阳溪、白马港、三都澳等，彰显舒缓大度、百川到海、包容天下的磅礴气势。穆阳溪全流域如果不是因为太多水电站截流开发，那它一定更加壮美，更加"和而不同"。

水是生命之源，人类自古就有择河而居的传统，根本目的是为了寻求共生共荣的生存环境。一路走来，周宁大多村庄都是沿河沿溪流两岸而兴建，形成了诸如"桃源八境""东洋三十六村""六浦洋"等背山面水即山之阴、水之阳的村居布局。这正是老子提出的"万物负阴而抱阳，冲气以为和"的思想。他认为道蕴含着阴阳两个相反方面，万物都包含着阴阳，阴阳相互作用而构成"和"。

地处鲤鱼溪畔"三山环抱、一水弯行"的浦源村就是典型的"阴阳和合、太极八卦"村。郑氏先祖善用"洛书河图"，精心打造一个与众不同的村落，将溪流分3段设置：上游顺山势围塘储水饮用；下游辟九曲筑坝拦水润田；中游辟为村基，以溪流为轴，周围山势为朝坐，按"八卦"布局定向兴建民居。穿村而过的鲤鱼溪酷似太极中央之"S"线，而村中震兑（八卦中，震代表雷，兑代表沼泽）两方位的池塘自然成为太极眼。鲤鱼溪东岸"半月沉江"，房舍取坐震向兑；西岸"石牛西卧"，房舍取坐兑向震；南方太极眼靠游家岭、官山一带房子则坐离（离，代表火）向坎（坎，代表水）。北面开阔地之阳宅、庙宇多坐坎向离，依次建有船形郑氏宗祠、观音廊桥、鱼冢、林公庙、观音阁及文昌阁，取"坐空朝满"之局，使村落以八卦坐位外延而朝向中心极。一水两岸三山，正好契合老子"一生二、二生三、三生万物"之阴阳造物论。

既以阴阳之形建"和"，更需以仁和处事筑"魂"。郑氏先祖特别注重传承中华鲤鱼文化，认为鲤鱼是自然之化身，既可以去污澄清，又可以庇佑村民。800年来，浦源村人人爱鱼，个个护鱼，把鲤鱼养成了"闻人声而来，见人影而聚"的驯良温顺之习性，形成了鲤鱼溪人与自然和谐相处的典范。当村民在溪边洗涤食物时，大小鲤鱼便蜂拥而至竞相拖拔，毫无惧意。往往一根菜叶、一节猪肠便会成为人鱼嬉戏的媒介，人拽鱼拖，你争我夺，人若稍一放松，鱼便乘机叼着它扬长而去，赢得村民一阵爽朗的笑声。温顺的鲤鱼给全村老幼妇孺带来了无穷的欢乐，而乖巧的鱼儿也因此得享无尽的饵食。在鲤鱼溪畔，无论是龙钟老者，还是天真稚童，谁都会毫不吝啬地抛撒手中的食物，换取人鱼同乐的真情实趣。慕名而来的游客往往投之光饼、馒头、饼干之类食品喂鱼，换得一番乐趣。

　　鲤鱼溪下游是缓缓流经狮城的东洋溪。"银屏献瑞祥云聚，双狮护城冠东洋。"周宁山城北有"狮子戏球"，南有"仙人骑鹤"，东有"瑞狮护卫"，西有"五马进城"。县城像高山盆地，口小腹大。进城口的月牙湾酒店正对着东面的狮子山。狮山脚下有一瀑布，当地流传一句话："上游听响声，下游看形状。"也就是说，在上方只能听其声，如锣鼓声声，故称"鼓音漈"；在下方只能见其形，在阳光照耀下，腾空的水雾就像一片熊熊燃烧的火焰，因此居住在山下的傅厝里村民美称它为"火焰漈"。同一瀑布虽然名称不同，但在当地百姓的眼里心里都是吉祥的象征。

　　越过鼓音漈就算进了城。一座典雅华贵的廊桥横亘眼前，右边就是端庄秀丽的县塔。这座双孔廊桥，一孔跨公路，一孔跨溪流，一阴一阳，石木交辉，相当和谐。廊桥把塔山公园、缘福公园连成一体。廊桥以东与进城路口之间形成了一个缓冲空间，就好比传统老宅的入户玄关，开放而内敛，符合中国传统建筑崇尚的"和合之道"。廊桥的花岗岩护栏上雕刻着形态各异、福态可掬的狮子和蝙蝠，以及历代名人和书法名家的一万多个"福"字，故取名"万福桥"。站在桥上我竟遐想：桥内为城，有"人鱼同乐"的"和合鲤溪"；城外是山，有气势磅礴的九龙戏水，锦鲤祥龙，顺风顺水跨越城门，鱼变神龙，前程似锦！这恰好表达了"鱼跃龙门"的吉祥审美意味。我姑且把这座廊桥也称为"鱼跃龙门桥"吧！

　　"礼之用，和为贵。""保合太和，乃利贞。"也许"和合"就是周宁的文化之魂——周宁有"鲤"，龙凤呈祥！

把 根 留 住

◎ 施晓宇

我行走在闽东周宁县咸村镇洋中村的古老村道——长安路上，时值2020年8月25日。这一天是农历七月初七"七夕节"——银河两岸，牵牛星和织女星隔河相望，期待重逢。按中国人传统的说法，就是天上的织女与人间的牛郎在鹊桥一年一度相会的千金一刻。就在这样美好的日子里，在立秋已过半个多月，依然热得汗流浃背的我行走在洋中村古老村道——长安路上。准确地说，我由咸村镇"一把手"魏日升等引导，沿着长安路穿行于两旁曲径通幽的一座座明清古民居——统称孙家大院中。

它们分别是：长安路52号、长安路54号、长安路55号、长安路58号、长安路59号。其中，以长安路54号——孙翼如故居最具代表性。所以在没有门牌标志以前，村民们通常是以长安路54号作为参照中心，来区别并称呼其他几座古民居。譬如长安路58号和长安路59号，并称为下座；长安路55号称为上座；长安路52号称为隔壁厝。明朝第7位皇帝朱祁钰在位的第三年，洋中村村民的祖先开基始祖孙德恩由咸村镇枣岭村分迁到洋中村。这是一个文明发祥地，有典型商周时期新石器时代黄土人文化遗址、宋代古村落遗址、衙前宋代古街道。

其实，洋中村孙氏的远祖最早来自河南光州固始县。唐时有孙氏三兄弟随王审知入闽为官，定居闽东福安县甘棠镇。大约元代初年（1271年前后），孙氏隆公后裔孙世远（字家声）迁居周宁县咸村镇枣岭村。明景泰三年（1452），孙世远的五世孙孙德恩再迁洋中村，而今繁衍达4200多人。而孙德恩后裔——多在江浙和广东地区经商、为官者，譬如清官孙翼如的祖上南穆公就是一个知名儒商。南穆公与儿子正协公一起在浙江宁波和广东地区经营木材、铁锅、茶叶等日用品买卖。由于父子"为人厚道、诚信经营，生意特别红火，赚得钵满盆满"。清嘉庆七年（1802），正协公派19岁的儿子孙承汪回洋中老家建造房子。孙承汪模仿江浙一带民居风格，历时5年时间（雇佣雕刻师齐头并进同时进行室内装修），建造起今天从长安路52号到59号共7幢城堡式建筑——统一模式为硬山顶，既能防火又能防盗，内里多镂空半浮雕镏金雕刻，装饰精美。每幢皆为前后厅两厢房格式，利用天井采光，第二进方为家属生活区，包括二层神秘的闺房。

我发现在每幢古民居中，都自挖有水井保障生活供应，同时备有消防的大水缸，常年储水便于防火。在后院，多辟有菜园、花苑等，把各幢房屋点缀得花团锦簇。在这7幢城堡式建筑——如今剩下5幢（少了长安路53号和56号）中，每幢房屋虽然都是独立成座，但在外筑有统一的围墙，到了夜晚降临，或者土匪袭扰，家人只要将大门关上，外面的人或土匪就无法进入——但7幢族人之间则可以通过幢幢相连的过道、地坎，彼此相通，互相守望。

在洋中村，最是蔚为壮观的，当属长安路54号——孙翼如故居。这是一个典型的面积约23000多平方米、起建于清代的庞大建筑群落。由孙氏支祠、祖厝、里厝、大厝、书院、观音阁、花圃等组成。其中里厝与祖厝虽然相隔于长安路，但家人间都能融洽相处，其乐融融。这得益于"一家之主"孙翼如的耳提面命。

孙翼如生于清道光二十八年（1848）十一月，名贻谷，字兆燕，号翼如。孙翼如的祖父孙湘湄是清嘉庆皇帝爱新觉罗·颙琰在位的少司马奉政大夫，父亲孙光璋是清道光皇帝爱新觉罗·旻宁在位的武翼都尉。孙翼如一生最大的优点是对父母非常孝顺，为了照料双亲，他长期辞官不做。直到1895年春丁忧期满，孙翼如才在时任四川按察使的老友万培英保荐下，奉派四川任资州（今资阳）罗泉井分州别驾（类似通判）。由于为官清廉，过于辛劳，孙翼如不幸于1898年病逝官邸，年仅51岁。"州民千余人载道环聚泣拜，赠送'万民伞'，上书'人结去思'。"

孙翼如故居因年代久远，与其他古民居一样坍塌朽毁。好在从2019年秋季起，咸村镇镇政府大刀阔斧开始了对洋中村历史古民居"修旧如旧"的挽救、改造工程，成效显著，可谓功莫大焉。

古民居门头

徜徉在长安路上，穿行于洋中村古民居里，给我印象最为深刻的，是高挂其中的一块块牌匾、一副副楹联以及一幅幅窗棂雕刻。上面书写和镌刻的，都是令人流连忘返、过目难忘的格言警句和吉祥如意的优美图案。我们先从大门建有隆重的门头亭三重门的孙翼如故居欣赏起。映入眼帘的大门对联就显得与众不同：

门拱紫宸春富贵；天开黄道日光华。

内容祈盼的是荣华宝贵如春天，与天地共长久，与日月同光辉。进得大门，旁边设有马厩，供来客马匹喂草、歇息。有对联曰："云呈五色文明盛；运际三阳气象新。"让我们一下读懂了古人祈吉纳祥的美好心愿。"三阳"的意思是：早阳、正阳、晚阳。"朝阳启明，其台光荧；正阳中天，其台宣朗；夕阳辉照，其台腾射。"都含有饱满的勃勃生机，即"三阳开泰"。而且中国古代"阳"与"羊"同音，羊即为阳，所以也可以写作"三羊开泰"。就连"美"字，也是头顶大角的羊形，亦即大羊为美。因此这副对联贴在马厩门上是十分贴切的。

进到中门，我们见到4幅雕刻图案，分别是：苏武牧羊、状元拜案、招财与进宝。其中美好的祝福寓意不言而喻。在大厅堂前，摆设有一对石鼓，窗门上雕刻蝉鸣花间，梅竹蝠喜窗格——蝙蝠特意雕刻成别样花状，很是喜气。有联曰：

兰若有室竹相怀；山静无言水自喻。

含义不言自明：兰花若是有信心，翠竹自然拥它在怀中。山静静地矗立在那里，不用说一句话，水却能明白山的心意。

在长安路52号，这是一座罕见的"大夫第"，如同"进士第""翰林第"一样，指的是显赫的士大夫门第——文职高官的私宅，远非平民百姓的瓦舍草屋敢与媲美。所以在"大夫第"大门上方，镶嵌有"气兴万化同流"6字气派砖砌匾额。

迈进大门，它的照壁立刻先声夺人——由5只大小不同的蝙蝠组成一个大大的"福"字，体现了"五福临门"的美好祝愿。两边的对联曰：

鹅凤清音谐乎律吕；鼎彝古色灿若云霞。横批：座满春风。

意思是，不管鹅叫凤鸣，雅俗之声皆悦耳。来客无论贵贱亦都是客。正所谓："客至禽呼梦,诗成月助吟。"高贵的通俗的,应有尽有无所不包。

在"大夫第"两边厢房的门面雕刻更加有讲究。厢房门上方雕刻诗句,下面雕刻梅橘榴香。"梅谓清高,橘谓吉祥,石榴意多子。香橼喻多孙,子孙孝悌多福多寿。"所刻诗曰:

碧山人来幽鸟相逐,金樽酒满奇花初胎。
读书不求甚解,鼓琴聊以自娱。
古今毕陈趣生一室,无人兴感文可万言。

有识之士解诗曰:恰似酒醉琴为枕,诗狂石作笺。意谓雅量涵高远,清言见古今。不啻又一好诗佳言。

关于镌刻于门楣立柱窗棂之上的名联佳句,我认为洋中村长安路4弄10号古民居的质量上乘数第一。由于外大门门口朝西,门上牌匾雕刻四个大字:"西山爽气。"内大门门口朝北,门上牌匾雕刻四个大字:"彤云北至。"真是聪明绝顶。有民间高人解释意思是:

西山爽气熏风至,北方祥云绕屋间。

游人经四重门到达大厅,看见立柱对联曰:

天下尽皆春有容乃大;事件何是福无事则安。

中间贴一个大"福"字。对联寓意很好理解:凡事有容乃有济,各人无欲亦无忧。在大厅还有3副对联,言简意赅,意义非凡:

言最招尤少谈几句;书能益智多读数行。
休将两耳管闲事;丹桂有根书内长。
义路悬规礼门摸矩;和神当春清节为秋。

这三副对联寓意清楚,无须多言,但三副对联都显出主人对后代教育的良苦用心:"教子有良图积德但存方寸地,传承无别业贻谋惟课数行书。但求为人有礼有节,循规

孙家里厝

蹈矩，祭祀有典春祀秋偿。"

告别洋中村，咸村镇宣传委员徐江燕开车陪我参观离镇政府2.5公里远的川中村。村支书汤周胜告诉我，川中村是周宁全县人口最多的村落——现有5200多人，几乎都姓汤。而且，汤氏也是周宁县最早入迁定居的家族。据《汤氏族谱》记载，川中村始祖姓汤名泽，字普济，原系河南省光州府固始县朱皋里村人。唐大历年间（766—779），汤泽高中进士，官至太师，奉旨守闽。二世祖汤寿，字君赐，随父汤泽在闽，后定居川中村。川中村与洋中村一样，拥有四五十栋古民居。以我看见的主干道石门巷1号到9号，都是规模宏大但岌岌可危的古民居，单单石门巷3号原本就有120间房屋。由于失火以及青壮年到沪、粤、桂等地打工，常年无人居住的老屋倒塌严重。本来拥有720个学生、32个教师的川中第二中心小学，眼下只剩下200多个学生，20个教师。此乃全国普遍现象。

石门巷1号到9号的9栋连建古民居，每座建筑面积约300—500百平方米不等。早年设有一个独立的巷门，夜间有专人值守，各户主配有钥匙。我感觉川中村古民居多以中轴线对称布局，唯有正门前设和侧设两种归置。前者正门位于中轴线中间，依此建有门厅、天井,天井两侧建有双层厢房,厅堂面阔 3 间或 5 间。主座进深多在 13 米左右,因此分为前厅后堂,后堂设有后天井,专门用于采光。后天井两侧为饭厅和厨房,后墙设有小门通后院或杂物房。古民居亦多为砖木结构硬山顶,设风火墙。天井厅堂厢房,木窗门户都是透雕精致,像多吉祥——尤其大门、厅堂挂饰的匾额、对联,大多出自名家之手,意多深远,这与洋中村的古民居风格一致。

如石门巷 3 号大门对联:"圣代即今多雨露,文昌新入有光辉。"横批:"五福八达。"

如石门巷 6 号大门对联:"愿学于公容驷马;虔承先志仰三合。"横批:"祥开吉第。"

如石门巷 9 号大门对联:"圣恩天广大;文治日精华。"

在石门巷 9 号,我还看见几个青壮汉子正在家中用抽水机抽水淘井。一问才知道,每年七夕节这一天,周宁县凡有水井的人家都要去沉沙,清淤泥,淘净水井。而且,川中村民大凡建房之前,先要挖井,先有水井后建房。一口水井就是一个家庭,乃至一个家族的根。

《把根留住》是中国台湾歌手童安格在 1990 年唱响的歌曲,是一首表达海峡两岸同胞血脉相连的歌曲,随后成为童安格经典歌曲代表作,演唱至今,不绝于耳。我记住的,是《把根留住》打动人心的歌词:

> 一年过了一年
> 一生只为这一天
> 让血脉再相连
> 擦干心中的血和泪痕
> 留住我们的根

对于创造了人类历史上最灿烂的农耕文明的中华民族来说,乡村的古老民居,庭院的旧式水井,就是我们的根之所系。如果这些古老的民居消失了,旧式的水井干涸了,我们就要真的失去故乡,成为一个没有根的人。因此,沿着麻岭古道我登上了海拔 1494 米的周宁县第三高峰(周宁县第一高峰为海拔 1506 米的龙冈头)——风景如画的仙凤山眺望故乡,祈愿我们每个人的故乡永远不老,与世长存!

茶好客自来

◎ 何 英

灵凤山茶园（陈敏 摄）

一

福建是茶的故乡，无论你走到哪里，人们都会拿出自己最得意的茶请你品鉴。来到周宁，热情好客的主人请我们品鉴的是这里的高山云雾茶。当然，也有不少外地茶人，是冲着心目中的名茶到产茶地去寻找好茶的，这叫"茶好客自来"。

我虽然近年来不太喝茶，但是我的"茶龄"少说也有五六十年了。小时候，我喝的是地道的家乡茶。那是爷爷在菜园里种植的几棵茶树，一年仅采摘两次。清明前后，采摘的是鲜嫩的茶芯，而且只在晴日有雾的清晨，奶奶赶在雾气弥散之前去采摘，回家即下锅炒制。看着奶奶在大锅里杀青、翻揉、烘炒，鲜嫩的茶叶似乎很快就变成了茶叶，感觉特别神奇。

接着，奶奶马上将炒好的茶叶用本地产的土纸包好，放在水缸旁的地上三两个小时后，便成了爷爷招待客人的家乡绿茶。也因为奶奶制作的茶叶好，常有熟悉的过往客人特地在我们家停留脚步，喝上一杯他们心目中的好茶。

第二次，是夏秋时节，奶奶采摘的"统茶"，将茶树上所有叶子都采下，放进大锅炒干即成全家喝的茶。奶奶说这叫"老茶婆"。

在我们老家，有心人将茶叶用草纸包裹好后收藏3年以上，即成为"药茶"。在缺医少药的年代，家里或左邻右舍谁有病痛，抓上一把煎汤喝，便有茶到病除的功效。后来，我才理解民间流传的"一年茶，三年宝，五年胜过犀牛角"说法，这是几千年中国茶文化具体内容之一。

二

1977年，我到省城工作后，开始接触八闽大地的茶和各地具有传统特色的茶文化。

改革开放后，八闽茶人大张旗鼓地把茶作为一种绿色环保的饮料推向社会，走向世界。同时，各地在经济的助推下，有识之士还把茶文化演绎得有声有色，有茶艺表演，有"茶王赛"等各式各样的茶事活动，把茶作为一种不寻常的文化助推着各地的发展。

还有人把茶当作一门学问，研究得非常透彻。他们认为，茶为草本珍，美誉自留人，浓茶解烈酒，淡茶养人心。我却以为，当茶作为一种生理需求时，喝下的仅仅是茶水。当静心地在品茗时，茶展示的却是多姿多彩的生活。因此，有人认为，当你与志趣相投的好友在一起高谈阔论地品茗时，品出的是人生的哲理和伦理道德，从而达到品味人生、修身养性的精神境界。这时，如果茶好，就不愁客不来。

三

庚子年夏，我随采风团来到周宁。行前，朋友告诉我，来这里一定要好好地品这里的高山云雾茶。我心里暗暗地高兴。

采访中，茶叶专家介绍说，这里因为山高、光照时间长、气温较低，有利于鲜叶中芳香物质的形成，从而使得制作的茶叶香气清新宜人。这里的高山云雾茶，采自早春茶的嫩芽叶，一般只一芽一叶，制作后外形匀整翠绿，微露锋苗。一经冲泡，汤色嫩绿明亮，嫩香持久，滋味鲜醇悠长，品后让人口留余香。这里的高山云雾茶也用来制作红茶和白茶。

我注意到，周宁县地处福建省东北部，全县平均海拔800米，县城海拔886米，森林覆盖率72%，空气质量常年达到国家一级标准，盛夏日均气温仅24℃，夏无酷暑，环境宜人，有"天然空调城""天然氧吧"之称。

这里，是全国重点产茶县之一，也是闽东的高山茶区，山地面积大，土壤与水热条件宜茶。在总人口21.8万人的土地面积中，现有茶园10.77万亩，其中标准化基地达4万亩，种植茶树品种20多个，形成以绿茶、红茶、花茶为主，乌龙茶、白茶为辅的产业格局。2019年全县年产干茶1.05万吨，综合产值9.3亿元。

主人还告诉我，历史上茶文化悠久的周宁，种茶、制茶、售茶历史早于建县，始于唐宋，盛于明清。到了19世纪末，茶园、茶行已遍及全县，年精制茶叶达万箱以上。"官司云雾茶"，从明万历年间开山种茶至今已400多年，饮誉茶界。1915年，福安"坦洋工夫"红茶获得巴拿马万国博览会大奖。周宁红茶的制作，始于同时代，与"坦洋工夫""白琳工夫"齐名。

四

我国1200多年前的"茶圣"陆羽的《茶经》，是历代茶学的经典。今天，人们的日常生活离不开茶。

在周宁，茶文化也深入人们生活的各个方面，形成了独特的茶俗。家中来了宾客，献上一杯"冰糖茶"，作为招待客人的第一道礼。在祭祖、朝拜、婚丧嫁娶时，均恭恭敬敬地供上两杯茶，以祈求全家或家族福至财临，家丁事业兴旺。此外，在周宁民间还素有以茶为药的传统，如淋雨了喝碗"老姜茶""上火"了喝上一碗"竹芯茶"、肚子不舒服时喝一碗"火烧茶"等等，形成了习俗独特的周宁茶俗、茶事、茶礼等茶文化。

2000年后，一大批敢闯大世界的周宁人，在外出创业时，将周宁高山云雾茶推向经济发展大潮，使周宁的茶文化得到发扬光大。从此，不少好茶者，便来到周宁追逐这里的高山云雾茶。

茶叶专家介绍说，这里的茶区海拔高，全年露重雾浓，植被覆盖率高，形成了独特的山区立体小气候。茶园多为肥沃的厚层红黄壤土，得天独厚的自然地理环境，形成了周宁茶叶绿色、有机的优良品质，同时具备了"高山""云雾"的特点，茶叶叶片生育好，持嫩性强，富含茶多酚，制成的茶叶味醇香浓，经泡耐饮，深受茶客的喜爱。

都说高山云雾出好茶。这里的"官司云雾茶""周宁高山云雾茶"，已经注册国家地理标志证明商标。周宁"海雾"牌红茶2018年在第二届中国国际茶叶博览会上获得金奖。同时，这里还根据本地的茶叶制定了"周宁高山云雾茶"绿茶产品标准、"周宁高山云雾茶"地理标志证明商标使用管理规则。这样一来，提高周宁茶叶品质、维护周宁茶叶的良好品牌形象就有了保障。

据了解，周宁本地的"官司菜茶""汤家山菜茶""祖垄野生茶"等都列入了福建省首批茶树优质种植资源保护品种。其中，位于纯池镇祖垄村的祖垄野生茶，历史悠久，相关的文字记载最早见于冯梦龙的《寿宁待志》。现存的野生老茶树分布区面积达200亩，其中不乏百年树龄的老茶树。据说是福建省内目前保存最完整、面积最大的一片野生茶保护基地。

茶叶专家介绍说，清朝末年，龙亭溪沿岸的江源、进登、桃岭、那坑等村均以茶多出名，流传着"金渡头、银进登、铜桃岭、铁那坑"的顺口溜。楼坪村的红茶曾畅销福州一带，茶商富甲一方，在村里建房置业，留下了数十幢规模宏大、装饰考究的民居。

五

如今，茶文化蓬勃兴起，距离县城39公里的玛坑乡，成为全县产茶的重地。这里，人均拥有茶园面积超过1.3亩，仅有1.4万人口的乡，却有茶园面积1.8万亩。

玛坑地貌多丘陵、山地，山地的坡度17—60度，群众的种茶积极性很高。在灵凤山千亩观光花园，举办过摄影作品赛。灵凤山的入口，干净、整洁的廊桥吸引着人们冲上山头，一望无际的高标准茶叶产业园，已经成了茶产业园的休闲示范点。这里有牌坊、摄影长廊、露营基地、观景台等，集茶产业生产、旅游观光于一体。主人介绍说，这里按照"规划科学，梯层等高，园地植树，梯壁留草"的原则开展项目建设，做到"山顶戴帽，山腰结带，山脚穿鞋"，将花园建成"茶园生态化，环境优美化，加工清洁化，产品品牌化，茶旅一体化，交通便捷化"，以期招徕八方来客。

虽然烈日炎炎，但我们乘车沿着灵凤山、首章村至方广寺，一路赏茶园、观古寺、品好茶，体会着现代乡村茶旅融合的旅游线路，就连平素不善于高歌的我，也在心田里唱起了茶歌。走着，走着，我突发奇想，便向陪同人员建议，能不能充分发挥周宁高山云雾茶的优势，将鲜茶叶开发成每30克左右包装成一份，进行保鲜处理后投向市场，以供应人们作为炖汤的保健配料呢？近10年，我常采取这种方法食用，但市场上却无处寻得。我期待着这样的新品出现。

到那时，我可能追寻着这"茶好客自来"，常到周宁来做客呢！

（本文原载于《走进"八闽旅游景区"·周宁》）

灵宫肃神心

◎ 黄河清

林公宫新殿（叶先设 摄）

出了县城，眼前的景色一变，并不陡峭峻急的山在前方突起，山上草木稀疏，在朝阳的光照中，更显深远。那些浅山的后面，是更远更高的山，隐约地竖在前方，林木茂盛。山腰蒸腾着白雾，如画屏一般，满是山水画的深墨淡烟。

车在蜿蜒曲折的山路上费力地往玛坑杉洋村爬行，幽静的山谷中绿树葱茏，阳光透过缝隙照射在绿叶丛中，那些还滴着清露的叶子愈加翠绿，耳畔不时传来一串串婉转清脆的鸟鸣。一座山峰下，停车往左侧看，林公宫到了，更确切地说应该是林公祖殿到了。杉洋林公忠平王祖殿是仅次于古田临水宫而影响广泛的本地神宫，也是周宁最早的全国重点文物保护单位。

祖殿背倚巍峨青山，面临杉溪绿水，四周树木苍翠，环境清幽。宫后山有一片挺拔的苍松，数量大致在五六十棵，每棵都高达二三十米，虬枝苍劲，傲骨凌天，四季常青。据说，这是目前发现的宁德市保护最完好的成片古松树林。比起山野里的散生树，寺庙的树似乎因其生长地优越的缘故，不止生命更长久，也更坚挺、更俊朗、更茂盛，其使命似乎也更神圣些。

林公祖殿坐南朝北，面阔5间17.6米，进深4间10.45米，高10米，占地面积约3000平方米。宫庙整体按照传统的"一殿二楼三阁"式建成，大雄宝殿居中，钟鼓二楼分列左右，整个建筑白墙黛瓦，飞檐翘角，檐牙交错，雕梁画栋，富丽堂皇，尤以石雕、木雕、砖雕等雕刻见长。宫门两侧石柱上雕刻着两尊门神，高80厘米上下，怒目圆睁，神态逼真，其手持砍刀。可惜的是，原砍刀只余下了刀柄，现在看到的刀是后来装上去的。大门顶端石梁的正中镶嵌着一块龙头透雕的"敕封林公忠平王祖殿"竖刻圣旨石匾，显得庄严肃穆，两侧是4幅历史故事的镂空木雕画，颜色十分艳丽。牌匾的上方是层层的斗拱，旁逸斜出，像蝶一样柔软出线条的典雅，也承载着岁月之重。宫殿大门两侧的石刻对联写着"闾阎齐开昭圣德，衣冠晋入拜神功"。门檐的壁画连着一溜展开，这些壁画均取材于《三国演义》，显得古朴精致。

迈入大门，抬头就是3方八角形藻井，绘制着"八仙过海""嫦娥奔月"等古代故事，那么多色彩的集合，像一张大画，弹奏着千古神话的美，引领你的目光在头顶漫步。藻井之上就是门亭（俗称太子亭），太子亭重檐歇山顶，中部层层穿斗，由下而上共有5层之多，层层叠加到最顶层，仅正面横排就有33斗，挑起檐桁，传承荷载，衍生繁荣，使质朴的气韵最大限度地外伸，体悟着峥嵘岁月的风霜，也抒写着诗情画意，被认为是林公祖殿最得意之作，代表了中国传统建筑的精华。

正殿的两侧是各为3开间的厢廊，廊之明间上加构有钟鼓楼，中间是辉绿岩铺设的天井。沿7级石阶而上，就是主殿，正中端坐着林公及诸神塑像，神态各异，可见当时塑像工艺之精美。殿中石柱径达30多厘米，长丈余，每根柱础四方皆雕有精美的图案，其中有"琴、棋、书、画"和"渔、樵、耕、读"以及世外桃源仙境等景象。殿沿青石板每条都达丈余，表面光滑，可见当年建造此殿所费财力之巨大。主殿前一排石浮雕，上刻人物、花卉、亭台楼阁等，刻工细致、刀法精湛、坚实而又细腻，浑厚而又生动，显示了当时雕刻技艺之高超。

宫中的文物除石雕外，还有许多壁画、木雕柱头，尤其是木雕柱头，在宫中通廊两侧齐腰高的柱顶端镂空雕刻，每个柱头20厘米见方，所刻神话人物、花卉等图案疏密有致、玲珑别透、毫发毕现，圆雕、浮雕、透雕，各种技巧，无不吐露一个个古典的春天。

正殿石雕案桌的神龛上端坐着林公忠平王的真身神像，鼻如悬胆，语吐云气，慈祥含笑，神采奕奕，通身金黄，光彩照人。话说历史上真有林公其人。据《林公史记》记载，他姓林名祖亘，生于南宋庆元三年（1197），其父林珠于南宋淳熙十五年（1189）迁居云气柏院（今宁德蕉城九都云气村）。林祖亘5岁失母，12岁失父，在邻居陈公的抚养下长大。南宋嘉定五年（1213），15岁的他开始游历各处，游至杉溪（今周宁玛坑乡杉洋村）时被詹兆源公收养。祖亘从此就在杉溪精修道学，练武学医。

杉洋附近的展旗峰一带，山深林密，虎狼成群，不时为患乡里，村民们谈虎色变，林祖亘立愿誓除虎患。南宋嘉定十一年（1218）十月的某日正午，他只身直捣虎穴，连打了死3只老虎。当村人将死虎抬回时，惊动了宁德、长溪两县，方圆百里围观者不绝于道，百姓皆视林祖亘为神人。

虎患虽除，但仍有其他野兽骚扰。林祖亘自知凭单打独斗是无法根治兽害的，遂巧制出杀伤力颇大的排铳，用以轰击山猪等野兽，收效显著。远近村民先惊后喜，争相仿造。从此杉洋和附近的村人畜安泰，生产兴旺。

除了打虎除猛兽，林祖亘还治病救人。南宋淳祐七年（1247），福宁各地瘟疫横生，遍地哀殍。懂医术的林祖亘上山采药，悬壶济世，帮助村民驱除瘟疫，预防

"请林公"

疾病，深得乡亲们的爱戴。

相传，白马王游手好闲，穷凶狡悍，为非作歹，横行乡里，掠财夺物。林祖亘为伸张正义，疾恶如仇，毅然与之斗法，最后两人同归于尽，林公逝世于南宋咸淳五年（1269）。当地百姓为了纪念他，将白马王塔改作林公塔，并建宫庙奉祀，尊称他为林公。据说林公羽化成仙后屡屡在福宁各邑显灵，从此声名远播，成为民众信仰的保护神。《林公史记》中就有许多他显灵为民造福的故事，如救死扶伤、神签示人、惩罚赌徒、香火驱邪等。

明成化七年（1471），时任刑部尚书的宁德蕉城人林聪，将民间流传的林公事迹写成奏疏，上报朝廷。次年，明宪宗朱见深敕封林祖亘为"杉洋感应林公忠平王"，下诏在杉洋建忠平王祖殿崇祀。明正德八年（1513），杉洋林公宫始建成。清嘉庆十年（1805）增建太子亭。20世纪80年代，林公宫重修，保留了明清建筑风格，2013年3月被国务院列入第七批国家级文物保护单位。

敕封后林公护国佑民，更加神迹显赫，影响深远。其中最具传奇色彩的当属"林公助阵收复台湾"了。相传清顺治年间，郑成功率军跨海收复台湾，船只抵近台湾鹿门海面，准备在禾僚港登陆。但因泥泞积深，航道阻塞，战船无法靠岸，情况十分危急。此时，一士卒遂朝天长跪，呼唤林公助阵。林公有感于郑军的英雄气概，便握指行云，呼风唤雨，顷刻间水涨船高，战船顺利靠岸。士气高涨的郑军杀向赤崁城，荷兰侵略者被迫投降，终使郑成功收复台湾。

长久的信仰形成了到祖殿朝拜、请林公香火、接林公圣驾的固定民俗，尤其以正月为盛。如今，每年正月初五至十五期间，就是杉洋最热闹的林公香火节，村民们舞龙、舞狮，敲锣打鼓将林公神像请出到全村巡游。各家各户备供品于宫中上供，祈求林公保佑一年四季风调雨顺，国泰民安，五谷丰登，并把香火请回各自家中，早晚奉祀。香火节中的"起洪楼"仪式可谓是惊心动魄，祝福的巫师在由13张八仙桌搭起的洪楼顶端跳着难度极高的"奶娘行罡"舞。舞蹈先在饭甑和筛子搭成的小台子上进行，接着，巫师踢掉筛子，继续在饭甑上舞蹈，饭甑不时会被移到桌子边缘，观众在惊叫声和赞叹声中感受着传统文化的独特魅力。各地前来祖殿朝拜进香请圣驾的信众摩肩接踵，每天都数以万计。

目前，闽东各处有林公宫（庙）500多处，香客信众也延伸到闽东以外的福州、南平、莆田、浙江温州等地，甚至有中国台湾、马来西亚、新加坡等地的信众闻名而至。林公惩恶扬善、济世扶民、护卫国土、福泽一方的优秀传统思想为后人所赞颂、传承、崇敬。

回望林公忠平王祖殿，那檐面四角无数夸张的翘角，在天空中画出一条条优美的线条，如扬起的眉毛，给人一种长者微笑、慈祥的感觉。祖殿凝聚起的光与色、形与影，在夕阳晚霞和苍峰翠林的渲染中，显现出一道道神秘的光环，显得那么静谧而又幽远。此时，在宁静中谛听，在宁静中感悟，在宁静中冥想，会有一股力量从心底升起，岁月静好，我心安然。

　　（本文原载于《走进"八闽旅游景区"·周宁》）

后 记

新年即将到来之际,《桃源溪流域》如期付梓出版,我们编撰组成员如释重负,喜形于色。同时许多感想涌上心头,简以记之,是为后记。

作品出版以后,评判的权力就交给了读者,交给了社会。或许在很多时候,所谓"一千个读者就有一千个哈姆雷特"这句话有着不言自明的意义,但本书编委会和编撰组成员相信:读者一定会产生许多共鸣。理由有三:其一,作为一本围绕乡土素材而编撰的文史类专著,是有先天优势。因为特定的读者群,大都出于对家乡的热爱之情翻开此书,爱屋及乌的幸运就落到了书的内容上,于是阅读将在比较宽容而亲切的气氛中展开,也就容易谅解一些其中可能存在的缺点。其二,本书是关于流域方面的系列书之一,人们对同系列的首部作品《东洋溪流域》赞许有加,其荣耀之光也投射到了这本《桃源溪流域》上,无形之中使之赢得了额外的美誉度。其三,桃源的美名也带来光环,人们尚未开卷,脑中涌现出有关田园、隐士、耕读、岁月静好等等美好的联想,就等着在书里对号入座。

读者们的这些感受,正是编者与作者试图尽最大努力呈现给大家的图景。与其他流域相比,桃源溪流域的桃源气息自然贯穿始终。《桃花源记》中所描绘的"土地平旷,屋舍俨然,有良田、美池、桑竹之属。阡陌交通,鸡犬相闻……",与桃源境自古以来的状态高频叠合,于是乎,桃源溪流域的景观特征、人文特质、民俗信俗和古建风格等,都自然而然地嵌入了桃源密码。也正是基于此,本书在还原史实、再现风物、描摹人物时,多采用比较内敛的温和的亦即桃源格调似的笔触,所以其内容也更加贴近真实。

在成书过程中，陈梁主席高屋建瓴地制订了编撰方针，并于关键节点上予以把握与指导；龚立举副主席全方位提供必要条件、掌控合理进度；编委会各成员，尤其咸村镇与玛坑乡有关同志为采风任务与图片收集做了最大努力；何运星同志对有关编务及沟通工作可谓事无巨细，悉数参与，并高度负责。

编撰组成员均以业余时间投入采风、撰写、编辑、校对等各项工作，自始至终表现出了认真负责的态度、客观可信的风格和扎实的文字功底，使本书基调能够符合政协文史类著作一以贯之的"三亲"原则，当然希望能通过时间的考验、赢得读者的认可。

李洪元、叶先设、周许端、郑树龙等人慷慨提供了各类照片，为本书的配文和视觉效果发挥了重要作用，在此一并致谢！

尽管我们已经竭尽全力，但受主客观条件和能力所限，本书难免仍然存在一些错缪之处，敬请指正，以图改进。

《桃源溪流域》编撰组